Olaf Jacobsen

Ich stehe nicht mehr zur Verfügung 2

Olaf Jacobsen

Ich stehe nicht mehr zur Verfügung 2

Die Kritik von anderen
hat nichts mit mir zu tun

Olaf Jacobsen Verlag

Die in diesem Buch beschriebenen Methoden sollen ärztlichen Rat und medizinische Behandlung nicht ersetzen. Die vorgestellten Informationen und Anleitungen sind sorgfältig recherchiert und wurden nach bestem Wissen und Gewissen weitergegeben. Dennoch übernehmen Autor und Verlag keinerlei Haftung für Schäden irgendeiner Art, die direkt oder indirekt aus der Anwendung oder Verwertung der Angaben in diesem Buch entstehen. Die Informationen in diesem Buch sind zur eigenen, persönlichen Weiterbildung gedacht.

Wie wird hier geschlechtergerecht formuliert?

Wird eine Bezeichnung in der Mehrzahl benötigt, dann wird der Genderstern verwendet (Bsp.: „Teilnehmer*innen“). Bei Bezeichnungen in der Einzahl wird unregelmäßig zwischen weiblich und männlich abgewechselt.

Bibliografische Information der Deutschen Nationalbibliothek:
Die Deutsche Nationalbibliothek verzeichnet diese Publikation
in der Deutschen Nationalbibliografie; detaillierte bibliografische
Daten sind im Internet über http://dnb.d-nb.de abrufbar

1. Auflage der 2. aktualisierten Fassung

Veröffentlichung der 1. Fassung 2010 durch
Windpferd Verlagsgesellschaft mbH, Aitrang
unter dem Titel „Ich stehe nicht mehr zur Verfügung – Die Folgen“

Illustrationen nach Vorlagen von Olaf Jacobsen:
Marx Grafik & ArtWork

Cover-Foto: Jose Antonio Alba, Pixabay.com,
suitcase-1156516, abgerufen am 15.3.2020

Druck und Bindung: CPI books GmbH, Leck

ISBN 978-3-936116-26-7

Inhalt

Wie wird hier geschlechtergerecht formuliert?

Wird eine Bezeichnung in der Mehrzahl benötigt, dann wird der Genderstern verwendet (Bsp.: „Teilnehmer*innen“). Bei Bezeichnungen in der Einzahl wird unregelmäßig zwischen weiblich und männlich abgewechselt.

Kapitel 1

Der Zauberblick

Zusammenfassung

Hallo,

schön, dass Sie hier sind!

Herzlich willkommen in meiner persönlichen Realität.

Einige von Ihnen sind das erste Mal hier. Andere haben den ersten Band *Ich stehe nicht mehr zur Verfügung* bereits kennengelernt und lesen nun die Fortsetzung. Dabei müssen Sie sich nicht gut an den ersten Band erinnern. Sie brauchen ihn nicht einmal gelesen zu haben, denn ich habe diesen zweiten Band weitgehend als eigenständiges Werk konzipiert.

Den ersten Band hatte ich mit folgenden Worten beendet: „Was ich in diesem Buch beschrieben habe, ist *meine* Realität. Und wie ist nun Ihre?"

So ist es auch hier. Sie werden meine eigene Realität erleben und durch meine persönliche Brille einen Blick auf die Welt und sich selbst werfen. Dieses Mal auf eine neue Weise: Zunächst lesen Sie hier eine Zusammenfassung der Hauptthemen, die Ihnen andeutet, wie Sie später durch meine Brille schauen könnten. Im weiteren Verlauf des Buches beschreibe ich alles ganz genau – mit vielen spannenden Beispielen. Sie werden an völlig neue Übungen herangeführt und lernen wichtige Zusammenhänge und wirkungsvolle Wege kennen, damit Sie – wenn Sie es wollen – meinen „Zauberblick" entwickeln, vertiefen und in alle

Lebensbereiche integrieren. Dabei scheinen die Themen zunächst unabhängig voneinander zu sein. Doch zum Ende des dritten Kapitels füge ich alles zu einem Ganzen zusammen und Sie erkennen, wie alles ineinandergreift.

Eine Gebrauchsanweisung für das Buch:

Dieser zweite Band enthält neben neuesten Erkenntnissen viele Beispiele und kreative Übungen, die Spaß machen können und dabei ihren Blick auf Menschen erweitern. Falls Sie beim Lesen mit Ihren Gedanken abschweifen sollten oder das Nachvollziehen für Sie nicht mehr ganz so leicht ist, legen Sie das Buch bitte zur Seite. Wenn Sie neugierig auf die Fortsetzungen werden, nehmen Sie es wieder zur Hand und lesen weiter. Warum?

Es könnte sein, dass Ihr Gehirn etwas gerade Gelesenes verarbeiten oder weiterentwickeln möchte. In diesem Moment bleibt ein Teil Ihrer Aufmerksamkeitsenergie unbewusst an etwas hängen, wodurch Sie sich unkonzentrierter fühlen.

Wenn Sie das Buch dann weglegen, können Sie sich die Zeit zur unbewussten Verarbeitung geben. Und Sie greifen wieder zum Buch, wenn Sie eine neue Energie und Freude dazu verspüren. Sie können auch das, was Sie beschäftigt, aufschreiben. Dadurch befreien Sie ein wenig Ihre Gedanken und können anschließend ausgeglichen weiterlesen. Im zweiten Kapitel, in welchem ich in die Funktionsweise des Gehirns mit seinen „Gehirnkarten“ einführe, erläutere ich diesen Zusammenhang ausführlicher.

Wenn Sie bestimmte Abschnitte des Buches öfter lesen, kann es sein, dass Ihnen beim wiederholten Lesen neue Parallelen zu Ihrem Alltag auffallen oder Sie Neues im Buch entdecken, was Sie vorher durch eine abschweifende Aufmerksamkeit überlesen hatten.

Die eingestreuten Übungen sind suggestiv gestaltet – als Unterstützung für diejenigen, die ein ähnliches Ziel verfolgen, wie eine Übung es anstrebt. Wer andere Ziele hat, könnte eine Suggestion als „Befehl“ empfinden und einen gesunden Widerstand als Schutz seiner Autonomie in sich spüren. Schauen Sie daher erst, ob diese Übung Ihren persönlichen Zielen entspricht. Die Folgen, die sich aus dem Durchlesen oder dem Durchführen einer Übung ergeben, muss und darf jeder eigenverantwortlich erleben.

Ich habe mir als oberstes Ziel gesetzt, dass Sie sich durch einen neuen Blick, den „Zauberblick“, in Ihrem Alltag noch besser fühlen und noch leichter mit unangenehmen Situationen umgehen können. Sie durchschauen die Situationen und erleben einen klaren Überblick. Ob Sie diesen Zauber tatsächlich erreichen, kann ich natürlich nicht garantieren. Es hängt von Ihrer persönlichen Realität, Ihren Wünschen und Ihrer Entwicklung ab.

Warum hatte ich den Impuls, diesen zweiten Band zu schreiben?

Die Veröffentlichung des ersten Bandes im Jahre 2007 hatte Folgen, die ich erleben durfte und auch musste: Ich begegnete nicht nur Menschen, die voller Begeisterung für mein Buch waren. Ich musste mich auch mit Kritiker*innen auseinandersetzen. Dabei erlebte ich meistens destruktive Kritik. Nur sehr selten bin ich angenehmer konstruktiver Kritik begegnet. Ich habe die destruktive Kritik intensiv genutzt, sie erforscht, Erkenntnisse gewonnen und neue Sichtweisen daraus entwickelt. Heute belastet mich Kritik nicht mehr. Ich bin frei davon.

Worin besteht für mich der Unterschied zwischen destruktiver und konstruktiver Kritik? Das Wort „konstruktiv“ wird im Duden (2010) beschrieben als „auf die Erhaltung, Stärkung und Erweiterung des Bestehenden gerichtet; aufbauend; einen brauchbaren Beitrag liefernd“.

Die konstruktive Kritikerin generalisiert selten, sondern teilt mir genau mit, an welchen Stellen sie eine andere Realität hat. Sie sagt beispielsweise: „*Was du auf Seite xy geschrieben hast, kann ich nicht wirklich nachvollziehen. Diese Aussage von dir wirkt auf mich abgehoben. Stimmiger ist für mich, wenn ...* “ Im Vergleich dazu formuliert die destruktive Kritikerin es kurz und knapp: „*Deine Sichtweisen sind abgehoben!*“ Sie generalisiert, indem sie alle meine Sichtweisen unter einen Hut steckt und verallgemeinernd behauptet, dass sie so „sind“. Sie macht eine scheinbar objektive Aussage, die unangreifbar wirkt.

Dagegen unterscheidet die konstruktive Kritikerin klarer. Sie differenziert besser und kann intelligent und exakt ihre Gedanken begründen, mir einen logischen Zusammenhang klarmachen oder ihre Erfahrung, die hinter ihrer Realität steckt, vermitteln.

Das Entscheidende dabei ist, dass ich die konstruktive Person während ihrer „Kritik“ als emotional offen empfinde. Sie wertet mich nicht persönlich ab, hat keinen gereizten oder vorwurfsvollen Tonfall, sondern ist freundlich und verständnisvoll. Sie ist in der Lage, meinen Standpunkt nachzuvollziehen, ihn selbst in Worte zu fassen, so dass ich reagieren kann: *„Ja, stimmt, so sehe ich es. Du hast es gut wiedergegeben.“* Ihre eigene Realität teilt sie auf eine Weise mit, dass sie ebenbürtig neben meiner steht. *„Von meinem Standpunkt aus gesehen erkläre ich mir die Sache so: ...“* Gleichzeitig achtet sie darauf, dass ich sie richtig verstanden habe. Sie liefert bei Missverständnissen eine zusätzliche Erklärung, so dass ich besser verstehen kann, was sie genau meint. Entweder überzeugt mich ihr Bericht und ich erweitere meine Realität, oder wir kommen überein, dass wir hier unterschiedliche Realitäten haben. Und es ist für beide in Ordnung, dass dieser Unterschied bestehen bleibt.

Wenn ich mich von der konstruktiven Kritikerin nicht richtig verstanden fühle, kann ich ihr erklären, was sie meinem Gefühl nach missverstanden hat. Sie ist offen für einen intensiven Austausch, bis garantiert ist, dass jeder den anderen nachvollziehen kann. Jeder erkennt den momentanen Standpunkt des anderen an und würdigt ihn, ohne der gleichen Meinung sein zu müssen. Gleichzeitig erlebe ich, dass jeder die Bereitschaft hat, etwas dazuzulernen. Selbst wenn die Kritikerin einen Aspekt meiner Realität noch nicht richtig verstanden oder übersehen hatte, ist auch sie jederzeit bereit dazuzulernen.

Ich fasse die Kunst der konstruktiven Kritik so zusammen: „Das Bestehende nicht zerstören oder verletzen, sondern das Bestehende würdigen und mit Offenheit darauf aufbauen.“

Wie Sie in jeder Alltagssituation zu dieser Kunst einen vollständigen Zugang erhalten, ist ein großes Thema des Buches. Es erfährt seine Zusammenfassung im Abschnitt „Die Kunst der konstruktiven Kritik“ am Ende des dritten Kapitels. Die Nebenwirkung dieser Kunst ist Ihre Fähigkeit, die Hintergründe von destruktiver Kritik grundsätzlich und überall zu durchschauen und mit ihr ausgeglichen und klar umzugehen.

Die destruktive Kritikerin erkannte ich früher daran, dass ich mich durch ihre mündlichen oder schriftlichen Äußerungen unmittelbar schlechter fühlte. Ich spürte, wie mich meine Energie und Kraft und Ausgeglichenheit im Stich ließen und ins Nirgendwo verschwanden. Ich hatte Stress.

Wenn ich einer destruktiven Kritikerin ganz bewusst zuhöre oder ihre Worte genau lese, entdecke ich bei ihr einen herablassenden Tonfall, viele generalisierende Formulierungen, Angriffe, Abwehr und Entwürdigungen. Das Bestehende wird missverstanden und verzerrt wiedergegeben, es wird weder erkannt noch anerkannt, sondern generell ausgeschlossen, niedergemacht oder abgewertet, im Extremfall sogar verachtet. Und ich entdecke, dass mein Gegenüber mich gar nicht sieht.

Ich glaube, mehr brauche ich dazu nicht zu sagen. Wir alle kennen es. Und um genau solche Situationen geht es in diesem Buch: Zunächst entscheiden wir uns, in einer bestimmten Situation nicht mehr zur Verfügung zu stehen. Dabei beginnen wir, uns nun endlich wohler zu fühlen. In diesem Moment wird unsere Entscheidung von anderen Menschen destruktiv kritisiert, angegriffen oder abgewertet. Wir werden als „Egoist" abgestempelt. Die Folgen, die wir oft erleben müssen: Wir fühlen unsere positive Energie wieder schwinden, die sich doch gerade nach unserer Entscheidung in uns entfalten wollte.

Das können wir auf alle anderen Entscheidungen und Aktionen übertragen, bei denen wir uns selbst etwas Gutes tun. Wir haben endlich ein lang ersehntes Ziel erreicht, eine Lösung für uns gefunden oder eine befreiende Entscheidung gefällt. Wir freuen uns, fühlen uns wohl, haben Spaß, genießen das Leben – und müssen nun spüren, wie andere Menschen mit Abwertungen darauf reagieren. Die meisten von uns fühlen sich durch negative Wertungen unwohl oder sogar zutiefst verletzt und entwürdigt. Solch eine Verletzung ist üblich und weit verbreitet – aber nicht wirklich nötig. Dieser Zustand lässt sich nämlich ändern.

Viele Jahre habe ich nach einer Lösung gesucht, wie ich befriedigend in jeder Lebenslage mit destruktiver Kritik umgehen kann. Durch eine Situation angeregt, die ich wegen ihrer Komplexität später beschreiben werde (Kapitel 3, Abschnitt „Ich stehe meinem Ideal-Ich zur Verfügung"), erhielt ich eine neue Blickrichtung, wenn ich mich fragte: „Wie fühle ich mich, wenn ich mich meinem Ideal-Ich zur Verfügung stelle?" Und es funktionierte. Ich fühlte mich plötzlich ausgeglichen ... – doch leider nicht lange. Irgendetwas in mir rutschte aus einem bestimmten Grund immer wieder in die alten Denkmuster zurück.

Wochen danach brachte eine weitere Erkenntnis den Durchbruch. Ich erblickte einen logischen Zusammenhang hinter Destruktivität, den ich ebenfalls später ausführlich darstelle (Kapitel 2, Abschnitt „Ich zeige euch, was mir hilft und was nicht"). Ich sah Destruktivität plötzlich aus einer völlig neuen Perspektive – dem „Zauberblick" – und konnte endgültig loslassen und den Verletzungen destruktiver Kritik nicht mehr zur Verfügung stehen. Ich erkannte, was mit einem destruktiven Kritiker los ist, was ihn bewegt, was die Grundlage seines Verhaltens ist.

Dieser neue Blickwinkel stellt für mich alles Bisherige in den Schatten. Seitdem kann ich Kritik würdigen als das, was sie ist: eine Information eines anderen Menschen über sich selbst. Der andere informiert indirekt darüber, was er sich wünscht und wie etwas für ihn richtig, gelöst oder harmonisch wäre. Allerdings ist seine Information in seinem Gehirn mit Schmerz verknüpft und seine Aufmerksamkeit ist auf die Störung gerichtet, darauf, was gerade falsch läuft, darauf, was zu seinen Wünschen und zu seinem Harmoniegefühl ***nicht*** dazugehört.

Ich habe das für mich Neue in der folgenden Liste unter Punkt 6 und 7 aufgeführt. In dieser Liste sind alle Verhaltensmöglichkeiten zusammengefasst, die ich im Kontakt mit destruktiver Kritik an mir beobachten konnte – inklusive der neuen Möglichkeiten. Ich werde dann in den nächsten Abschnitten ausführlicher auf alles eingehen.

Wie kann ich mich im Kontakt mit einem destruktiven Kritiker verhalten?

1. Ich wehre mich gegen ihn, rege mich über ihn auf und werte seine Abwertung ebenfalls ab.
2. Ich versuche, mich zu erklären, damit der andere vielleicht versteht.
3. Ich gebe ihm recht und würdige seinen Blickwinkel, seine Position.
4. Ich biete ihm konstruktiv – als Feedback – die Beobachtung an, wie ich ihn jetzt gerade wahrnehme und was sein Verhalten in meinem Gefühl auslöst.
5. Ich stehe ihm nicht mehr zur Verfügung.
6. Ich stelle mich meinem Ideal-Ich zur Verfügung.
7. Ich nehme das Verhalten des anderen ernst, entwickle einen Zauberblick und male mir in meiner Fantasie aus, was seine Kritik eigentlich wirklich will. Der angenehme konstruktive Kritiker formuliert bei seiner Kritik, dass es *nur seine Sichtweise* ist, aus der heraus er kritisiert. Beim verletzenden destruktiven Kritiker ergänze ich selbst, dass seine Kritik nichts mit mir zu tun hat, sondern dass sie eine Information über *seine persönlichen Wünsche und Sichtweisen* darstellt.

Zu den Punkten 1 bis 4: Ich gehe davon aus, dass Ihnen diese Umgangsformen aus Ihrem Alltag bekannt sind. Trotzdem wird es in den nächsten Kapiteln noch ein paar interessante Erkenntnisse, Hintergründe und Zusammenhänge dazu geben.

Zu Punkt 5: Ein paar Seiten weiter im Abschnitt „Was bisher Wundervolles geschah" werde ich die wichtigsten Themen aus dem ersten Band *Ich stehe nicht mehr zur Verfügung* kurz wiederholen.

Zu Punkt 6: Der Begriff „Ideal-Ich" steht für das Ideal, wie Sie sich selbst wünschen zu sein. Er kann von Ihnen auch durch einen anderen Begriff ersetzt werden, wie z. B. „höheres Selbst", „mein weises Überbewusstsein", „Gott", „weises Universum", „ein verständnisvoller, mich liebevoll anschauender Mensch" etc. Entscheidend ist, dass Sie dort eine höhere Instanz einsetzen, von der Sie sich verstanden, begleitet, geliebt und bei der Sie sich geborgen fühlen – wen oder was auch immer. Das „Ideal" entwickle ich im Laufe des dritten Kapitels und fasse diese Möglichkeit im Abschnitt „Ich stehe meinem Ideal-Ich zur Verfügung" zusammen.

Zu Punkt 7: Auf dieses Thema werde ich gleich im kommenden Abschnitt genau eingehen. Hier eine Kurzfassung:

Kinder bauen sich in kritischen Situationen innerlich eine Fantasiewelt auf, in der sie sich wohler fühlen. Auch Erwachsene haben in sich eine Realität entwickelt, die mit der absoluten Wirklichkeit nie exakt übereinstimmen kann. Viele Erkenntnisse in der Gehirnforschung beweisen, wie unterschiedlich wir Menschen auf die Welt schauen. Zeugenaussagen bei Unfällen unterscheiden sich. Das Gedächtnis von Versuchspersonen kann erfolgreich manipuliert werden. Optische Täuschungen beherrschen unseren Alltag ... – Im Grunde hat kein Mensch die Chance, die „Wirklichkeit" wirklich wahrzunehmen. Wir erschaffen in uns immer nur Abbilder der Realität, bilden also persönliche Realitäten in uns (siehe „Konstruktivismus"). Warum also nicht gleich absichtlich eine besonders nützliche Fantasiewelt erschaffen? Eine Fantasiewelt, die nicht angreifbar ist und in der wir alle Freiheiten haben, uns die Welt so auszumalen, wie es zu unserem Gefühl passt?

Es könnte eine konstruktive Fantasiewelt sein, die folgende Bedingungen erfüllt:

Ziel: Unsere konstruktive Fantasiewelt hat das Ziel, sich immer weiter auszubauen, um sowohl in höchstmöglicher Resonanz mit unserem Umfeld zu sein als auch gleichzeitig uns selbst gutzutun (zur Unterstützung, dieses Ziel zu leben, können Sie sehr gut auch unser Buch lesen:

„*Der lebendige Spiegel im Menschen – In Resonanz lernen-lösen-leben-lieben*“, Jacqueline und Olaf Jacobsen).

Integration: Unsere konstruktive Fantasiewelt integriert alles, was wir in unserer bisherigen Realität auch schon dachten, wussten und wahrgenommen haben. Sie ist also keine Gehirnwäsche, die bestimmte Aspekte ausblendet, und dient nicht dazu, dass wir „abheben“, sondern sie ist noch umfassender, erweitert unsere Realität und baut auf dem Bestehenden auf!

Verständnis: Wir genießen das Gefühl, durch gegenseitige Anpassungsfähigkeit Momente des Verständnisses miteinander erleben zu können.

Offenheit: Wir erleben uns selbst kreativer und fantasievoller als vorher – und damit auch fröhlicher und offener.

Ausgeglichenheit: Wir fühlen uns in unserer konstruktiven Fantasiewelt wohler und beschützter als in unserer bisherigen Realität.

Schauen wir nun auf die destruktive Kritikerin und machen uns Gedanken über sie, dann „wissen“ wir natürlich nicht, wie eine destruktive Kritikerin wirklich fühlt und warum sie tut, was sie tut. Deswegen empfehle ich, dass wir unsere Vermutungen über sie als „Teil unserer persönlichen Fantasiewelt“ einordnen.

In dieser Fantasiewelt male ich mir aus, dass in der Tiefe der Seele einer destruktiven Kritikerin eine ganz andere Botschaft mitschwingt als die, die sie mir gerade wörtlich mitteilt. Die Kritikerin sagt eigentlich zu mir: „*Schau mal, so wie ich mich dir gegenüber gerade verhalte, so haben sich früher andere Menschen mir gegenüber verhalten und mich damit tief verletzt. Bis heute habe ich noch niemanden getroffen, der mir zeigen kann, wie man damit klärend und befreiend umgehen kann. Zeig du es mir! - Pass auf: Ich spiele die Böse, die Verletzende, und du zeigst mir endlich, wie man klärend mit so einem Verhalten umgeht. Los geht´s!*“

In meiner Fantasie ist die destruktive Kritikerin auf der unbewussten Ebene so intensiv auf die Suche nach einer Klärung konzentriert, dass sie kaum unterscheidet, wer ihr zur Verfügung stehen möchte und wer nicht, wer ihr wirklich helfen kann und wer nicht. Sie fordert blind quasi jeden dazu auf, der ihr begegnet und sie nur ein bisschen an ihre Verletzung erinnert. Um diese böse und verletzende Rolle wirklich spielen zu können, muss sie die frühere, sie verletzende Situation mithilfe ihrer festgeschriebenen „Gehirnkarten“ in die Gegenwart projizieren (siehe zum Thema „Gehirnkarten“ ausführlich Kapitel 2). Sie selbst spielt nun die verletzende Rolle und projiziert in uns die Rolle des „Unzulänglichen“, die sie selbst damals erleiden musste. So versucht ein unbewusster Teil von ihr, die damalige verletzende Situation nachträglich mit uns zu inszenieren. Deswegen sieht sie etwas anderes in dem, was wir tun und sagen. Sie missversteht uns. Wir fühlen uns von ihr nicht wirklich gesehen. Allerdings können wir selbst sie verstehen lernen, indem wir ihr Verhalten vollständig ernst nehmen, indem wir uns bewusst anschauen, was sie in die Gegenwart projiziert und wo sie unbewusst nach einer Klärung sucht.

Manche Menschen sind schon so lange auf der Suche, dass sie sich an den Such-Zustand gewöhnt haben. Die Suche und das Spiel der „verletzenden“ Rolle könnten für sie zu einem Verhaltensmuster geworden sein – und damit zu einer Art „Gleichgewicht“. Jede Klärung würde vielleicht ein Ungleichgewicht hervorrufen. Doch ich glaube daran, dass diese Menschen sich immer noch nach einem besseren Gleichgewicht sehnen. Dazu benötigen sie jemanden, der sie vollkommen bis tief in ihre Seele hinein endlich einmal versteht.

Probleme inszenieren sich so lange, bis sie ihre wahre Versöhnung erfahren haben.

Weil eine destruktive Kritikerin ganz tief verstanden werden will, hat sie meiner Fantasie nach noch eine weitere Botschaft für ihr Gegenüber. Sie sagt: „*Und wenn du mit meinem bösen und verletzenden Verhalten nicht so umgehen kannst, dass es dir selbst dabei gut geht, dann ist das ein Hinweis darauf, dass du selbst ein Problem hast. Das müsstest du zuerst klären, bevor du mir einen verständnisvollen Rahmen bieten kannst.*

Wenn du es klärst, demonstrierst du mir damit gleichzeitig, wie ich selbst mein Problem klären könnte. Doch ob ich es dann tatsächlich auch kläre, entscheide ich nur selbstständig und autonom – ohne deine Kontrolle oder Erwartung.“

Die höchste Versöhnung, die wir Menschen erfahren können, ist die Versöhnung mit unserem eigenen tiefen Verlustschmerz, der entsteht, wenn wir eine Verbundenheit verlieren (Kapitel 3, Abschnitt „Die Ursache für unseren Verlustschmerz und die Versöhnung"). Wenn wir uns mit unserem Verlustschmerz vollständig versöhnen konnten, dann sehen wir mit der Weite unseres liebenden Herzens auf die Welt, auf all unsere Mitmenschen und auf uns selbst und fühlen in unserem ganzen Sein eine tiefe Verbundenheit auf einer höheren Ebene: *„Ja. Es ist, wie es ist."*

Daraus ergeben sich für mich vier Möglichkeiten, in Krisenmomenten einen Weg der Klärung zu gehen (siehe ausführlich am Ende des Kapitels 3, Abschnitt „Unsere zauberhafte Beziehung mit der Destruktivität"):

1a. Ein destruktiver Kritiker lebt einen unerlösten alten Verlust von Verbundenheit und projiziert diesen Verlust auf sein Umfeld. Hier kann ich seinen Verlustschmerz ganz genau verstehen lernen, wenn ich sein Verhalten ernst nehme und seine unbewussten Botschaften stimmig deute. Vielleicht ist er in der Lage und auch dazu bereit, mir mehr über den Hintergrund seines Verhaltens mitzuteilen. Dazu müsste ich ihm Fragen stellen.

1b. Dem destruktiven Kritiker fehlt eine Information/Sichtweise oder eine Fähigkeit. Er weiß oder kann etwas nicht. Falls der Kritiker es wünscht, kann ich ihn in seinem Lernprozess unterstützen.

2a. Ich selbst lebe einen unerlösten alten Verlust von Verbundenheit und projiziere es in mein Umfeld. Dies kann ich mir wieder bewusst machen, den Verlustschmerz verarbeiten und auflösen oder in eine Klarheit verwandeln und mich dadurch mit meinem Verlust versöhnen.

2b. Mir fehlt selbst eine Information/Sichtweise oder Fähigkeit. Diese kann ich lernen.

Fasse ich diese vier Möglichkeiten noch weiter zusammen, dann ergibt sich als Fazit:

Wir erreichen ein nächstes besseres Gleichgewicht, indem entweder der Hintergrund des momentanen Ungleichgewichtes genau verstanden oder eine neue Information oder Fähigkeit (kennen)gelernt wird.

Erleben wir also belastende Folgen und haben ein Problem mit anderen Menschen oder mit uns selbst, dann können wir uns immer auf die eine Frage konzentrieren:

„Was fehlt? Eine Verarbeitung, eine neue Information, eine Fähigkeit oder ein tiefes Verständnis?"

Die grundsätzliche Antwort darauf könnte lauten: „Es fehlt der Blick auf die universelle Verbundenheit" (siehe Kapitel 3) ...

Als mir die Punkte 6 und 7 mit all ihren Folgen vollkommen bewusst und zugänglich wurden und ich in diese Möglichkeiten „eintauchte", wurde alles in mir versöhnt. Ich fühlte in meiner Offenheit und Ausgeglichenheit, wie der Impuls, ein Folge-Buch zu Band 1 zu schreiben, sich auflöste und verschwand. Es gab nichts mehr zu (er)klären, nichts mehr zu tun. Das war´s.

Und dann tauchte eine Stimme in mir auf:

„Schreib genau darüber."

Eine konstruktive Fantasiewelt für Erwachsene

Ich lebe zurzeit (2010) in Köln-Ossendorf. Ein paar hundert Meter weiter in der Nachbarschaft liegt das Coloneum, in dem viele Fernsehsendungen produziert werden, u.a. auch *Big Brother*. Wenn ich ab und zu morgens eine Runde jogge, komme ich dabei an dem Gebäude vorbei, in dem RTL II seine zwölf Bewohner*innen in einer Wohnung untergebracht hat, die hinter Spiegeln und an den Decken überall mit Kameras ausgestattet ist. Von vielen Fernsehzuschauern wird fleißig beobachtet, was in dieser Wohnung passiert. Die freiwilligen Bewohner*innen leben von der Außenwelt abgeschnitten, müssen acht Monate miteinander auskommen, von *Big Brother* vorgegebene Spiele und Aufgaben ausführen und sich den Entscheidungen der Zuschauer*innen stellen. Diese Entscheidungen drehen sich alle paar Wochen darum, wer aus dem Haus ausziehen muss. Ziel dieser Veranstaltung ist für die Bewohner*innen, am Ende der Zeit 250.000 Euro zu gewinnen. Allerdings kann nur einer Gewinner*in sein, und das ist der Publikumsliebling, der bis zum Schluss als Einzige*r im Haus übrig bleibt und von den Zuschauer*innen nicht ausgewählt wurde, das Haus zu verlassen.

Sowohl die räumliche Nähe zu dieser öffentlichen Wohngemeinschaft als auch das Thema, an dem ich in diesem Buch arbeite, führen dazu, dass ich im Fernsehen beobachte, wie die Bewohner*innen sich gegenseitig kritisieren und damit umgehen. In den ersten Wochen war für mich das Problem faszinierend, das wir aus dem Spiel „Stille Post" kennen. Die Bewohnerin Sabrina erzählt Iris ihre Meinung über Coras Verhalten. Später erzählt Iris aus ihrer Sicht und mit ihren Worten Cora, was Sabrina ihr gesagt hat. Cora reagiert verletzt.

Vergleicht man nun die Szene, in der Sabrina spricht, und die Szene, in der Iris das Gehörte an Cora weiterzugeben versucht, erkennt man starke Unterschiede. Ich konnte durch Sabrinas Mimik und Tonfall vermuten, dass sie ihr Urteil nicht böse meinte und Cora nicht abwertete. Sie teilte einfach ihre Sichtweise mit. Iris bringt beim Weitererzählen jedoch durch ihren eigenen persönlichen Tonfall eine starke Abwertung in Sabrinas Sätze hinein, die sie auch noch verzerrt wiedergibt. Sie kann die Sätze nicht wörtlich zitieren. Cora fühlt sich dadurch natürlich verletzt und wird fälschlicherweise zu der Vorstellung angeregt, dass Sabrina sich ein negatives Bild von ihr gemacht hat.

Was genauso häufig zu beobachten ist: Eine Bewohnerin behauptet über eine andere Bewohnerin, dass sie „falsch“ sei, nur „Theater“ spiele und sich in Wirklichkeit ganz andere Gedanken mache. Dies kann ich nun gut nachzuvollziehen. Denn wenn Cora im direkten Kontakt erlebt, wie freundlich sich Sabrina ihr gegenüber verhält, und diese Erfahrung vergleicht mit dem, was Iris über Sabrina erzählt hat, dann zeigt sich hier ein großer Unterschied. Cora kann sich das nur erklären, indem sie der freundlichen Sabrina ein „falsches“ Verhalten unterstellt: Sie würde sich im Kontakt mit Cora scheinheilig liebevoll verhalten, doch hintenrum würde sie in Wirklichkeit negativ über Cora denken.

Sehr oft erzählt eine Bewohnerin einer anderen, was ein dritter Bewohner gesagt oder getan habe. Dadurch kommt es zu sehr vielen Missverständnissen, Vorwürfen und Verletzungen. Doch auch ohne dieses Stille-Post-Phänomen unterstellen sich einige Bewohner*innen gegenseitig, sie würden das, was sie tun und sagen, gar nicht ehrlich so meinen. In Wirklichkeit würden sie abwertende und ausschließende Gedanken hegen. Und wenn jemand mal wütend wird und zu schimpfen beginnt, dann heißt es gleich, dass er endlich sein „wahres“ Gesicht gezeigt habe.

Ich finde hier ein Phänomen wieder, mit dem wir Menschen im Alltag sehr häufig konfrontiert werden: Wir machen uns ein negatives Bild von unserem Gegenüber und glauben diesem Bild mehr als dem, was uns der andere von sich erzählt. Der andere fühlt sich von uns missverstanden oder sogar angegriffen und beginnt, sich zu verteidigen.

Wie oft hören wir Prominente darüber klagen, dass eine Zeitung eine Lüge verbreitet. Die Zeitung hat über etwas geschrieben und ihrer Leserschaft ein Bild über diesen Prominenten vermittelt, welches der Prominente nicht bestätigen kann. Er fühlt sich missverstanden – und manchmal dadurch auch in seiner Persönlichkeit angegriffen.

Dieses Gefühl, falsch interpretiert zu werden, kenne ich bereits aus meiner Kindheit. Mir sind aus Versehen Dinge passiert, die ich eigentlich gar nicht wollte. Meine Mutter hat dies beobachtet, hat mir eine böse Absicht unterstellt und mich entsprechend bestraft. Der Satz „*Ich wollte das doch gar nicht!*“, den ich während der Bestrafung ausrief, klingt mir noch heute in den Ohren.

Im Jahr 2008 war ich verblüfft darüber, wie manche Rezensent*innen im Internet über meinen ersten Band *Ich stehe nicht mehr zur Verfügung* geschrieben haben. Sie meinten, aus ihrem Gedächtnis einen Teil des Buchinhaltes korrekt wiederzugeben, und werteten dann das, was sie zuvor beschrieben hatten. Dabei entdeckte ich, wie sie den Inhalt verzerrt und falsch dargestellt, sich ein ganz anderes Bild gemacht und anschließend dann ihr eigenes Bild bewertet hatten. Ihrer Wertung könnte ich zustimmen, wenn ich wirklich solch ein Buch mit solchem Inhalt geschrieben hätte. Was für mich nicht stimmte, war die Wiedergabe des Inhaltes und das Bild, welches sich die Rezensent*innen vom Buch oder von Teilen daraus gemacht hatten. Mein hierzu passender Satz müsste lauten: *„So habe ich es doch gar nicht geschrieben!“*

Je länger ich mich mit Weltbildern, wissenschaftlichen Forschungen über unser Gehirn und psychologischen Ratgebern auseinandergesetzt habe, desto deutlicher ist mir geworden, dass wir Menschen nichts anderes machen, als permanent Trugbilder zu entwickeln. Auch Wissenschaftler*innen versuchen, Forschungsergebnisse persönlich zu deuten. Der bekannte Hirnforscher und Nobelpreisträger Eric Kandel sagte in einem Interview mit Welt Online (Artikel vom 23.6.2009 auf welt.de): „Das, was wir Bewusstsein nennen, ist immer subjektiv.“ Und über die Wissenschaft berichtet er: „Man ist von einer Theorie überzeugt, aber wenn man später mehr oder andere Informationen darüber hat, ändert sich das Bild. Das ist das Wundervolle an der Wissenschaft. Sie geht immer weiter – eine unendliche Suche.“

Jeder Mensch versucht, die Welt um sich herum zu verstehen. Wir versuchen, anderen Menschen zu vermitteln, was wir meinen verstanden zu haben. Es ist nicht immer selbstverständlich, dass wir dasselbe Bild haben. Wir geben allem, was wir erleben, eine bestimmte persönliche (Be-)Deutung. Unser Alltag ist von Missverständnissen und Täuschungen durchdrungen. Daher sucht unser Gehirn fleißig, ein möglichst nützliches und perfektes Abbild der Wirklichkeit in sich selbst herzustellen. Gleichzeitig möchten wir unser Bild der Wirklichkeit auch anderen vermitteln, damit wir als Menschheit möglichst optimal in dieser Welt bestehen und öfter auch am gleichen Strang ziehen können.

Wir wissen inzwischen: Niemand ist wirklich 100%ig in der Lage, die Wirklichkeit genauso wahrzunehmen, wie sie wirklich ist. Jeder Mensch ist Schöpfer seiner eigenen Trugbilder. Einige Trugbilder funktionieren gut und lassen uns in der Welt glücklich leben. Andere Trugbilder funktionieren nicht so gut und lassen uns leiden.

Der amerikanische Neurologe V. S. Ramachandran bestätigt: „Unser Gehirn ist eine Maschine zur Herstellung von virtueller Realität."

Dieses Bild wendet der amerikanische Philosoph Ken Wilber direkt auf die Wissenschaft an: „Die Naturwissenschaft selbst ist kein Wissen um die Welt, sondern nur eine Interpretation der Welt und besitzt daher dieselbe Gültigkeit – nicht mehr und nicht weniger – wie bildende Kunst und Dichtung."

Warum drehen wir also nicht gleich den Spieß um und entscheiden uns bewusst dafür, eine ganz eigene Fantasiewelt zu erdichten, zu konstruieren, sie in uns herzustellen und dazu zu stehen, dass es „nur" unsere Fantasie ist?

Wir sagen nicht mehr, dass das Glas halb leer ist, sondern halb voll. Wir ärgern uns nicht mehr über Missverständnisse, sondern wir gehen davon aus, dass wir sowieso immer missverstanden werden oder selbst andere Menschen missverstehen. Und dann freuen wir uns über Momente des scheinbaren Verständnisses. Wir leben nicht mehr in der Vorstellung, die Realität wirklich wahrnehmen zu können, und erleben anschließend immer wieder schmerzliche Irrtümer und Ent-Täuschungen. Sondern wir haben umgekehrt als „Ausgangsbasis" die Vorstellung, in Vorstellungen, also in Fantasien und Täuschungen zu leben, und nähern uns mithilfe unserer Vorstellungskraft ganz allmählich der Realität an. Wobei wir wahrscheinlich niemals werden behaupten können, angekommen zu sein und die „wirkliche" Realität vollständig zu kennen.

„Fantasie" bedeutet in unserem Sprachgebrauch „Vorstellungskraft" oder „Trugbild". Der Begriff „Fantasie" mag als Ersatz für den Begriff „persönliche Realität" zunächst ein wenig kindisch wirken. Doch das ist beabsichtigt, wie Sie auf den folgenden Seiten nachvollziehen werden.

Ich schlage vor, dass unsere absichtlich konstruierte Fantasiewelt folgende Bedingungen erfüllen soll:

Ziel: Unsere konstruktive Fantasiewelt hat das Ziel, sich immer weiter auszubauen, um sowohl in höchstmöglicher Resonanz mit unserem Umfeld zu sein als auch gleichzeitig uns selbst gutzutun.

Integration: Unsere konstruktive Fantasiewelt integriert alles, was wir in unserer bisherigen Realität auch schon dachten, wussten und wahrgenommen haben. Sie ist also keine Gehirnwäsche, die bestimmte Aspekte ausblendet, und dient nicht dazu, dass wir „abheben“, sondern sie ist noch umfassender, erweitert unsere Realität und baut auf dem Bestehenden auf!

Verständnis: Wir genießen das Gefühl, durch gegenseitige Anpassungsfähigkeit Momente des scheinbaren Verständnisses miteinander erleben zu können.

Offenheit: Wir erleben uns selbst kreativer und fantasievoller als vorher – und damit auch fröhlicher und offener.

Ausgeglichenheit: Wir fühlen uns in unserer konstruktiven Fantasiewelt wohler und beschützter als in unserer bisherigen Realität.

Fantasiewelten sind niemals „falsch“ und daher unangreifbar

Welche Vorteile sehe ich, wenn ich eine Fantasiewelt voller Vorstellungen und Trugbilder als Ausgangsbasis für das eigene (Er-)Leben wähle und auch genauso darüber kommuniziere?

Es ist allein *meine* Fantasiewelt. Niemand kann mir diese Welt streitig machen, denn sie nützt ja nur mir selbst. Haben Sie schon einmal zwei Kinder beim Spielen über die Nützlichkeit oder Wahrheit ihrer jeweiligen Fantasiewelten streiten hören? Ich nicht. Wenn Kinder streiten, dann geht es in dem Moment nur um die Frage, welchem Ziel sie gerade gemeinsam folgen. Können sie sich nicht einigen, dann lassen beide los und jeder macht das, was er sich in der eigenen Fantasie ausgemalt hat – nur leicht verändert: ohne den anderen. Wenn eines der Kinder keine Alternative in seiner Fantasie findet und ohne den anderen seine Vision nicht mehr verwirklichen kann, muss es (eventuell trauernd) seinen Wunsch vollständig loslassen. Ist die Trauer überwunden oder gar nicht erst aufgetaucht, entwickelt das Kind in seiner Fantasie bald eine neue Idee – und das Spiel geht weiter.

Wenn das Kind aber nicht loslassen kann und seine Trauer nicht verarbeitet, beginnt es um die Erfüllung seines Wunsches zu kämpfen, indem es die störende Fantasiewelt des anderen Kindes anzugreifen beginnt.

„Deine Idee ist doof."

„Gar nicht!"

Hier entsteht eine Auseinandersetzung. Was ist passiert?

Die Basis dieser Auseinandersetzung sind die Wünsche beider Kinder, gemeinsam zu spielen und die eigenen Fantasien gemeinsam umzusetzen. Wenn nun das eine Kind die Fantasie des anderen Kindes wertet, ist nicht die Fantasie des anderen Kindes „falsch". Sondern die Wertung entsteht, weil das eine Kind seinen momentanen Wunsch nicht loslassen kann. Es möchte, dass das andere Kind seine bisherige Idee aufgibt und für die eigene Idee zur Verfügung steht.

Die Fantasie eines Kindes ist generell unangreifbar, da man sie nicht in Frage stellen kann. Man kann nur gegen sie kämpfen, um im gemeinsamen Spiel seine eigene Fantasie und damit seine eigenen Verhaltensregeln durchzusetzen.

Entwickle ich nun als Erwachsener eine Fantasie, dann ist sie genauso unangreifbar. Andere Menschen können sie gerne werten und mir mitteilen, dass sie meine Fantasie doof finden, doch dadurch wird meine Fantasie nicht wertlos. Sie dient nur mir alleine – und solange sie diesen Zweck erfüllt und mir Spaß macht, ist alles für mich in Ordnung. Meine Fantasie ist für mich wertvoll und mir geht es damit gut. Ich gebe meiner Fantasie selbst ihren vollen Wert – ganz unabhängig von den Vorstellungen meiner Umwelt. Letztendlich gebe ich mir dadurch selbst einen Wert. Meine Selbstsicherheit wächst und ich erlebe: Meine Vorstellungskraft ist mein großes Potenzial!

Das Einzige, womit ich rechnen muss, ist, dass der andere Mensch nicht mehr mit mir spielen möchte. Und hier könnten in mir Verlustschmerzen entstehen, was davon abhängt, wie intensiv ich an dem Kontakt zum anderen festhalte.

Ich male mir in meiner Fantasie aus, dass der eine oder andere Leser folgenden Einwand haben könnte: *„Wenn ich eine Fantasiewelt entwickle, dann blende ich doch die Wirklichkeit aus!"*

Wie ich bereits beschrieben habe, steht zunächst einmal fest, dass wir nicht sicher sein können, die Wirklichkeit wirklich wahrnehmen zu können. Das bedeutet, dass wir schon jetzt Trugbilder in uns entwickeln, also in Wirklichkeit bereits in Fantasiewelten leben. Warum sollen wir nicht eine Fantasiewelt in uns entwickeln, die unserer bisherigen Realität in nichts nachsteht? Wir übernehmen einfach alles, was wir bisher auch schon gedacht haben. Wir schauen genauso auf die Welt wie bisher auch. Wir ändern zunächst nichts an unserer Sichtweise. Das Einzige, was wir tun, ist: Wir ändern die Bezeichnung. Wir sagen nicht mehr „meine Meinung" oder „Sichtweise" oder „Realität" oder „mein Weltbild" oder „Paradigma" – sondern „meine Fantasiewelt". Da eine Fantasiewelt flexibel und damit in der Lage ist, alles Mögliche zu integrieren, sich allen Realitäten anzupassen, sie zu integrieren, zu vereinen und konstruktiv darauf aufzubauen, empfehle ich zusätzlich den Begriff „konstruktiv", also eine „konstruktive Fantasiewelt". Nach Ansicht (= in der Fantasiewelt) mancher Hirnforscher*innen, Psycholog*innen und den Konstruktivismus vertretenden Philosoph*innen liegen wir damit sogar näher an der Realität als diejenigen, die davon überzeugt sind, die objektive Realität einwandfrei wahrnehmen und erkennen zu können.

Und nun?

Nun sind wir unangreifbar. Wenn jemand zu uns sagt: *„Du spinnst ja!"*, dann können wir ihm zustimmen – und wir wissen: er auch.

„Das ist ja verrückt!"

Ja.

„Das sehe ich aber anders!"

Ja, klar. Jeder hat seine eigene Fantasie.

„Das ist ja bescheuert! Blöd! Doof!"

Ich verstehe, dass du gerade intensiv wertest, um mir genau zu zeigen, was eigentlich *dein* Ziel ist und was nicht zu deinem Ziel dazugehört. Vielleicht wertest du auch, um dich durch die klare Abgrenzung mit deinem Ziel wieder mehr verbunden zu fühlen (siehe dazu auch ausführlich im Abschnitt „Wünsche wecken Wirkungen und Wertungen").

„Deine Sichtweisen sind viel zu esoterisch und abgehoben."

Ja, ich verstehe. Meine Fantasiewelt wirkt in deiner Fantasiewelt ziemlich abgehoben. Jetzt habe ich einen Aspekt deiner Fantasiewelt ein bisschen besser kennengelernt.

Ein weiterer Vorteil, unsere „persönliche Realität“ in eine „konstruktive Fantasiewelt“ umzubenennen, liegt darin begründet, dass wir bereits als Kinder ausführlich mit Fantasien gelebt haben. Der Begriff „Fantasie“ kann uns wieder an dieses Potenzial erinnern und regt entsprechende Neuronenverbindungen in unserem Gehirn an, die wir schon lange nicht mehr genutzt haben. Außerdem besitzen wir bereits sehr vorteilhafte Verknüpfungen mit dem Begriff „Fantasie“. Eine Fantasie ist viel freier und ungebundener als ein Weltbild, das von sich überzeugt ist, die „Welt“ möglichst exakt abbilden zu können. Jemand, der behauptet: „*Ich weiß, wie es geht*“, steht mehr unter Druck und vermittelt auch mehr Druck als jemand, der mitteilt: „*Ich habe eine Fantasie, wie es gehen könnte.*“ Eine Fantasie erhebt keinen Anspruch, Allgemeingültigkeit zu besitzen, während Weltbilder, Wirklichkeiten und Wahrheiten diesen Anspruch oft durchsetzen wollen. Fantasien sind nicht missionierend, sie laden nur zum gemeinsamen Spielen ein. Wahrheiten und Wirklichkeiten wollen oft einen „Ungläubigen“ überzeugen und verhalten sich daher zwingender.

Wir können also in unserer offenen Fantasiewelt viel freier experimentieren und Erfahrungen sammeln. Wir können klare Entscheidungen darüber treffen, welcher Gedanke, welche Sichtweise, welche Fantasie uns guttut und welche nicht. Denn genau darum geht es: Welche Fantasie tut uns selbst gut? In welcher fühlen wir uns wohl? Welche nützt uns effektiv, um uns unsere Wünsche erfüllen zu helfen? Wir sind frei, neue Fantasien auszuprobieren und zu beobachten, wie sie auf uns wirken. Denn es gibt keine „falschen“ Fantasien. Und wenn jemand unsere Fantasie wertet, sind wir unangreifbar, denn wir können jederzeit sagen: „*Es ist ja nur meine Fantasie ... und im Moment macht es mir Spaß*“ oder „*Es ist für mich wichtig, darin zu leben und das auszuprobieren.*“

Die Abwertung eines anderen Menschen greift uns nicht mehr an, sondern sie zeigt uns vielmehr, welche Fantasiewelt der andere hat. Wir lernen seine Wünsche und Wertungen genauer kennen und können uns daraufhin Fantasien über die Fantasiewelt unseres Gegenübers machen.

Wenn ein anderer Mensch auf uns zukommt und sagt: „*Ich habe eine Idee. Was hältst du von meiner folgenden Fantasie: ...*“, dann können wir frei nach unserem eigenen Gefühl entscheiden:

„*Au ja, das ist genial!*“ oder „*Och nö, ist nicht so prickelnd ...*“.

Was uns immer noch verletzen kann, ist die Entscheidung eines anderen Menschen, sich von uns zurückzuziehen, sich uns gegenüber emotional zu verschließen, uns persönlich abzuwerten und zu beschimpfen und dadurch unseren Verlustschmerz zu aktivieren. Diesen Zusammenhang behandle ich ausführlich in einem späteren Abschnitt („Die Ursache für unseren Verlustschmerz und die Versöhnung“ in Kapitel 3).

Ein weiterer Vorteil für die Entwicklung einer flexiblen und intelligenten Fantasiewelt ist: Als Kind hatten wir eine natürliche Gabe, uns Geschichten auszumalen, innere Bilder zu machen, in einer Fantasiewelt zu spielen. Heutzutage erzählen Gedächtniskünstler, auf welche Weise sie zu ihrem phänomenalen Gedächtnis gelangt sind: Sie verknüpfen äußere Informationen wie z. B. Zahlen, Gegenstände, Geschichtsdaten mit inneren Bildern und trainieren dadurch ihre Kreativität und Erinnerungsleistung. Deuten wir nun unser gesamtes „Weltbild“ in eine „Fantasiewelt“ um und bauen sie so aus, wie es uns gefällt, dann erinnern wir uns unbewusst wieder an unsere natürliche Gabe der Fantasie. Wir öffnen uns wieder für ein Training unserer Imaginationskraft. Die Imaginationskraft wiederum hilft uns, leichter Eselsbrücken zu bauen und Verknüpfungen in unserer Fantasie herzustellen, um eine immer besser werdende Gedächtnisleistung erzielen zu können. Gleichzeitig entwickeln wir wieder die Fähigkeit zu träumen und zu visualisieren. Und Visualisierungen helfen uns wiederum bei der Planung von zukünftigen Zielen, bei der Realisierung unserer Träume (siehe auch Kapitel 2, Abschnitt „Wie arbeitet unser Gehirn?“).

Anna Katharina Braun und Michaela Meier schreiben in *Neurodidaktik* (Hrsg. Ulrich Herrmann): „Aus psychologischer, pädagogischer, aber noch viel mehr auch aus biologischer Sicht ist seit langem klar, dass Spielen und Lernen zusammengehören.[...] Dieser seit langem bekannte, angeborene ‚Lerntrieb‘ der Kinder kann mittlerweile auch neurobiologisch erklärt werden: das Gehirn ‚sucht‘ sich seine Anregungen, es ‚sucht‘ nach Abwechslung, und es versucht, Denk- und Erklärungskonzepte zu erstellen. Der Grund für diese Rastlosigkeit [...]: Jeder Lernerfolg führt zu einem Glücksgefühl, welches, wie im Tierexperiment gezeigt werden konnte, über die Ausschüttung körpereigener ‚Glücksdrogen‘ vermittelt wird.“

Also: Lassen Sie uns miteinander mit unseren konstruktiven Fantasiewelten spielen.

Ein weiterer Einwand könnte lauten: „*Wenn ich mich in eine Fantasiewelt begebe, dann entziehe ich mich doch jeglicher Verantwortung gegenüber meinen Mitmenschen!*“

Das tun wir nur, wenn unsere Fantasiewelt diese Verantwortung ausblendet. Wir könnten tatsächlich Folgen erleben, bei denen andere Menschen uns in bestimmten Zusammenhängen „böse“ sein werden, weil wir eine eingegangene Verpflichtung nun nicht mehr wahrnehmen. Wenn wir uns mit diesen Folgen nicht wohlfühlen, können wir uns über unsere Fantasiewelt neue Gedanken machen. Wir können uns überlegen, wie wir unsere Fantasien so erweitern und noch mehr öffnen, dass wir mit der Situation positiv und integrierend umgehen können und unsere Verpflichtungen spielerisch einhalten.

Ein Vorschlag dafür: Wie wäre es mit einer konstruktiven Fantasiewelt, die jegliche Verantwortlichkeit enthält und nicht ausblendet? Eine Fantasiewelt, in die wir andere Menschen integrieren können, mit ihnen erfolgreichen, angenehmen, bereichernden und liebevollen Kontakt haben, während es auch uns selbst dabei gut geht? Also ohne uns selbst dabei zu verleugnen? Wie verwandeln wir Verantwortung in ein Spiel, ohne dabei die notwendige Ernsthaftigkeit zu verlieren?

Wenn ich die Fantasiewelten der Kinder beobachte und mich auch selbst an die Ursprungsgefühle meiner Kindheit erinnere, dann kann ich daraus folgende Struktur ableiten und auf uns Erwachsene übertragen:

1. Jede Person hat ihre ganz eigene persönliche Fantasie. Sie entscheidet immer selbstständig, wie sie diese Fantasie gestaltet.
2. Keine andere Person kann exakt wahrnehmen, in welcher Fantasiewelt eine andere Person lebt. Sie kann darüber nur Vermutungen in ihrer eigenen Fantasiewelt anstellen.
3. Aus Punkt 1 und Punkt 2 ergibt sich: Keine Fantasiewelt kann objektiv als „falsch“ oder „richtig“ gewertet werden. Sie *ist* einfach – und jede Person, die eine Fantasiewelt besitzt, muss/darf mit den Folgen ihrer Fantasiewelt allein leben. Nur sie kann darüber urteilen und entscheiden, ob sie diese Folgen möchte oder ihre Fantasiewelt lieber ändert.
4. Jede Person spielt in ihrer Fantasiewelt zunächst ganz allein. Wenn sie mit einer anderen Person zusammenspielen möchte, müssen beide Seiten schauen, wo sie gemeinsam Ziele verwirklichen können und welchen Regeln sie dabei folgen wollen.

5. Unterscheiden sich im gemeinsamen Spiel die Ziele, dann muss neu entschieden werden, auf welches Ziel man sich einigt. Dazu tauscht man sich aus, setzt sich auseinander, streitet sich, kämpft miteinander, führt im schlimmsten Fall Krieg mit allen Mitteln – bis eine Entscheidung gefallen ist. Entweder hat man ein gemeinsames neues Ziel gefunden, oder eine Person hat ihr Ziel durchgesetzt und die andere hat losgelassen und ist versöhnt damit. Oder eine spielt nicht mehr mit. Oder beide kommen zu der Entscheidung, ihr gemeinsames Spiel zu beenden und eigene Wege zu gehen.
   Während einer solchen Findungsphase bleibt jedoch allen Mitspieler*innen (die sich dieser hier aufgeführten Struktur bewusst sind) immer klar: Alle Beteiligten, ihre Fantasiewelten und Ziele sind in ihrer Existenz immer gleichberechtigt und gleichwertig. Jede Person bleibt mit ihrer Fantasiewelt gewürdigt. Im Kampf geht es „nur noch" darum, auf wessen Ziel man sich letztendlich konzentriert, wessen Ziel Vorrang erhält.
6. Es gibt Spiele, die wir Menschen gemeinsam spielen *müssen*, wenn wir das grundlegende Ziel haben, unser Überleben zu sichern und unseren Wohlstand zu erhalten: in der Familie, im gemeinsamen Mietshaus, im Job, im Verkehr, bei der Nahrungsbeschaffung etc. Für diese Spiele haben wir Regeln geschaffen, um mit möglichst wenigen Ungleichgewichten gemeinsam spielen zu können. Jeder kann aus diesen Spielen aussteigen, wenn er bereit ist, auf bestimmte grundlegende Ziele zu verzichten, die er nur durch ein gemeinsames Spiel erreichen kann.

So ist es immer: Manche Ziele haben zur Folge, dass man gemeinsam spielt. Manche Ziele haben zur Folge, dass man getrennt spielt.

Wenn ich mir jetzt in meiner Fantasie ausmale, dass ein Kritiker über dieses Buch folgende Worte schreiben würde: *„Der Autor beeinflusst seine Leserschaft unter dem tückischen Deckmantel, dass alles ‚nur' seine persönliche Fantasie sei, auf eine fatal gefährliche Weise. Es sind Sichtweisen, die den Leser abhängig machen und in noch unangenehmere Situationen führen werden. Gleichzeitig entzieht er sich seiner Verantwortung als Autor …"* – dann spüre ich, wie mich diese Worte nicht mehr verletzen. Meine Energie, Kraft und Ausgeglichenheit lassen mich nicht mehr im Stich und verschwinden nicht mehr ins Nirgendwo.

Ich weiß: Seine Fantasie unterscheidet sich von meiner – und das ist in Ordnung so. Wir müssen nicht miteinander spielen. Mein Gegenüber ist von meiner Seite aus frei, sich genau die Fantasie zu machen, die für ihn momentan stimmig ist. Und jeder – auch ich – ist frei, die Fantasie des anderen zu übernehmen, vielleicht auch nur teilweise, oder sich kreativ eine eigene zu gestalten. Ich fühle nicht mehr den Drang, eine fremde Fantasie, die mit meiner nicht übereinstimmt, unbedingt „korrigieren" zu müssen. Ich habe mein Ziel aufgegeben, dass sich jeder andere Mensch möglichst die gleiche Fantasie über meine Person und meine Werke macht, die ich selbst über mich habe. Ich stimme zu, wenn sich jemand in seiner Fantasiewelt von mir distanziert.

Ich sehe es jetzt so: Wenn jemand meine Fantasien angreift und destruktiv kritisiert, dann hat er gerade nicht das Ziel, sie vollständig nachzuvollziehen. Denn er stellt mir keine Fragen darüber. Er möchte nur mitspielen und mir gegenüber sein eigenes Ziel durchsetzen. Wenn jemand meine Fantasien wertet, kann er dies gerne tun. Es ist sein Recht, in seiner Fantasie bestimmten Dingen einen Wert zuzuschreiben und dadurch indirekt mitzuteilen, was ihm wertvoll ist und was nicht. Durch seine Wertung vermittelt er mir einige seiner in seiner Fantasiewelt verborgenen Wünsche und Ziele. Und ich kann ihn genauer kennenlernen und mir ein Fantasiebild von ihm machen.

Der Wert, den ich selbst meiner Fantasie gebe, bleibt davon unberührt. Ich fühle mich gut und habe jederzeit die Wahl, mit wem ich spielen will. Ich kann meine eigene Fantasie erweitern, wenn ich mich mit ihr nicht mehr gut fühlen sollte. Denn mein Ziel ist, immer weiter eine konstruktive Fantasiewelt in mir auszubauen, die sich sowohl in höchstmöglicher Resonanz mit meinem Umfeld befindet als auch gleichzeitig mir selbst guttut. Sie baut immer auf dem Bestehenden auf – eben „konstruktiv".

Eine konstruktive Fantasiewelt lässt uns automatisch konstruktiv handeln

Wenn ich in meiner konstruktiven Fantasiewelt lebe und mir vorstelle, dass andere Menschen eine gleichberechtigte konstruktive Fantasiewelt haben, und wenn ich dann anderen Menschen einen Tipp gebe, sie bei einem bestimmten Problem berate, dann verläuft meine Beratung ganz automatisch „konstruktiv“. Ich muss kein „konstruktives Modell“ mehr erlernen oder einüben.

✓ Ich erkenne die gleichberechtigte Fantasiewelt des anderen Menschen so an, wie sie gerade ist. Ich werte keinen Aspekt daran als „falsch“.

✓ Ich versuche genau zu verstehen, wie die Fantasiewelt des anderen in diesem Problembereich beschaffen ist. Dabei passe ich mich zunächst in meiner Fantasiewelt der fremden Fantasiewelt so gut wie möglich an. Ich weiß gleichzeitig, dass ich sie niemals 100%ig nachvollziehen kann. Entscheidend ist, dass ich fähig bin, die Fantasie des anderen Menschen so zu wiederholen, dass er sagt: *„Ja, so habe ich es gemeint.“*

✓ Ich überlege, was ich dem anderen als Idee anbieten könnte, damit er auf dem Bestehenden aufbauen und seine Ziele erreichen kann. Was fehlt ihm, um alles friedlich unter einen Hut bringen zu können?
- eine In-Formation, d. h. eine neue „Form in“ seiner Fantasiewelt?
- eine Fähigkeit?
- ein Verständnis?
- die Verarbeitung eines früheren Verlusterlebnisses?

✓ Ich beobachte, ob der andere meine Ideen so nachvollzogen hat, wie ich es gemeint hatte, und biete ihm in diesem Punkt meine Zusammenarbeit an: Ich erzähle so lange von meiner Idee/Fantasie, bis der andere dazu fähig ist, meine Fantasie zu wiederholen, und ich sagen kann: *„Ja, so habe ich es gemeint.“* Damit ist ein Verständnis erreicht. Der gemeinsame Spielabschnitt ist erfolgreich beendet.

✓ Nun beobachte ich, ob dem anderen geholfen und sein Problem verschwunden ist. Wenn nicht, beginnt das Spiel von vorne.

Mit diesem neuen Fantasie-Rahmen würden sich die Bewohner*innen des *Big-Brother*-Hauses vollkommen anders verhalten. Sobald eine Person der anderen von ihrer Fantasie erzählt hat, was eine Dritte aus ihrer Fantasie mitgeteilt hätte, würde man zu der Dritten hingehen und so lange nachfragen, wie sie es eigentlich gemeint hat. Dabei wiederholt man ihre Erläuterungen, bis diejenige sagt: „*Ja, so habe ich es gemeint.*" Erst dann kann man sich sicher sein, dass die eigene Fantasie nun ziemlich mit der Fantasie der anderen übereinstimmt und man es „nachvollziehen" konnte. Erst jetzt macht es Sinn zu schauen, ob man ähnliche oder unterschiedliche Ziele hat, ob man ein neues gemeinsames Ziel finden kann, ob man mit derjenigen weiter zusammenspielen möchte oder sich lieber auf andere Kontakte konzentriert.

Angenommen, öffentliche Kritiker*innen würden die Sichtweise übernehmen, dass jeder in seiner eigenen Fantasiewelt lebt, was würde sich ändern? Sie würden intensiv dafür sorgen, dass sie selbst sicher sein können, das zu kritisierende Objekt (= das „Bestehende") möglichst genau nachvollzogen zu haben. Und gleichzeitig würde ihnen bei ihrer Kritik bewusst sein, dass sie im Grunde indirekt mitteilen, welche Ziele sie selbst in ihrer konstruktiven Fantasiewelt verfolgen und welche nicht. Jede Kritikerin vermittelt in ihrer Kritik, wie sie das kritisierte Objekt in ihrer eigenen Fantasiewelt präsentiert, wie sie es sieht, wie sie es versteht. Und sie zeigt durch ihre Bewertung, wie dieses Fantasieobjekt zu ihren persönlichen Wünschen und Zielen passt.

Natürlich wird alles das, was eine Kritikerin formuliert, dann wiederum von anderen Menschen mit ihrer Fantasiewelt interpretiert …

Auf diese Weise kann ich viel gelassener auf Auseinandersetzungen schauen, denn alle Seiten sind aus meiner Sicht mit ihren Fantasiewelten gleichberechtigt. Es geht für mich nur darum, ob wir miteinander oder gegeneinander oder gar nicht spielen. Es geht nicht mehr um die Frage, was Wirklichkeit ist und was nicht, was realistisch ist und was nicht. Diese Frage fällt völlig weg und dadurch auch jegliche damit zusammenhängende Differenz. Wenn Auseinandersetzungen entstehen, dann nur noch **auf der Basis von Verlustschmerz**. Er ist das Einzige, das bleibt. Es besteht keine Möglichkeit mehr, dem Verlustschmerz auszuweichen und in die Diskussion über Weltbilder zu wechseln. Sondern ich muss mich nun dem Schmerz direkt stellen. Das bedeutet: Ich gestehe mir im Streitfall meinen Verlustschmerz selbst ein – und formuliere ihn vielleicht auch anderen gegenüber, damit sie die Möglichkeit haben, es nachzuvollziehen.

Die Antwort auf die Frage „*Was ist Wahrheit?*", die der römische Präfekt Pontius Pilatus gegenüber Jesus gestellt haben soll, lässt sich beantworten mit der Entscheidung: „*Ist nicht mehr wichtig …*".

Auch die Frage, ob sich ein Mensch echt, authentisch oder falsch und verlogen verhält, ist nicht mehr wichtig. Wichtig ist aber, ob ich mit einem Menschen zusammen spielen will oder nicht.

Wichtig ist, wie jeder Einzelne sich mit seiner eigenen Fantasiewelt und ihren Folgen (Erfahrungen) fühlt. Ist er mit den Folgen nicht zufrieden, dann kann er seine Fantasiewelt erweitern, bis er wieder zufrieden ist. „*Was funktioniert für mich? Was wirkt? Was hilft mir? Was fehlt? Was ist zu viel?*"

Wer sich so wie ich dazu entscheidet, in einer persönlichen konstruktiven Fantasiewelt zu leben, steht dem Weltbild „*Es gibt nur eine einzige vollständig vermittelbare Realität*" nicht mehr zur Verfügung. Das bedeutet aber nicht, dass diese Person sich von diesem Weltbild abwendet, sich davon distanziert und es ausschließt. Sondern dass sie dieses Weltbild in ihre konstruktive Fantasiewelt integriert als *eine* Möglichkeit, die Welt zu betrachten: „Ja, man *kann* die Fantasie leben, dass es nur eine einzige Realität gibt." Gleichzeitig weiß sie: „Es gibt noch mehr fantastische Möglichkeiten. Ich habe jederzeit die Wahl."

Was passiert, wenn wir Personen begegnen, die es anders sehen als wir und die eine konstruktive Fantasiewelt als Unsinn abtun? Das Schöne an konstruktiven Fantasiewelten ist, dass wir dazu kein entsprechendes Gegenüber benötigen. Wir brauchen niemanden, der es genauso sehen muss wie wir. Wenn jemand weiterhin der Auffassung ist, Wahrheiten, Behauptungen und eine gewisse objektive Realität vertreten zu wollen, dann kann er das gerne tun. Aus unserer Sicht ist das *eine* Möglichkeit, innere Trugbilder zu entwickeln. Es ist für uns ebenso eine Fantasiewelt, auch wenn unser Gegenüber es anders bezeichnen würde.

Die Frage könnte höchstens sein, wie wir miteinander kommunizieren wollen. Doch auch das können wir lösen, indem wir uns selbst der Vorstellungswelt des anderen anpassen, seine Sprache sprechen und uns dabei unserer eigenen Fantasie bewusst bleiben: Es ist nur eine Vorstellungswelt, eine Fantasiewelt, eine Sprache von vielen. Und wenn eine Person mit uns eine Diskussion darüber beginnt, was richtig und was falsch ist, und uns von ihrer „Realität" überzeugen möchte, ahnen wir, dass diejenige möglicherweise gerade ihr Ziel durchsetzen möchte, von dem sie nicht loslassen kann. Es könnte sein, dass sie einem Verlustschmerz ausweicht, der ihr schon länger nicht mehr bewusst ist. Dieses Thema erforschen wir ausführlicher im Abschnitt *„Unser Wunsch, etwas zu vermeiden"* – hier in diesem Kapitel ab Seite 128.

Albert Einstein soll gesagt haben: *„Eine Frage raubt mir den Verstand: Bin ich verrückt – oder alle anderen im Land?"*

Mit unserer konstruktiven Fantasiewelt können wir nun antworten: *„Das spielt keine Rolle mehr."* Vielleicht würde Einstein unsere Antwort besser verstehen, wenn wir sagen würden: *„Das ist immer relativ."*

Natürlich ist es schön, einer Person zu begegnen, die Dinge ähnlich sieht wie wir, die eine ähnliche Fantasiewelt mit ähnlichen Wünschen und Zielen besitzt. Denn dann können wir auch friedlich zusammen spielen. Doch das ist nie eine Selbstverständlichkeit. Das ist keine „Normalität". Normal sind viele Milliarden unterschiedliche Fantasiewelten auf diesem Planeten.

Ich biete Ihnen im gesamten Buch viele kleine Aspekte an, mit denen Sie Ihre Fantasiewelt erweitern können. Es besteht die Möglichkeit, immer mehr Ungleichgewichte zu integrieren, alles unter einen Hut zu bringen und sich insgesamt wohler zu fühlen. Vielleicht können Sie beim Lesen allmählich besser mit Unstimmigkeiten umgehen – sowohl mit eigenen Krisen als auch mit den Krisen, die Sie in Ihrem Umfeld miterleben. Deshalb lade ich Sie dazu ein, meine ganz persönliche Fantasiewelt noch ausführlicher kennenzulernen und auszuprobieren. Schauen Sie bis zum Happy End des Buches, ob etwas dabei ist, was Ihnen Spaß macht, was Ihnen hilft, was Sie für eine tolle Idee halten. Beobachten Sie, welche Folgen Sie erleben oder was Sie darin unterstützt, Ihre Ziele mit sich selbst und auch mit Ihren Mitmenschen besser zu erreichen. Sammeln Sie neue Erfahrungen. Was tut Ihnen gut? Konstruieren Sie Ihre eigene Fantasiewelt daraus.

Sie erinnern sich

An dieser Stelle führe ich eine kleine Hilfe ein, die Sie beim Lesen des Buches dabei unterstützt, den Überblick bei der Vielfalt und Komplexität der Themen zu behalten. Diese Hilfe steht am Ende einiger Abschnitte und trägt die Überschrift „Sie erinnern sich". Dadurch erinnern Sie sich nicht nur, sondern Sie sehen auch, welche Themen ich für relevant halte, um später beschriebene Zusammenhänge gut nachvollziehen zu können. Gleichzeitig trainiert es Ihr Gedächtnis, weil hier die Essenz des bisher Gelesenen immer wiederholt wird. Auch wenn Ihnen die Sätze allmählich bekannt vorkommen, lesen und denken Sie diese Erinnerungshilfe jedes Mal in Ruhe vollständig durch. Das stärkt Neuronenverbindungen im Gehirn und integriert das bereits Bekannte in das gerade neu Kennengelernte.

Ich schreibe in der Ich-Form, damit Sie die Wahl haben, sich eventuell damit zu identifizieren und sich die Sätze selbst zu sagen – oder es als die Fantasie des Autors zu betrachten, wenn Sie die Sichtweise lieber bei mir verortet lassen wollen.

- Mein Bild von der Welt, von meinen Mitmenschen und von mir selbst ist meine ganz persönliche konstruktive Fantasiewelt.

- Ich betrachte jeden Menschen als grundsätzlich frei, seine ganz eigene gleichberechtigte Fantasiewelt zu gestalten – bewusst oder unbewusst. Jede*r entscheidet frei, mit wem sie/er spielen möchte.

Was bisher Wundervolles geschah

Ich fasse hier die Themen des ersten Bandes zusammen, die Sie als Voraussetzung brauchen, um nachher die nächsten Schritte gehen zu können. Dabei zeige ich Ihnen gleichzeitig, wie man diese Themen in den neuen Rahmen der konstruktiven Fantasiewelt integrieren kann.

Ich glaube, die meisten von Ihnen haben schon einmal von Systemischen Aufstellungen oder vom Familienstellen gehört oder es sogar miterlebt. In diesem Buch wird es aber weniger um das Aufstellen an sich gehen als vielmehr um weitere Folgen, die sich aus dem dort beobachtbaren Phänomen ableiten lassen.

Ich lernte diese damals noch rein psychotherapeutische Methode 1996 kennen und begründete Anfang 2003 die „Freien Systemischen Aufstellungen" (siehe auch mein Buch *Das freie Aufstellen – Gruppendynamik als Spiegel der Seele*, 2003, und die Website: www.freie-systemische-aufstellungen.academy).

Was kann man beim Aufstellen erleben? An einer Aufstellungsgruppe nehmen Menschen teil, die eine Frage oder ein Problem aus ihrem Alltag lösen oder mehr Klarheit darüber gewinnen möchten. Oder sie wollen hilfreiche Impulse für ein Projekt oder ein bestimmtes Ziel erhalten. Wenn nun beispielsweise eine Teilnehmerin aufstellen darf, wird überlegt, welche Aspekte oder Personen bei ihrem Problem eine „Rolle" spielen. Die Frau fühlt z. B. Spannungen zwischen ihrem Ehemann und sich. Also sucht sie aus der Gruppe Stellvertreter*innen für beide Personen aus (auch für sich selbst) und stellt sie im Raum zueinander auf. Daher kommt der Begriff „Aufstellung". Nun schaut man, welche Gefühle oder Verhaltensweisen diese Stellvertreter*innen in ihren Rollen intuitiv und spontan entwickeln. Oft bestätigt die aufstellende Person, was in der Aufstellung passiert, und teilt mit, dass sie das Verhalten der Stellvertreter*innen aus ihrem Alltag kennt. Mit anderen Worten: Die Handlungen und Gefühle der Stellvertreter*innen stimmen mit der Vorstellung, also mit der „Fantasie" überein, die die aufstellende Person über die „reale" Situation im Alltag entwickelt hat. Meistens wird diese Übereinstimmung als fantastisches Phänomen gewertet. Denn das passiert auch, wenn die Stellvertreter*innen keinerlei Anweisungen erhalten haben, wie sie ihre Rollen spielen sollen, und auch kein Hintergrundwissen über die Personen besitzen, die sie gerade vertreten.

Aufgrund dieses Phänomens kann man eine Aufstellung stellvertretend nutzen, um für das Problem der aufstellenden Person eine Lösung zu finden. Man kann die Stellvertreter*innen befragen, was sie bräuchten, damit es ihnen besser geht. Aus den Feedbacks zieht man Rückschlüsse und erarbeitet Lösungsmöglichkeiten. Die Teilnehmerin in unserem Beispiel kann dadurch konstruktiv ihre Fantasiewelt erweitern und lösende Erkenntnisse erleben. Wenn sie nun anschließend mit einem neuen verständnisvollen oder gelösten Blick auf das Problem schaut, kann es sein, dass auch ihr Mann anders reagiert. Und die Spannungen beginnen zu verschwinden.

Bis zum Jahr 2003 war es üblich, dass eine Aufstellung von einer Aufstellungsleiterin oder einer Therapeutin geführt wurde. Bei der von mir begründeten freien Variante können die Teilnehmer*innen ihre Aufstellung auch selbstständig leiten und deuten. Mithilfe ihrer Stellvertreter*innen sammeln sie autonom durch Versuch und Irrtum neue und für ihre persönliche Fantasiewelt oft wertvolle Erfahrungen. Im Jahr 2003 war dies noch eine Revolution, heute ist es bereits eine im gesamten deutschsprachigen Raum verbreitete selbstständige Aufstellungsform.

Ich durfte bis heute in über tausend Aufstellungen dieses Phänomen genauer beobachten, dass Stellvertreter*innen mit ihren Gefühlen oft verblüffend exakt dem entsprachen, was die aufstellende Person erst hinterher berichtete. Beispielsweise fühlte in einer Familienaufstellung der Stellvertreter eines Großvaters einen Schmerz im linken Bein. Dem realen Großvater war tatsächlich dieses Bein im Krieg amputiert worden, wie die aufstellende Person später mitteilte. Ein anderer Stellvertreter fühlte sich energie- und kraftlos; die entsprechende reale Person war in ihrem Leben oft sehr depressiv.

Bei einer experimentellen spielerischen Aufstellung Ende Juni 2008 sollte eine Teilnehmerin eine Rolle spielen, ohne dass man ihr sagte, welche. Man würde sich diese nur in Gedanken vorstellen und innerlich auf sie projizieren. Als Stellvertreterin begann sie nach kurzer Zeit heftige Schmerzen im Unterleib zu spüren und fühlte sich dicker als normal. Dann wurde verraten, welche Rolle sie gerade spielte: Angelina Jolie, die in der Realität gerade mit Zwillingen hochschwanger war. Außerdem hatte sich diese Stellvertreterin selbstständig neben einen anderen Stellvertreter gestellt und freundschaftlich ihren Arm in seinen eingehakt. Dieser Stellvertreter hatte zu Beginn der Aufstellung die Rolle „Brad Pitt" erhalten, wie hinterher verraten wurde. Es gab gleichzeitig noch mehr Stellvertreter*innen während dieser Aufstellung. Die Teilnehmerin hätte also die Möglichkeit gehabt, sich auch zu anderen Personen zu stellen, doch sie hatte intuitiv den Stellvertreter gefunden, der den realen Partner von Angelina Jolie darstellte.

Solche stimmigen Intuitionen und Gefühle werden in der Fachwelt „repräsentierende Wahrnehmung" genannt. Eine Stellvertreterin repräsentiert eine Person und nimmt in dieser Rolle Gefühle und seelische Dynamiken der repräsentierten Person wahr. Der Begriff „repräsentierende Wahrnehmung" wurde von Prof. Dr. Matthias Varga von Kibéd geprägt. Ich nenne es seit 2014 „resonierende Empfindungen".

Wer dieses Phänomen noch nie erlebt hat, kann es sich meist auch nicht vorstellen, so außergewöhnlich ist es. Viele Außenstehende erklären sich in ihrer Fantasiewelt die Berichte über Aufstellungen so, dass solche Gefühle durch winzige, nicht bewusst wahrnehmbare Körpersignale von der aufstellenden Person hypnotisch an die Stellvertreter*innen ihrer Aufstellung vermittelt werden. Andere Theoretiker*innen behaupten, die Teilnehmer*innen einer Aufstellung würden sich dieses Phänomen in ihrer Fantasie nur einbilden. Unser Gehirn sei darauf angelegt, die Umwelt möglichst so zu interpretieren, dass es zu den eigenen Wünschen und Vorstellungen passt. Die Übereinstimmungen von Stellvertretergefühlen mit den realen Personen seien nichts anderes als zufällige Geschehnisse, die durch das Wunschdenken von Teilnehmer*innen oder durch den Erwartungsdruck einer Aufstellungsgruppe besonders hervorgehoben würden. Auch wenn aufstellende Teilnehmer*innen Übereinstimmungen zwischen Stellvertreter*innen und realen Personen bestätigen, könnte dies durchaus an einem „veränderten Wachbewusstsein" dieser Teilnehmer*innen liegen und müsse mit der Wirklichkeit nichts zu tun haben.

Die meisten Menschen aber – so ist meine Fantasie – ignorieren dieses Phänomen einfach, weil es für sie wissenschaftlich nicht erklärbar ist und sie es nicht richtig zuordnen können. Und weil zusätzlich in der Öffentlichkeit von destruktiven Kritiker*innen vor dem Familienstellen generalisierend gewarnt wird.

Wie Sie aus dem Abschnitt „Eine konstruktive Fantasiewelt für Erwachsene“ entnehmen können, ist es mir selbst inzwischen unwichtig geworden, ob meine Erlebnisse mit der „Wirklichkeit“ übereinstimmen oder nur „Ergebnisse meiner Geschichten erzeugenden Fantasie“ sind. Es spielt für mich keine Rolle mehr, was „wirklich echte Wahrheit“ ist und was nicht. Das Entscheidende für mich ist, dass die Systemaufstellung bei eigenen Problemen und ernsthaften Fragestellungen genial helfende Antworten in mir anregt, die mir tatsächlich weiterhelfen. Und ich bin bei Weitem nicht der Einzige, dem es so ergeht. Aber probieren Sie es einfach selbst aus. Hier noch zwei weitere Beispiele für das Phänomen der resonierenden Empfindungen, mit denen wir in Aufstellungen arbeiten:

Eine Teilnehmerin eines meiner Seminare im Mai 2009 in Österreich führte selbstständig eine Doppelblindaufstellung durch. Diese im Folgenden beschriebene Form der Doppelblindaufstellung, die ich selbst im Jahr 2003 entwickelte, hat den Hauptzweck, das Aufstellen spielerisch kennenzulernen (der Name „Doppelblindaufstellung“ stammt von einem meiner damaligen Teilnehmer*innen): Die Teilnehmerin schrieb die Namen von vier verschiedenen bekannten Persönlichkeiten, die sie sich heimlich überlegt hatte, auf kleine Zettel. Dann faltete sie diese Zettel, mischte sie und fragte in die Runde, wer einen Zettel ziehen möchte. Ich wollte aktiv mitmachen und nahm einen der gefalteten Zettel an mich. Alle Zettel sahen gleich aus, die Teilnehmerin wusste also nicht, welchen Zettel ich gezogen hatte, und auch ich durfte nicht auf diesen Zettel schauen. Allerdings wusste natürlich die Teilnehmerin, welche vier Namen in Umlauf waren.

Warum heißt es dann „doppelblind“, denn die Namen waren ja der Teilnehmerin bekannt? Der Begriff „doppelblind“ bezieht sich nicht auf den Inhalt der Zettel, sondern darauf, wie die Zettel verteilt sind! Denn das spielerische Ziel ist, die Verteilung erraten zu können, und niemand – auch nicht die Teilnehmerin – hatte eine Ahnung, wer welchen Zettel gezogen hatte. Die Verteilung der Zettel war also allen Anwesenden vollkommen unbekannt. Ergo: Doppelblindaufstellung.

Wir Stellvertreter*innen – mit jeweils einem gefalteten Zettel in der Hand oder in der Hosentasche – folgten nun einfach unseren auftauchenden Gefühlen und Impulsen. Die Teilnehmerin sollte die sich entwickelnde Situation beobachten, die Gefühle der Stellvertreter*innen analysieren und nach einer Weile erraten, wie die Zettel verteilt waren, also wer wohl welchen Namen auf seinem Zettel stehen hat und welche „Rolle“ spielt. Warum dieses Ratespiel? Die Doppelblindaufstellung ist ihrem Wesen nach eher ein Experiment. Wie bereits erwähnt, kann man sie gut zum spielerischen Kennenlernen von Aufstellungen und ihren Phänomenen nutzen. Daher ist sie auch gut für Kinder geeignet. Teilnehmer*innen können üben, die Gefühle von Stellvertreter*innen zu beobachten, genauer zu erforschen und Schlussfolgerungen daraus zu ziehen.

Manchmal wird diese Aufstellungsform aber auch für ernsthafte Themen eingesetzt. Dort geht es dann weniger um das Erraten, sondern eher um das Finden neuer Lösungsbilder.

Ich konzentrierte mich auf meine mir unbekannte Rolle, die auf meinem zusammengefalteten Zettel stand. Nach ein paar Sekunden fiel mein Blick auf eine Stehlampe, ein Deckenfluter, der in der Ecke des Raumes stand und angeschaltet war. Ich hatte das Gefühl, ich müsste sofort zu dieser Lampe hingehen. Auf dem Weg quer durch den Raum fühlte ich, wie ich irgendwie im Rampenlicht stehen musste. Auf einer Bühne? Mir kam der Gedanke an eine Sängerin, die auf einer Bühne im Rampenlicht steht.

Bei der Lampe angekommen, war mein Bedürfnis, mich an der Lampe festzuhalten, wie an einem Mikrofonständer. Und ich stand jetzt im Hellen, hatte jedoch gleichzeitig den Impuls, mich hinter dieser schmalen Lampe zu verstecken, mich in die Ecke zu drängen. Das war ein Zwiespalt: auf der einen Seite das Bedürfnis, im Rampenlicht zu stehen, auf der anderen Seite das Bedürfnis, mich vorsichtig oder ängstlich zu verstecken.

Die anderen Stellvertreter*innen berichteten ebenfalls von ihren Gefühlen und folgten ihren Bewegungsimpulsen. Die aufstellende Person war ein wenig ratlos und wusste nicht genau, wie sie die geäußerten Gefühle den entsprechenden Namen zuordnen sollte. Sie tippte mehrfach daneben. Auch zu mir sagte sie, ich sei wohl der Schauspieler Stan Laurel (aus *Dick und Doof*), was aber nicht so richtig zu meinem Gefühl passte. Leider hatte ich meinen Gedanken an eine Sängerin für mich behalten, da ich die Interpretation meiner reinen Gefühle der aufstellenden Person überlassen wollte. Als ich dann später auf meinen Zettel schaute, stand dort: „Michael Jackson“! Der „King of Pop“, der in seiner Kindheit von seinem Vater jahrelang zum Erfolg auf der Musikbühne hingeprügelt wurde (= Rampenlicht / Ängstlichkeit). Mein intuitives Rollenverhalten passte in meiner Fantasiewelt auf verblüffende Weise zu dem Namen auf diesem Zettel.

Das folgende zweite Beispiel erlebte ich im Jahr 2003. Eine Teilnehmerin eines kostenlosen Aufstellungsworkshops führte autonom ihre Aufstellung durch. Dabei stellte sie „verdeckt" auf, d. h. sie erzählte der Gruppe nicht, wie ihre Fragestellung lautete. Sie behielt das Thema für sich, und als sie Stellvertreter*innen aus der Gruppe für die Aufstellung aussuchte, teilte sie denjenigen auch nicht mit, welche Rolle sie jeweils spielen würden. Sie stellte sich lediglich innerlich vor, wem sie welche Rolle gab. Auch mich fragte sie: „Spielst du mit?" Ich nickte und stand auf. Ich stellte mich ihr einfach zur Verfügung und hatte keinen blassen Schimmer, um was es hier gehen würde und welche Rolle ich spiele.

Wir waren fünf Stellvertreter*innen, die zunächst einmal schlendernd durch den Raum gingen. Jeder durfte frei seinen Impulsen und Gefühlen folgen. Mich zog es auf einmal zum Kamin. Ich lehnte mich dagegen und fing an, mich so richtig „cool" zu fühlen. Mein Unterkiefer begann sich zu bewegen, so als würde ich Kaugummi kauen, obwohl ich nichts zu kauen im Mund hatte. „Hey, du geile Schnecke!" rief ich einer Stellvertreterin quer durch den Raum zu und stemmte dabei meine Hand in meine Hüfte. So cool hatte ich mich noch nie gefühlt. Und so ging es immer weiter. Es war mir zwar ein bisschen peinlich, was ich da tat, doch diese Aufreißernummer machte mir gleichzeitig auch Spaß.

Nachdem die aufstellende Teilnehmerin genug gesehen, Fragen an die Stellvertreter*innen gestellt und Verschiedenes ausprobiert hatte, wusste sie nicht weiter. Sie fragte sich, wie sie die Situation befriedigend lösen konnte, und brauchte Hilfe. So weihte sie die Gruppe ein, erzählte, welches Thema sie aufgestellt hatte und wer welche Rolle spielen würde. Dann konnten wir nachdenken oder nachfühlen und ihr ein paar Ideen anbieten, was vielleicht zu einem besseres Gleichgewicht führt.

Ihr Thema war, dass sie immer wieder Schwierigkeiten mit Männern hat, die sich sehr machohaft verhalten, und sie suchte nach einem für sie befriedigenden neuen Umgang mit ihnen. Dazu benötigte sie u. a. auch einen Stellvertreter, der generell den Typ „Macho" darstellte. Diese Rolle hatte sie innerlich mir gegeben. Ich stand für keine spezielle Person, sondern einfach nur für „Macho". Es funktionierte … verdeckt … ich hatte nichts gewusst, nichts geahnt, wusste von ihr auch nicht, dass sie dieses Problem hatte, und hatte nicht das Gefühl, durch irgendeinen Blick von ihr oder ein Verhalten oder ein Körpersignal beeinflusst worden zu sein. Während meines Rollenspiels schaute ich sie ja auch gar nicht an. Als ich ihr und ihrer Aufstellung zur Verfügung stand, folgte ich einfach nur meinen in mir selbst auftauchenden Impulsen und wurde dadurch vorübergehend zu einem Macho.

Alles „Zufall“? Meine Antwort lautet: Nein, kein Zufall. Aber wie ist so etwas möglich?

In meiner Fantasiewelt stelle ich mir vor, es könnte die Folge einer für uns Menschen unfassbaren „Resonanz“ zwischen allem sein, die zu solch seltsamen unglaublichen Informationsübertragungen und Beeinflussungen führt. Es könnten Schwingungen auf einer bestimmten universellen Ebene existieren, die in der Wissenschaft mit den bisherigen Instrumenten und Techniken nicht nachgewiesen werden können. Nur in unserem oft stimmigen Bauchgefühl im Alltag, in den Gefühlsverwicklungen unserer Beziehungen, in den Phänomenen der Aufstellungen und in seltsam „telepathischen“ Alltagserlebnissen zeigt sich möglicherweise der Kontakt zu solch einer allumfassenden Schwingungsebene. Die folgende Theorie ist für mich die momentan passendste: **Alles schwingt**. Alle Informationen werden durch verschiedene Schwingungsebenen übertragen – so dass wir ab und zu eine Art „resonierende Empfindung“ erleben dürfen.

Ich sage bewusst nur „ab und zu“. Das Problem ist, dass wir in Aufstellungen auch erleben, wie Stellvertreter*innen sich unstimmig verhalten und die aufstellende Person nicht bestätigen kann, dass es hier Ähnlichkeiten zu der repräsentierten Person gibt. Genauso ist es schwierig, das Experiment der Doppelblindaufstellung so wiederholbar durchzuführen, dass es einen „Beweis“ für das Phänomen der resonierenden Empfindungen darstellen könnte. Trotzdem – ich erlebe bei diesem Experiment immer wieder (nach meiner Fantasie viel zu häufig!) verblüffende Erlebnisse, wie ich sie oben berichtet habe. Meiner Ansicht nach können sie nicht nur Zufall sein, da die gefühlten Empfindungen viel zu eindeutige Botschaften enthalten, die man ziemlich klar der repräsentierten Person zuordnen kann – also im wahrsten Sinne des Wortes „ein-deutig“.

Wenn Sie Aufstellungen noch nie erlebt haben, lautet meine Empfehlung: Nehmen Sie einmal am Systemaufstellen oder am Freien Aufstellen teil, oder organisieren Sie selbst eine kleine Gruppe und stellen sich selbst als Stellvertreter*in zur Verfügung (siehe zum Selbstorganisieren mein Buch *„Freie Systemaufstellung: Das fühlt sich richtig gut an!“*). Gehen Sie auf diese Weise bewusst in Resonanz. Beobachten Sie, was Sie erleben und welche nützlichen Anregungen Sie für Ihre konstruktive Fantasiewelt erhalten werden, und lesen Sie dann hier weiter. Anschließend können Sie mir wahrscheinlich noch besser folgen, da wir nun ähnliche Erfahrungen gemacht haben, auf denen alle folgenden Erkenntnisse, Fantasien und Ideen in diesem Buch aufbauen. In meinen Vorträgen sage ich dem Publikum gerne: „Glauben Sie mir nichts! Probieren Sie alles selbst aus und sammeln Sie Ihre eigenen Erfahrungen.“

Da ich den Begriff „Resonanz“ öfter verwende, möchte ich hier eine Definition davon geben: *resonare* (lat.) wird oft übersetzt mit „widerklingen“. Wenn ich bei einem Klavier das rechte Pedal herunterdrücke, so dass alle Saiten frei schwingen können, und singe einen lauten Ton, dann höre ich anschließend genau diesen Ton im Klavier mitschwingen. Er klingt wider. Die Saiten des Klaviers schwingen in Resonanz zu meinem gesungenen Ton.

Wenn ein Stellvertreter sehr ähnliche Gefühle hat wie die Person, die er vertritt, dann schwingt er mit dieser Person in gewisser Weise in Resonanz. In den Gefühlen des Stellvertreters klingt die Persönlichkeit des anderen wider.

Wissenschaftler*innen haben im Gehirn einen Bereich entdeckt, in welchem sie Spiegelneurone vermuten. Dies sind Gehirnzellen, die in uns aktiv sind, während wir die Handlung eines anderen Menschen beobachten. Normalerweise feuern diese Neurone, wenn wir selbst diese Handlung ausführen und uns zum Beispiel am Kopf kratzen. Doch wenn wir die Aktivität nur im Außen beobachten und selbst dabei passiv sind, schwingen die Neurone ebenso mit. Das bedeutet, dass bei der Beobachtung einer sich am Kopf kratzenden Person die beobachtete Handlung sich in unserem Gehirn widerspiegelt. Wir vollziehen die beobachtete Handlung innerlich nach – wir befinden uns in „Resonanz“ zum beobachteten Menschen und kratzen uns ebenso am Kopf, aber nur innerhalb unseres Gehirns, ohne es äußerlich zu tun. Hierfür wird von den Wissenschaftler*innen der Begriff „Resonanz“ eingesetzt. Wir befinden uns in unserem Gehirn mithilfe unserer Spiegelneurone in Resonanz zu der im Außen beobachteten Handlung eines anderen Menschen (deshalb ist Gähnen ansteckend).

Auf diese Weise benutze auch ich im Bereich der resonierenden Empfindungen das Wort „Resonanz“. Mein (Fantasie-)Bild ist, dass wir uns in unserem Gefühl oft mit der Ausstrahlung der Person in Resonanz befinden, der wir uns stellvertretend zur Verfügung gestellt haben.

Zurück zu der Möglichkeit, dass Stellvertreter*innen nicht immer in deutlicher Resonanz zu der realen Person schwingen, die sie gerade als Stellvertreter*in repräsentieren. Das ist genauso ein Phänomen wie das Phänomen, dass die Gefühle zwischen Stellvertreter*in und realer Person übereinzustimmen scheinen. In meiner Fantasiewelt ist es wichtig, dieses Phänomen der scheinbaren Nicht-Resonanz genauso ernst zu nehmen wie die Resonanz (siehe dazu auch den Abschnitt in diesem Kapitel: „Die kraftvolle Wirkung des Wörtchens ‚*nicht*‘ “). Viele Menschen sind von den Phänomenen beim Aufstellen so begeistert, dass sie in ihrer Fantasiewelt gleich davon überzeugt sind, sich selbst immer (!) stimmig in einen anderen Menschen einfühlen zu können. Sie denken, dass sie jedes Mal, wenn sie sich einer anderen Person zur Verfügung stellen, derren Stimmungsbarometer im eigenen Körper abgebildet finden. Daher meinen sie auch, fühlen zu können, was mit der anderen los ist. Sie gehen davon aus, für die andere Person und ihre Ungleichgewichte immer ein „Spiegel“ zu sein, und entwickeln die Vorstellung, dass die andere Hilfe oder einen provozierenden Anstoß braucht. Kann die andere diesen Impuls dann nicht annehmen oder den Spiegel nicht anerkennen, weil es ihr gerade nicht hilft, sagen sie nicht: „*Oh, dann habe ich mich geirrt, ich dachte, es könnte dir helfen*“, sondern sie denken oder sagen: „*Du willst dir ja gar nicht helfen lassen! Du bist blockiert! Du schaust nicht wirklich hin.*“.

Ich beschreibe es hier so ausführlich, weil wir diese scheinbar anmaßende Haltung eines Menschen auch ab und zu in unserem Alltag erleben dürfen. Jemand anders weiß besser als wir selbst, was für uns gut ist. Meinen Lösungsvorschlag für diesen scheinbaren Konflikt habe ich bereits im letzten Abschnitt ausführlich beschrieben:

Jede Fantasie eines jeden Menschen ist gleichberechtigt, denn jede Fantasie dient demjenigen, der sie entwickelt hat.

Es geht mir also nicht darum, einer scheinbar anmaßenden Haltung zu widersprechen oder zu sagen, dass diese eben beschriebenen „wissenden“ Menschen falsch fühlen oder falsch handeln und sich etwas anmaßen. Denn dann würde ich mich ja selbst mit meiner Wahrheit über sie stellen und behaupten, ich wüsste, wie es generell richtig zu sein hat. Ebenso bin ich nicht der Meinung, dass destruktive Kritik etwas Falsches ist, auch wenn sie oft wehtut. Mir geht es darum, einen Konflikt so anzuerkennen, wie er ist, beide Seiten in ihren Welten als gleichberechtigt zu würdigen und dann zu überlegen, wie man mit den Folgen umgehen möchte. Mir geht es darum, die konstruktive Fantasiewelt der anderen Person (der Beurteilten) *genauso* zu würdigen wie die konstruktive Fantasiewelt der scheinbar Spiegelnden oder Besserwissenden.

Der nächste Schritt oder gar der Frieden lässt sich vielleicht in einer übergeordneten umfassenderen Fantasiewelt finden, in der die persönlichen Fantasiewelten der Konfliktparteien zusammenpassen und sich befruchtend ergänzen. Vielleicht kann man sich auf ein neues, alle Seiten integrierendes Ziel einigen? Das hängt oft von vielen Faktoren ab. Oder man kann innerhalb dieser übergeordneten Fantasiewelt die Unterschiede aller individuellen Fantasiewelten würdigen.

Wie sich eine übergeordnete, alles integrierende Fantasiewelt finden lässt, beschreibe ich im dritten Kapitel.

Wie bin ich nun auf den Satz „Ich stehe nicht mehr zur Verfügung“ gestoßen? Sobald eine Aufstellung beendet ist und die Stellvertreter*innen wieder aus ihren Rollen gehen, hört die resonierende Empfindung auf, die Rollengefühle verschwinden. Dies kann ich regelmäßig beobachten. Die Stellvertreter*innen stehen für die Aufstellung nicht mehr zur Verfügung, gehen aus den Rollen heraus und sind wieder sie selbst. Nachdem meine Stellvertreterrolle als „Macho“ nicht mehr gebraucht wurde, nahm ich auf meinem Stuhl Platz und verhielt mich wieder normal. Meine „coolen“ Gefühle waren verschwunden.

Ende 2005 überlegte ich mir das erste Mal, dass dieses Phänomen in den Aufstellungen vielleicht auf unseren Alltag übertragbar ist. Stehen wir uns nicht auch in bestimmten Situationen gegenseitig zur Verfügung? Und entwickelt sich dadurch nicht vielleicht eine resonierende Empfindung in uns? Ich nutzte bestimmte Alltagssituationen, in denen ich mich in gewisser Weise gegenüber anderen Menschen gebunden fühlte. In diesen Situationen verhielt ich mich bisher automatisch auf eine Weise, wie ich mich – wenn ich unabhängig wäre – eigentlich nicht verhalten hätte. Es fühlte sich an wie eine Rolle, die ich zu spielen hatte. So entschied ich mich innerlich, hier nicht weiter zur Verfügung zu stehen. Tatsächlich erlebte ich, wie sich nun etwas in mir entspannte, wie ich mich authentischer fühlte und gelassener in meinem Verhalten wurde, ohne dass ich mich von der Situation distanzieren musste. Dies geschah nicht immer, aber immer mal wieder.

Einmal begegnete ich einem recht schüchternen Menschen, der sich öfter versprach und leise redete. Ich spürte, wie ich mich selbst unsicher zu fühlen begann und mich häufiger versprach, als ich es von mir kannte. Nach meiner inneren Entscheidung, dieser Verlegenheit nicht weiter zur Verfügung zu stehen, fiel die Unsicherheit von mir ab und meine Sprache wurde wieder klarer und sicherer.

„Aber ihr, die ihr stark und schnell seid, seht zu, dass ihr nicht vor den Lahmen hinkt und es für Freundlichkeit haltet.“ (Khalil Gibran, *Der Prophet*, 1973, S. 49)

Bei einem zehnjährigen Klavierschüler erlebte ich in mir besonders strenge Gefühle. Es war in den ersten Unterrichtsstunden schwer, mich zurückzuhalten und ihm gegenüber nicht emotional hart zu werden, wenn er Fehler machte. Ich konnte nur schwer freundlich bleiben. Außerdem spürte ich ein Verlangen, ihm sogar damit zu drohen, dass er keinen weiteren Unterricht erhalten könne, wenn er weiterhin zu Hause so wenig üben würde. Doch ich sprach diese Drohung nicht aus. Ich musste nur immer daran denken und bremste mich. Bei anderen Klavierschüler*innen fühlte ich mich normalerweise offen und verständnisvoll und hatte immer die Einstellung, dass es unwichtig sei, wie viel sie zu Hause geübt hatten. Ich holte sie auf dem Niveau ab, auf dem sie sich gerade befanden, und übte mit ihnen gemeinsam im Unterricht die nächsten Schritte. Auf diese Weise kamen wir zumindest langsam voran und ich demonstrierte ihnen gleichzeitig, wie man üben kann. Meine Schüler*innen hatten immer die Freiheit, selbst zu bestimmen, wie schnell sie vorankommen wollten. Weil ich diesen Vergleich zu anderen Schüler*innen hatte, war mir bewusst, dass ich bei dem betreffenden Schüler mit meinen strengen Gefühlen und meinem Bedürfnis, ihm zu drohen, wohl für ihn eine Rolle spielen müsse, und vermutete, dass er recht strenge Eltern hat. Ein paar Wochen später lernte ich den Vater kennen, der seinen Sohn vom Unterricht abholte und mit mir ein paar Worte wechselte. Beim Gehen ergab sich zwischen ihm und seinem Sohn eine Situation, in der vom Vater die Drohung ausgesprochen wurde: „Wenn du dich weiter so verhältst, darfst du in Zukunft nicht mehr zum Klavierunterricht gehen.“ In den nächsten Unterrichtsstunden stellte ich mich dieser Vaterrolle nicht weiter zur Verfügung – und von da an fiel es mir wesentlich leichter, mit diesem Schüler offen und freundlich umzugehen.

Auf diese Weise entdeckte ich in meiner konstruktiven Fantasiewelt eine neue Möglichkeit, sich in bestimmten Kontakten zu anderen Menschen von belastenden resonierenden Empfindungen befreien zu können. Viele Leser*innen des ersten Bandes haben mir berichtet, dass sie ähnliche Erfahrungen machen durften.

Wenn Sie sich in einer bestimmten Alltagssituation gefangen oder unwohl fühlen, dann experimentieren Sie und sagen innerlich zu sich selbst die folgende Entscheidung: „Ich stehe der Ursache meines Gefühls nun nicht weiter zur Verfügung.“ Dies können Sie auch gleich auf destruktive Kritik anwenden. Wenn Sie von jemandem auf unangenehme Weise kritisiert werden, dann sagen Sie sich selbst diesen Satz und schauen, wie Sie sich danach fühlen.

Der Satz lässt sich natürlich auch abwandeln. Probieren Sie folgende Variationen:

„Ich stehe nur der Destruktivität nicht mehr zur Verfügung.“

„Ich stehe dem hinter der Destruktivität steckenden Schmerz des anderen nicht mehr zur Verfügung und lasse ihn ganz bei ihm/ihr.“

„Ich stehe dem Ziel der anderen nicht weiter zur Verfügung.“

Beobachten Sie, ob sich dadurch in Ihrem Gefühl etwas verändert, und sammeln Sie Erfahrungen. Achten Sie darauf, wann es funktioniert und wann nicht. Seien Sie Erforscher Ihrer Gefühle.

Natürlich habe ich mir über diese Erfahrung meine Gedanken gemacht und nach Deutungen und Schlussfolgerungen gesucht, die mir das Phänomen logisch erklären könnten. Warum stehen wir anderen Menschen zur Verfügung? Und warum entwickeln wir dabei manchmal auch eine resonierende Empfindung?

Folgende Fantasie habe ich dazu in mir entwickelt:

Wenn wir einen Wunsch haben oder ein Problem fühlen oder einen Drang ausleben möchten oder etwas lösen wollen, kurz: wenn wir ein „Ziel" haben, dann ist es logisch, dass wir genauer hinschauen, wie wir dieses Ziel erreichen können. Dazu gehört als Erstes, dass wir genau wissen, wo wir gerade stehen. Habe ich mich in einer Stadt verfahren, dann nützt mir der Stadtplan nur, wenn ich weiß, in welcher Straße ich mich jetzt gerade befinde. Habe ich ein psychisches Problem und suche professionelle Hilfe, dann nützt mir eine ratgebende Therapeutin nur, wenn sie genau über mein momentanes Problem informiert ist, wenn sie mit ihrer Fantasiewelt meine Fantasiewelt nachvollziehen und sie mir auch stimmig beschreiben kann. Diese Therapeutin müsste mich also zunächst einmal ausführlich befragen und kennenlernen, bevor sie mir unterstützende Maßnahmen anbietet. Die erste Frage, die ein Arzt einem kranken Kind stellt, lautet: „Na, wo tut es denn weh?" Der erste Schritt, um ein Ziel zu erreichen, ist, den momentanen Standort, unser Problem, den Schwachpunkt genau zu erkennen. Also ist unser allererster Blick auf den Schwachpunkt, auf den momentanen Standort gerichtet, um ihn möglichst genau kennenzulernen und von dort aus die nächsten Schritte zu gehen.

Haben wir gerade Kontakt mit einer anderen Person und diese hat ein Ziel und wünscht unsere Hilfe, dann müssen wir ihr Problem, ihren momentanen Standort zunächst einmal genau kennenlernen, um ihr effektiv helfen zu können. Wir schwingen uns also automatisch und ganz natürlich auf ihren Schwachpunkt ein, gehen in Resonanz zu ihrem gegenwärtigen Zustand – und beginnen manchmal, Gefühle zu spüren, die dem Zustand der anderen Person entsprechen. Deswegen fühlen wir uns ab und zu schlechter, wenn wir einer Person helfen wollen. Oder es tauchen ungeduldige, unruhige, genervte Gefühle auf. Warum? Weil das Problem der anderen zum Teil aus Ungeduld, Unruhe, Genervtheit etc. bestehen könnte – und wenn es nur die gewohnte Angst der anderen davor ist, dass helfende Personen ihr gegenüber ungeduldig, unruhig und genervt fühlen könnten.

Je mehr wir etwas verändern wollen, entweder bei uns oder bei jemand anderem, desto stärker konzentrieren wir uns auf das Problem und desto intensiver nehmen wir es wahr – auch über unsere Gefühle.

Fühlen wir uns also entsprechend unwohl in unserer Helfer*inrolle, so können wir diese Gefühle als eine „Resonanz zu dem Problem des anderen Menschen“ umdeuten. Wir können unsere Gefühle als ein Teil des Problems identifizieren und sie so nutzen, dass sie uns als Unterstützung für das Erreichen des Zieles dienen. Wir fragen z. B. den anderen, ob er solche Gefühle von sich selbst kennt oder von anderen Menschen, die ihm nahestehen bzw. -standen, und ob diese Gefühle mit seiner Problematik zusammenhängen könnten. Vielleicht führt die Bewusstwerdung dieser Zusammenhänge zu einem besseren Verständnis und damit letztendlich zu einer Lösung.

Oder wir entscheiden uns, dem anderen zwar so gut wie möglich zu helfen, ohne aber in diese Form der Resonanz zu ihm einzusteigen („Ich stehe jetzt für die Ursache dieses einen Gefühls nicht mehr zur Verfügung“). Manchmal können wir jemandem besser helfen, wenn wir bestimmten Aspekten nicht zur Verfügung stehen.

Oder aber wir entscheiden uns, dem anderen gar nicht zu helfen, ihm also insgesamt nicht für seine Ziele zur Verfügung zu stehen. Wir lassen sein Problem so, wie es ist.

Je mehr wir etwas so achten und so lassen wie es ist, desto weniger sind wir an das Problem oder die Aufgabe gebunden, fühlen uns freier und können nun andere Gefühle entwickeln.

Probieren Sie es selbst aus:

Der „Wunsch nach Veränderung“ hat zur Folge, sich mit etwas intensiver zu verbinden und genauer wahrzunehmen (= lernen).

Das „Anerkennen, was ist“ hat zur Folge, eine intensive Verbindung loszulassen. Wir können uns auf etwas Neues konzentrieren. Die Wahrnehmung des Alten tritt mehr in den Hintergrund oder verschwindet vollständig (= lösen).

Im ersten Band habe ich geschrieben:

„Glück entsteht, wenn wir einen Wunsch nach Veränderung haben, ihn ausleben und erfolgreich eine Veränderung erreichen konnten.

Glück entsteht, wenn wir etwas oder jemanden so anerkennen können, wie es oder er ist, nichts mehr verändern wollen und uns erleichtert fühlen.

Leiden entsteht, wenn wir etwas verändern wollen, was sich nicht verändern lässt – und wir können unseren Wunsch nach Veränderung einfach nicht loslassen, können den momentanen Zustand nicht anerkennen (vielleicht weil wir ihn noch nicht genug kennengelernt haben).

Leiden entsteht, wenn wir einen Wunsch nach Veränderung haben, aber nicht wissen, wie wir ihn erfüllen können (auch hier geht es ums Lernen).

Glück entsteht, wenn wir zum rechten Zeitpunkt **gelernt** haben, uns unseren Wunsch nach Veränderung selbst zu erfüllen, zum rechten Zeitpunkt von einem Wunsch **loslassen** können und es anerkennen, wie es ist, uns zur rechten Zeit wieder einen neuen Wunsch erfüllen, zur rechten Zeit wieder von einem Wunsch loslassen ... und dabei immer wissen: Alles geschieht zur rechten Zeit.

Manchmal entsteht Leiden, weil wir etwas nicht gelernt haben. Manchmal entsteht Leiden, weil wir etwas nicht losgelassen und gewürdigt haben. Lernen und lösen wir daraufhin etwas, so gelangen wir in ein besseres Gleichgewicht und erfahren Glück.

Das absolute Glück ist, um alle diese Zusammenhänge zu wissen und sich in jeder Situation sagen zu können:

‚... und auch das gehört dazu.'

Selbst in der tiefsten Krise und im tiefsten Schmerz weiß ich: Auch das gehört dazu, ist ein Teil meines Lebens, zeigt mir den ewigen Wandel und das perfekte Universum. Dieses Wissen und dieses Vertrauen gegenüber dem Universum empfinde ich – trotz aller Schmerzen – als absolutes Glück."

An dieser Stelle möchte ich zur Definition des Begriffs „Problem" ein paar Worte sagen: Ich habe neulich eine Diskussion erlebt, in der die eine Person behauptet hat, dass derjenige das Problem hat, der es fühlt. Die andere Person meinte, dass man auch das Problem eines anderen Menschen fühlen könne. In der Partnerschaft würde manchmal der eine fühlen, dass der andere ein Problem hat. Beispielsweise fühlt die Frau, dass der Mann ein Problem mit seiner Mutter hat, weil er jedes Mal genervt ist, wenn sie anruft. Als sie ihn aber darauf anspricht, sagt er, dass er kein Problem mit seiner Mutter habe.

Meine Fantasie dazu: Ich denke, das Missverständnis liegt lediglich in unserer Kommunikation und in dem Gebrauch des Wortes „Problem". Angenommen, ein Mensch hat ein unerlöstes Trauma, man sieht es ihm an, er reagiert auf bestimmte Situationen mit Rückzug und Angst, dann könnte es trotzdem sein, dass dieser Mensch sagt, er habe kein Problem.

Ein weiteres Beispiel: Eine Person ist eindeutig körperlich behindert, weil ihr ein Arm fehlt. Wenn wir diese Person anschauen, könnten wir sagen, dass sie ein Problem hat. Doch fragen wir sie, so antwortet sie, dass sie sich glücklich fühle und es ihr gut gehe. Diese Person hat gelernt, mit ihrer für uns offensichtlichen Behinderung zu leben. Sie hat sich mit dem Ist-Zustand zufriedengegeben.

Der Körper oder die Seele ist durch eine bestimmte Bedingung gekennzeichnet. Und der eine ist damit unzufrieden und möchte daran etwas verändern, definiert es als ein Ungleichgewicht. Der andere stimmt zu, lässt es, wie es ist, will es nicht verändern und ist zufrieden damit.

Derjenige, der unzufrieden ist, hat ein Problem, denn er möchte etwas verändern und daher dieses Problem auch lösen. Derjenige, der zufrieden ist, hat kein Problem, auch wenn sein körperlicher oder seelischer Zustand „unnormal" ist und für andere Menschen eine „Behinderung" darstellt.

Spürt also die Frau die Abwehr des Mannes gegen seine Mutter, dann ist nun die Frage, wer diese Abwehr verändern möchte und wer damit zufrieden ist. Derjenige, der es verändern möchte, hat das zu lösende Problem. Will also die Frau die Abwehr des Mannes verändern, dann wäre ihr erster Schritt in Richtung Lösung, den Mann in seiner Einstellung und Sichtweise so zu beeinflussen, dass er diesen Zustand ebenfalls verändern und die Abwehr gegen seine Mutter lösen möchte. Hat seine Frau ihn erfolgreich beeinflussen können, dann hat er nun auch ein Problem – bis es gelöst ist.

In meiner Fantasiewelt hat also immer derjenige das Problem, der etwas am aktuellen Zustand verändern möchte, der ein Ziel verfolgt.

Wenn Sie öfter den Satz „Ich stehe nicht mehr zur Verfügung" im Alltag ausprobiert haben, um sich in bestimmten Situationen zu erleichtern und die Ungleichgewichte anderer Menschen nicht mehr als resonierende

Empfindung zu spüren, dann haben Sie mit Sicherheit die Erfahrung gemacht, dass der Satz nicht immer wirkt. Ich habe eine mögliche Erklärung dafür gefunden, die mit dem Abschnitt über das Leiden zusammenhängt: „Leiden entsteht, wenn wir etwas verändern wollen, was sich nicht verändern lässt – und wir können unseren Wunsch nach Veränderung einfach nicht loslassen ..."

In unserer Vergangenheit gibt es sicherlich genügend schmerzvolle Erlebnisse, die den Wunsch in uns hinterlassen haben, dass so etwas nie wieder passieren soll. Bahnt sich dann in der Gegenwart ein ähnliches Erlebnis an, so taucht sofort unser Wunsch auf und teilt uns mit: *„Nein, nicht schon wieder. Das will ich nicht!"* Das ist ein Veränderungswunsch. Wir wollen die Gegenwart verändern. Daran ist per se nichts auszusetzen. Oft können wir tatsächlich erfolgreich eine Veränderung bewirken und uns unseren Wunsch dadurch glücklich erfüllen, besonders wenn uns der Wunsch noch bewusst ist.

Es gibt aber auch Situationen, in denen fühlen wir uns einfach nur unwohl und wissen eigentlich gar nicht, warum. Diese Situation könnte in uns einen schon lange vergessenen Veränderungswunsch aktiviert haben, eine Abwehr gegen etwas, das uns vor langer Zeit einmal passiert ist. Doch da wir ihn ja vergessen haben, fällt er uns im Moment auch nicht ein. Wir fühlen uns nur unwohl und denken vielleicht zunächst einmal, dass mit uns selbst alles in Ordnung ist, aber irgendetwas an dieser Situation nicht stimmt. Dann probieren wir den Satz aus „Ich stehe dieser Situation nicht weiter zur Verfügung" und gehen vielleicht auch mal weg, distanzieren uns probehalber räumlich. Doch unser ungutes Gefühl bleibt bestehen und wir müssen permanent daran denken, können nicht umschalten, es beschäftigt uns. In diesem Fall empfehle ich, auf sich selbst zu schauen und zu vermuten, dass irgendein unbewusstes Abwehrmuster im eigenen Gefühl reaktiviert wurde. Das wäre eine gute Chance, dieses Abwehrmuster wieder an die uns bewusste Oberfläche zu holen, sich wieder zu erinnern: „Wogegen wehre ich mich eigentlich genau?" Kommt uns nach dieser Frage ein Bild, eine Ahnung oder eine Erinnerung, dann können wir neu überlegen, ob wir diese Abwehr in der Gegenwart noch brauchen und sie nun gezielter, klarer und bewusster einsetzen können, oder ob wir abrüsten und loslassen können und ein neues Ziel bilden wollen.

Ich bin in meiner Fantasiewelt davon überzeugt, dass es in uns eine unbewusste Instanz gibt, die genau weiß, was für uns der nächste bessere Schritt ist. Ich nenne diese Instanz „das weise Unbewusste". Es sorgt dafür, dass eine einmal reaktivierte unbewusste Abwehr nicht sofort wieder verschwindet, wenn wir aus der Situation, die sie ausgelöst hat, weggegangen sind. Sie bleibt bestehen als ungutes Gefühl, als „Problem", als Chance zur Weiterentwicklung mit uns selbst. Und sie beschäftigt uns so lange, bis uns der alte vergessene Wunsch von damals wieder bewusst geworden ist und wir über uns selbst eine neue Klarheit gewonnen haben. Diese Klarheit führt uns in ein besseres emotionales Gleichgewicht. Entweder wissen wir nun genau, was wir nicht wollen, und können es wieder formulieren und auf die nächste Situation mit einer selbstsicheren Grenzsetzung reagieren, oder wir merken, dass wir diesen alten Wunsch eigentlich gar nicht mehr brauchen. Die damalige schmerzvolle Situation ist ja schon lange vorbei und passt nicht mehr zu der gegenwärtigen Situation, weil sich unser Leben weiterentwickelt hat.

Die Entscheidung „Ich stehe nicht mehr zur Verfügung" empfinde ich als ein sehr wertvolles Instrument, in meinen Gefühlen mehr Klarheit zu bekommen. Ich spüre ein unangenehmes Gefühl, teste den Satz und beobachte, ob mein Gefühl bleibt oder verschwindet. Löst es sich tatsächlich auf, dann steht mein momentanes Problem höchstwahrscheinlich im direkten Zusammenhang mit meinem Umfeld. Das bedeutet, dass ich mit meinen Spiegelneuronen und meiner resonierenden Empfindung meinem Umfeld nicht weiter zur Verfügung zu stehen brauche. Wenn mein unangenehmes Gefühl bleibt und mich weiter beschäftigt, ist hier ein eigener unbewusster Veränderungswunsch in mir reaktiviert worden, den ich in mir selbst durch Bewusstwerdung erlösen kann.

Entweder habe ich die Klarheit, dass mein Problem mit mir zu tun hat und ich es mit mir allein (oder mithilfe von anderen) lösen kann. Oder ich habe die Klarheit, dass mein gefühltes Problem gar nichts mit mir zu tun hat. Im letzteren Fall könnte ich höchstens etwas an der Situation ändern, wenn mein Umfeld bereit wäre, etwas an sich selbst zu ändern. Ansonsten kann ich loslassen, das Ungleichgewicht bei dem anderen lassen, wo es meiner Fantasie nach hingehört, und muss nicht mehr weiter zur Verfügung stehen. Wer allerdings in einer Partnerschaft denkt: *„Ich will aber keine Distanz zum anderen …"*, dem möchte ich die Worte von Khalil Gibran zitieren, der in *Der Prophet* über die Ehe schreibt: „Füllt einander den Becher, aber trinkt nicht aus einem Becher. [...] Singt und tanzt zusammen und seid fröhlich, aber lasst jeden von euch allein sein, [...] Und steht zusammen, doch nicht zu nah: Denn die Säulen des Tempels stehen für sich, und die Eiche und die Zypresse wachsen nicht im Schatten der anderen."

Einer der letzten Absätze meines ersten Bandes lautet:

„Zum Abschied erzähle ich Ihnen von einer Erkenntnis, die ich vor kurzem erhielt: [...] Im absoluten Gleichgewicht gibt es keine Wahrnehmung. Mein eigener Weg und meine daraus resultierenden Handlungen stehen mit meiner Umwelt in ganz engem Zusammenhang, in tiefer Verbindung. Gehe ich achtungsvoll meinen ‚eigenen' Weg, dann bin ich nicht getrennt, sondern vollkommen verbunden."

Nicht jeder hat diese Erkenntnis von mir nachvollziehen können. Eigentlich ist sie eher Teil des hier vorliegenden zweiten Bandes. Was passiert, wenn ich in meiner Fantasiewelt das Bild vollkommen übernehme, dass auf der höchsten Ebene alles miteinander in Verbindung steht und dort die „Trennung" nicht existiert? Welche Folgen für meinen Alltag ergeben sich daraus?

Diese Verbindung stellt ein absolutes Gleichgewicht dar, denn auf dieser Ebene gibt es kein Gegenteil, keine Trennung, kein Ungleichgewicht, keine Nicht-Verbindung. Wenn alles mit allem verbunden ist, dann stehen meine konstruktive Fantasiewelt, mein persönlicher „Wille" und alle meine eigenen, auch scheinbar egoistischen Impulse ebenso mit allem anderen in tiefer Verbindung. Es ist vollkommen egal, was ich tue: Es kommt aus dem Ganzen und hat dort seinen Ursprung. Das gilt nicht nur für mich, sondern z. B. auch für destruktive Kritiker*innen und letztendlich für alles Existierende. Diese Fantasie hilft mir, viel besser zu dem stehen zu können, was ich denke, was ich will, was ich tue, was mir begegnet, und dementsprechend auch alle Folgen meiner Entscheidungen tragen und integrieren zu können. Absolut alles gehört dazu. Selbst der Ausschluss.

Dieses Thema und wie es dann mit der persönlichen Verantwortung aussieht, wird Gegenstand des dritten Kapitels sein.

Eine ausführlichere Zusammenfassung des ersten Bandes habe ich als Hörbuch konzipiert: *Ich stehe nicht mehr zur Verfügung – Die Essenz*. Es besteht aus zwei Audio-CDs und enthält zusätzlich Hörspiele und von mir komponierte und eingespielte Musik. Besonders begeistert bin ich über den Sprecher Erich Räuker, der als erfahrener Synchronsprecher vieler Filme die ausgewählten Buchtexte sehr lebendig und fesselnd gestaltet hat. Bei der Arbeit im Aufnahmestudio habe ich mich ihm einfach als Hörer „zur Verfügung gestellt“, während er die Texte sprach. Ich habe nur darauf geachtet, ob ich mit meinen Gedanken abschweife oder ob ich ihm einfach gefesselt zuhören „muss“. Sobald ich mich dabei ertappte, an andere Dinge zu denken, unterbrach ich die Aufnahme und wir suchten in seinen letzten Sätzen nach Unstimmigkeiten in der Betonung oder Ausstrahlung. Ich wurde in den meisten Fällen fündig, konnte ihm einen Änderungsvorschlag machen und wir wiederholten den entsprechenden Satz so lange, bis ich mich in meiner Aufmerksamkeit wieder gefesselt fühlte. Ich habe also meinen auftauchenden Mangel an Konzentration jedes Mal als ein Zeichen für eine Unstimmigkeit ernst genommen – mit Erfolg.

Auf ähnliche Weise ist die Musik entstanden. Als wir die Texte fertig aufgenommen hatten, zog ich mich in mein eigenes Studio zurück und stellte mich nun als „Musiker“ den Aufnahmen zur Verfügung. Ich hörte mir Erichs Worte erneut an und beobachtete mein Gefühl und meine Intuition, welche musikalischen Ideen in mir auftauchen würden. Dementsprechend steht die Musik in sehr engem Zusammenhang mit Erichs Ausstrahlung als Sprecher sowie mit dem Inhalt des Textes. Die Folge: Obwohl ich die CD selbst produziert habe und den Inhalt wie meine Westentasche kenne, höre ich sie immer wieder von Neuem fasziniert an – ohne dass es mir auch nur im Geringsten langweilig wird. Das Hörbuch ist ein beispielhaftes Ergebnis dafür, was man erreichen kann, wenn man im Alltag das Phänomen des „Sich-zur-Verfügung-Stellens“ konstruktiv anwendet.

In der Zusammenarbeit mit Erich Räuker machte ich ganz deutlich die Erfahrung, wie ich meine mangelnde Konzentration erfolgreich nutzen konnte. Wenn ich nun diese Erfahrung auf meine Kindheit und Jugend übertrage, so hat dies interessante Folgen. Ich kann mir ausmalen, warum ich möglicherweise in der Schule bei manchen Lehrer*innen voll bei der Sache war und bei anderen immer wieder mit meinen Gedanken abschweifte und mich unkonzentriert erlebte: Ich stand allen diesen Lehrer*innen zur Verfügung, befand mich in Resonanz mit ihnen und konnte ihre eigene Stimmigkeit oder auch Unstimmigkeit wahrnehmen.

Wenn ich jetzt aus meiner heutigen Perspektive zurückdenke, kann ich bestätigen: Die Lehrer*innen, bei denen ich mich nicht konzentrieren konnte, waren tendenziell in der Schule unbeliebt, zeigten widersprüchliche Verhaltensweisen, hatten hohe Erwartungen, die sie mit aggressivem Druck durchzusetzen versuchten, oder waren besonders verlegen und unsicher. Diese Punkte können als Bestätigungen für deren pädagogische Inkongruenz gesehen werden, die möglicherweise meine fehlende Konzentration und mein Desinteresse in mir ausgelöst hat. Meinem Mangel an Konzentration stand also intensiv in Verbindung mit der/dem entsprechenden Lehrer*in. Ist mangelnde Konzentration ein Zeichen für fehlendes Verständnis zwischen zwei Menschen und sind daran vielleicht beide Seiten beteiligt?

Wenn mir heute jemand sagen würde, ich wäre damals als Schüler einfach nur unaufmerksam gewesen, so kann ich mir auf jeden Fall nun selbst sagen:

„Ich war aufmerksam – nur anders."

Sie erinnern sich

- Mein Bild von der Welt, von meinen Mitmenschen und von mir selbst ist meine ganz persönliche konstruktive Fantasiewelt.

- Ich betrachte jeden Menschen als grundsätzlich frei, seine ganz eigene gleichberechtigte Fantasiewelt zu gestalten – bewusst oder unbewusst. Jede*r entscheidet frei, mit wem sie/er spielen möchte.

- Ich habe ab und zu die Möglichkeit, mithilfe der „resonierenden Empfindung" in mir selbst Persönlichkeitsanteile anderer Menschen zu fühlen (siehe zur Vertiefung und zum Training den ersten Band *Ich stehe nicht mehr zur Verfügung – Wie Sie sich von belastenden Gefühlen befreien und Beziehungen völlig neu erleben*).

- Ich kann wählen, ob ich zur Verfügung stehe und eine Resonanz zu meinem Umfeld entwickle. Ich beeinflusse dies, indem ich etwas verändern will oder es so lasse, wie es ist, indem ich helfen will oder darauf vertraue, dass meine Hilfe nicht nötig ist.

Warum fühlen wir uns selten „wirklich" verstanden?

Ich erinnere mich noch genau an das Mädchen in der vierten Klasse, das so schrecklich roch. Ihre Eltern waren Raucher und sie musste oft Knoblauch essen, außerdem hatte sie viele Pickel und sah nicht gerade hübsch aus. Niemand wollte neben ihr sitzen. Sie war eine Außenseiterin. Irgendwie tat sie mir leid und ich setzte mich neben sie. Allerdings war ich auch ein Außenseiter – nur anders: Die stärkeren Jungs verprügelten mich ab und zu auf dem Schulhof. Natürlich kann ich nur Vermutungen darüber anstellen, warum sie das taten. Ich erinnere mich dunkel, dass ich mich in den ersten beiden Klassen noch sehr lebendig am Unterricht beteiligte. Ich wusste vieles und zeigte allen, was ich konnte. Dann starb mein sechs Jahre älterer Bruder an Rückenmarkkrebs. Damals stand ich als Neunjähriger an seinem Grab und war zunächst erleichtert, denn nun hörten endlich die Streitereien zwischen ihm und mir auf. Ich hatte mich öfter von ihm unterdrückt und bedroht gefühlt. Und das war nun vorbei. Oder? Begannen nicht vielleicht parallel zu der einjährigen Krebserkrankung meines Bruders die stärkeren Jungs in der Schule, mich aufgrund meiner Lebendigkeit und guten Leistungen neidisch zu hänseln und zu verprügeln? Traten sie möglicherweise in die Fußstapfen meines Bruders?

Meine Lebendigkeit in der Schule war jedenfalls in der vierten Klasse vollkommen verschwunden – ich hatte mich nach den Prügeleien zurückgezogen und war Außenseiter. Auf diese Weise hatte ich Verständnis für andere Außenseiter.

Denke ich an dieser Stelle über Verständnis nach, dann entdecke ich zwei Ebenen: Die stärkeren Jungs konnten unbewusst spüren, dass ich das für sie passende Opfer war. Ich konnte mich allein kaum wehren, beschwerte mich auch nicht bei den Lehrer*innen, erzählte meinen Eltern nichts, und so waren diese Jungs bei mir einigermaßen sicher, ihre Aggressionen ungestraft auszuleben. Sie „verstanden“ es unbewusst, mich zu benutzen. Ich selbst fühlte mich dabei jedoch gar nicht verstanden. Verständnis hätte für mich bedeutet, wenn wir uns auf der gleichen Seite gesehen hätten, gemeinsame Unternehmungen durchgeführt, zusammengehalten und uns gegenseitig unterstützt hätten. Stattdessen wurden meine Schwächen ausgenutzt. Ich war einfach zu freundlich.

Einmal wollte ich auch so sein wie diese Jungs, wollte dazugehören, und jagte auf dem Heimweg in einem kleinen Wäldchen einem schüchternen Mädchen aus unserer Klasse Angst ein. Doch der Schuss ging nach hinten los. Sie erzählte es ihren Eltern, diese nahmen Kontakt zum Klassenlehrer auf, und so musste ich mich am nächsten Tag vor der ganzen Klasse bei ihr entschuldigen, was ich mit hochrotem Kopf ganz brav tat.

Der Zufall (oder das weise Universum oder mein Unbewusstes) schützte mich auch weiterhin vor meiner „dunklen“ Seite. Oft, wenn ich wieder einmal etwas Verbotenes tun wollte, weil andere Menschen das ebenso taten, wurde ich erwischt und durfte die Folgen kennenlernen.

Hier fühlte ich mich auch nicht verstanden. Die mich bestrafenden Menschen waren böse auf mich und konnten nicht sehen, dass ich doch nur dazugehören wollte. Allerdings hatten sie es irgendwie unbewusst „verstanden“, mich auf frischer Tat zu ertappen.

Keiner verstand mich. Doch auf einer anderen Ebene reagierte mein Umfeld auf meine Schwächen. Diese Schwächen wurden anscheinend zutiefst „verstanden“! Umgekehrt erlebte ich später im Kontakt mit verschiedenen Partnerinnen, wie ich ihre Verhaltensweisen nicht so richtig nachvollziehen konnte. Ich verstand ihre Realität / ihre Fantasiewelt irgendwie nicht richtig. Doch ich konnte genau fühlen, in welchen Momenten sie mich innerlich verließen und sich anderen Männern öffneten (ein Muster, das mich für eine bestimmte Zeit verfolgte). Ich fühlte mich unruhig, panisch und telefonierte ihnen hinterher oder stellte Fragen – bis ich die Bestätigung hatte. Außerdem „verstand“ ich es, Dinge zu tun oder zu sagen, durch die wiederum meine Partnerinnen sich verletzt fühlten.

Wie passt das zusammen? Unser Verstand versteht nicht, aber unser Gefühl!? Und warum reagiert unser Gefühl auf die Schwächen oder die Wunden eines anderen Menschen?

Verständnis in Form von „Ausnutzung“ meiner Schwächen erlebte ich schon sehr früh und sehr häufig.

Verständnis in Form von Unterstützung in meinen eigenen Zielen und Rücksicht auf meine Verletzlichkeit erlebte ich kaum.

Da ich mich aber intensiv nach Verständnis und Unterstützung sehnte, blieb mir nichts anderes übrig, als mich erst einmal selbst zu verstehen, um dann meinem Umfeld möglichst exakt erklären zu können, wie ich bin und was ich suche und möchte. So versuchte ich während meines Musikstudiums, mich selbst immer besser zu verstehen. Der Gedanke war: Wenn ich mich und meine Gefühle und die Hintergründe meiner Handlungen nur genau kennen würde und beschreiben könnte, dann würde mich auch mein Umfeld verstehen und ich würde endlich Unterstützung und Schutz erleben können.

Viele Jahre suchte ich in mir, erforschte meine Gefühle, mein Handeln, meine Hemmungen, die Ursachen meiner Schwächen, verstand mich immer besser, konnte dadurch Gefühlsblockaden in mir erlösen, suchte weiter – und wurde tatsächlich endgültig fündig. Ich fand eine Art „Verständnisbasis“ in mir. Es ist mir sogar „zufällig“ gelungen, diesen Erkenntnisprozess live festzuhalten, denn die Verständnisbasis fand ich während der Arbeit an meinem ersten Buch im Jahre 1996 (heutiger Titel: *„So, jetzt ist aber genug! – Die Geburt einer Weltformel*“).

Worin bestand diese Verständnisbasis? Nach einer faszinierenden Resonanz-Erfahrung entwickelte sich in mir die Vorstellung, dass die Grundmotivation jeglicher Existenz der Wunsch nach einem besseren Gleichgewicht ist. Daraus entfaltete sich in mir die Formel: „Jedes Element hat den Wunsch nach Gleichgewicht.“ Ich spürte in meinem Gefühl, wie sich eine lange Suche beendete. Durch diese Vorstellung konnte ich loslassen. Ich „verstand“ endlich – nicht nur mich, sondern viele andere Zusammenhänge in meinem Leben und in meiner Umwelt. Alle Erklärungen, die ich mir mit dieser Sichtweise geben konnte, fühlten sich logisch und sehr klar an – und dieses Gefühl habe ich bis heute.

Die Suche damals führte ich nur mit mir alleine durch, denn ich erlebte nach wie vor, wie niemand in meiner Umgebung mich verstand. Jeder fragte sich, warum ich denn so viel grübeln würde, warum ich nicht einfach „leben“ würde, warum ich mich so zurückgezogen verhalten würde. Man sagte mir, ich solle doch einfach mal den Kopf abschalten, das Grübeln beenden, das Tagebuchschreiben sein lassen, mit dem permanenten Analysieren aufhören. Doch irgendetwas in mir ahnte, dass ich irgendwann fündig werden würde.

Als mir dann die Erkenntnis bewusst wurde, dass jedes Element den Wunsch nach Gleichgewicht hat, und ich anschließend in mir ein regelrechtes Erkenntnisfeuerwerk erlebte, ging ich davon aus, dass dies jedem Menschen so ergehen würde, dem ich diese Erkenntnis mitteile. Ich war davon überzeugt: Jetzt kann ich mich endlich öffnen und mit meiner Erkenntnis auf meine Umwelt zugehen und allen erzählen, was mit mir los ist – und jeder würde es sofort verstehen können. Ich würde nur noch Menschen begegnen, die mich freudig anstrahlen und sagen: „*Ja, Olaf, jetzt hast du es endlich gefunden und dich selbst verstanden. Und wir verstehen dich, dass du auf der Suche danach warst. Herzlich willkommen in unserer Runde. Jetzt gehörst du endlich zu uns!*"

Ich war absolut überzeugt davon, dass jeder mich sofort verstehen würde. Also lief ich so schnell wie möglich zu einem Notar, um eine Urkunde erstellen zu lassen, die mir den Inhalt und den Zeitpunkt meiner Erkenntnis bescheinigte. Klar, dass der Notar beim Lesen meines Textes sofort in helle Begeisterung ausbrechen würde ...

Aber nein, das passierte nicht ...

Und auch andere Menschen, denen ich begeistert von meiner Erkenntnis erzählte, verstanden nicht.

Keiner konnte mir wirklich folgen.

Als ich mein erstes Buch verschiedenen Verlagen anbot, wollte niemand es haben. Keiner verstand.

Seltsam ...

Nach und nach dämmerte mir die Erkenntnis, dass ich eine neue Aufgabe hatte: Ich musste anfangen, selbst andere Menschen zu verstehen, um das, was ich für mich gefunden hatte, so formulieren und ausdrücken zu können, dass andere Menschen es nachvollziehen können. Doch wie gelingt das am besten?

Diese neue Frage begleitet mich nun seit 1996 – und ich reife daran und lerne immer besser, die für mich fremden Fantasiewelten anderer Menschen nachzuvollziehen. Ich sehe jetzt schon länger in meiner Fantasiewelt, dass jedes Element den Wunsch nach Gleichgewicht hat – also auch jeder Mensch eigene Wünsche nach Gleichgewicht besitzt. Was ich neu verstehen lernen möchte, sind die unterschiedlichsten Wünsche der Menschen nach den unterschiedlichsten Gleichgewichten in den unterschiedlichsten Situationen.

Weil diese eine Erkenntnis ein Basisgefühl in mir freigelegt und zu vielen weiteren für mich genialen Erkenntnissen über mich und die Menschen um mich herum geführt hatte, war ich damals zunächst davon ausgegangen, eine Art „Weltformel" für alle gefunden zu haben. Doch ich konnte sehr schnell meine anmaßende Haltung entlarven. Deshalb habe ich mich auf folgenden Standpunkt zurückgezogen: Ich habe eine auf mich absolut genial wirkende Sichtweise entdeckt. Dies ist allein *meine* Realität, *meine* konstruktive Fantasiewelt.

Nun schaue ich, ob andere Menschen selbstständig eine ähnliche Fantasiewelt entwickelt haben und ähnlich wie ich denken, oder ob sie durch meine Beschreibungen angeregt werden, in sich eine ähnliche Fantasiewelt zu entwickeln, oder ob sie eine andere Fantasiewelt haben.

Diejenigen, die eine andere Fantasiewelt haben, kann ich noch in zwei Gruppen einteilen:

- diejenigen, die meine Fantasiewelt nachvollziehen und verstehen können, sich aber mit einer anderen Fantasiewelt wohler fühlen;
- diejenigen, die meine Fantasiewelt nicht nachvollziehen und verstehen können und es selbst nicht merken. Sie sind davon überzeugt, meine Fantasiewelt verstanden zu haben, sehen aber in mir etwas anderes, was nicht mit meiner Fantasiewelt übereinstimmt und was ich demnach auch nicht bestätigen kann.

Seit meinem Studium habe ich im musikalischen Bereich als Dirigent, Gesang- und Klavierlehrer Kontakt mit vielen verschiedenen Menschen und Menschengruppen gehabt. Seit 2003 durfte ich viele Menschen während den Freien Systemischen Aufstellungen beobachten. Seit 2007 habe ich viele Leserbriefe unterschiedlichster Menschen als Reaktion auf den ersten Band *Ich stehe nicht mehr zur Verfügung* erhalten. Im Jahr 2009 führte ich eine sechsmonatige sehr erfolgreiche Autorenreise durch, hielt Vorträge und gab Seminare in Deutschland, Österreich und der Schweiz an über 70 Orten. Tatsächlich habe ich aber bis heute niemanden getroffen, der mir von der gleichen Gefühlsbasis in sich erzählt hat, wie ich sie in mir gefunden habe. Mein Fazit muss also sein: Das, was sich in mir entwickelt hat, ist ganz allein meine eigene Fantasiewelt und nicht zu verallgemeinern.

Andererseits fühlen sich sehr viele Menschen durch meine Bücher verstanden, was sie mir mit ihrer Resonanz zeigen. Ich höre immer wieder, dass ich „Perlen“ geschrieben oder „Dinge auf den Punkt“ gebracht hätte, wie es noch nirgendwo anders zu lesen war. Habe ich vielleicht in meiner Fantasiewelt etwas verstanden, wodurch sich andere Menschen selbst besser verstehen können?

Zur Lösung dieses Konfliktes ziehe ich die folgende Sichtweise heran: Ich habe eine ganz eigene Fantasiewelt entwickelt – und jede Person, der meine Fantasiewelt scheinbar weiterhilft, erlebt dies in Wirklichkeit innerhalb ihrer eigenen Fantasiewelt. Sie hat eine positive Erkenntnis oder Erfahrung allein sich selbst und ihrer eigenen Fähigkeit zu verdanken, sich autonom in ein besseres Gleichgewicht hineinbewegen zu können. Das ist so ähnlich, wie wenn eine Person einen wunderschönen Sonnenuntergang beobachten würde und ihr dabei die schönsten Gefühle und Gedanken kommen. Dabei ist der Sonnenuntergang nur ein Sonnenuntergang. Ein Buch ist nur ein Buch. Worte sind nur Worte. Und meine Fantasie ist nur meine Fantasie. Was eine Person daraus macht, liegt vollständig bei ihr allein – innerhalb ihrer eigenen Fantasie.

Auf meiner Suche nach Verständnis habe ich immer mehr die Fantasie entwickelt, dass jeder Mensch durch sein eigenes Leben geprägt eine ganz eigene Fantasie in sich entwickelt hat. Manche Fantasiewelten zeigen im Vergleich manche Übereinstimmungen. Dabei fühlt man dieselbe Wellenlänge miteinander. Doch vieles unterscheidet sich, so wie sich auch jeder Lebensweg eines jeden Menschen anders entwickelt.

Meine Fantasiewelt kann niemand wirklich nachvollziehen, weil niemand mein Leben gelebt hat. Ebenso kann auch ich die Fantasiewelten anderer Menschen niemals wirklich nachvollziehen, weil ich nicht ihr Leben gelebt habe.

Warum also fühlen wir uns selten wirklich tief verstanden? Weil sich unser Lebensweg immer von den Wegen aller anderen Menschen unterscheidet. Haben wir eigene Kinder, so können wir nun auch besser verstehen, warum sie manchmal unsere Sichtweisen, Erinnerungen, Sorgen etc. nicht nachvollziehen können und auch nicht wollen: Sie erleben eine andere Kindheit als wir selbst. Zu ihrer Kindheit passen andere Sichtweisen besser. Jeder entwickelt seinem Leben entsprechend eine eigene Fantasiewelt.

Was bleibt?

Es bleiben die Ähnlichkeiten zwischen manchen Fantasiewelten, bei denen wir ab und zu ein Gefühl von „Wellenlänge“ und „Verständnis“ haben. Sie sind kleine Geschenke innerhalb des riesigen Meeres von unterschiedlichsten Fantasien. Kleine süße angenehme Inseln der Einheit, auf denen wir für kleine Momente ausblenden, dass es so unendlich viele Unterschiede und Missverständnisse auf dieser Welt gibt.

Und doch sind diese Inseln „nur“ Ähnlichkeiten, die uns das Gefühl von Einheit vermitteln …

Warum schreibe ich dieses Buch trotzdem? Warum strenge ich mich an, meine Fantasiewelt zu formulieren? Warum suche ich auch weiterhin nach Verständnis?

Weil mein Leben aus den unterschiedlichsten Wünschen nach immer besseren Gleichgewichten besteht. Ich bin davon überzeugt: Haben wir die Möglichkeit, in die tiefste Tiefe der Fantasiewelt eines jeden Menschen Einblick zu erhalten, dann entdecken wir dort als „Grundmotivation“ bei jedem den Wunsch nach einem besseren persönlichen Gleichgewicht. Die Suche nach immer besseren Gleichgewichten ist in meiner Fantasie der Grundmotor für jegliches Verhalten aller Menschen, Tiere und auch jeglicher Materie. Wir *sind* der Wunsch nach einem besseren Gleichgewicht. Alles *ist* der Wunsch nach Gleichgewicht.

In meiner Fantasie ist der kleinste Baustein des Universums kein Materieteilchen, auch kein Superstring, sondern eine Kraft: der Wunsch.

Wir *sind* Wünsche.

Den Begriff „Wunsch“ definiere ich in meiner Fantasiewelt so, dass zu ihm auch jegliche uns bekannten und noch unbekannten Kräfte der Physik gehören, wie z. B. die Erdanziehung. Sie ist ein Wunsch der Erde, weiterhin zu existieren, d. h. sich selbst und ihre Umgebung zusammenzuhalten. Gravitation ist ein Wunsch nach Gleichgewicht. Jede Bewegung hat ein besseres Gleichgewicht zum Ziel.

Es gibt Wünsche, die sich sehr ähnlich sind. Hier erleben wir Verständnis und Zusammenarbeit, Glück und Harmonie, Resonanz und Erfolg. Und es gibt Wünsche, die sich stark unterscheiden. Hier erleben wir Trennung, Schmerz, Auseinandersetzungen, Kampf, Krieg, Tod. Demnach ist der Krieg die „natürliche“ Folge unserer verschiedenen Existenzformen, die aus lauter unterschiedlichen Wünschen nach besseren Gleichgewichten bestehen. Krieg in uns selbst ist die Folge mehrerer unterschiedlicher Wünsche in uns selbst – ein innerer Konflikt.

Ich erwische mich öfter dabei, dass ich bei Menschen nach Verständnis suche, bei denen ich eigentlich sowieso keines finden werde, weil sich unsere Lebenswege, Fantasiewelten und Wünsche grundlegend unterscheiden. Dann versuche ich manchmal, mit meinem Verstand meinem Gefühl einzuhämmern, dass es doch viel sinnvoller sei, nach Menschen zu suchen, die tatsächlich ähnliche Fantasiewelten und ähnliche Wünsche haben wie ich. Anstatt die sehr anders gearteten Fantasiewelten anderer Menschen zu „missionieren". Ich rutsche aber immer wieder in diese Falle, bei jemandem Verständnis finden zu wollen, der eigentlich ganz anders gestrickt ist. Dies passiert vor allem bei Menschen, die ich trotz aller Unterschiede besonders gern habe. Ich kann nicht rechtzeitig loslassen (Wunsch nach Gleichgewicht). Was hat das für Folgen?

Der andere bekommt oft das Gefühl, ich würde ihm etwas überstülpen. Er fühlt sich und seine Fantasiewelt angegriffen, denn natürlich sage ich ihm, was er gerade alles falsch versteht. Er verteidigt sich und sagt mir, was ich gerade alles falsch verstehe – und schon streiten wir.

Die Basis dieses Streites sind unsere Wünsche nach besseren Gleichgewichten. Dahinter stehen unsere unterschiedlichen Lebenswege, Fantasiewelten, Wünsche, Ziele und Wertungen. Es gibt einen großen Unterschied zwischen seinem Leben und meinem Leben, zwischen seinen Lebenswünschen und meinen Lebenswünschen. Und keiner von uns beiden kann davon loslassen, vom anderen Verständnis und Anerkennung für den eigenen Lebensweg haben zu wollen.

Die Unterschiede, die vorhandenen Distanzen zwischen uns beiden drängen sich in den Vordergrund und werden sichtbar. Im Extremfall schreit jeder dem anderen ins Gesicht, wie man selbst die Dinge gerade sieht und was der andere falsch sieht. Dabei demonstriert jeder seine Fantasiewelt und seine momentanen Wünsche und will sich vom anderen verstanden fühlen. Man kämpft darum, im gemeinsamen „Spiel" die eigenen Ziele durchzusetzen.

Wie geht es aus?

Entweder vergrößert sich nun die Distanz und beide gehen im Streit auseinander. Oder einer von beiden gibt nach, gibt seinen Wunsch nach gleicher Wellenlänge mit dem anderen auf, folgt einem übergeordneten Wunsch nach Harmonie. Oder beide erkennen gerade den immer deutlicher werdenden Unterschied, merken, dass die Sache nicht lösbar ist, und stimmen dem Unterschied zu. Beide verzichten auf ihre Wünsche nach gleicher Wellenlänge und erkennen die momentane Distanz und das Missverständnis an.

Manchmal beginnt auch eine Person durch die Erklärung der anderen Person diese zu verstehen, und es entsteht eine neue Wellenlänge zwischen beiden.

Eine weitere Möglichkeit wäre, sich für die Sichtweise zu entscheiden, dass gerade beide Seiten gleichberechtigt sind und dass beide Wünsche und Fantasiewelten auf irgendeiner übergeordneten Ebene zusammenpassen könnten. „*Was ist der Sinn dahinter, weshalb wir hier beide um Verständnis und Anerkennung kämpfen? Wie können wir unseren Unterschied als dazugehörig anerkennen?*"

Diese Möglichkeit müssen nicht beide Seiten gleichzeitig nutzen. Es genügt, wenn ich allein innehalte und mir selbst diese Frage stelle. Dadurch habe ich meine innere Haltung gewechselt: Zunächst hatte ich den Wunsch, dass der andere doch endlich richtig verstehen möge. Dann entwickle ich einen neuen Wunsch in mir, nämlich auf einer übergeordneten Ebene verstehen zu können, warum hier gerade jeder um Verständnis kämpft.

Die Antwort, die wir meistens auf solch eine Frage erhalten werden, lautet: Keiner will seinen momentanen Wunsch loslassen, weil beide beim Loslassen einen großen, vielleicht sogar schmerzvollen Verzicht, einen Verlustschmerz fühlen würden. Deshalb möchte jeder sein Ziel im gemeinsamen Spiel durchsetzen.

Wenn jede Person nun erzählt, was genau ihr beim Loslassen ihres Wunsches wehtun würde, gelangen beide auf eine neue Ebene. Jede lernt das Festhalten der anderen besser verstehen – und vielleicht finden sich sogar neue Lösungsmöglichkeiten, jetzt, wo die schmerzlichen Hintergründe auf der neuen Ebene deutlicher zum Vorschein gekommen und kommuniziert worden sind.

Tiefes Verständnis auf einer anderen Ebene

Wie ich am Anfang erwähnte, wurde mir noch eine andere Ebene des Verständnisses bewusst. Ich fühlte mich zwar von meinen Mitschülern nicht verstanden, doch sie „verstanden" es unbewusst, mich auszunutzen. Erwachsene verstanden mich nicht, doch sie „verstanden" es unbewusst, meine Schwächen aufzudecken und zu bestrafen. Diese Ebene begegnete mir im Laufe meines Lebens immer wieder – bis ich sie sehr deutlich in den Systemaufstellungen wiederentdeckte. Wenn ich selbst ein Problem hatte und mit Leuten darüber sprach, dann spürte ich anhand ihrer für mich seltsamen und unwirksamen Ratschläge, wie sie mich nicht wirklich verstehen konnten. Wenn ich sie aber bat, mir in meiner Aufstellung als Stellvertreter*in zur Verfügung zu stehen und unterschiedliche Rollen zu spielen, fühlte ich mich dann durch ihr Rollenspiel, durch ihre Äußerungen, ihre Mitteilungen aus der Rolle heraus, ihre Bewegungen und Interaktionen miteinander auf einmal tief in meiner Seele verstanden. Die Stellvertreter*innen „verstanden" es unabsichtlich, mein Problem (meine Schwäche!) in ihren Gefühlen und in ihrem Verhalten exakt darzustellen, es verblüffend klar widerzuspiegeln und Lösungen dafür zu finden.

Umgekehrt, wenn ich selbst in Aufstellungen als Stellvertreter zur Verfügung stand, erlebte ich immer wieder, dass Gefühle in mir aufstiegen und ich mich auf irgendeine Weise verhalten musste, so dass dann die aufstellende Person bestätigte: *„Ja, genauso kenne ich die Person, die du gerade spielst."*

Manchmal läuft es auch so ähnlich wie im folgenden Beispiel ab: Ich übernehme eine Rolle, ohne zu wissen, welche Rolle mir die aufstellende Person gegeben hat. Dann versuche ich meinen Gefühlen zu folgen, nehme aber keine in mir wahr. Ich stehe im Raum herum, langweile mich, weil ich nichts zu tun habe, und beobachte die aufstellende Person, wie sie die anderen Stellvertreter*innen befragt und wissen möchte, wie es ihnen geht. Ich denke bei mir, dass ich die herablassende Art und Weise, wie sie mit ihren Stellvertreter*innen umgeht, nicht sehr sympathisch finde, fühle mich ziemlich genervt von ihr und hoffe, dass diese Aufstellung bald vorbei ist. Dann kommt sie zu mir und fragt mich, wie es mir geht. Ich antworte: „*Ich habe gerade keine Gefühle. Ich kann da leider nichts sagen.*“ Sie geht weiter – zum nächsten Stellvertreter.

Auf einmal wird mir etwas klar, ich wechsle die Ebene ... werde ganz ehrlich: „*Moment, ich fühle doch etwas. Ich fühle mich ziemlich gelangweilt und von deinem Verhalten sehr genervt.*“ Sie lächelt.

Huch? Sie lächelt??

„*Du spielst meinen Bruder, der ist auch immer genervt von mir und langweilt sich in meiner Gegenwart. Es passt gut, was du sagst.*“

Hier zeigen sich ganz deutlich die beiden Ebenen. In meinem Verstand wertete ich die aufstellende Person und begriff nicht, wieso sie auf diese Weise mit ihren Stellvertreter*innen umging. Hätte ich sie – als Olaf – auf diese Weise außerhalb einer Aufstellung abgewertet, dann hätte sie sich von mir nicht verstanden, vielleicht sogar verletzt gefühlt. In meiner Rolle als Stellvertreter hatte mein Gefühl jedoch eine neue Bedeutung. Für die Teilnehmerin zeigte sich darin etwas, das eine Form von Resonanz darstellte, eine Wellenlänge, eine Stimmigkeit. Als ich ihr meine Gefühle mitteilte, fühlte sie sich verstanden. Und ich wiederum verstand, was für ein Problem sie mit ihrem Bruder hatte, denn ich fühlte ja – nach ihrer Aussage – leibhaftig so wie er.

Fühlten meine damaligen Klassenkameraden unbewusst mir gegenüber genauso, wie sich mein älterer Bruder mir gegenüber gefühlt hatte, wenn er mich ärgerte und dominieren wollte?

Fühlten die Erwachsenen unbewusst, dass irgendetwas in mir vielleicht den Wunsch hatte, erwischt zu werden, weil ich ja eigentlich keine anderen Menschen verletzen, sondern „nur“ dazugehören wollte?

In meiner Fantasiewelt ist es mir inzwischen ganz klar geworden: Es gibt diese beiden verschiedenen Ebenen des Verständnisses. Dabei trenne ich die Verständnisebene im Gefühl ganz deutlich von der Verständnisebene im Verstand. Ich habe für mich entschieden, diese beiden Ebenen niemals miteinander zu vermischen, denn Vermischungen haben mich schon allzu oft in die Irre geführt, d. h. mich in meiner Fantasiewelt nicht gut fühlen lassen.

Wie trenne ich die beiden Ebenen?

Wenn eine Person mir gegenüber aus ihrem Gefühl heraus spontan aktiv ist oder mir einfach nur von ihrem Gefühl berichtet, dann nehme ich das für mich als Zeichen und frage mich, was es mir zu sagen hat. Sobald diejenige mir aber gleichzeitig eine Deutung dieses Gefühls anbietet oder sogar unterschieben möchte („*Mein Gefühl ist nur da, weil du etwas noch nicht wirklich verarbeitet hast*“), sehe ich sofort: Das ist ihre Fantasie, nicht meine. Vielleicht hat sie ja recht und ihre Deutung könnte passen. Aber solange ich selbst ihre Deutung nicht als stimmig und positiv wirkungsvoll für mich empfinde, muss ich sie nicht übernehmen. Es könnte immer noch eine andere, zu diesem Gefühl passendere Deutung geben und die andere könnte sich selbst „täuschen“ (sie lebt eben in ihrer eigenen Fantasiewelt und hat einen anderen Lebensweg hinter sich).

Ich suche weiter, bis ich eine Deutung gefunden habe, die sowohl zu dem Gefühlsausdruck der anderen als auch in meine Fantasiewelt passt, mir selbst tatsächlich hilft und mir letztendlich guttut.

Manchmal berührt mich die Deutung der anderen Person tief in meiner Seele. Irgendetwas wirkt in mir. Ich spüre: Das passt! Und ich fühle mich sowohl durch ihren Gefühlsausdruck als auch durch ihre Deutung „wirk“lich verstanden und gesehen.

Sie erinnern sich

- Mein Bild von der Welt, von meinen Mitmenschen und von mir selbst ist meine ganz persönliche konstruktive Fantasiewelt.
- Ich betrachte jeden Menschen als grundsätzlich frei, seine ganz eigene gleichberechtigte Fantasiewelt zu gestalten – bewusst oder unbewusst. Jede*r entscheidet frei, mit wem sie/er spielen möchte.
- Ich habe ab und zu die Möglichkeit, mithilfe der „resonierenden Empfindung“ in mir selbst Persönlichkeitsanteile anderer Menschen zu fühlen.
- Ich kann wählen, ob ich zur Verfügung stehe und eine Resonanz zu meinem Umfeld entwickle. Ich beeinflusse dies, indem ich etwas verändern will oder es so lasse, wie es ist, indem ich helfen will oder darauf vertraue, dass meine Hilfe nicht nötig ist.

- Jedes Element hat den Wunsch nach Gleichgewicht.

- Streit bedeutet, dass die Beteiligten sich entgegenstehende Wünsche haben und ihre Wünsche gerade nicht loslassen können, weil es jede*n zu sehr schmerzen würde. Die Stärke dieses Schmerzes zeigt sich in der Intensität des Streits.

- Ich kann die Fantasiewelt eines anderen Menschen niemals wirklich vollständig nachvollziehen, weil ich nicht sein Leben gelebt habe. Umgekehrt kann auch niemand anders meine Fantasiewelt nachvollziehen, weil niemand mein Leben gelebt hat.

- Ich sehe zwei verschiedene Ebenen, auf denen wir inmitten aller Missverständnisse Verständnis füreinander haben können: die Ebene des Verstandes, der etwas in Worte zu fassen versucht und es manchmal tatsächlich auf den Punkt bringt; und die Ebene des Gefühls, das einfach nur auftaucht und gelebt wird und „zufällig" passt.

Wertungen bestimmen unseren Alltag

Im Folgenden stelle ich Ihnen eine meiner Fantasien vor, mit der Sie viele Dinge aus einer neuen Perspektive, von einer neuen Ebene aus betrachten können. Sicherlich hat dieses Denkmodell so manche Lücke und Unlogik, doch darauf kommt es in diesem Zusammenhang nicht an. Es verfolgt nicht das Ziel, vollständig zu sein, sondern erfolgreich bei der Auflösung von Ungleichgewichten zu unterstützen.

Ich erinnere mich daran, dass ich als Kind Angst hatte, unter mein dunkles Bett zu schauen, weil ich dort eine Hexe vermutete. Ich sprang immer mit einem großen Hüpfer ins Bett, damit sie mich nicht an den Füßen festhalten konnte. Irgendwann blickte ich dann doch mithilfe einer Taschenlampe unter das Bett. Was sah ich? Die Hexe war zu Staub zerfallen. Natürlich wurde mir nun klar, dass dies eine unsinnige Angst gewesen war, die nicht der „Realität" entsprach. Es hatte nie eine Hexe gegeben. Mein Blick hatte meine bisherige Fantasie verändert und damit meine Angst vollständig aufgelöst.

Auch im weiteren Verlauf meines Lebens hatte ich neue Erkenntnisse und blickte neu auf meine Umwelt, wodurch sich meine Fantasiewelt änderte und ich bestimmte Ängste einfach verlor. Vielleicht kann ich Ihnen mit der folgenden Fantasie und meinen Fantasien im zweiten und dritten Kapitel ebenso einen Zauberblick anbieten, durch den sich manche Ängste, Hemmungen oder emotionale Schmerzen bei Ihnen einfach so in Luft auflösen? Und nur deshalb, weil Sie plötzlich in Ihrer eigenen Fantasiewelt einen neuen übergeordneten Zusammenhang entdecken konnten?

Damit komme ich nun zu dem Thema, das mich seit der Veröffentlichung des ersten Bandes sehr intensiv beschäftigt: die Wertung.

Eine Wertung in positiver Form (Aufwertung) bringt uns Hochgefühle und Freude. Auf der anderen Seite ist sie in negativer Form (Abwertung) etwas, das uns verletzt und uns ausgeschlossen oder missverstanden fühlen lässt. Die spontane energievolle Freude ist vergänglich, das ist für uns normal. Wir erleben ein Lob oder einen Erfolg, freuen uns darüber und gehen dann nach einer Weile wieder zur Tagesordnung über. Eine Abwertung jedoch verdirbt uns sehr schnell unsere gute Stimmung, zieht uns „nach unten“ und beschäftigt uns wesentlich länger. Haben wir schlechte Laune, dann werden positive Aufwertungen kaum eine Chance haben. Es dauert viel länger, bis diese uns wirklich wieder „nach oben“ in Hochstimmung bringen können – wenn überhaupt.

Die unangenehmen Gefühle binden uns länger als die angenehmen. Sie wecken in uns Veränderungswünsche. Unser Hauptwunsch ist dabei, die uns widerfahrene Abwertung so verändern zu können, dass wir uns dabei wieder wohlfühlen. Eine Aufwertung brauchen wir nicht zu verändern. Sie tut uns gut. Eine Abwertung sollte nach unseren Wünschen jedoch möglichst eliminiert werden. Es gibt dafür mindestens drei Möglichkeiten:

1. Wir schaffen es im Außen, die Abwertung rückgängig zu machen, indem wir etwas klären oder besser machen, und die andere Person es tatsächlich einsieht, ihre Abwertung vollständig zurücknimmt und sich entschuldigt.
2. Wir finden in uns selbst einen neuen (Zauber-)Blickwinkel, der die Abwertung für uns anders erscheinen lässt, so dass wir uns mit der Abwertung ausgeglichen fühlen dürfen.

3. Wir stellen uns der Abwertung nicht zur Verfügung. Wir achten sie so, wie sie ist, lassen sie stehen, integrieren alle möglichen Folgen, die durch sie eventuell entstehen könnten, und kümmern uns ausgeglichen um etwas anderes.

Unser Bedürfnis nach Ausgeglichenheit ist zum großen Teil dafür verantwortlich, warum viele den Satz „Ich stehe nicht mehr zur Verfügung" als so anziehend empfinden. Wir wollen uns von den Wünschen und Forderungen anderer Menschen unabhängig fühlen können.

Warum machen wir uns eigentlich von den Wünschen und Forderungen anderer abhängig? Weil wir ihre Abwertungen fürchten, wenn wir uns nicht mehr nach ihnen richten. Gleichzeitig fürchten wir Abwertungen, wenn wir selbst unser gesamtes Potenzial inklusive unserer Gefühle frei ausleben wollen. Unsere Furcht vor Abwertungen wirft uns oft aus unserer Bahn.

Fazit: Wir wollen Abwertungen vermeiden, verändern, lösen, damit wir uns wieder ausgeglichen und „in unserer Mitte" fühlen können. Wir wollen wieder „wir selbst sein".

Mir gelingt dies noch besser, seitdem ich (Ab)Wertungen auf eine bestimmte Weise verstehen gelernt und einen neuen Blick für sie entwickelt habe. Ich laufe nicht mehr weg, sondern ich schaue anders hin. Wie bin ich dazu gekommen?

Kurz nach der Veröffentlichung des ersten Bandes *Ich stehe nicht mehr zur Verfügung* im September 2007 erhielt ich die ersten begeisterten Rückmeldungen. Das war zwar schön zu erfahren, ich ahnte jedoch, dass auch noch anderes kommen würde. Ob diese Ahnung eine Vorahnung war oder eher eine Befürchtung, die als selbsterfüllende Prophezeiung wirkte, weiß ich nicht. Auf jeden Fall konnte ich aus den später auftauchenden Kritiken am Buch viel lernen. Sie waren und sind gute Möglichkeiten für mich, mich selbst und meine Gefühlsreaktionen zu beobachten und genauer kennenzulernen. Als Folge meiner Selbstbeobachtungen entwickelte ich den neuen Blick, das Denkmodell, das ich im nächsten Abschnitt vorzustellen beginne. (Im Jahr 2014 entwickelte sich dieses Denkmodell zum NeuroSonanz®-Modell, das ich im Internet ausführlich dargestellt habe. Googeln Sie einfach „NeuroSonanz®-Modell".)

Schauen wir uns zunächst einige Alltagsbeispiele an. Vielleicht erkennen Sie ihr gemeinsames Muster:

Ich sitze am Klavier und spiele vor mich hin – planlos. Meine Partnerin kommt in den Raum und fragt mich etwas. Ausgeglichen beantworte ich ihre Fragen. Später klingelt das Telefon – ein Klient möchte einen Beratungstermin. Wir besprechen uns und legen einen Termin fest. Anschließend setze ich mich wieder an das Klavier und spiele weiter – planlos. Ich fühle mich ausgeglichen und genieße, was passiert. Da ich kein festes Ziel habe, darf alles dazugehören.

Am nächsten Tag höre ich im Radio ein absolut geniales Klavierstück von Chopin. Ich bin begeistert und möchte es spielen können. Gleichzeitig fällt mir ein, dass in drei Wochen ein guter Freund seinen runden Geburtstag feiert. Das wäre ja die Gelegenheit, dieses Klavierstück vorzuspielen. Ich weiß, dass es knapp wird, doch ich werde es hinbekommen. Gezielt plane ich meine Zeit so effektiv, dass ich in drei Wochen das Stück beherrschen und ihm ein Ständchen bringen kann. Hochmotiviert beginne ich zu üben. Der Gedanke an den Auftritt und das erfreute Gesicht meines Freundes lassen mich selbst schon Vorfreude fühlen. Ich habe ein klares Ziel – und das hat Folgen:

Meine Partnerin kommt in den Raum und fragt mich etwas. Ich fühle mich gestört – so eine banale Frage, damit hätte sie auch warten können! Ich bitte sie, mich nicht mehr zu stören.

Ich übe weiter – das Telefon klingelt. Genervt ergreife ich den Hörer. Ein anderer Klient möchte einen Termin. Ich gebe ihm einen in vier Wochen. Für ihn ist es aber sehr dringend – ob ich nicht noch einen früheren Termin hätte. Bei dem Gedanken gerate ich unter Druck, denn es könnte sein, dass ich das Klavierstück nicht mehr rechtzeitig erlerne, wenn ich zwischendrin Beratungen gebe. Ich bin im Zwiespalt und werde leicht unfreundlich, schaffe es aber, mich zusammenzureißen. Wenn ich jedoch ganz ehrlich wäre: Ich habe keine Lust mehr, diesem Klienten überhaupt noch zur Verfügung zu stehen. Warum versteht er nicht, dass ich ihm bereits den frühestmöglichen Termin gegeben habe? Warum muss er noch einmal nach einem früheren Termin fragen – und mich dadurch in diesen Zwiespalt bringen, „Nein“ sagen zu müssen?

Mein starker Wunsch, das Klavierstück innerhalb weniger Wochen zu erlernen, hat zur Folge, dass ich anderes auszuschließen beginne. Ich erschaffe Unterschiede, ich werte. Auf welche Weise ich werte, ob barsch oder freundlich, kann ich wählen, doch die Tatsache, dass ich überhaupt werte, ist völlig normal und „natürlich“.

Ein anderes Beispiel: Ich erlebte in meinem Musikstudium Professor Ulrich Michels im Fach Musikgeschichte, der in den Vorlesungssaal kam, sich an sein Pult stellte und sofort in ruhigem Ton zu reden begann. Die Student*innen waren alle noch in ihre Gespräche vertieft, der Lärmpegel war sehr hoch, so dass niemand den Professor verstehen konnte. Doch er kümmerte sich nicht darum, er kämpfte nicht um Aufmerksamkeit und überließ die Verantwortung dafür, Wissen zu erlangen, vollständig seinen Student*innen. Natürlich wurde es innerhalb kürzester Zeit im Saal völlig ruhig, da (fast) jede*r das Ziel hatte, den leise sprechenden Professor verstehen zu wollen. Das Ziel „Verständnis“ führte dazu, dass sich jede*r selbst bremste, sich selbst eine Grenze setzte, aufhörte, mit der Sitznachbarnin zu reden, und die Aufmerksamkeit auf den Professor lenkte. Reden gehörte nun nicht mehr dazu.

Vor Beginn einer Orchesterprobe sitzen die Musiker*innen bereits an ihrem Platz und stimmen ihre Instrumente. Wer ab und zu eine Oper besucht hat, kennt das Geräusch, wenn alle Musiker durcheinanderspielen, ihre Instrumente stimmen oder noch einmal bestimmte Passagen aus einem Musikstück üben – jede*r eine andere Stelle. Wir hören ein bewegliches Klangchaos. Nun kommt der Dirigent herein, hebt den Taktstock, die Instrumente sind inzwischen verstummt, das Klangchaos hat sein Ende gefunden, und mit dem Beginn der Armbewegungen des Dirigenten spielen die Musiker*innen gemeinsam ein (meistens) harmonisches Stück.

In der Probe gibt es oft Momente, in denen der Dirigent unterbricht und mitteilt, dass etwas nicht nach Plan gelaufen ist. Jemand hat verkehrt gespielt, ein falscher Ton war zu hören. Vorher, beim Stimmen der Instrumente im Klangchaos, durfte der Ton noch sein. Doch jetzt ist ein Ziel vorhanden: Der Dirigent und die Musiker*innen haben das gemeinsame Ziel, ein bestimmtes Musikstück auf eine bestimmte Weise zu musizieren. Dieses Ziel hat zur Folge, dass nun manche Töne dazugehören, andere Töne aber nicht – immer abhängig davon, an welcher Stelle des Musikstückes man sich gerade befindet.

Eines Abends langweilen Sie sich und setzen sich vor den Fernseher. Planlos zappen Sie durch die Programme. Ihr kleiner Sohn kommt herein und will auch einmal auf die Fernbedienung drücken. Sie zappen gemeinsam. An einem anderen Abend sehen Sie ein spannendes und entscheidendes Fußballspiel. Kurz vor Schluss des Spieles – es steht

1:2, die „eigene" Mannschaft, mit der Sie sich identifizieren, liegt nur ein Tor zurück – entwickelt sich eine Chance zum Ausgleich. Zwei Stürmer nähern sich mit dem Ball völlig frei dem gegnerischen Tor. Da drückt Ihr Sohn die Fernbedienung und schaltet auf ein anderes Programm. Wie reagieren Sie? Darf das dazugehören? Oder wollen Sie unbedingt dieses Tor miterleben? Haben Sie etwa ein Ziel?! Einen starken Wunsch?

Jede Wertung ist die Folge eines bestimmten Zieles / Wunsches. Und je stärker man an einem Ziel festhält, umso stärker fällt die Wertung aus.

Ganz einfach, ganz natürlich, vollkommen normal.

Welche Bedeutungen gebe ich eigentlich den Begriffen „Wunsch" und „Ziel" und wie verknüpfe ich sie in meiner Fantasiewelt miteinander?

Ich erzählte Ihnen bereits von meiner Formel „Jedes Element hat den Wunsch nach Gleichgewicht". Auf uns Menschen übertragen ergibt sich folgende Übersetzung:

Element = Mensch

Wunsch = Wunsch

Gleichgewicht = Ziel

Da jeder Mensch mindestens einen Wunsch hat, z. B. glücklich existieren zu dürfen, manchmal auch nur existieren zu dürfen (Selbstmörder*innen wollen sterben, was auch ein Wunsch ist), gibt es keinen Menschen ohne irgendeinen Wunsch. Auch wenn wir uns manchmal wunschlos fühlen, gibt es trotzdem unbewusste Wünsche unseres Körpers, die wir zumindest in der permanenten Aktivität unseres Herzens entdecken können. Deshalb gehören diese drei Teile eng zusammen:

Ohne Mensch kein Wunsch und kein Ziel.

Ohne Wunsch kein Ziel und kein Mensch.

Ohne Ziel kein Wunsch und kein Mensch.

Ein Mensch ist nur ein Mensch, wenn er auf irgendeiner Ebene mindestens den Wunsch nach der eigenen Existenz hat – sonst würde er auf der Stelle zerfallen und ist kein Mensch mehr.

Ein Wunsch ist nur ein Wunsch, wenn wir uns etwas wünschen, und dieses „Etwas" ist ein Ziel.

Ein Ziel ist nur ein Ziel, wenn wir es zu erreichen wünschen.

Wünsche wecken Wirkungen und Wertungen

Nun komme ich zu dem Fantasie-Modell, das sich durch meine Erfahrungen und Überlegungen in mir entwickelt hat.

In Abbildung 1 sehen Sie einen Kreis. Dieser Kreis soll mich symbolisieren. Wenn Sie sich mit meinem Modell identifizieren wollen, um es besser nachfühlen zu können, dann betrachten Sie diesen Kreis als Symbol für sich selbst.

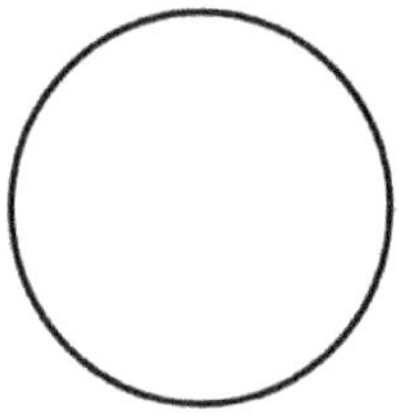

Abb. 1

So, wie ich jetzt bin, bin ich. „Ich bin" ist die reine Wahrheit, was niemand widerlegen kann. Denn ich existiere – unbestritten. Diese einfache, klare und wahre Existenz wird durch die Kreisform symbolisiert. Es ist „rund", wie ich bin, weil ich einfach bin.

Dadurch, dass ich existiere, gibt es eine Unterscheidung, eine Grenze: Die Kreislinie trennt alles, was zu mir gehört (innerhalb des Kreises), von allem, was um mich herum ist. Allein wenn ich „Ich" sage, definiere ich dadurch eine Grenze, denn ich beziehe mich dabei auf meinen Körper und alles, was sich darin befindet, inklusive meiner Gedanken und Gefühle. Alles, was nicht zu mir gehört, grenze ich aus.

Schauen wir uns den Kreis weiter an, die reine Ebene der Existenz. Wir haben tatsächlich im Alltag immer die Möglichkeit, unsere Aufmerksamkeit allein auf unsere Existenz zu konzentrieren. Wir wünschen uns zu existieren und erleben gleichzeitig, dass wir existieren – Wunsch erfüllt, Ziel erreicht, in jedem Moment. Ich bin.

Ich könnte mir vorstellen, dass manche indischen Weisheitslehrer genau das meinen, wenn sie uns die Botschaft vermitteln, einfach zu „sein". Konzentriere dich auf deinen einzigen Wunsch zu existieren und erlebe permanent, dass dir dieser Wunsch in jedem Augenblick erfüllt worden ist. Eine permanente Wunscherfüllung kann doch nur eine grenzenlose Ausgeglichenheit im Gefühl bewirken, oder?

Es besteht also die Möglichkeit, sich in den großen Lebenskrisen allein auf seine Existenz zu konzentrieren, auf das einfache Sein im Jetzt. Vielleicht hilft uns das, eine Krise zu durchschreiten? Wir können es jederzeit ausprobieren.

Sollte es uns nicht gelingen, uns nur auf unser Sein zu konzentrieren, dann könnte es sein, dass wir einen bestimmten Wunsch nicht loslassen können. Wir halten möglicherweise an genau dem Wunsch fest, der uns in die Krise geführt hat. Wir können uns nun fragen, welcher Wunsch das ist und wie wir damit umgehen wollen. Wir können überlegen, wie wir unser Ziel vielleicht doch noch erreichen könnten oder was wir brauchen, um diesen Wunsch loszulassen. Vielleicht erkennen wir aber auch einen bestimmten Sinn hinter dem Wunsch? Einen noch tieferen Wunsch, der dahinter steckt?

Bleiben Sie sich immer dieser Möglichkeit bewusst, die auf Ihre sonstigen Wünsche gerichtete Aufmerksamkeit loszulassen und sich nur auf das einzige Ziel zu konzentrieren, das Ziel, einfach nur zu existieren. *„Ich bin."*

Im Gewahrsein dieses einzigen, permanent erfüllten Wunsches haben wir keine weiteren Ziele. Das bedeutet, wir haben im Moment unendlich viele Möglichkeiten. Wir haben die freie Wahl. Jede Richtung gehört dazu. Wenn wir nur diese Ebene von Existenz betrachten, dann gehört auch alles andere, was neben uns existiert, dazu. Da alles, was existiert, eben existiert, gibt es nichts, das nicht existiert. Es gibt also nichts, das nicht zu dieser Ebene gehört. Hier gibt es keine Wertung, keine Unterscheidung, keine Ziele, keine Grenzsetzungen. Alles existiert. Alles IST. Das ganze Universum IST.

Das ist die Basis. Es ist die Ausgangsform meines Modells.

Dazugehörige Sätze könnten folgende sein:

„Ich bin."

„Ich habe im Moment nur den Wunsch zu existieren."

„Alles gehört dazu und ‚ist' einfach nur."

Die Tatsache, dass alles dazugehört, sehen Sie in Abbildung 2 dargestellt. Die Pfeile symbolisieren, dass ich die freie Wahl habe. Jede Richtung, jede andere Existenz, jede Realität und jede Sichtweise gehören auf dieser Ebene dazu, denn alles existiert, alles ist.

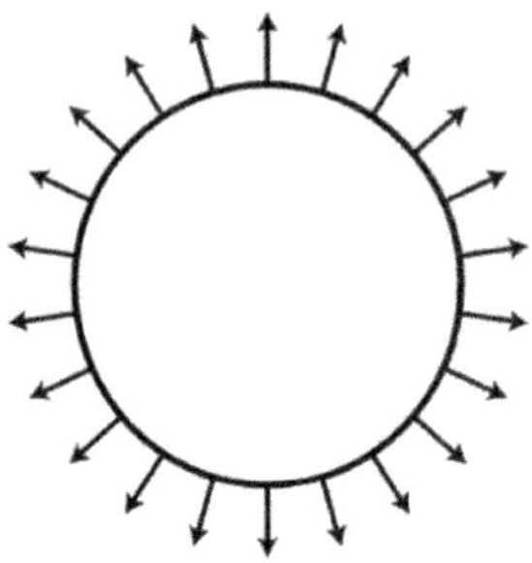

Abb. 2

Die einzige Ausnahme stellt der Fall dar, in dem eine andere Existenz meine Existenz angreift und droht, mein „Ich" zu vernichten. Hier kann ich zwei Haltungen einnehmen:

- Ich kämpfe um meine Existenz.
- Ich stimme zu, dass der Zeitpunkt gekommen ist, an dem sich meine Existenz nun auflösen und mir damit mein Wunsch zu existieren nicht mehr erfüllt wird.

Wenn ich an dieser Stelle zustimme, dann gehört tatsächlich alles dazu. Ohne Ausnahme. Auch das Ende meiner Existenz.

Ich sage nicht, dass ich diese Haltung jedem empfehle. Ich biete sie lediglich als „Möglichkeit" an, um inneren Druck und Stress aufzulösen. Nicht immer, wenn wir dem Tod wirklich zustimmen, werden wir genau in diesem Moment sterben. Es könnte auch sein, dass wir dem Tod bedingungslos zustimmen und gleichzeitig erleben, dass uns das Leben weiterhin permanent geschenkt wird. Dieses Leben ist ein Leben ohne jeglichen Druck. Denn wenn wir an keinem unserer Wünsche wirklich festhalten und selbst den Wunsch nach unserer Existenz loslassen können, dann kann uns kein anderer Mensch mehr wirklich bedrohen. Mit dieser Haltung lautet unsere Antwort auf jede Drohung: *„Ja, das gehört auch dazu und ist in Ordnung."*

Wie ich schon berichtete, wurde ich in der Schule öfter verprügelt. Auch auf meinem Weg zum Klavierunterricht erlebte ich Jugendbanden, die mich umzingelten und bedrohten. Wenn ich heute an die Menschen denke, die andere bedrohen, schlagen und teilweise lebensgefährlich verletzen, dann bekomme ich Angst und wüsste nicht, wie ich in einer solchen Situation handeln würde. In meiner Fantasie habe ich solche Situationen schon oft durchgespielt und mich gefragt, wie ich mein damit verbundenes Stressgefühl lösen könnte. Die einzige Beruhigung in meinem Gefühl ist durch folgenden Gedanken zu erreichen: „*Wenn es tatsächlich einmal passieren sollte, dass mich jemand bedroht, mich lebensgefährlich verletzt oder gar umbringt, und ich habe absolut keine Chance, mich selbst zu retten, dann stimme ich dieser Situation zu. Dann sollte es so sein.*"

In diesem Gedanken ist zweierlei enthalten: Ich kämpfe um mein Leben und gebe dabei mein Bestes. Doch wenn ich den Kampf verliere, kann ich einem solchen Ende in diesem Moment vollkommen zustimmen. Wie es auch endet: Ich bin damit in Frieden.

Mein Kernsatz dazu lautet: „*Wenn es passiert ist, sollte es auch so sein.*" Und meine Angst ist verschwunden.

Wenn etwas passiert ist, lässt es sich sowieso nicht mehr rückgängig machen. Es ist unveränderbare Vergangenheit und es macht keinen Sinn, nachträglich dagegen anzukämpfen oder sich darüber aufzuregen. Aber es macht Sinn, für die Zukunft daraus zu lernen und diesbezüglich neue Entscheidungen zu fällen.

In Filmen hat das Böse immer nur eine Chance zu wirken, wenn Menschen ganz bestimmte feste Wünsche haben. Das Festhalten an bestimmten Wünschen verleiht dem Bösen die Macht, zu bedrohen und unter Druck zu setzen. Denn es droht damit, dass es eine Wunscherfüllung verhindern wird. Wer aber allem zustimmen kann, wird niemals von jemand anderem bedroht und beherrscht werden können.

Nur dort, wo wir Wünsche haben, sind wir verletzbar.

Hier erkennen Sie die Zauberwirkung der Zustimmung. Wir müssen ja nicht gleich unserem Tod zustimmen. Doch wenn wir in einigen Lebenssituationen einen Wunsch loslassen und zustimmen, dass es nun anders verläuft, als wir es uns gewünscht hatten, spüren wir die Wirkung des Loslassens auf uns selbst: Ein gewisser Druck verschwindet, ein

Problem löst sich auf – einfach durch Loslassen eines eigenen Wunsches, durch Nachgeben.

Solange wir noch um einen Wunsch trauern, sind wir zwar im Prozess des Loslassens, haben den Wunsch jedoch noch nicht ganz losgelassen. Ein vollständiges Loslassen zeigt sich nach der Trauer in der kraftvollen Zustimmung zu allem, wie es jetzt ist. Dieser Zustand ist die perfekte Ausgeglichenheit. Jedes Gefühl von Ungleichgewicht deutet auf noch vorhandene versteckte Wünsche hin, die noch nicht entlarvt und noch nicht vollständig losgelassen wurden.

Ich wiederhole noch einmal: Die Basis dieses Modells ist der Zustand, in dem wir alle unsere Wünsche losgelassen haben und allem zustimmen. Alles gehört dazu. Alles IST.

Ich kann mir gut vorstellen, dass viele Menschen, die bewusst den Moment ihres Todes erleben und auch wissen, dass ihre Zeit nun gekommen ist, spätestens genau dann diesen Zustand des absoluten Friedens erleben können. Den Zustand der absoluten Wunschlosigkeit, des vollständigen Loslassens und der vollkommenen Zustimmung.

Wie manche Menschen in ihren Büchern mitgeteilt haben, ist dieser Zustand nicht erst im Moment des Todes erlebbar. Es soll auch während des Lebens funktionieren. Ich selbst kann es nur für kleine Momente bestätigen, in denen ich meinen momentanen Wunsch losgelassen habe und noch nicht wusste, was als Nächstes kommt. In solchen Momenten war ich vollkommen ausgeglichen. Ziellos.

„Ich stehe für eine Zeit keinem einzigen Wunsch und keinem Ziel mehr zur Verfügung."

„Ich stehe für eine Zeit nur der absoluten Ziellosigkeit zur Verfügung."

Vielleicht kann einer dieser beiden Sätze in bestimmten Situationen eine Zauberwirkung für Sie entfalten?

Das Schönste daran ist für mich, einfach nur die Möglichkeit des Loslassens als Befreiung zu *kennen*. Das genügt mir schon. Ich weiß immer: Ich habe die Wahl. Stehe ich zu sehr unter Druck oder werde unter Druck gesetzt, dann kann ich mich selbst davon befreien, indem ich schaue, welches Ziel ich jetzt gerade habe und wie ich mich fühle, wenn ich mich diesem Ziel nicht mehr zur Verfügung stelle, es loslasse. Ergebnis: Erleichterung, Entspannung, Durchatmen, Freiheit.

Steigt eine Trauer in mir hoch, dann durchlebe ich diese Trauer vollständig, lasse alle Tränen und alle Gedanken zu („*Wie schön wäre es gewesen, wenn …*“), bis es sich von selbst beendet, und fühle mich anschließend erleichtert und frei.

Ich kann aber auch weiterhin an meinem Wunsch festhalten und mit den Folgen leben. Vielleicht erfüllt sich mein Wunsch ja doch noch?

Letztendlich geht es nicht darum, immer loszulassen oder festzuhalten, sondern immer zu wissen: Ich habe die Wahl.

Was passiert im umgekehrten Fall, wenn ich ein Ziel in mir entwickle? Wenn ich einen Wunsch in mir verspüre und mir diesen Wunsch auch wirklich erfüllen möchte?

Der Begriff „Ziel“ steht stellvertretend für alles, was für uns Menschen ein „Ergebnis einer Handlung oder eines Geschehnisses“ darstellt. „Ziel“ kann also bedeuten: Wunscherfüllung, Bedürfniserfüllung, Selbstverwirklichung, Realisierung einer Idee, Ausführung eines inneren Dranges, Aufrechterhaltung einer Gewohnheit oder eines Rituals, Aufgabenerfüllung, Erreichung eines neuen Gleichgewichtes etc.

Wünsche: Ich will in drei Wochen ein Chopin-Stück spielen können. Die Lehrerin möchte die Aufmerksamkeit ihrer Schüler*innen. Der Dirigent verfolgt das Ziel, dass nur richtige Töne erklingen. Die Leserin möchte ein Buch lesen, das sie fesselt und ihr etwas bringt etc.

Erreichte Ziele: Ich kann ein Chopin-Stück spielen. Die Lehrerin besitzt die Aufmerksamkeit ihrer Schüler*innen. Der Dirigent hört nur richtige Töne. Die Leserin liest ein Buch, das sie fesselt und sie persönlich weiterbringt etc.

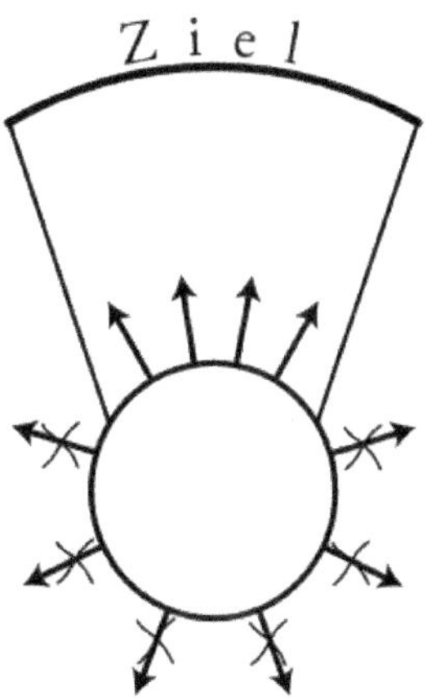

Abb. 3

In Abbildung 3 wird das Ziel durch eine Ziellinie symbolisiert. Warum eine Linie und kein Punkt? Ich gehe davon aus, dass jedes Ziel einen gewissen Spielraum hat und flexibel ist. Habe ich z. B. das Ziel, bei einem Schwimmwettkampf eine Goldmedaille zu gewinnen, so muss ich als Erster am Beckenrand anschlagen. Doch ob ich dies eine Sekunde oder fünf Sekunden oder zehn Sekunden vor dem nachfolgenden Schwimmer tue oder ob alle anderen Schwimmer durch Muskelkrämpfe während des Wettkampfs ausfallen und ich gemütlich als Einziger den Beckenrand erreiche, spielt keine Rolle. Genauso habe ich ein wenig die Wahl, in welchem Tempo, in welcher Lautstärke und mit welchem Ausdruck ich das Chopin-Stück spiele.

Für das Erreichen des Zieles bleiben verschiedene Möglichkeiten bestehen. Deshalb stelle ich das Ziel als „ein Bereich von Möglichkeiten, die alle zum Ziel dazugehören“ dar.

Sie haben in Abbildung 3 bereits gesehen, was sich verändert, sobald ein Ziel in mein Leben tritt: Ich habe nicht mehr die freie Wahl, in welche Richtung ich mich bewege. Wenn ich an dem Ziel festhalte, sind bestimmte Richtungen automatisch ausgeschlossen. Es existiert eine klare Grenze. Meine Partnerin darf mich nicht beim Klavierüben stören, Schüler dürfen sich im Unterricht nicht über etwas anderes unterhalten, ich darf nicht um das Schwimmbecken herumlaufen, um dann von außen vor allen anderen Schwimmern am Beckenrand anzuschlagen. Ein Gewehrschütze traf bei einem Wettkampf direkt ins Schwarze – auf der Scheibe seines Nachbarschützen, und daher zählte sein Schuss nicht, war ausgeschlossen, passte nicht zum Ziel des Wettbewerbs.

Jeder Wunsch und jedes Ziel in unserem Leben führen ganz automatisch zu der Folge, dass etwas anderes ausgegrenzt wird.

Diese Ausgrenzung ist nichts anderes als eine Wertung. Wir sagen: „Das gehört dazu (zum Ziel) und das gehört *nicht* dazu.“

Es wird ein *Unterschied* gemacht. Das eine ist wertvoll, weil es dem Erreichen des Zieles dient, das andere ist dafür wertlos. Diese Einteilung ist die natürliche Folge davon, dass ein Ziel existiert.

Säen wir ein Ziel, so ernten wir immer Wertungen.

Dabei können wir noch unterscheiden, wie intensiv unser Wunsch ist, wie stark wir an unserem Ziel festhalten. Manche Menschen wünschen sich etwas und lassen dann los, überlassen es der Wirkung des „Universums“, ob sich der Wunsch erfüllt oder nicht. In solch einem Fall bin ich auch dafür bereit, dass der Wunsch eventuell *nicht* in Erfüllung geht. Das bedeutet aber nicht, dass ich nichts mehr werte. Allein durch die Existenz des Wunsches findet eine Wertung statt, denn ich weiß immer, was zu meinem Wunsch dazugehört und was nicht. Und wenn mir der Wunsch nicht erfüllt wird, regt sich immer noch ein kleines „Schade“ in mir. Das sind normale Wertungen. Doch da ich loslassen und es gut annehmen kann, dass der Wunsch nicht erfüllt wird, ist auch die Wertung nicht so intensiv.

Andere Wünsche, bei denen ich unbedingt das Ziel erreichen will und unter Druck stehe, führen zu einer starken Grenzsetzung und intensiven Wertung. Im Extremfall kämpfen manche Menschen aggressiv gegen alles, was sie davon abhält, ihr Ziel zu erreichen. Sie setzen dabei notfalls sehr verletzende Wertungen zur Abschreckung ein und kämpfen auf der anderen Seite für alles, was sie dabei unterstützt. Sie wollen ihr Ziel eben unbedingt erreichen.

Bei den „Bestellungen beim Universum“ wird oft betont, dass man nach dem Aufschreiben oder Aussprechen eines Wunsches diesen loslassen sollte. Halten wir nämlich weiter an unserem Wunsch fest, so sind wir auch intensiv mit einer ganz bestimmten Wertung verbunden, die einteilt in „Das gehört dazu“ und „Das gehört nicht dazu“. Sollte uns nun unser Wunsch auf eine sehr seltsame Weise erfüllt werden, mit der wir überhaupt nicht gerechnet hatten, dann hält uns unsere intensive Wertung davon ab, erkennen zu können, dass unser Wunsch gerade erfüllt wird. Unsere Wertung signalisiert uns fälschlicherweise: „Das gehört nicht dazu.“ Lassen wir den Wunsch jedoch mehr los, so ist auch unsere Wertung nicht mehr so intensiv. Unsere Grenzen sind flexibler und wir sind etwas offener, auch die unmöglichsten Wege zur Wunscherfüllung an uns heranzulassen. Wir geben innerlich mehr Raum dafür, dass folgender Gedanke in uns auftauchen kann: *„Vielleicht gehört das auch irgendwie zu meiner Wunscherfüllung dazu?“*

In Abbildung 4 sehen Sie Elemente, die zu meinem Ziel oder zu meinem Weg zum Ziel dazugehören (kleine Kreise). Sie befinden sich innerhalb meines „Zielbereiches“. Gleichzeitig sehen Sie Elemente, die ich automatisch ausschließe (durchkreuzte Kreise). Das ist immer so. Es ist reine Natur. Ganz „normal“. Habe ich einen Wunsch, dann gibt es automatisch Dinge, die dazugehören, und Dinge, die nicht dazugehören.

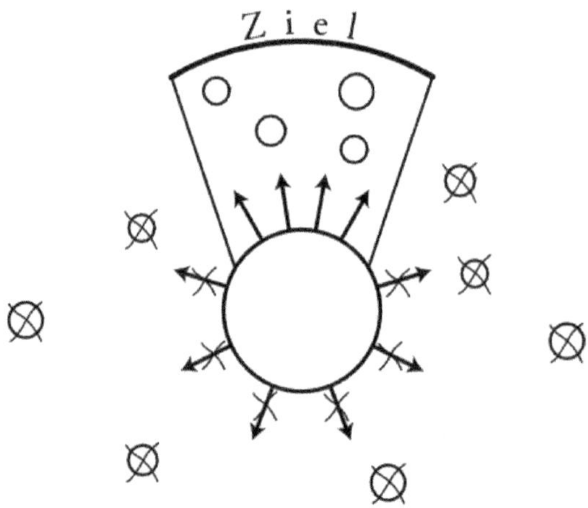

Abb. 4

Mit diesem Zusammenhang können wir logisch nachvollziehen, dass wir uns bei jeder Kritik, egal ob konstruktiv oder destruktiv, ein bisschen oder auch sehr stark ausgegrenzt fühlen. Wir gehören mit dem, was wir getan oder gesagt haben, nicht in den Zielbereich des Kritikers. Selbst bei einer konstruktiven Kritikerin fühlen wir uns ausgegrenzt oder nicht so ganz dazugehörig. Denn sie geht davon aus, dass wir etwas übersehen oder verkehrt gemacht haben, dass wir uns also außerhalb des Zielbereiches befinden, den sie sich gerade in ihrer Fantasiewelt vorstellt. Jede Kritik hat zumindest ein leichtes Gefühl von Ausgeschlossensein zur Folge. Es ist reine Natur. Ganz „normal". Würden wir das nicht fühlen können, wären wir unsensibel und gefühllos.

In dem Moment aber, **in dem uns das Ziel des anderen Menschen unwichtig ist und wir uns auch nicht zu dem Ziel des anderen dazugehörig fühlen wollen**, spielt unsere Position der/des Ausgeschlossenen keine Rolle mehr. Wir können problemlos zustimmen, dass wir uns außerhalb *seines* Zieles befinden, und stehen *seinem* Ziel nicht zur Verfügung.

Wer grundsätzlich bei Kritik Panik bekommt, erinnert sich dabei wahrscheinlich bewusst oder unbewusst an seine frühe Kindheit, in der ein Ausschluss von den Eltern noch ganz direkt lebensbedrohlich war.

Seitdem mir das bewusst geworden ist, kann ich viel gelassener sowohl mit fremden als auch mit eigenen Wertungen und Ausgrenzungen umgehen. Auch wenn sie sich öfter schmerzhaft anfühlen, sind Wertungen und Ausgrenzungen normale Unterscheidungen. Sie gehören immer zum Leben dazu und sind die Folgen eines bestimmten Wunsches. Deswegen nenne ich dieses Denkmodell „Wunsch-Folgen-Modell“.

Wenn nun ein anderer Mensch vorwurfsvoll zu mir sagt: „*Hey, du wertest ja!*“, dann kann ich immer antworten: „*Ja – und du gerade auch.*“

Wertungen existieren immer und überall. In meiner Fantasie stelle ich es mir so vor, dass es auf dieser Welt niemals vollständig ohne Wertungen geht, denn wenn tatsächlich jedes Element Wünsche nach Gleichgewichten hat, gehören zu diesen Wünschen automatisch auch immer die entsprechenden Wertungen „*Das unterstützt mich und das nicht. – Das gehört zu meinem Ziel und das nicht.*“

Erlebe ich nun einen Menschen, der etwas wertet, dann denke ich: „*Klar, der hat ein Ziel, auch wenn ich nicht weiß, welches.*“

Wenn eine Person mich ganz direkt abwertet, dann denke ich: „*Klar, ich tue gerade etwas oder stehe stellvertretend für etwas, das nicht in ihr Konzept passt, nicht zu ihrem Wunsch, nicht zu ihrem Ziel. Auch wenn ich im Moment nicht klar erkennen kann, welchen Wunsch sie hat, klar ist auf jeden Fall, dass das, was ich vertrete oder tue, für sie nicht dazugehört – jedenfalls nicht so. Sie möchte es anders und ich befinde mich außerhalb ihres Zielbereiches. Logisch.*“

Was passiert, wenn wir uns einem Ziel nicht mehr zur Verfügung stellen und den Wunsch, es zu erreichen, einfach aufgeben und loslassen? Unsere Wahlmöglichkeiten erhöhen sich wieder und wir fühlen mehr Freiheit als vorher (siehe Abb. 2). Das ist der einfache Grund, warum viele Menschen sich sofort beim Denken oder Aussprechen ihrer Entscheidung „*Ich stehe dafür nicht mehr zur Verfügung*“ besser fühlen. Sie haben in diesem Moment ein bestimmtes Ziel losgelassen, durch das sie vorher auf natürliche Weise eingeengt waren (durch Grenzen und Wertungen!).

Das Loslassen eines *eigenen* Zieles führt zur Auflösung von selbst gesetzten Grenzen.

Das Loslassen eines *fremden* Zieles eines anderen Menschen, dem wir zur Verfügung standen, führt zur Auflösung unserer resonierenden Empfindung, mit der wir die Begrenzungen des fremden Zieles erspürt hatten.

An dieser Stelle wird klar, dass es beim Nicht-zur-Verfügung-Stehen in erster Linie um Wünsche und Ziele geht, denen man sich nicht mehr zur Verfügung stellt, weniger um den Menschen an sich, der diese Wünsche und Ziele hat. Im ersten Band betonte ich, dass das *achtungsvolle* Zurückziehen wichtig sei. Will man sich nicht mehr zur Verfügung stellen, dann sollte man sich nicht abwertend, sondern achtungsvoll zurückziehen. Die Begründung: Solange wir uns innerlich immer noch gegen etwas wehren und es eigentlich verändern wollen, stehen wir aufgrund unseres Veränderungswunsches (= Ziel!) immer noch zur Verfügung. Achten wir etwas, wie es ist, dann können wir es viel besser loslassen.

Heute kann ich auch noch anders begründen, warum die Achtung beim Zurückziehen eine wichtige Rolle spielt. Inzwischen habe ich viele Menschen erlebt, die sich über ihre neue Freiheit freuten und dann abwertend über die Person hergezogen sind, der sie nun nicht mehr zur Verfügung stehen. Oder Kritiker*innen des Satzes „Ich stehe nicht mehr zur Verfügung" sprachen davon, dass beim Nicht-zur-Verfügung-Stehen die soziale Komponente unseres menschlichen Zusammenlebens ausgeschlossen wäre. Man würde sich egoistisch verhalten, ohne Rücksicht auf den anderen, unsozial.

Diese Problematik löst sich sofort auf, wenn wir uns bei unserer Entscheidung, nicht mehr zur Verfügung zu stehen, nur auf die Wünsche und Ziele einer Person konzentrieren, auf ihre Fantasiewelt, und nicht mehr auf die Person an sich. Schauen wir auf die Person an sich, dann sehen wir … einen Menschen! Er existiert genauso als Mensch wie wir. Auf der Ebene der Existenz gehört dieser Mensch dazu, denn er IST. So, wie wir SIND. Schauen wir aber auf die Fantasiewelt dieser Person mit ihren Wünschen und Zielen, dann fühlen und sehen wir, welche ihrer Wünsche zu unserer Fantasiewelt passen und welche nicht. Dementsprechend stellen wir uns auch nur bestimmten Wünschen zur Verfügung oder entscheiden, diesen nicht mehr zur Verfügung zu stehen.

Meine Empfehlung an Sie lautet also, nicht zu sagen: *„Ich stehe **dir** nicht mehr zur Verfügung"* sondern z. B.: *„Ich stehe **deinem Wunsch** nach Nähe / Kontakt* (o. Ä.) *nicht mehr zur Verfügung"* oder generell formuliert *„Ich stehe **deinen Wünschen** nicht mehr zur Verfügung."* Dabei ist es egal, ob Sie diesen Satz nur innerlich zu sich selbst sagen oder laut dem anderen mitteilen. Es ist allein Ihre Entscheidung und Sie brauchen dafür keine Erlaubnis der anderen Person.

Wenn Sie aber laut sagen: *„Ich stehe* ***dir*** *nicht mehr zur Verfügung*“, dann könnte es sein, dass sich die Person grundsätzlich als Mensch von Ihnen abgewertet fühlt, und das tut ihr weh (falls sie den Wunsch hat, als Mensch anerkannt zu werden, und das wollen die meisten). Hier stimme ich allen zu, die behaupten, dass dies unsozial sei.

Wenn Sie sich jedoch nur auf die Wünsche und Ziele konzentrieren und klar formulieren, für welches Ziel Sie nicht mehr zur Verfügung stehen, ist das eine andere Ebene. Dann fällt es auch wesentlich leichter, derjenigen gegenüber freundlich zu bleiben.

Achten Sie Ihre Mitmenschen immer als Ihre Mitmenschen, ganz unabhängig davon, in welcher Fantasiewelt die anderen leben und welche Ziele sie verfolgen. Sie sind Ihnen als Mensch immer ebenbürtig und gleichwertig. Entscheiden Sie nur, welchen Wünschen, Zielen, (unbewussten) Bedürfnissen Sie nicht mehr zur Verfügung stehen wollen. Die Folgen, die Sie erleben werden, sind ganz andere, als wenn Sie Ihre Mitmenschen direkt ablehnen.

Noch ein Gedanke zum Vorwurf des unsozialen Verhaltens: Auch dieser Vorwurf ist eine Wertung, hinter der ein Ziel steckt. Diejenigen, die ein „Sich-nicht-mehr-zur-Verfügung-Stellen“ als unsozial einstufen, schauen dabei hauptsächlich auf die Person, die sich nun alleingelassen fühlt, und haben das Ziel, leidvolle Erfahrungen für diese Person zu verhindern. Dabei übersehen sie die andere Person, die sich nicht mehr zur Verfügung stellt und sich dadurch möglicherweise gerade aus einem intensiven Leid befreit hat. Es könnte ja auch unsozial sein, von einem Menschen zu erwarten, dass er zur Verfügung stehen sollte, und ihn dadurch einzuengen. Wer ist hier das arme Opfer und wer der böse Täter? Die Antwort auf diese Frage hängt davon ab, für wessen Ziele man Partei ergreift. Man kann sogar beide Seiten als „Opfer“ oder beide als „Täter“ einstufen. Eine Rollenverteilung und die entsprechende Bewertung dieser Rollen sind immer relativ und hängen auch hier von den Zielen des Betrachters ab.

Sie erinnern sich

- Mein Bild von der Welt, von meinen Mitmenschen und von mir selbst ist meine ganz persönliche konstruktive Fantasiewelt.

- Ich betrachte jeden Menschen als grundsätzlich frei, seine ganz eigene gleichberechtigte Fantasiewelt zu gestalten – bewusst oder unbewusst. Jede*r entscheidet frei, mit wem sie/er spielen möchte.

- Ich habe ab und zu die Möglichkeit, mithilfe der „resonierenden Empfindung" in mir selbst Persönlichkeitsanteile anderer Menschen zu fühlen.

- Ich kann wählen, ob ich zur Verfügung stehe und eine Resonanz zu meinem Umfeld entwickle. Ich beeinflusse dies, indem ich etwas verändern will oder es so lasse, wie es ist, indem ich helfen will oder darauf vertraue, dass meine Hilfe nicht nötig ist.

- Jedes Element hat den Wunsch nach Gleichgewicht.

- Streit bedeutet, dass die Beteiligten sich entgegenstehende Wünsche haben und ihre Wünsche gerade nicht loslassen können, weil es jede*n zu sehr schmerzen würde. Die Stärke dieses Schmerzes zeigt sich in der Intensität des Streits.

- Ich kann die Fantasiewelt eines anderen Menschen niemals wirklich vollständig nachvollziehen, weil ich nicht sein Leben gelebt habe. Umgekehrt kann auch niemand anders meine Fantasiewelt nachvollziehen, weil niemand mein Leben gelebt hat.

- Ich sehe zwei verschiedene Ebenen, auf denen wir inmitten aller Missverständnisse Verständnis füreinander haben können: die Ebene des Verstandes, der etwas in Worte zu fassen versucht und es manchmal tatsächlich auf den Punkt bringt; und die Ebene des Gefühls, das einfach nur auftaucht und gelebt wird und „zufällig" passt.

- Die natürlichen Folgen eines Wunsches / Zieles sind (Ab)Wertung und Ausgrenzung. Umgekehrt gilt: Aus jeder (Ab)Wertung und jeder Ausgrenzung, die ich lebe und erlebe, kann ich Rückschlüsse auf die Existenz eines Wunsches / Zieles ziehen.

- Auf der Ebene der reinen Existenz gehört alles dazu. Hier gibt es keine Wertungen, denn es existiert nichts, was nicht dazugehört.

- Wenn etwas passiert ist, sollte es auch so sein.

- Ich habe die Wahl, alle meine bewussten Wünsche loszulassen. Dadurch lösen sich die dazugehörigen Begrenzungen auf. Nur dort, wo ich Wünsche habe, bin ich verletzbar.

- Jeder Mensch existiert und gehört allein dadurch auf der Ebene des Menschseins immer dazu. Wenn ich mich nicht mehr zur Verfügung stelle, dann kann sich das nur auf Wünsche / Ziele eines Menschen beziehen, nicht auf den Menschen an sich.

Wundersam vertiefende Übungen

An dieser Stelle mache ich eine Unterbrechung und möchte Ihnen eine Übung zu dem Thema der Ziellosigkeit anbieten (siehe Übung 5). Die im Buch verteilten Übungen stehen Ihnen zur Verfügung, wenn Sie Interesse daran haben, bestimmte Themen, Sichtweisen und Fähigkeiten zu vertiefen. Sie stellen aber keine Voraussetzung dar, um alles Folgende verstehen zu können, auch wenn ich mich später auf den Inhalt mancher Übungen beziehen werde. Daher haben Sie die freie Wahl, ob Sie die Übungen vielleicht auch erst beim zweiten Lesen des Buches oder gar nicht kennenlernen möchten. In diesem Fall können Sie im Abschnitt „Welcher Wunsch steckt hinter den Folgen?“ weiterlesen und auch alle weiteren Übungen auslassen.

Zunächst werde ich Ihnen ausführlich beschreiben, wie Sie mit den Übungen umgehen können. Gleichzeitig ist diese Beschreibung ein Angebot, auf diese Weise mit allen Übungen und Tätigkeiten in Ihrem Leben umzugehen. Deshalb ist die Einführung in die Übungen an sich bereits eine Übungsform für Sie. Da die Einführung mehrere Aspekte anspricht, habe ich sie in vier Übungen eingeteilt (Nr. 1 bis 4). Ab Übung 5 beziehen sich alle Übungen dann auf die im Buch besprochenen Themen.

Jede Übung ist wie eine Perle, die man durch mehrmaliges Lesen immer schöner werden lässt, weil sie dadurch an Glanz und Schönheit, an Wert und Energie gewinnt, je öfter man sie berührt und durchlebt.

Übung 1

Sich bei einer Übung nach dem eigenen Gefühl richten

Jede Übung – in diesem Buch und in Ihrem Leben – ist ein Angebot, sich selbst zu erforschen. Gleichzeitig ist sie ein Angebot, bestimmte Ziele besser zu erreichen. Sie suchen sich die Übungen aus, die Sie am meisten anziehen, und beobachten, wie Sie sich dabei fühlen. Nicht jede Anweisung ist für jeden geeignet, da nicht alle Leser*innen die gleichen Ziele haben. Deswegen gebe ich den Übungen kleine Überschriften, anhand derer Sie sich orientieren können.

Wenn Sie sich vorgenommen haben, in diesem Buch sowieso alles zu lesen, dann benötigen Sie diese Übung 1 wahrscheinlich nicht. Wenn Sie aber vorher erst schauen möchten, ob eine Übung für Sie Sinn macht, dann können Sie nun mit dieser Übung den bewussten Kontakt zu Ihrem Gefühl trainieren.

Benutzen Sie die Überschrift einer Übung, um eine Vorahnung zu entwickeln. Sie lesen die Überschrift, halten einen Moment inne und fragen sich: „*Was fühle ich, wenn ich mich dieser Übung zur Verfügung stelle?*" Vielleicht notieren Sie Ihr Gefühl und überprüfen später, ob Sie richtig lagen. Sie lesen dann weiter und beobachten, ob Sie im nachfolgenden Text eine Bestätigung für Ihr Gefühl finden. Welchen Aspekt dieser Übung hatten Sie vorausgefühlt?

Löst die Überschrift kein Gefühl in Ihnen aus oder führt eher zu einem Widerstand oder einer Abwertung in Ihnen, dann könnte das ein Zeichen dafür sein, dass die Übung sich nicht in Ihrem persönlichen Zielbereich befindet. Sie überspringen diese Übung.

Sie können natürlich auch ohne auszuwählen alle Übungen durchlesen und durchleben. Es gibt von mir keine Empfehlung, was Sie bei Ihrer Auswahl zu beachten haben – außer auf Ihr eigenes Gefühl zu achten, es zu erforschen und verstehen zu lernen. Vielleicht haben Sie sogar eine ziemlich exakte Vorahnung davon, was Ihnen eine Übung im Einzelnen bringen wird. Sie folgen Ihrem Gefühl, beobachten die Folgen und ziehen Ihre eigenen Schlüsse aus Ihren Erfahrungen. Sie nutzen Ihre Erkenntnisse, um sich selbst und Ihr Umfeld genauer kennenzulernen.

Wenn Sie auf diese Weise den bewussten Kontakt zu Ihren Gefühlen intensivieren, könnte sich das auf Ihren Alltag übertragen. Sie merken, dass Sie bewusster vorausfühlen, wofür Sie sich zur Verfügung stellen möchten und wofür nicht.

Ich besitze ein Gehirntrainingsprogramm im Computer. Dort gibt es eine Übung, bei der verschiedene Wörter in einer bestimmten Farbe erscheinen. Die Farbe soll ich dann sofort in das Mikrofon sprechen, nicht das Wort. Es erscheint z. B. das Wort SCHWARZ in einer roten Schrift angezeigt. Hier muss ich spontan „*rot*" sagen. Ich darf mich also nicht durch den Inhalt des Wortes ablenken lassen. Sie glauben gar nicht, wie irritierend es sein kann, wenn man möglichst schnell z. B. bei dem in blauer Farbe erscheinenden Wort GELB „*blau*" sagen muss. Allerdings entdeckte ich, dass ich meine Reaktion enorm beschleunigen und meine Trefferquote erhöhen konnte, wenn ich mich kurz vorher fragte, in welcher Farbe das nächste Wort wohl erscheint. Durch diese Frage war irgendetwas in mir wacher und konnte schneller zwischen meiner Fantasie und der wirklichen Wortfarbe vergleichen. Dadurch reagierte ich schneller, auch wenn meine Vorahnung nicht immer stimmte.

Diese Übung 1 bietet Ihnen an, grundsätzlich die Aktivität zu trainieren, sich eine Frage über Ihre Zukunft zu stellen. **Sobald Ihnen irgendetwas bevorsteht, fragen Sie sich, was wohl passiert. Anschließend beobachten Sie, ob Sie eine Vermutung haben, und vergleichen diese mit dem, was tatsächlich passiert.** Sie erhöhen dadurch allmählich Ihre Trefferquote. Und Sie erhöhen Ihre Aufmerksamkeit auf das Kommende und damit auch Ihre persönliche Klarheit. Sie können besser Entscheidungen fällen, ob Sie etwas wollen oder nicht, ob etwas dazugehören darf oder nicht. Und Sie korrigieren bewusster Ihre verkehrten Vorahnungen und Projektionen.

Beispiele:

Falls Ihr Partner in Kürze von der Arbeit nach Hause kommen sollte, erahnen Sie, was er wohl als Erstes erzählen oder sagen wird.

Falls Ihr Kind gleich aus der Schule kommen sollte, erahnen Sie, was innerhalb der ersten fünf Minuten, in denen das Kind zu Hause ist, passieren wird.

Wenn Sie den Fernseher einschalten, ohne zu wissen, welche Sendung gerade läuft, dann erahnen Sie kurz vorher, ob es ein Film, eine Dokumentation oder eine Nachrichtensendung sein wird.

Wollen Sie in Ihrem Briefkasten nachschauen, ob Post gekommen ist, erahnen Sie, was und wie viel Sie darin vorfinden werden.

Wollen Sie mit einem Menschen über ein bestimmtes Thema reden, erahnen Sie, wie der andere wohl reagieren wird.

Wenn Sie eine Entscheidung fällen und diese einer anderen Person mitteilen wollen, erahnen Sie, was sie wohl dazu sagen und wie sie sich fühlen wird.

Wenn Sie die Überschrift einer Übung lesen, erahnen Sie, was diese Übung anbietet und was sie Ihnen bringen wird.

Diese Übung zielt nicht darauf ab, dass Sie die Zukunft vollständig vorausfühlen lernen, sondern dass Sie durch Ihre Beobachtung und Ihren Vergleich mit Ihrer Fantasie in der Gegenwart aufmerksamer sind und Ihre Klarheit über Ihre eigenen Wünsche zunimmt. Sie lernen, ganz kleine Gefühlsnuancen in Ihrem Unbewussten immer deutlicher wahrnehmen zu können.

Eine Hilfe könnte für Sie sein, sich vor dem ersten Lesen einer Übung die Frage zu stellen, wie neugierig Sie auf diese Übung sind. Sie stellen sich eine Skala zwischen 0 und 10 vor. 0 = kein Interesse, 10 = große Neugier. Dann fragen Sie sich, wo sich Ihr Gefühl auf dieser Skala befindet. Sollte Ihr Gefühl einer Minus-Zahl entsprechen, dann könnte es Sie möglicherweise vor der Übung warnen.

Wenn Sie sich entscheiden, die Übung zu lesen, dann fragen Sie sich hinterher: Wie intensiv hat mich diese Übung für meinen Alltag inspiriert? Auch hier können Sie sich eine Antwort auf der Skala 0 – 10 geben. 0 = hat nichts in mir berührt. 10 = hat mich intensiv inspiriert. Dann vergleichen Sie diesen Wert mit dem Wert Ihrer Neugier zu Beginn des Lesens.

Sie übertragen dieses Vorgehen sowohl auf die verschiedenen Abschnitte in diesem Buch als auch auf einige Alltagssituationen. Sie lassen sich davon überraschen, wie sich Ihre Aufmerksamkeit stärker als gewohnt auf eine Situation konzentriert und wie Sie effektiver aus einer Situation lernen können.

Denken Sie daran, dass die Möglichkeit besteht, eine Übung in diesem Buch mehrmals oder einige Tage später zum wiederholten Male zu lesen und zu durchleben. Das stärkt entsprechende Neurone in Ihrem Gehirn und fördert die Präsenz der entsprechenden Thematik in Ihrem Alltag. Ich kenne von mir, dass ich manchmal denke: *„Ach, wie die Übung geht, das weiß ich, ich brauche sie nicht noch einmal zu lesen."* Wenn ich sie dann doch lese, merke ich, wie ich bestimmte Hinweise, Formulierungen und auch die Stimmung und Ausstrahlung der Übung vergessen oder in meiner Erinnerung verzerrt hatte. Obwohl ich sie schon kenne, gibt sie mir nun beim Lesen eine neue Energie.

Damit Sie die Übungen leichter wiederfinden, gibt es am Ende des Buches eine Liste aller Übungen.

Übung 2

In Suggestionen einsteigen und aussteigen

Und? Wie fühlt sich diese Überschrift für Sie an?

Können Sie erahnen, was es mit dem Ein- und Aussteigen auf sich hat? Wie stufen Sie Ihre Neugier auf der Skala zwischen 0 und 10 ein?

Um Ihren Einstieg in eine Übung zu fördern, verwende ich direkte Suggestionen. Ich habe mich für das Mittel der Suggestion aufgrund meiner eigenen Erfahrung entschieden, denn ich selbst habe immer Schwierigkeiten gehabt, wenn mir jemand wiederholt sagte: „Versuchen Sie dies, versuchen Sie das …" Dann habe ich eher „versucht" – aber nicht kraftvoll getan. Wenn ich mich gerne jemandem zur Verfügung stelle und er mir sagt: „Sie entspannen sich jetzt", dann kann ich seine direkte Anweisung sofort umsetzen – vorausgesetzt ich fühle keinen generellen Widerstand gegen eine solche Direktheit. Denn mein Unbewusstes könnte es auch als Befehl auffassen: „Sie entspannen sich jetzt!" Ich lasse mir nicht gerne Befehle erteilen, vor allem, wenn ich den anderen nicht darum gebeten habe, die Rolle des Befehlshabers einzunehmen.

Doch wenn es eine einfache, klare und freundliche Mitteilung ist über das, was ich jetzt gleich tun werde, und wir sind uns einig, dass ich es tatsächlich tue („Sie entspannen sich jetzt"), dann kann ich mich diesem Impuls sehr gut hingeben. Ich reagiere sofort mit meinem Körper und entspanne mich angenehm. Dabei „versuche" ich es nicht mehr, sondern ich tue es einfach. Denn wir beide sind uns ja einig. Durch das Tun sammle ich am besten meine Erfahrungen. Stehe ich besonders intensiv und vertrauensvoll zur Verfügung, dann kann es sogar sein, dass ich das Gefühl habe: Mein Körper tut es ganz von allein.

Die nächsten Übungen, die ich Ihnen anbiete, werden ein Gemisch aus direkten Suggestionen und Angeboten sein, was Sie tun *können*. Auch eine Suggestion ist im Grunde nur ein Angebot, denn Sie sind nicht gezwungen, eine Suggestion zu befolgen. Sie sind als Leser*in eine Person, die die freie Entscheidung hat, was sie beim und nach dem Lesen tut. Sie haben die Wahl, wofür Sie sich zur Verfügung stellen. Deswegen haben Sie auch die Wahl, ob Sie sich dem Lesen einer Übung zur Verfügung stellen, sie überspringen oder auch mittendrin einfach weiterblättern und Ihren Blick auf die nächste Übung oder den nächsten Textabschnitt lenken. Sie beobachten, ob wir uns in unseren Wünschen und Zielen einig sind. Wenn nicht, dann fühlen Sie ganz automatisch einen natürlichen Widerstand, eine Grenze zwischen uns. In diesem Fall würde das, was ich Ihnen anbiete, für Sie nicht dazugehören (Sie erinnern sich an Abb. 4 auf Seite 82).

Eine Suggestion ist daran zu erkennen, dass sie einen gegenwärtigen oder zukünftigen Zustand einfach beschreibt, so als passiere er gerade oder werde demnächst passieren, mit einer klaren Gewissheit. Damit Sie eine Suggestion bewusst erkennen können, zeige ich Ihnen die Unterschiede:

Aufforderung: „*Versuche, deinem Gefühl zu folgen.*“

Aufforderung: „*Folge deinem Gefühl.*“

Befehl: „*DU FOLGST DEINEM GEFÜHL!!*“

Angebot: „*Du kannst deinem Gefühl folgen.*“

Vermutung als indirektes Angebot: „*Vielleicht wirst du deinem Gefühl folgen… - wir wissen es nicht und lassen uns überraschen.*“

Autosuggestion: „*Ich folge meinem Gefühl.*“

Suggestion: „*Du folgst deinem Gefühl.*“

Suggestion für einen zukünftigen Zustand: „*Du wirst deinem Gefühl folgen.*“

Bei den beiden Aufforderungen können Sie sofort wahrnehmen, dass es sich um keine Beschreibung eines Zustandes handelt.

Der Befehl ist allein deswegen keine Beschreibung, da er in strengem Tonfall ausgesprochen wird.

Das Angebot könnte auch als eine Beschreibung für einen Zustand angesehen werden, denn es beschreibt, was Sie jetzt gerade „können", aber nicht, was Sie tun oder tun werden. Das Angebot eröffnet einen Raum, eine Möglichkeit, fällt aber keine Entscheidung darüber, was in diesem Raum geschieht.

Allein bei der Suggestion wird klar und sachlich beschrieben, was geschieht oder geschehen soll. Dabei haben Sie die Wahl, ob Sie mit der Beschreibung in Resonanz gehen und das Beschriebene auch tatsächlich geschieht. Wenn es geschieht, dann ist zwischen der Suggestion und dem Geschehen eine Wellenlänge hergestellt und es kann fließen.

Seitdem ich sehr gut zwischen Befehl und Suggestion unterscheiden kann, habe ich die (Auto-)Suggestion für mich als eine fantastische Möglichkeit entdeckt, mich selbst in verschiedene gewünschte Zustände zu bringen – vorausgesetzt es gibt keinen Wunsch in mir, der noch irgendetwas dagegen hat.

Eine Suggestion ist wie ein Bus. Er hält und Sie haben die Wahl, ob Sie einsteigen und mitfahren. Während der Fahrt steuern Sie selbst kurioserweise auch den Bus. Denn Sie können ihn jederzeit anhalten und wieder aussteigen. Außerdem entscheiden Ihre konstruktive Fantasie und Ihr weises Unbewusstes, in welche Richtung der Bus fahren wird. Ihre Fantasie und Ihr Unbewusstes bieten Ihnen auf diese Weise einen wertvollen Spiegel für sich selbst.

Was Sie jedoch nicht beeinflussen, ist die Form des Busses. Die Form hat derjenige in seiner Fantasiewelt entschieden, der die Suggestion formuliert hat. In diesem Buch habe ich mithilfe meiner Fantasie den Bus gebaut. Ich habe durch die Gestaltung der Worte über die Form einer jeden Suggestion entschieden. Sie nehmen die Form wahr, indem Sie die Suggestion lesen. Was Sie dann damit machen, wie Sie darauf reagieren und damit umgehen, entscheiden Sie selbst.

Kurz: *Sie entscheiden*, ob Sie in den *von mir gebauten Bus*, der hier gerade vorgefahren kommt, einsteigen wollen. Sind Sie eingestiegen, *entscheiden Sie und Ihr Unbewusstes*, wohin er fährt und wann Sie wieder aussteigen.

Das Einsteigen bedeutet: „Ich stehe zur Verfügung." Sie erkennen eine Suggestion und haben dabei innerlich eine Ja-Haltung. Sie tun das, was Sie zu lesen oder zu hören meinen. Das entspricht dem Zustand, in dem Sie einen Wunsch haben und Ihrem Ziel folgen.

Das Aussteigen bedeutet: „Ich stehe nicht mehr zur Verfügung." Sie erkennen eine Suggestion, nehmen sie wahr und wissen dabei, dass Sie nicht damit übereinstimmen und nicht damit einig sind. Sie lassen es und tun nicht, was Sie lesen oder hören. Dadurch stehen Sie der Suggestion nicht (mehr) zur Verfügung. Das entspricht dem Zustand, in dem Sie wissen, dass die Suggestion nicht zu Ihrem Zielbereich dazugehört. Deshalb schließen Sie diesen Weg aus und gehen ihn nicht weiter.

Sie üben im Gespräch mit anderen Menschen, Suggestionen zu entdecken, und beobachten, wie Sie sich entscheiden. Fahren Sie mit? Eine kurze oder längere Strecke? Wann steigen Sie aus? Oder haben Sie sich entschieden, gar nicht erst einzusteigen und es einfach zu lassen?

Welche Suggestion mögen Sie (gehört zu Ihrem Zielbereich), welche nicht und welche tut weh? Womit hängt Ihre Wertung zusammen? Mit fremden Zielen, eigenen Zielen oder beidem?

Sie suchen überall nach Suggestionen und beobachten genau die Auswirkungen, wenn Sie sich zur Verfügung stellen oder es lassen.

Wenn Sie das Gefühl haben, naiv auf etwas hereingefallen zu sein, beobachten Sie, wie Sie damit umgehen wollen. Sie beobachten die Auswirkungen Ihrer Entscheidung.

Solange Sie immer wieder beobachten, bleiben Sie aufmerksam und bewusst und befinden sich in einem Lernprozess. In dieser Bewusstheit haben Sie die Möglichkeit, mit Ihrem Gegenüber über die Suggestion zu reden. Sie können Ihre Beobachtung formulieren und Ihre Entscheidung, nicht mitzufahren, mitteilen.

Nachdem Sie nun diese Übung gelesen haben, können Sie schon einmal testen, ob Sie bereits ein Gefühl dafür haben, was Ihnen das Lesen dieser Übung gebracht hat oder noch bringen wird. Nennen Sie eine

Zahl zwischen 0 = *„hat nichts in mir berührt“* und 10 = *„hat mich intensiv inspiriert“*.

Vergleichen Sie die Zahl mit der Zahl, wie Sie zu Beginn Ihre Neugier eingeschätzt haben. An dem Ergebnis können Sie ablesen, wie stimmig Ihre Vorahnung bezüglich dieser Übung war.

Sie trainieren Ihre Vorahnung (Übung 1), indem Sie im Vorfeld Ihre Neugier einstufen und hinterher mit der Bewertung, was es Ihnen gebracht hat, vergleichen. Dadurch geben Sie sich selbst ein Feedback und lernen daraus.

Übung 3

Hintergrund gestalten

Was fühlen oder erahnen Sie, wenn Sie sich vor dem Weiterlesen in diese Übung einfühlen? Wenn Sie wollen, schreiben Sie Ihre Gefühle auf und vergleichen sie später mit der Übung. Wie stufen Sie Ihre Neugier auf der Skala zwischen 0 und 10 ein?

Mit dieser dritten Übung stimme ich Sie und Ihre Vorstellungskraft, d. h. Ihre konstruktive Fantasiewelt, auf alle folgenden Übungen ein.

Sie lesen jetzt gerade diese Zeile. Ihre Augen gleiten von Wort zu Wort, so wie Sie es immer machen, wenn Sie einen Text lesen. Auch wenn Sie meine Stimme gar nicht kennen, hören Sie schon seit dem Anfang des Buches, wie ich innerlich zu Ihnen rede. Dabei haben Sie die Wahl, welchen Klang Sie meiner Stimme geben. In der Realität habe ich eine relativ hohe Stimme (Tenor), so dass manche ahnungslosen Anrufer am Telefon zu mir spontan „Frau Jacobsen“ sagen.

Sie können sich innerlich hörend vorstellen, wie ich gerade zu Ihnen spreche, nachdem ich Helium eingeatmet habe und meine Stimme noch höher und schneller klingt. Erinnern Sie sich daran, wie früher im Fernsehen oder im Radio die blauen Schlümpfe gesungen haben? Es gibt viele andere Beispiele, in denen Menschen mit hoher quäkiger Stimme demonstrierten, wie es klingt, nachdem sie Helium inhalierten. Hören Sie mich hier auf diese Weise reden? Schnell und hoch? Falls nicht, dann können Sie Ihre Vorstellungskraft jetzt dadurch aktivieren, dass Sie selbst diese Zeilen mit möglichst hoher Stimme einmal laut vorlesen. Dann verstummen Sie wieder und stellen sich innerlich vor, wie Sie mich mit dieser hohen Stimme hier sprechen hören. Wollen Sie dies noch ein bisschen üben, dann lesen Sie diesen Absatz noch einmal.

Stellen Sie nun Ihre Vorstellung um und hören mich laut und mit tiefer Stimme zu Ihnen reden. Denken Sie dabei an die schreckenerregenden Stimmen von Bösewichten in Filmen. Erinnern Sie sich noch an „Darth Vader“ aus *Star Wars*? Wie klingt es für Sie, wenn ich gerade mit diesem Stimmklang spreche? Sie lesen diesen Absatz noch einmal und stellen sich intensiv diese tiefe Stimme vor.

Jetzt erinnern Sie sich an die angenehme Stimme von Erich Räuker, dem Sprecher des Hörbuches *Ich stehe nicht mehr zur Verfügung – die Essenz*. Vielleicht kennen Sie seine Stimme auch aus den ersten Folgen der amerikanischen Fernsehserie *Criminal Minds*, in der er dem FBI-Profiler Jason Gideon seine deutsche Stimme leiht, oder als Synchronsprecher der Figur Jack O´Neil aus *Stargate SG1*. Sie verleihen diesem Text, den Sie immer weiter mit Ihren Augen lesen und fließend aufnehmen, den angenehmen Klang von Erich Räukers Stimme. Vielleicht wählen Sie auch eine weibliche Stimme, die Sie von Ihrer Lieblingsentspannungs-CD kennen. Sie wählen einfach den Klang, der Ihnen am angenehmsten ist, und erleben dabei Ihre Fähigkeit, dem, was Sie erleben, einen angenehmen Hintergrund zu geben.

Ich erhöhe ein wenig den Schwierigkeitsgrad. Vorhin schrieb ich über einen kräftigen Befehl: *„DU FOLGST DEINEM GEFÜHL!!“* Normalerweise lesen wir diesen Befehl, als wenn ihn jemand laut ruft oder sogar schreit. Lesen Sie diesen Befehl nun mit der inneren Vorstellung einer weiblichen, liebevollen und angenehmen Stimme:

„DU FOLGST DEINEM GEFÜHL!!“

Sie lesen diese groß gedruckte Aussage mehrmals mit Ihrer entspannenden Vorstellung. Dabei schauen Sie bewusst auf die großen Buchstaben und die Ausrufezeichen und hören innerlich die angenehme Stimme…

Wie fühlen Sie sich damit?

Ich fühle bei dieser Übung einen interessanten Widerspruch in mir. Ich sehe die großen Buchstaben und die Ausrufezeichen, die normalerweise eine intensive, fast stressige Bedeutung für mich haben – doch jetzt fühle ich beim Lesen nur noch Ausgeglichenheit, Neutralität, Entspannung. Es passt eigentlich nicht so richtig zusammen, ich bin es nicht gewöhnt. ABER ICH KANN MICH ALLMÄHLICH DARAN GEWÖHNEN, DASS GROSSE BUCHSTABEN AUCH ANGENEHM ENTSPANNT KLINGEN KÖNNEN, JE LÄNGER ICH DARAUF SCHAUE UND IHNEN INNERLICH EINEN NEUEN ENTSPANNTEN HINTERGRUND GEBE.

Es gibt öfter Menschen in Ihrem Leben, die Sie als hart, streng oder unnachgiebig erleben. Sie können diesen unfreundlichen Menschen einen neuen Hintergrund geben. Die Härte sagt: „ICH BIN AUS LIEBE VERZWEIFELT UND HABE ANGST!"

Sie denken an alle Menschen aus Ihrer Vergangenheit, von denen Sie hart bestraft oder verletzt wurden. Sie stellen sich in Ihrer Fantasie vor, wie der Hintergrund dieser Menschen lautet: „ICH BIN AUS LIEBE VERZWEIFELT UND HABE ANGST!" Was ändert sich in Ihrer Vorstellung?

Sie beobachten in der Gegenwart Menschen, die sich hart, zurückweisend und verschlossen verhalten, entweder in Ihrer Nähe, vielleicht auch im Fernsehen. Was verändert sich in Ihrem Gefühl, wenn Sie diesen Menschen in Ihrer Fantasie unterstellen, dass sie hinter ihrer harten Maske aus Liebe verzweifelt sind und dabei eine unterbewusste Angst haben, die sie steuert?

Sie malen sich aus, dass diese Steuerung nichts anderes ist als die Folge ihrer Angst. Denn hinter dieser Angst steckt der sehr starke Wunsch, diese Angst nicht haben zu müssen. Das ist ein Ziel – und die Existenz dieses Zieles hat Folgen: harte angstvolle Grenzsetzungen und Wertungen. Durch diese Grenzen und Wertungen steuern sich diese Menschen in ihrem abweisenden und dominanten Verhalten.

Wie wirkt dieser Hintergrund auf Sie?

Sie entdecken in Zukunft immer öfter, wo überall Sie einen Hintergrund kreativ gestalten können.

In meinem Beitrag „Bewusstsein in Beziehungen" in dem Buch *Impulse für ein erfülltes Leben* (Michaelsverlag, 2009) können Sie noch genauer nachlesen, wie sich eine derartige Hintergrundgestaltung in unserer Fantasie positiv auf Beziehungen auswirken kann.

Nachdem Sie nun diese Übung gelesen haben, können Sie wieder nachspüren, was das Lesen dieser Übung Ihnen gebracht hat oder noch bringen wird. Nennen Sie eine Zahl zwischen 0 = „*hat nichts in mir berührt*" und 10 = „*hat mich intensiv inspiriert*".

Sie vergleichen die Zahl mit der Zahl, mit der Sie Ihre Neugier einschätzten, und geben sich auf diese Weise ein Feedback zum weiteren Lernen.

Übung 4

Geschwindigkeit gestalten

Wie wirkt nun diese Überschrift auf Sie? Wie neugierig fühlen Sie sich?

Während Sie diese Zeilen lesen, stellen Sie sich vor, ich würde immer langsamer zu Ihnen reden. Sie lassen Ihre Augen immer langsamer und langsamer von Wort zu Wort wandern. Sie schauen immer mehr auf jeden einzelnen Buchstaben – und lesen sogar in Zeitlupe, wie ein kleines Kind, das gerade das erste Mal zu lesen versucht und jedes Wort beinahe buchstabiert. Kommt Ihnen das Gefühl bekannt vor? Aus Ihrer Kindheit?

Haben Sie tatsächlich bis zu dieser Zeile besonders langsam gelesen oder wurden Sie irgendwann unruhig und sind wieder schneller dem Text gefolgt? Erwischt!

Und jetzt lassen Sie Ihre Augen immer schneller über diese Zeilen gleiten und beobachten, bei welchem Tempo Sie noch jedes Wort und auch den Inhalt noch verstehen. Halten Sie nun nicht mehr an einzelnen Wörtern fest. Geben Sie es auf, die Wörter innerlich nachsprechen zu können. Dadurch werden Sie noch freier und flitzen noch schneller über jede Zeile. Sie staunen bestimmt, wie schnell Sie über den Text gleiten können – und Sie verstehen immer noch, was ich Ihnen hier aufgeschrieben habe. Vielleicht beobachtet die/der eine oder andere von Ihnen, wie er beim Überfliegen doch noch an einzelnen Wörtern hängen bleibt, weil er meint, etwas übersehen zu haben oder nicht mehr mitzukommen. Auch darauf verzichten Sie jetzt und überfliegen einfach diese Zeilen – und Sie merken, wie viel Sie tatsächlich immer noch aufnehmen und nachvollziehen.

Wenn Sie wollen, können Sie den letzten Absatz von Anfang an noch einmal so schnell lesen oder jetzt wieder in Ihrer gewohnten Geschwindigkeit den Worten mit Ihren Augen folgen.

Sie merken, dass Sie auch hier die Wahl haben, Ihr Leben entweder sehr flink oder ein wenig ruhiger und entspannter zu gestalten. Dafür muss sich im Außen nichts ändern. Die Buchstaben haben sich hier auch nicht geändert, und doch haben Sie sie auf verschiedene Arten aufgenommen. Sie können aus jedem Moment Ihres Lebens eine kleine angenehme Meditation machen, indem Sie den Hintergrund angenehm gestalten und sich dafür etwas mehr Zeit nehmen.

Es ist Ihre Fantasiewelt.

Übung 5

Ziellos sein

Ab jetzt erinnern Sie sich selbst an die Möglichkeit, vor dem Lesen einer Übung den Inhalt zu erfühlen und Ihre Neugier zu messen. Ich gebe es in Ihre Verantwortung.

Wenn Sie wollen, dann geben Sie dieser Übung nun einen angenehmen Hintergrund. Sie wählen einen wohligen Stimmklang, stellen sich eine sanfte Hintergrundmusik vor und lesen den folgenden Text in einem Tempo, das Ihnen bequem und angenehm ist. Wenn Sie einen leeren Absatz zwischen den Zeilen wahrnehmen, dann schauen Sie mit den Augen für einen kurzen Moment auf diese freie weiße Stelle auf dem Papier und machen mit dem Lesen eine kleine wirkungsvolle Pause. Dabei haben Sie bei allem immer die Wahl, ob und wie Sie es tun.

Sie haben in Ihrem Leben viele Ziele. Im Moment haben Sie das Ziel, jedes nächste Wort zu erkennen, zu verstehen und auf diese Weise meinen Gedanken zu folgen. Wenn Sie dann aber diese Erdbeere nicht mehr vor sich sehen, haben Sie damit das Ziel Ihres linken Nachbarn durchkreuzt.

Spüren Sie, wie Sie jetzt etwas verwirrter geworden sind und sich gefragt haben, was ich mit diesem Satz eben gemeint habe? Daran erkennen Sie *Ihr Ziel*, mich verstehen zu wollen. Als Sie dieses Ziel nicht erreichen konnten, hat sich etwas in Ihnen ein wenig mehr angestrengt (Verwirrung, Nachdenklichkeit), um mich doch noch verstehen zu können. Sie haben versucht, den Satz irgendwie zu verstehen, um ihn integrieren zu können, doch er gehörte definitiv nicht dazu.

Wenn Sie dann aber dieses Ziel (Verständnis zu erlangen) einen Moment lang nicht gehabt haben, weil Sie innerlich entspannten und einfach nur ziellos meinem Geplapper zuhörten, dann hat auch nichts in Ihnen auf diesen Satz reagiert. Vielleicht haben Sie ihn einfach überlesen und sind erst dann auf ihn aufmerksam geworden, als ich anfing, hier über diesen Erdbeer-Satz zu reflektieren.

Im Folgenden spreche ich über Ziellosigkeit. Damit meine ich immer die *relative* Ziellosigkeit, die möglich ist. Eine absolute Ziellosigkeit existiert nicht, da ja alles, was existiert, immer Wünsche nach Gleichgewicht hat, mindestens den Wunsch nach der eigenen Existenz, dem eigenen Zusammenhalt.

Sie nutzen Ihr Potenzial der relativen Ziellosigkeit, um sich zu entspannen, um sich ausgeglichen zu fühlen, um nicht mehr zur Verfügung zu stehen, weder fremden noch eigenen Zielen.

Der angenehme Zustand der Ziellosigkeit entspricht dem Zustand, den ich Ihnen in Abbildung 1 gezeigt habe – dem runden Kreis. Hier gibt es keine Wertungen und keine Ausgrenzung. Alles gehört dazu. Fühlen Sie sich jedoch unzufrieden und unruhig, dann gibt es noch ein unbewusstes Ziel, das gerade in Ihnen herumgeistert – Sie wären in diesem Fall nicht wirklich (relativ) ziellos.

Die angenehme Ziellosigkeit oder auch Planlosigkeit ist ein Zustand ohne jegliches Ziel, ohne Plan. Sie „sind“ einfach und beobachten alles, was kommt, bleibt und geht, in Ihnen und außerhalb von Ihnen, schnell oder langsam, laut oder leise. Es gibt keine Störung, denn alles gehört von Anfang an dazu. Sobald Sie doch eine Störung empfinden, lösen Sie sie auf durch die Sichtweise: „*... und auch das gehört jetzt dazu.*“

Möglicherweise wird sich Ihr angenehmer Zustand der Ziellosigkeit immer mehr ausweiten, wenn Sie sich auf die reine Existenz des gesamten Universums konzentrieren. Alles existiert und steht miteinander in tiefer

Verbindung. Alles ist gleichwertig und gehört dazu. Alles „ist“ einfach nur, egal, wie es ist.

Vielleicht löst sich sogar die Grenze zwischen Ihrem Ich und dem Nicht-Ich auf.

Alles ist.

Sie werden immer öfter in Ihrem Alltag die kurzen oder längeren Momente bemerken, in denen Sie alles integrierend einfach vollständig ziellos sind. Allmählich erkennen Sie diesen Zustand der Ziellosigkeit als eine Wahlmöglichkeit für sich. Sie beobachten Ihre Fähigkeit, bewusst für einen Moment alle Ziele einfach sein zu lassen.

Wenn es für Sie angenehm ist, nehmen Sie nach einer Phase der Ziellosigkeit den Kontakt zu einigen ausgesuchten Zielen wieder auf und stellen sich ihnen zur Verfügung – mit allen interessanten Folgen.

Wenn Sie es brauchen, können Sie jederzeit wieder Ihr Potenzial der Ziellosigkeit nutzen, um sich zu entspannen, um sich ausgeglichen zu fühlen, um nicht zur Verfügung zu stehen, weder fremden noch eigenen Zielen.

Jetzt schließen Sie das Buch und lassen die Übung ein paar Minuten lang in Ihrem Gefühl wirken.

Sie erinnern sich

- Mein Bild von der Welt, von meinen Mitmenschen und von mir selbst ist meine ganz persönliche konstruktive Fantasiewelt.
- Ich betrachte jeden Menschen als grundsätzlich frei, seine ganz eigene gleichberechtigte Fantasiewelt zu gestalten – bewusst oder unbewusst. Jede*r entscheidet frei, mit wem sie/er spielen möchte.

- Ich habe ab und zu die Möglichkeit, mithilfe der „resonierenden Empfindung“ in mir selbst Persönlichkeitsanteile anderer Menschen zu fühlen.

- Ich kann wählen, ob ich zur Verfügung stehe und eine Resonanz zu meinem Umfeld entwickle. Ich beeinflusse dies, indem ich etwas verändern will oder es so lasse, wie es ist, indem ich helfen will oder darauf vertraue, dass meine Hilfe nicht nötig ist.

- Jedes Element hat den Wunsch nach Gleichgewicht.

- Streit bedeutet, dass die Beteiligten sich entgegenstehende Wünsche haben und ihre Wünsche gerade nicht loslassen können, weil es jede*n zu sehr schmerzen würde. Die Stärke dieses Schmerzes zeigt sich in der Intensität des Streits.

- Ich kann die Fantasiewelt eines anderen Menschen niemals wirklich vollständig nachvollziehen, weil ich nicht sein Leben gelebt habe. Umgekehrt kann auch niemand anders meine Fantasiewelt nachvollziehen, weil niemand mein Leben gelebt hat.

- Ich sehe zwei verschiedene Ebenen, auf denen wir inmitten aller Missverständnisse Verständnis füreinander haben können: die Ebene des Verstandes, der etwas in Worte zu fassen versucht und es manchmal tatsächlich auf den Punkt bringt; und die Ebene des Gefühls, das einfach nur auftaucht und gelebt wird und „zufällig“ passt.

- Die natürlichen Folgen eines Wunsches / Zieles sind (Ab)Wertung und Ausgrenzung. Umgekehrt gilt: Aus jeder (Ab)Wertung und jeder Ausgrenzung, die ich lebe und erlebe, kann ich Rückschlüsse auf die Existenz eines Wunsches / Zieles ziehen.

- Auf der Ebene der reinen Existenz gehört alles dazu. Hier gibt es keine Wertungen, denn es existiert nichts, was nicht dazugehört.

- Wenn etwas passiert ist, sollte es auch so sein.

- Ich habe die Wahl, alle meine bewussten Wünsche loszulassen. Dadurch lösen sich die dazugehörigen Begrenzungen auf. Nur dort, wo ich Wünsche habe, bin ich verletzbar.

- Jeder Mensch existiert und gehört allein dadurch auf der Ebene des Menschseins immer dazu. Wenn ich mich nicht mehr zur Verfügung stelle, dann kann sich das nur auf Wünsche / Ziele eines Menschen beziehen, nicht auf den Menschen an sich.

- Ich stärke meine Aufmerksamkeit und Klarheit, wenn ich vor einem Geschehen Vermutungen anstelle, was wohl passieren wird.

- Eine Suggestion beschreibt etwas so, als wenn es bereits so sei. Ich habe die Wahl, ob ich einer Suggestion zur Verfügung stehe oder nicht.

- In meiner Fantasiewelt kann ich den Hintergrund von geschriebenen oder gesprochenen Worten selbst gestalten und mir kreativ überlegen, auf welche Weise ich es wahrnehmen will.

- Mein Potenzial der Ziellosigkeit kann ich in jeder Situation nutzen, um mich zwischendrin zu entspannen, um mich ausgeglichen zu fühlen, um nicht zur Verfügung zu stehen, weder fremden noch eigenen Zielen.

Welcher Wunsch steckt hinter den Folgen?

Angenommen Sie fühlen eine Unruhe, Unzufriedenheit, Blockade, Hemmung oder Verletzung und wissen nicht genau, womit das zusammenhängen könnte. Wie können Sie in diesem Fall das Wunsch-Folgen-Modell nutzen?

Normalerweise liest man von links nach rechts: Wunsch-Folgen, zuerst kommt der Wunsch, dann entstehen die Folgen. Man kann auch von rechts nach links lesen. Zuerst entdecken wir Folgen und suchen danach, was die Ursache dieser Folgen ist, welcher Wunsch ihnen vorausgeht.

In diesem Abschnitt geht es darum, vergessene, aber immer noch wirksame Wünsche wieder in unser Bewusstsein zu bringen. Welcher Wunsch beeinflusst uns immer noch und steuert unsere Wertungen und Grenzen im Alltag? Wir fühlen ein Ungleichgewicht und fragen uns, was die Ursache dafür ist. Dabei beginnen wir nun, nach dem dazugehörigen Wunsch und dem Ziel zu suchen, die uns nicht mehr bewusst sind und daher aus dem Unbewussten heraus wirken.

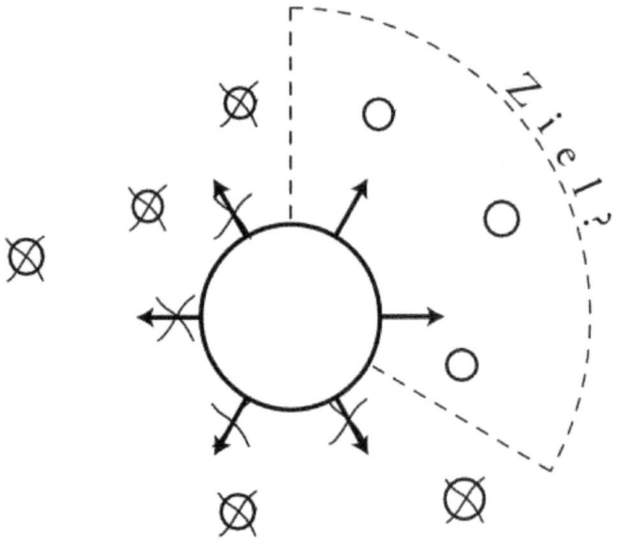

Abb. 5

In Abbildung 5 sehen Sie, dass ich mir selbst nicht mehr bewusst bin, was für ein Ziel ich überhaupt habe. Ich bin mir aber meiner Wertungen bewusst. Ich weiß, was ich gut finde, und ich weiß, was ich nicht möchte. Ich fühle meine Grenzen und Hemmungen. Habe ich nur wenige Anhaltspunkte über mich, dann kann ich nur erahnen, was mein eigentliches Ziel ist. Habe ich aber viele Anhaltspunkte, d. h. kenne ich viele Aspekte meiner Wertung (Grenzen), dann kann ich irgendwann auch wieder erkennen, welches Ziel ich eigentlich habe. Dies ist in Abbildung 6 dargestellt.

In meiner Kindheit haben wir zum Geburtstag immer „Topfschlagen" gespielt. Dabei bekommt ein Kind die Augen verbunden und muss sich auf den Boden setzen. Danach hat meine Mutter irgendwo im Raum einen Topf umgekehrt auf den Boden gestellt, darunter eine Süßigkeit oder etwas zum Spielen versteckt und dem Kind einen Kochlöffel in die Hand gedrückt. Nun soll das Kind mithilfe des Löffels kriechend den Topf ertasten – wie ein Blinder mit seinem Stock.

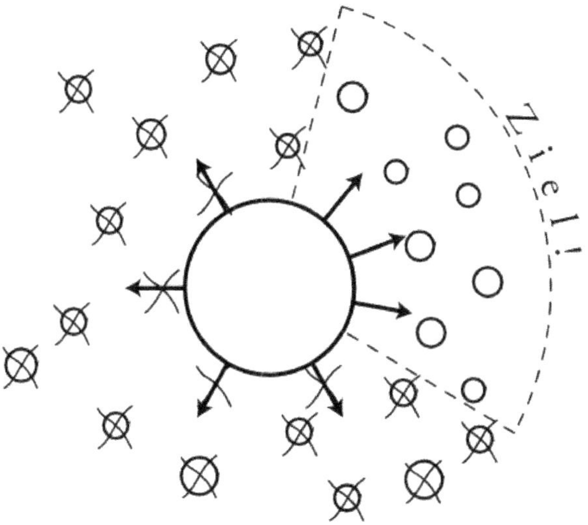

Abb. 6

Während das Kind suchend durch den Raum krabbelt, rufen die übrigen Kinder immer „heiß“ oder „kalt“. „Heiß“ bedeutet: Diese Richtung ist richtig und führt zum Topf hin. „Kalt“ bedeutet: Diese Richtung führt am Topf vorbei. Weil das Kind das Ziel hat, den Topf zu finden und den Gewinn darunter zu erhalten, ändert es bei jedem „kalt“ seine Richtung und behält bei „heiß“ seine Richtung bei, in der Erwartung, gleich den Topf gefunden zu haben.

Übertragen wir die Regeln des Spiels auf mein Modell, so sind alle Elemente „kalt“, die nicht dazugehören, und alle Elemente „heiß“, die dazugehören. Mithilfe solcher Hinweise lässt sich allmählich ein Ziel aufklären und finden. Beobachten Sie Ihre Wertungen, solange Sie sich in einem Ungleichgewicht befinden. Was wollen Sie nicht (= kalt)? Was wollen Sie (= heiß)? Was werten Sie ab (= kalt) und was bewerten Sie als vorteilhaft (= heiß)? Wir stellen uns Fragen (z. B. *„Was würde in meiner Fantasie Unangenehmes passieren, wenn ich meine Grenzen öffnen würde – mich nicht mehr wehren würde?“*), geben uns Antworten und tasten uns auf diese Weise immer weiter an das unbewusste Ziel heran, das unsere Wertungen und Grenzen verursacht. Ist uns das Ziel wieder bewusst, so können wir neu entscheiden, ob wir es behalten wollen und dadurch eine gelassene Klarheit entwickeln. Oder wir ändern es und passen es unserer Gegenwart an.

Im Gesangunterricht während meines Musikstudiums gab mir mein Gesanglehrer Hinweise, wie ich singen sollte. Er sagte, was schlecht war und was besser war, was dazugehörte und was nicht dazugehören sollte, heiß und kalt. Ich versuchte so gut wie möglich, seinen Anweisungen zu folgen, auch wenn ich sie nicht so wirklich verstand. Ich konnte nicht wahrnehmen, welches Ziel er hatte. Erst als er nach vielen Versuchen sagte: „Das war jetzt gut!“, wusste ich: Ziel erreicht. Und ich merkte mir, was ich getan hatte. So entwickelte sich allmählich der Zielbereich in mir, den mir mein Lehrer vermittelte.

Ein Hund lernt am besten die Ziele seines Herrchens kennen, wenn sein Herrchen ihm genau in dem Moment, in dem der Hund die von seinem Herrchen gewünschte Bewegung ausgeführt hat, einen leckeren Hundekeks zuwirft. Hat der Hund auf diese Weise viele ungewöhnliche Kunststücke erlernt und ist zu den Zielen seines Herrchens ein Gleichgewicht eingegangen, dann kann er sogar zum Supertalent Deutschlands gewählt werden (wie 2009 geschehen).

Ein Kind lernt am besten die Ziele der Eltern kennen und kann sich ihnen anpassen, wenn es alles Mögliche ausprobiert und dabei die entsprechenden Grenzen erfährt. Was darf dazugehören und was nicht? Vor allem: *Wann* darf etwas dazugehören und wann nicht? Je mehr Grenzen das Kind erlebt hat, desto klarer bilden sich in ihm die bewussten und unbewussten Ziele der Eltern ab.

Ich halte mich in einer Gruppe auf. Das Verhalten eines bestimmten Menschen nervt mich sehr. Ich weiß aber nicht, warum, suche nach meinem Ziel dahinter und untersuche meine Wertung genauer. Ich beobachte, in welchen Momenten mein Genervtsein am stärksten ist, und bekomme heraus, dass es seine Art zu lachen ist, die mich aufregt. Ich frage mich, was genau mich an diesem Lachen nervt, und beobachte weiter. Nach einer Weile wird mir bewusst, dass sein Lachen auch in Momenten auftaucht, in denen etwas gar nicht lustig war. Es wurde einfach nur etwas erzählt – und er lachte. Ich überprüfe, ob vielleicht nur ich das Erzählte nicht lustig finde, und beobachte die anderen Menschen, die ebenfalls dabei sind und zuhören. Mir fällt auf, dass er der Einzige ist, der auf diese Weise immer wieder lacht. Doch ich weiß noch nicht, warum es mich so nervt. Was ist mein Ziel hinter meiner Wertung?

Ich frage mich, was anders sein müsste, damit ich mich nicht mehr genervt fühle. In mir entsteht eine Fantasie von diesem Menschen, wie er sich verhalten könnte und ich es als sehr angenehm empfände. Dann vergleiche ich mein Fantasiebild mit dem, was ich gerade erlebe, und erkenne den Unterschied. Dieser Mensch würde sich in meiner Fantasie in seinen Reaktionen auf Erzählungen viel flexibler zeigen. Er würde viel mehr unterschiedliche Reaktionen zeigen und nicht immer gleich nach fast jedem Satz einfach nur lachen. Würde er sich so verhalten, wie ich es mir wünsche, dann würde ich als Erzähler das Gefühl haben, von ihm viel besser verstanden und ernst genommen zu werden. So, wie es jetzt ist, habe ich aber das Gefühl, dass er mit seinem Lachen nur signalisieren möchte: „Ich höre zu und bin dabei." Mir fehlt das Gefühl, auch wirklich von ihm verstanden zu werden.

Jetzt kenne ich mein Ziel: Wenn ich jemandem etwas erzähle, will ich hauptsächlich fühlen können, von der anderen Person ernst genommen, nachvollzogen und verstanden zu werden. Was nicht zu meinem Wunsch dazugehört und ausgeschlossen ist: einen anderen Menschen mit meinen Erzählungen „nur" zu unterhalten oder ihn an mich zu binden, um in Gesellschaft zu sein.

Jetzt, wo ich mein Ziel kenne, kann ich auch zu mir selbst sagen: „Ich stelle mich meinem Ziel für eine Weile nicht mehr zur Verfügung." Was ist die Folge davon, dass ich mein Ziel nun loslasse? Das Lachen des anderen Menschen nervt mich nicht mehr. Meine Wertung verschwindet.

Ein anderes Beispiel, wie ich mein unbewusstes Ziel hinter meiner Wertung herausbekommen habe: Im Jahr 2008 hat jemand über mein letztes Buch geschrieben und kritisiert, dass ich meine Aussagen an einer bestimmten Stelle ins Gegenteil verdrehen und den Standpunkt des Gehorsams und der Unterordnung vertreten würde. Ich solle empfohlen haben, sich machtlos und tumb dem zu fügen, was ein anderer für einen bestimmt habe. Der Kritiker behauptete, ich sei der Überzeugung, man solle seine eigene Meinung aufgeben und Autoritäten niemals anzweifeln.

Meine innere Reaktion war: *„Hä? Ich glaub´, ich spinne ... Wie kommt jemand dazu, meine Absichten derart ins Gegenteil zu verdrehen?"* Wer mich kennt und auch die von mir begründeten „Freien Systemischen Aufstellungen" kennengelernt hat, der weiß, dass es mir immer darum geht, unsere Wahlmöglichkeiten erhöhen zu können. Bei meiner Form der Aufstellung hat die aufstellende Person die freie Entscheidung, wie die Aufstellung verlaufen wird und auch, wie sie gedeutet werden kann. Genauso übertrage ich es auf unseren Alltag. Das hat nun absolut nichts mit wehrloser, passiver, machtloser, sich selbst aufgebender Unterordnung zu tun, sondern mit intensiver Autonomie. Wenn ich das Unterordnen in bestimmten Situationen empfehlen sollte, dann immer mit dem Hintergrund, dass wir die autonome Wahl dazu haben und uns entweder dafür oder dagegen entscheiden können. Wie also ist es möglich, dass ein Mensch in seinen Beschreibungen haargenau das Gegenteil dessen ausdrückt, wie ich selbst, viele Leser*innen meiner Bücher und viele andere Menschen in meiner Umgebung mich wahrnehmen?

Sie merken, ich bin im letzten Absatz in Rechtfertigungen und Aufklärungsversuche hineingerutscht. Ich habe Ihnen damit die bereits erwähnte (oft erfolglose) Möglichkeit demonstriert, Abwertungen durch den Versuch der Klärung wieder zu neutralisieren.

Als ich damals versuchte, mit dem Kritiker ein paar Dinge zu klären, erlebte ich, dass er meine Erklärungen wieder genauso provozierend umdrehte. Als ich davon überzeugt war, etwas genau auf den Punkt gebracht zu haben, reagierte er mit der Aussage: „*Das sind nur leere Worte.*“ Eine effektive Behauptung, um sich einem anderen Menschen auf wertende Weise nicht mehr zur Verfügung zu stellen. Sagen Sie dem anderen die **Suggestion**: „*Das, was du gerade gesagt hast, sind nur leere Worte*“ – und schon haben Sie dadurch alle Aussagen des anderen entkräftet, stehen einer „Aussagekraft“ nicht mehr zur Verfügung. Wenn der andere das Ziel hatte, von Ihnen verstanden zu werden und Klarheit bei Ihnen anregen zu wollen, fühlt er sich ebenso entkräftet. Mit der Definition „leere Worte“ vermitteln Sie dem anderen: Ziel verfehlt! Deine Worte sind für mich bedeutungslos, gehören nicht in meinen Zielbereich, sind von mir ausgeschlossen, „kalt“.

In meinem Kontakt zu diesem Kritiker entstand kein fruchtbarer gegenseitiger Austausch, keine Annäherung, sondern die Missverständnisse setzten sich fort.

Allmählich erkannte ich, dass meine Veränderungs- und Klärungswünsche im wahrsten Sinne des Wortes ins Leere liefen. Ich fragte mich, welches mir unbewusste Ziel mich dazu brachte, mich so in diese Diskussion hineinzusteigern. Dazu fragte ich mich zuerst, was genau für ein Ungleichgewicht ich denn in mir fühle, wenn ich einen Menschen auf diese Weise über mich reden höre oder lese, was er über mich geschrieben hat.

Was ist eigentlich genau mein Problem?

Wo werte ich, wenn ich mit den Worten „*Das stimmt so nicht*“ reagiere? Ein Mensch behauptet etwas über mich, was nicht mit meinem Selbstbild übereinstimmt. Ich empfinde es als falsch und stelle es richtig. Das ist kein Problem für mich, solange der andere seinen Irrtum nach meiner Korrektur auch einsieht und mich zu verstehen beginnt. Denn dann könnte ich ihn als konstruktiven Kritiker wahrnehmen.

Wirkt meine Richtigstellung aber nicht und der andere äußert weiter meiner Ansicht nach „falsche“ Deutungen, was dann?

Genau an diesem Punkt entsteht mein Problem.

Was fühle ich in diesem Problem?

Wenn ich tief in mich hineinfühle, fühle ich mich alleine. Mir fehlt eine Verbundenheit. In mir entwickelt sich das Bild, dass viele andere Menschen ihm glauben und sich daraufhin von mir genauso abwenden, wie er es tut. Denn seine Äußerungen sind negativ wertend, also mich ausschließend. Daraufhin projiziere ich, dass viele mich ausschließen werden oder könnten.

Wodurch genau wird dieses Ungleichgewicht ausgelöst?

Dadurch, dass ich mich erkläre und der andere meinen Worten nicht glaubt oder sie vielleicht noch nicht einmal nachvollziehen kann. Und auch dadurch, dass der andere meine Worte gar nicht richtig bewusst wahrnimmt, weil er an etwas anderem hängt. Ich erinnere mich an dieser Stelle an meine Eltern, die genau deshalb immer wieder in einen Streit gerutscht sind. Sie haben sich gegenseitig missverstanden und konnten die unterschiedlichen Sichtweisen nie vollständig klären und gemeinsam integrieren. Ihr Streit ist oft sehr heftig geworden und hat als Kind in mir starken Stress ausgelöst, obwohl ich das „nur“ aus sicherer Entfernung im Kinderzimmer mit anhörte. Ich fühlte den Stress und die Schmerzen meiner Eltern leibhaftig in mir. Das tat weh.

Auf welche Weise müsste der Kritiker anders sein, damit mein Problem gelöst wäre? Er würde mich ernst nehmen und meine Sichtweise nachvollziehen. Dabei muss er nicht meine Ansichten oder Meinungen übernehmen, sondern sie lediglich als ebenbürtig zu seinen Sichtweisen anerkennen. Wenn er sich so verhalten würde, wäre mein

Problem wieder gelöst. In diesem Fall hätte er sich in meinen Augen von einem destruktiven zu einem konstruktiven Kritiker verwandelt.

Was genau ist der Unterschied zwischen meinem Wunschkritiker und dem jetzigen Kritiker?

Der jetzige Kritiker scheint meine Erklärungen und Sichtweisen auszugrenzen. Der Wunschkritiker würde sie als dazugehörig integrieren – auch wenn er nicht meiner Meinung ist.

Was ist also mein Ziel? Mein Ziel ist, dass ein anderer Mensch zu mir sagen kann: „Deine Sichtweisen unterscheiden sich zwar von meinen, aber in meinem Weltbild gehören sie auf der Ebene der Existenz genauso dazu, wie ich meine Sichtweisen als dazugehörig sehe." Ich habe das Ziel, von einem anderen Menschen nicht mehr ausgegrenzt, sondern als dazugehörig gesehen, zumindest als ebenbürtig anerkannt zu werden.

Warum habe ich dieses Ziel? Weil sich die Ausgrenzung schmerzhaft anfühlt und mich an den schlimmen Stress der Missverständnisse zwischen meinen Eltern erinnert. Außerdem erinnert es mich an die Momente, in denen meine Eltern auch mich nicht verstanden haben und ich mich dadurch schmerzhaft ausgegrenzt fühlte.

Nach diesem Überlegungsprozess kann ich mein bisher unbewusstes, mich steuerndes Ziel auf den Punkt bringen: **Mein Ziel ist, von einem Menschen, der mich persönlich ausgrenzt, wieder integriert zu werden.** Ich will auch zu den vielen Menschen „dazugehören", die sich in meiner Fantasie um den mich ausgrenzenden Menschen versammeln, seiner Meinung sind und mich alle ausschließen. Deswegen habe ich mich diesem Kritiker zur Verfügung gestellt und wollte etwas verändern. Nun kann ich meinen Drang zu diesem Verhalten besser verstehen.

Mit diesem Bewusstsein gehe ich neu mit meinem Ziel um. Ich stelle mir die Frage: Will ich wirklich dazugehören? Zu den Menschen, die nicht so auf mich zukommen, wie ich es mir wünsche? Zu den Menschen, von denen ich mich nicht verstanden fühle und bei denen ich den Eindruck habe, dass sie sich einfach ein Bild machen und etwas drauflos behaupten? Zu den Menschen, die teilweise beleidigende Begriffe mir gegenüber benutzen? Zu den Menschen, die sich in meinen Augen ziemlich provokativ, unachtsam und distanziert verhalten?

Neue Antwort: Nein. Selbst wenn es eine riesige Gruppe ist, die sich diesem Kritiker anschließt – **ich will nicht mehr dazugehören**. Da fühle ich mich viel lieber alleine und ausgeglichen.

Jetzt, wo mir mein mich steuerndes Ziel bewusst geworden ist, kann ich dieses Ziel loslassen. Niemand soll mich mehr verstehen *müssen*.

Schließe ich dadurch jetzt die anderen aus? Nein. Ich spüre eher Betroffenheit über die Verschlossenheit dieser Menschen. Betroffenheit und Mitgefühl. Was müssen sie erlebt haben, so dass sie sich jetzt so verschließen? Sollte jemand aus dieser Menschengruppe Fragen an mich haben und will mich genauer kennenlernen, dann stehe ich dafür gerne zur Verfügung. Ich habe nur mein Ziel aufgegeben, zu ihrem Zielbereich dazugehören zu dürfen, mich von ihnen integriert zu fühlen. In meinen Zielbereich sind sie aber herzlich eingeladen. Aus meiner Sicht sind sie jetzt so willkommen, wie sie sind. Mit allen Missverständnissen – die ich nun nicht mehr klären *muss*. Es ist in Ordnung und gehört dazu, dass ich missverstanden werde. Genauso gehören alle Folgen aus diesen Missverständnissen dazu.

Es gehört ebenfalls dazu, dass ich möglicherweise auch die anderen missverstanden oder falsch gedeutet, ihr Verhalten ihrem Gefühl nach unstimmig bezeichnet habe und sie entgegen meiner Interpretation eigentlich gar nicht „distanziert" und „unachtsam" sind. Auch dieses Missverständnis darf mit seinen Folgen dazugehören. Letztendlich durfte ich nun die Möglichkeit erkennen, einen anderen „Hintergrund" zu gestalten und sowohl die Sichtweisen des Kritikers als auch meine Sichtweisen als persönliche „Fantasiewelten" umzudefinieren.

Seitdem mir das auf diese Weise bewusst geworden ist, habe ich mehr Wahlmöglichkeiten. Ich fühle mich freier in meiner Entscheidung, eine Missdeutung oder ein Missverständnis zu klären oder es einfach als persönliche Fantasiewelt des anderen so stehen zu lassen. Das ist unabhängig davon, wie viele Menschen Fantasiewelten über mich entwickelt haben, die mit meinem Selbstbild nicht kompatibel sind. Ich könnte den anderen etwas aus meiner Fantasiewelt erklären – und vielleicht auch nicht. Ich habe die Wahl und beobachte in Zukunft, wie ich mich entscheiden werde und mit welchem Gefühl.

Wenn die Existenz eines Wunsches oder Zieles automatisch zu Wertungen und Grenzen führt, dann deutet umgekehrt jede Wertung darauf hin, dass dahinter ein Wunsch und ein Ziel stecken (Abb. 6). Das bedeutet:

Jede Krise, jedes Ungleichgewicht, jeder emotionale Schmerz, jedes Problem, das wir erleben, ist ein Zeichen für einen ganz bestimmten Wunsch in uns, der ein bestimmtes Ziel erreichen möchte.

Ich erinnere noch einmal an den Ausgangspunkt: Im Zustand der Ziellosigkeit gehört alles dazu. Hier gibt es kein Problem, denn es gibt kein Ziel (Abb. 1: Kreis). Also bedeutet jedes unserer Probleme, dass wir hier zumindest unbewusst ein Ziel haben und für uns irgendetwas nicht dazugehört. Nur dort, wo wir Wünsche haben, sind wir verletzbar und erleben Krisen.

Das bedeutet nun nicht, dass wir wunschlos werden sollen, um glücklich zu werden, sondern diese Erkenntnis hilft uns als „Werkzeug". Wenn uns dieser Zusammenhang in Fleisch und Blut übergegangen ist, können wir in einer Krise viel gezielter an die Lösung herangehen. Die allererste Frage an uns selbst lautet:

Was für ein Wunsch in mir führt zu diesem Problem? Welches Ziel kann ich gerade nicht erreichen?

Die Übung 7 unterstützt Sie darin, sich ein unbewusstes Ziel wieder bewusst zu machen. Ist der Wunsch oder das Ziel wieder klar, dann stellt sich die nächste Frage:

Will ich mein Ziel verändern, oder will ich es behalten und stärken? Will ich in dieser Krise eine bisher unbewusste Grenze öffnen und auflösen, oder will ich erfolgreich eine Grenze ziehen und festigen lernen?

Eine dritte Möglichkeit wäre, die Krise einfach tapfer durchzustehen. Auch das gehört dazu und kann ein Ziel darstellen – das selbstverständlich Auswirkungen hat, wie jedes Ziel. Wie unsere Entscheidung auch ausfällt: Wenn es passiert ist, sollte es auch so sein, und wir erleben neue Folgen, aus denen wir effektiv lernen können.

Was ich in diesem Abschnitt bisher nicht berücksichtigt habe, ist die Möglichkeit, dass wir uns bei einem Problem auch in Resonanz zu einem fremden Wunsch befinden könnten, der gar nicht unser eigener ist. Das Problem lässt sich dadurch lösen, dass wir diesem fremden Wunsch nicht mehr zur Verfügung stehen.

„Ich stehe fremden Wünschen und Zielen, die nichts mit mir zu tun haben, jetzt nicht weiter zur Verfügung."

Löst diese Entscheidung in uns ein Freiheitsgefühl aus, dann ist das Problem damit gelöst. Funktioniert es aber nicht, dann müssen wir doch noch einmal genauer nachschauen, welcher eigene unbewusste Wunsch hinter unserem aktuellen Problem steckt.

Übung 6

Wertungen gezielt entlarven

Eigentlich weiß jeder, was eine Wertung ist. Wertungen kommen in unserem Alltag jedoch so häufig vor, dass wir sie oft schon gar nicht mehr realisieren.

Sie haben bei dieser Übung die Aufgabe, in dem Klavier-Beispiel vom Anfang, das ich hier noch einmal aufschreibe, alle Wertungen zu zählen, zu benennen und aufzuschreiben. Wie viele Wertungen entdecken Sie?

Eine kleine Hilfe: Eine Wertung ist die „Grenze" in dem Wunsch-Folgen-Modell. Durch die Grenze werden die Elemente eingeteilt in das, was dazugehört (heiß), und das, was nicht dazugehört (kalt). Setzen Sie beim Lesen des folgenden Textes den Maßstab der Ziellosigkeit an und überlegen Sie sich, wie ich mich in dem Beispiel verhalten würde, wenn ich im Zustand der Ziellosigkeit wäre. Und wie verhalte ich mich tatsächlich? Was gehört dazu, was nicht? An dem Unterschied können Sie dann die Wertungen ablesen. Hier nun das Beispiel:

Ich sitze am Klavier und spiele vor mich hin – planlos. Meine Partnerin kommt in den Raum und fragt mich etwas. Ausgeglichen beantworte ich ihre Fragen. Später klingelt das Telefon – ein Klient möchte einen Beratungstermin. Wir besprechen uns und legen einen Termin fest. Anschließend setze ich mich wieder an das Klavier und spiele weiter – planlos. Ich fühle mich ausgeglichen und genieße, was passiert. Da ich kein festes Ziel habe, darf alles dazugehören.

Am nächsten Tag höre ich im Radio ein absolut geniales Klavierstück von Chopin. Ich bin begeistert und möchte es spielen können. Gleichzeitig fällt mir ein, dass in drei Wochen ein guter Freund seinen runden Geburtstag feiert. Das wäre ja die Gelegenheit, dieses Klavierstück vorzuspielen. Ich weiß, dass es knapp wird, doch ich werde es hinbekommen. Gezielt plane ich meine Zeit so effektiv, dass ich in drei Wochen das Stück beherrsche. Hochmotiviert beginne ich zu üben. Der Gedanke an den Auftritt und das erfreute Gesicht meines Freundes lassen mich selbst schon Vorfreude fühlen. Ich habe ein klares Ziel und das hat Folgen:

Meine Partnerin kommt in den Raum und fragt mich etwas. Ich fühle mich gestört – so eine banale Frage, damit hätte sie auch warten können! Ich bitte sie, mich nicht mehr zu stören.

Ich übe weiter – das Telefon klingelt. Genervt ergreife ich den Hörer. Ein anderer Klient möchte einen Termin. Ich gebe ihm einen in vier Wochen. Für ihn ist es aber sehr dringend – ob ich nicht noch einen früheren Termin hätte. Bei dem Gedanken gerate ich unter Druck, denn es könnte sein, dass ich das Klavierstück nicht mehr rechtzeitig erlerne. Ich bin im Zwiespalt und werde leicht unfreundlich, schaffe es aber, mich zusammenzureißen. Wenn ich jedoch ganz ehrlich wäre: Ich habe absolut keinen Bock, diesem Klienten überhaupt noch zur Verfügung zu stehen. Warum versteht er nicht, dass ich ihm bereits den frühestmöglichen Termin gegeben habe? Warum muss er noch einmal nach einem früheren Termin fragen – und mich dadurch in diesen Zwiespalt bringen, „Nein" sagen zu müssen?

Haben Sie mindestens 14 Wertungen entdeckt?

Hier die Wertungen, die ich in meinem Beispiel selbst sehe:

1. Angenehme Musik zu hören gehört zu meinem Zielbereich / unangenehme Musik zu hören gehört nicht zum Zielbereich. Deshalb bin ich „begeistert" beim Hören des „genialen" Chopin-Stückes.
   Ziellosigkeit: Im Zustand der Ziellosigkeit gehört jeder Klang dazu.
2. Chopin spielen zu können gehört zum Zielbereich / ihn nicht spielen zu können gehört nicht dazu.
   Ziellosigkeit: Ich habe jederzeit die freie Wahl, ob ich Chopin spiele oder nicht.
3. Chopin in drei Wochen zu beherrschen gehört dazu / ihn erst später oder gar nicht zu beherrschen gehört nicht dazu.
   Ziellosigkeit: Ich habe die Wahl.
4. Effektive Planung gehört dazu / ineffektive Planung gehört nicht dazu.
   Ziellosigkeit: Planlos – oder auch: Ich habe die Wahl.

5. Die Freude des Freundes gehört dazu / keine Freude gehört nicht dazu, ich wäre enttäuscht.
   Ziellosigkeit: Mein Freund hat die Wahl und für mich gehört jede Reaktion von ihm dazu.
6. Dass meine Partnerin den Raum betritt, gehört nicht dazu / wegzubleiben gehört dazu.
   Ziellosigkeit: Meine Partnerin kann tun, was sie möchte. Alles gehört dazu.
7. Banale Fragen gehören nicht dazu / wichtige Fragen gehören dazu.
   Ziellosigkeit: Jede Frage gehört dazu.
8. Meiner Partnerin eine Grenze zu setzen gehört nicht dazu (sonst hätte ich es ja gemacht) / meine Partnerin ihre Frage stellen zu lassen gehört dazu.
   Ziellosigkeit: Ich habe die freie Wahl.
9. Das Telefonklingeln gehört nicht dazu / ein stummes Telefon gehört dazu.
   Ziellosigkeit: Beides darf passieren.
10. Den Drang zu haben, ans Telefon gehen zu wollen, gehört nicht dazu / das Telefon einfach klingeln zu lassen gehört dazu.
    (Erklärung dazu: Mein Gefühl, genervt zu sein, ist ein Zeichen dafür, dass ich mit meinem Drang, den Hörer abzunehmen, im Konflikt stand. Mein Ziel war „eigentlich“, es ignorieren zu können und weiterzuüben.)
    Ziellosigkeit: Ich habe die freie Wahl, ob ich ans Telefon gehe oder nicht.
11. Ans Telefon zu gehen gehört dazu (denn ich habe es ja gemacht) / das Telefon zu ignorieren gehört nicht dazu.
    Ziellosigkeit: Ich habe die freie Wahl.
12. Ein früherer Termin gehört nicht dazu / nur der angebotene oder ein späterer Termin gehört dazu.
    Ziellosigkeit: Alle Termine, die noch frei sind, gehören dazu.
13. Klient*innen ohne Einfühlungsvermögen und Rücksicht oder Klient*innen, die offen fragen, gehören nicht dazu / Klient*innen, die auf die erste Aussage vertrauen, gehören dazu.
    Ziellosigkeit: Alle Klient*innen gehören dazu.
14. Jemandem eine Absage erteilen zu müssen gehört nicht dazu / jemandem eine Zusage zu machen gehört dazu.
    Ziellosigkeit: Alles gehört dazu.

Jede Wertung erkennen Sie sofort mithilfe der Frage: „Gibt es hier irgendetwas, das nicht dazugehört?“ Lautet die Antwort „Ja“, so ist eine Wertung vorhanden und deutet auf ein bestimmtes Ziel hin, das existiert – mit der Folge, dass etwas anderes ausgeschlossen ist.

Sie sehen, wo überall Wertungen versteckt sein können und wie „normal“ sie sind. Sie gehören überall dazu, denn unser Leben besteht aus vielen Wünschen und Zielen. Machen Sie sich einen Spaß daraus, im Kontakt mit anderen Menschen herauszubekommen, was für den anderen dazugehört und was nicht. Schauen Sie sich Filme an: Was gehört für eine Person dazu, was nicht? Welche Grenzen und Wertungen erkennen Sie in Theaterstücken? Bei Gesellschaftsspielen? Bei Tieren? In Seminaren? Im Job?

Übung 7

Sich einem unbewussten Ziel nähern

Wenn Sie wollen, dann geben Sie dieser Übung die Stimme eines Ihnen sehr angenehmen und verständnisvollen Menschen, der Sie auch tatsächlich versteht. Sie lesen die Übung in dem Tempo, das Ihnen angenehm ist.

Können Sie sich an ein Ungleichgewicht erinnern, das Sie in den letzten Tagen oder vor ein paar Stunden gefühlt haben oder immer noch fühlen? Sie lesen erst weiter, wenn Ihnen ein persönliches Beispiel eingefallen ist.

Wahrscheinlich haben Sie die Ursache für dieses Ungleichgewicht noch nicht herausgefunden, denn sonst wäre es kein Ungleichgewicht mehr für Sie, weil Sie es verstehen und einordnen könnten.

Ich gebe Ihnen die Möglichkeit, sich dieser Ursache intensiv zu nähern und sie vielleicht sogar zu erkennen.

Sie denken jetzt an dieses Ungleichgewicht und stellen sich selbst dazu Fragen, die ich Ihnen gleich formulieren werde. Bei jeder Frage lassen Sie sich genügend Zeit, damit Ihr Unbewusstes auf diese Frage in Ruhe reagieren kann und allmählich die Antwort bildet, die Ihnen dann bewusst wird. Damit Sie frei für die nächste Frage sind, schreiben Sie diese Antwort in Ruhe auf. Antworten auf verschiedene Fragen dürfen sich auch gleichen oder ähnlich sein.

Wenn Emotionen auftauchen sollten, geben Sie ihnen so viel Raum, wie es für Sie passt.

Hier die Fragen:

1. Wenn Ihr Ungleichgewicht aktiviert ist, wie fühlen Sie sich genau?

2. Wodurch genau wird das Ungleichgewicht ausgelöst?

3. Wenn Sie von jemandem gefragt werden, was genau Ihr Problem ist, wie würden Sie es ihm mitteilen und auf den Punkt bringen?

4. Sie konzentrieren sich auf das, wodurch Ihr Ungleichgewicht ausgelöst wird. Wie anders müsste der Auslöser sein, damit Sie sich gut fühlen?

5. Haben Sie eine Antwort auf die Frage 4 gefunden, dann gehen Sie jetzt zu Frage 6.

   Sollten Sie bei 4 die Antwort gefunden haben, dass der Auslöser gar nicht anders sein muss, sondern sich etwas in Ihnen selbst ändern müsste, dann liegt der Auslöser in Ihnen. Sie sind selbst der Auslöser. Bevor Sie zu Frage 6 gehen, stellen Sie sich nun die folgende Frage:

   Wie anders müsste der Auslöser in mir selbst sein, damit ich mich gut fühle?

6. Sie vergleichen den angenehmen Auslöser in Ihrer Fantasie mit dem wirklichen Auslöser. Welche Unterschiede gibt es zwischen beiden?

7. Sie schreiben sich genau auf, was Sie sich wünschen.

8. Sie schreiben sich genau auf, *warum* Sie es sich wünschen.

Das, was Sie bei den Fragen 7 und 8 aufgeschrieben haben, ist Ihr Ziel oder gehört zu Ihrem Zielbereich.

Vielleicht geht es Ihnen jetzt schon besser, nachdem Sie sich Ihre Antworten auf diese Fragen bewusst gemacht haben, und das Ungleichgewicht hat sich in ein besseres Gleichgewicht verwandelt.

Sie können auch testen, ob sich an Ihrem Ungleichgewicht etwas verändert, wenn Sie sich für kurze Zeit diesem Ziel (aus den Fragen 7 und 8) nicht mehr zur Verfügung stellen. Sie können sich sagen: „Jetzt stehe ich kurz diesem Ziel nicht mehr zur Verfügung."

Was fühlen Sie dann?

Welche Wertungen in Ihnen werden deutlicher und welche verschwinden?

Sie lassen sich Zeit dafür, die Gefühle in Ruhe zu erspüren ...

Haben Sie genug erspürt und wollen Sie Ihr Ziel immer noch so oder etwas anders erreichen, dann stellen Sie sich jetzt Ihrem Ziel wieder voll und ganz zur Verfügung.

Sie beobachten nun über einen längeren Zeitraum, auf welche Weise Ihnen diese eben gemachte Erfahrung für den Umgang mit Ihren Ungleichgewichten weiterhelfen wird.

Die kraftvolle Wirkung des Wörtchens „nicht"

Obwohl ich im ersten Band *Ich stehe nicht mehr zur Verfügung* einen Abschnitt „Der tiefe Sinn des Wörtchens ‚nicht'" schrieb, wurde mir trotzdem bei Lesungen oder Vorträgen erstaunlich oft die Frage gestellt, warum ich einen Satz mit einem „nicht" verwende. Denn man sagt doch, dass unser Gehirn das „nicht" ausblenden würde. Ich muss dabei immer an das Beispiel von Vera F. Birkenbihl denken, die uns durch ihre Aufforderung beweist: *„Denken Sie bitte nicht an einen rosa Elefanten!"* Es funktioniert nicht. Denn wenn wir sie verstehen wollen, denken wir automatisch an einen rosa Elefanten. Eine Zuhörerin meinte demnach, dass der Satz „Ich stehe nicht mehr zur Verfügung“ dazu führen würde, dass wir uns erst recht zur Verfügung stellen.

Alle Autor*innen, die Bücher über „Bestellungen beim Universum“ schreiben, empfehlen, sich seine Wunscherfüllung positiv vorzustellen (ohne „nicht“). Sie schlagen vor, sich so zu verhalten, als wäre das Gewünschte bereits eingetroffen. Ein Beispiel: Man solle sich beim Universum eine bestimmte Summe Geld wünschen, sich innerlich dabei vorstellen, wie es sich anfühlt, dieses Geld bereits zu besitzen, und im Alltag so weit wie möglich so zu tun, als wäre das Geld bereits eingetroffen. Man stellt sich dabei der (zukünftigen) Situation der Wunscherfüllung innerlich intensiv zur Verfügung. Auf diese Weise zieht man durch das Gesetz der Resonanz ein „zufälliges“ Ereignis in sein Leben, durch das man genau die Geldsumme erhält, die man sich gewünscht hatte – so die Prophezeiung und auch die erfolgreichen Berichte mancher Universum-Kunden.

Ich frage mich: Wenn unser Gehirn das „nicht“ ausblendet, warum wirken dann verzweifelte Sätze wie „Das kann ich *nicht* und werde es *nie* können!“ trotzdem? Es gibt genügend Beispiele, bei denen jemand sich selbst in Frage stellt, Sätze mit „nicht“ formuliert und seine Zweifel sich anschließend mehrfach bestätigen. Demnach müsste das „nicht“ also doch wirken?! Es scheint nicht immer so zu sein, dass ein „nicht“ vom Gehirn ignoriert wird.

Gerne demonstriere ich den Fragenden meinen Kugelschreibertrick. Ich nehme einen Kugelschreiber in die rechte Hand, strecke den Arm vor meinem Körper aus und sage: „Ich lasse den Kugelschreiber jetzt *nicht* los.“ Was passiert? Meine Hand hält auf wundersame Weise auch weiterhin den Kugelschreiber fest, obwohl ich einen Satz mit einem „nicht“ formuliert habe.

Wenn wir uns also dafür entscheiden, den Kugelschreiber nicht fallen zu lassen, dann hat das genau die gleiche Wirkung, als wenn wir entscheiden, uns nicht zur Verfügung zu stellen. Wir kommunizieren unsere Entscheidung, etwas *nicht* zu tun, und wir tun es auch *nicht*.

Wie können wir beide Fantasiewelten unter einen Hut bekommen? Auf der einen Seite steht die Überzeugung, dass unser Gehirn das „nicht“ ignoriert, auf der anderen Seite steht die Überzeugung, dass unser Gehirn das „nicht“ befolgt.

Wann ignoriert unser Gehirn ein „nicht“? Immer dann, wenn es darum geht, dass wir etwas imaginieren, uns etwas innerlich vorstellen. Alles, was wir formulieren, präsentieren wir auch in unserem Gehirn, egal ob ein „nicht“ dabei ist oder nicht.

Wann befolgt unser Gehirn ein „nicht“? Wenn es darum geht, eine Handlung, an die wir gerade denken, zu verhindern. Wir Menschen sind in der Lage, in unserem Gehirn an eine Handlung zu denken, diese aber gleichzeitig zu blockieren und körperlich nicht auszuführen. Wir entscheiden uns bewusst dagegen. Dann präsentieren wir zwar in unserem Gehirn diese Handlung, führen sie aber nicht aus.

Wären wir zu dieser Blockade nicht fähig, dann würde unser Körper jeden unserer Gedanken umsetzen und wir würden permanent reden, so wie unser Gehirn ständig plappert. Wir würden ununterbrochen die unterschiedlichsten Dinge tun. Alles, was sich in unserem Gehirn abspielt, würde sich sofort in unserem Körper als Aktion ausdrücken. Unser gesamter Körper würde genauso feuern wie die Neurone unseres Gehirns (manchmal erleben wir es ansatzweise im Schlaf, wenn wir zucken). Wenn wir einen anderen Menschen bei einer Tätigkeit beobachten, werden gleichzeitig unsere Spiegelneurone aktiviert, die wiederum diese Tätigkeit ohne die Blockade ungebremst an unseren Körper weiterleiten würden, d. h. wir würden permanent die Menschen, die wir beobachten, imitieren.

Wir wissen, dass dies selten so abläuft.

Schauen wir tief in unser Gehirn, dann können wir dort entdecken, dass unsere Neurone auf zwei Weisen arbeiten: Sie erhalten von einer benachbarten Zelle entweder einen anregenden Reiz oder einen hemmenden Reiz. Durch einen anregenden Reiz gibt die Nervenzelle selbst einen Reiz weiter. Erhält sie jedoch einen hemmenden Reiz, dann wird die Wahrscheinlichkeit geringer, dass sie diesen Reiz weitergibt. Sie blockiert die Kettenreaktion. Dies entspricht einem „nicht“.

Fazit: Unser Unterbewusstsein ignoriert das „nicht“. Denn in unserem Gehirn präsentieren wir alles, woran wir denken, selbst wenn wir es mit einem „nicht“ versehen. Doch sowohl unser Unterbewusstsein als auch unser Bewusstsein sind meistens in der Lage zu entscheiden, was von diesen Gedanken tatsächlich in die Tat umgesetzt wird und was nicht: *„Nein, das sage oder tue ich jetzt nicht.“*

Die Entscheidung *„Ich stehe nicht mehr zur Verfügung"* ist also eine bewusste Aktion, durch die wir etwas erfolgreich blockieren und demnach etwas unterlassen.

Hinter dieser Entscheidung steckt ein anderes Ziel als bei der Wunscherfüllung. Bei den Bestellungen beim Universum geht es darum, innerlich eine Wunscherfüllung zu visualisieren, sich also genau vorzustellen, was man sich wünscht, wie man es sich wünscht und wie sich der erfüllte Zustand anfühlt. Bei dem Satz *„Ich stehe nicht mehr zur Verfügung"* geht es *nicht* darum, dass ein bestimmter Wunsch in Erfüllung gehen soll. Es geht *nicht* darum, einen Wunsch zu formulieren, dann in den Prozess des Wartens einzusteigen und sich der Wunscherfüllung intensiv zur Verfügung zu stellen. Es geht darum, eine Entscheidung zu fällen, um *sofort* etwas zu verändern. Wir entscheiden, dass wir *jetzt* für ein bestimmtes Ziel, das uns soeben bewusst geworden ist oder das wir schon die ganze Zeit fühlen, nun nicht mehr zur Verfügung stehen. Das „Sich-nicht-mehr-zur-Verfügung-Stellen" ist eine sofortige Blockade. Was wir nach der Blockade und dem Seinlassen anschließend machen, bleibt offen. Wir müssen die Lücke der Ziellosigkeit nicht sofort füllen. Wir dürfen auch erst einmal die Freiheit genießen, diesem bisherigen Ziel *nicht* mehr zu folgen, ihm *nicht* mehr zur Verfügung zu stehen, keine Verbindung mehr zu diesem Ziel zu haben. Diesen Zustand sehen Sie in Abbildung 7 dargestellt.

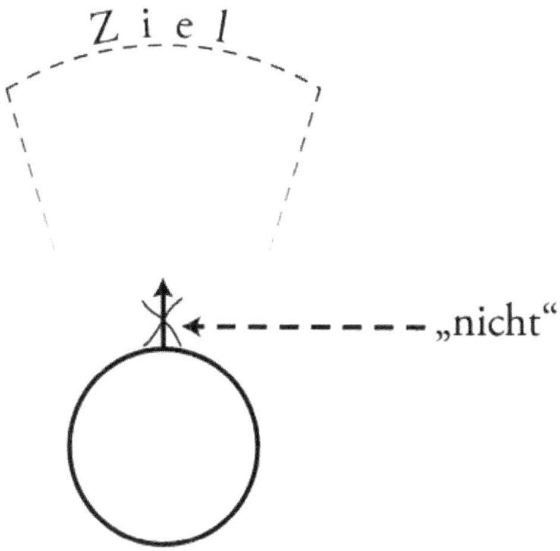

Abb. 7

Aus dieser Freiheit heraus entwickelt sich irgendwann ein neues Ziel, ein Ziel, das mit dem alten Ziel nichts mehr zu tun hat, weil wir dieses losgelassen haben. Das alte Ziel gehört nun nicht mehr dazu – jedenfalls nicht mehr in der alten Verbindungsform, die wir gewohnt waren. Die Erfahrung mit dem alten Ziel kann uns jedoch als eine „wichtige Ressource“ dienen und somit die Bildung von neuen angenehmeren Zielen unterstützen. Wir haben dazugelernt, was wir *nicht* mehr wollen, und können nun klarer sehen, was wir stattdessen wollen.

Beide Prozesse, das Wünschen und das Loslassen, sind für uns wichtig, um weitere Ziele zu erreichen – beides zu seiner Zeit.

Stellen Sie sich vor, Sie wollen sich eine neue Hose kaufen, gehen in ein Kaufhaus, nehmen das Objekt der Begierde aus dem Regal, gehen in die Umkleidekabine, um die Hose anzuprobieren – was tun Sie dort als Erstes? Sie ziehen die Schuhe aus und auch die Hose, die Sie gerade anhaben. Erst dann können Sie die neue Hose anprobieren. Das Ausziehen entspricht dem Wörtchen „nicht“. Das Anziehen der neuen Hose ist die Konzentration auf das gewünschte Ziel.

Wenn wir aus einem Stück Holz eine Figur schnitzen wollen, dann ist es sinnvoll, sich zunächst intensiv auszumalen, wie diese Figur aussehen soll. Vielleicht fertigen wir sogar eine Skizze an, prägen uns diese genau ein und übertragen sie teilweise mit einem Bleistift auf das Holz. Das entspricht den Empfehlungen bei den Bestellungen ans Universum: sich die Wunscherfüllung intensiv ausmalen, sich damit genau identifizieren. Dann nehmen wir ein Messer und konzentrieren uns auf die Holzbereiche, die *nicht* mehr dazugehören sollen. Wir entfernen sie mit unserem Messer. Das entspricht dem Satz: „Ich stehe diesem Holzbereich jetzt *nicht* mehr zur Verfügung und entferne ihn aus meinem Zielbereich.“ Je näher wir unserem Ziel kommen, desto mehr verschwimmen beide Prozesse. Wir sehen immer deutlicher unseren Wunsch erfüllt und sehen gleichzeitig, was noch an überflüssigem Holz entfernt werden soll, was dazugehört und was *nicht* mehr dazugehören soll. Ist das Ziel erreicht, endet unsere Aktivität. Weder haben wir einen Wunsch noch wollen wir etwas verändern und entfernen. Wir sind wieder ziellos.

Wollen wir einem Kind erklären, dass es in keine Steckdose fassen darf, so nützt es nichts, wenn wir ihm stattdessen zeigen, was es alles berühren darf, und permanent vermeiden wollen, seine Aufmerksamkeit auf Steckdosen zu lenken. Wir wollen dem Kind nicht sagen müssen:

„Dort darfst du nicht anfassen!" Denn wir haben Angst, dass es die Steckdose genau deswegen anfassen wird, wenn das Unterbewusstsein das „nicht" ignoriert. Was wäre die Lösung? Wir bringen Kindersicherungen an, so dass das Kind nicht in Kontakt mit Strom kommen kann. Dann warten wir, bis das Kind groß genug ist, so dass es verstehen und sein Verhalten selbstständig **blockieren** kann. Ist es so weit, dann zeigen wir auf die Steckdose und erklären dem Kind: *„Stecke deinen Finger dort nicht rein, das ist sehr gefährlich. Du darfst dort niemals anfassen!"*

Wenn wir also kraftvoll entscheiden: *„Nein, ich werde nicht krank!"* – dann kann es gut sein, dass unser Gehirn und unser Körper uns entsprechend unterstützen und Abwehrkräfte mobilisieren, die uns gesund halten.

Wenn der Hund meiner Mutter etwas tut, das er nicht tun soll, dann ruft meine Mutter laut *„NEIN!"* und der Hund lässt es sein.

Bei den letzten beiden Beispielen erkennen wir, wie wichtig das Training eines „nicht" sein kann. Wenn wir permanent denken, wir müssen das „nicht" vermeiden, weil es ja in unserem Gehirn ignoriert wird, dann vernachlässigen wir unsere Fähigkeit, etwas erfolgreich zu blockieren, und sie wird immer weniger trainiert. Das ist wie bei einem Muskel. Benutzen wir ihn selten, so baut er ab. Trainieren wir ihn, dann wird er immer stärker. Nutzen wir bestimmte Zellenverbindungen in unserem Gehirn immer seltener, dann werden sie auch schwächer. Trainieren wir aber bestimmte Gedanken, dann werden diese auch immer stärker und wirkungsvoller. Meiner Ansicht nach ist es wichtig, die Fähigkeit zu trainieren, an etwas zu denken und gleichzeitig den Ausdruck dieses Gedankens in Form von Worten oder Handlungen erfolgreich zu blockieren, das also *nicht* zu tun, was wir gerade denken.

Es gibt eine seltene Gehirnkrankheit mit dem Namen „Echopraxie", bei der die Fähigkeit zur Blockade geschwächt ist. Menschen, die unter dieser Krankheit leiden, machen zwanghaft alles nach, was sie in ihrer Umgebung beobachten und in ihrem Gehirn präsentieren. Sie drücken das, was sie beobachten, sofort in einer imitierenden Aktion aus und sind nicht in der Lage, dies zu blockieren. Meistens taucht diese Schwäche im Zusammenhang mit Schizophrenie, kindlichem Autismus und Intelligenzminderung auf.

Ich betrachte es in meiner Fantasie als sinnvoll, unsere Kinder und uns Erwachsene immer wieder darin zu üben, an etwas zu denken und es erfolgreich zu blockieren, es also *nicht* auszuführen. Das könnte auch unsere Intelligenz steigern. Manche Gehirntrainingsprogramme sind genau darauf ausgerichtet, unser Gehirn in dieser Blockade zu trainieren. Ich berichtete bereits von einem Computerprogramm, bei dem z. B. das Wort „SCHWARZ“ erscheint – in roter Farbe dargestellt. Meine Aufgabe ist dabei, möglichst schnell *„rot“* zu sagen. Mein spontanes Bedürfnis, das zu sagen, was ich lese, nämlich *„schwarz“*, muss ich erfolgreich blockieren üben, um *nicht* SCHWARZ, sondern *„rot“* sagen zu können.

Wir stehen *nicht* mehr zur Verfügung, um anschließend das tun zu können, was wir tun möchten.

Wir bekommen also beide Seiten unter einen Hut, wenn wir es in unserer Fantasiewelt wie folgt betrachten: Es gibt **zwei Fähigkeiten**, in denen wir uns hier trainieren können. Die erste Fähigkeit ist, unsere Ziele positiv zu formulieren und uns intensiv auf das zu konzentrieren, was wir erreichen wollen. Die zweite Fähigkeit ist, etwas, das wir in unserem Gehirn präsentieren, erfolgreich zu blockieren und ***nicht*** auszuführen. Beide Fähigkeiten – zum richtigen Zeitpunkt eingesetzt – unterstützen uns beim Erreichen unserer Ziele.

Eine Frau erzählte mir von ihrer panischen Angst. Sie hat das Buch *The Secret* (R. Byrne) gelesen und davon erfahren, dass wir alles in unser Leben ziehen, an das wir denken. Da sie immer mal wieder an eine tödliche Krankheit denken musste, war nun ihre große Sorge, dass sie diese Krankheit automatisch als Resonanz in ihr Leben ziehen würde. Diese Sorge ließ sie nicht mehr glücklich werden, sie hatte Tränen in den Augen, als sie es mir erzählte.

Nehme ich die Behauptung wirklich ernst, dass sich „alles“ als Resonanz um mich herum manifestiert, was ich in meinem Gehirn präsentiere, dann komme ich noch zu einem ganz anderen überraschenden Schluss: Das Universum manifestiert auch unsere inneren Blockaden.

In meiner Fantasiewelt glaube ich daran, dass die erfolgreiche Blockade durch das „nicht“ sowohl in unserem Gehirn in Form von hemmenden Reizen existiert als auch allgemein im Universum präsent ist. Denn es gibt permanent Erfahrungen in unserem Leben, in denen wir Blockaden erleben. Etwas läuft nicht so, wie wir es uns gewünscht hatten. Wir begegnen Nicht-Resonanzen. Dabei bin ich davon überzeugt, dass jede Blockade im Universum ihren Sinn hat, den wir nur nicht immer wahrnehmen können. Beispielsweise hat sich Jacqueline auf dem Weg zu ihrer Arbeitsstätte einen Parkplatz direkt vor der Tür gewünscht. Leider erlebte sie eine rote Ampel (Blockade) nach der anderen und kam nur sehr langsam voran. Doch dann kam ihr der Gedanke: „*Vielleicht muss der Parkplatz erst frei werden?*“ Als sie ankam, fuhr genau in diesem Moment vor der Tür ein Auto weg und machte den Wunsch-Parkplatz frei. Die Blockaden hatten einen Sinn.

Wenn wir wollen, können wir solche Blockaden gezielt einsetzen, z. B. durch den Satz „*Ich stehe der Resonanz zu meiner Befürchtung nicht zur Verfügung.*“ Mit anderen Worten: „*Nein! Ich will nicht, dass sich meine Befürchtung realisiert!*“ Damit strahlen wir eine Bremse in Richtung des Universums aus und vermitteln die Botschaft „*Stop!*“ Meine Mutter würde rufen: „*NEIN!*“

Wenn das Universum wirklich zu *allem* in Resonanz gehen sollte, was wir in uns präsentieren, dann auch zu unseren inneren Blockaden. Es kann uns genauso unser „*Stop!*“ spiegeln. Es kann blockieren und zu unserer Befürchtung *nicht* in Resonanz gehen.

Ich erlebe tatsächlich bei Aufstellungen immer mal wieder, dass sich in dem Verhalten der Stellvertreter*innen eine Blockade der aufstellenden Person spiegelt. Eine Bewegung bleibt stecken, es geht nicht weiter oder man findet keine Lösung. Meistens kann man in der Haltung oder Überzeugung der aufstellenden Person eine Parallele dazu entdecken und feststellen, dass sie hier gerade etwas *nicht* möchte.

Blockaden werden vom Umfeld gespiegelt! Sie können vom Universum auf einer höheren Ebene wahrgenommen und berücksichtigt werden. Das bedeutet: Wenn wir selbst absichtlich etwas *nicht* wollen und daher blockieren, dann besteht die Möglichkeit, dass unser Umfeld zu unserer Blockade in Resonanz geht und etwas *nicht* passiert. Auch unbewusste Blockaden, z. B. Verbote aus unserer Kindheit, wirken auf unser Umfeld. Durften wir es uns nicht wirklich gut gehen lassen und wirkt dieses Verbot noch heute in uns, dann wird in unserem Umfeld das „Gute“ blockiert und wir begegnen vielen Situationen, die uns unglücklich machen.

In meinen Seminaren lasse ich die Teilnehmer*innen manchmal folgende Übung machen: Sie stellen sich paarweise in einem großen Abstand gegenüber. Der eine stellt sich eine Grenze zwischen beiden auf dem Fußboden vor, ohne dort hinzuschauen und ohne sie dem anderen zu verraten. Diese Grenze bedeutet: *„Bis hierher und nicht weiter!“* Nun soll der andere telepathisch erfühlen, wo sich diese Grenze befindet, indem er sich ganz langsam seinem Gegenüber nähert und in dem Moment stehen bleibt, in dem er nach seinem Gefühl vermutlich gerade die Grenze des anderen überschreiten würde. Auf diese Weise können die Teilnehmer*innen die Erfahrung machen, wie treffend man tatsächlich eine Grenze erspüren kann.

Die Ausstrahlung einer Grenze ist möglich und genau deshalb kann der Satz „Ich stehe *nicht* mehr zur Verfügung“ zu einer kraftvollen Wirkung führen und uns von der bisherigen Bindung an ein Ziel befreien.

Diejenigen Leser*innen, die sich bisher das „nicht“ verboten oder es generell mit einer negativen Wertung belegt haben, dürfen nun wieder durchatmen. Sie können das „nicht“ intensiv trainieren und in den Situationen, in denen sie es brauchen, jetzt wieder kraftvoll einsetzen – als sinnvolle und wirkungsvolle Blockade und Grenzsetzung.

Wann genau wir das Wörtchen „nicht“ einsetzen und wann nicht, hängt von unseren Zielen ab. Bei manchen Zielen gehört es dazu, bei manchen nicht.

Ich habe mich entschieden, von Fall zu Fall mein Gefühl entscheiden zu lassen und darauf zu vertrauen, dass es schon weiß, was ich brauche. Ich denke nicht mehr groß darüber nach, ob ich ein „nicht“ verwende oder nicht, sondern bleibe einfach spontan und beobachte die Folgen. Wenn ich die Folgen nicht mag, kann ich beim nächsten Mal mein Verhalten ändern.

Übung 8

Klarheit durch „nicht“

Diese Übung hilft Ihnen, klarer zu unterscheiden, wann das Wörtchen „nicht“ passt und wann nicht. Je deutlicher Ihnen der Unterschied ist, umso kraftvoller können Sie das „nicht“ einsetzen oder es wirkungsvoll weglassen. Sie lesen die unterschiedlichen kurzen Situationen durch und üben dabei automatisch die Unterscheidung. Es prägt sich beim Lesen allmählich in Ihr Unbewusstes ein und wirkt dort kraftvoll und klar weiter. Sie fühlen sich intensiv in jeden folgenden Satz ein und sammeln

Erfahrungen. Vielleicht lesen Sie die Übung mehrmals und stärken Ihr Gefühl.

Falls Sie noch Zweifel haben, ob Sie das „nicht" überhaupt einsetzen dürfen, versichere ich Ihnen, dass in meiner Fantasiewelt dieser Zweifel genauso dazugehören darf. Sie können zweifeln und gleichzeitig die Erfahrung machen, wie intensiv Ihnen das Wörtchen „nicht" in vielen Situationen helfen kann. Ich bin davon überzeugt, dass das „nicht" für Sie ein ganz wichtiges und klares Werkzeug ist, welches Sie kunstvoll und kraftvoll immer genau dann einsetzen, wenn es Sie zu Ihrem Ziel führt. Sollten Sie die Erfahrung machen, dass das „nicht" Sie behindert, dann können Sie diese Erfahrung einfach machen und anschließend entscheiden, das „nicht" in diesem Fall *nicht* mehr einzusetzen. Im nächsten Fall entscheiden Sie neu.

Übungstext:

Sie haben das Ziel, dass sich etwas Bestimmtes erfüllt. Sie äußern Ihren Wunsch und sagen genau, *was Sie wollen*. Anschließend wird Ihnen Ihr Wunsch erfüllt – entweder von einem Menschen oder vom Universum. Dabei entdecken Sie einen Unterschied zwischen Ihrem Wunsch und dem, was Ihnen erfüllt wurde. Sie sagen klar und deutlich, dass Sie sich einen Teil nicht gewünscht haben und *dass Sie es nicht wollen*.

In einer anderen Situation können Sie an irgendeinem Punkt nicht genau ausdrücken, was Sie von einer anderen Person wollen. Sie haben nur ein bestimmtes Gefühl. Die andere probiert etwas aus und Sie wissen, dass es nicht ganz stimmt. Sie sagen, *dass es nicht für Sie passt*. Die andere verändert ihr Verhalten so lange, bis Sie sagen: Ja, jetzt passt es. Das ist es, *was für mich passt*.

Sie haben ein Ziel und wissen genau, *was Sie wollen*. Sie werden aktiv – da passiert Ihnen ein Fehler. Sie schauen den Fehler intensiv an und wissen dabei genau, dass Sie ihn *nicht wollen*. Sie lernen dadurch genau, was Sie beim nächsten Mal erfolgreich vermeiden. Dann konzentrieren Sie sich wieder auf das, *was Sie wollen*, und sind weiter aktiv. Sie haben die Vermeidung des Fehlers als Fähigkeit, als deutliche Grenze zu Ihrem Zielbereich integriert.

Sie begleiten eine andere Person in einem Lernprozess. Sie wissen ungefähr, welches Ziel die andere hat, was sie will. Als sie etwas tut, das nicht zu ihrem Zielbereich gehört, machen Sie ihr das Angebot, dass es *Ihres Wissens nach möglicherweise nicht passt*, was sie tut. Dann bieten Sie ihr an, *was passen könnte*. So hat die andere Person die Wahl, was sie dann tut und was für sie passt.

Sie sortieren etwas. Da bringt ein anderer Mensch Ihre Ordnung durcheinander. Sie teilen ihm mit, dass das *nicht zu Ihrer Ordnung dazugehört*. Dann sortieren Sie weiter.

Sie machen gerade etwas Schönes. Da passiert etwas, das Sie gerade stört. Sie sagen, dass Sie sich der Störung *nicht weiter zur Verfügung stellen*, und machen mit dem Schönen weiter.

Solange Ihnen bewusst ist, wann und wo Sie zur Verfügung stehen, haben Sie immer die Wahl, ob Sie sich zur Verfügung stellen oder *nicht* mehr zur Verfügung stellen. Sie entscheiden sich entsprechend Ihren persönlichen Zielbereichen. Nur Sie fühlen, wann es für Sie passt und wann nicht.

Sie sehen, dass ein anderer Mensch etwas Gefährliches tun will, und rufen laut: „NICHT!"

Unser Wunsch, etwas zu vermeiden

Es gibt in unserem Leben nicht nur Ziele, die wir erreichen wollen, sondern auch viele Ziele, die zu erreichen wir vermeiden wollen. Gerade das Thema mit dem „nicht" bringt dies zum Vorschein.

Wenn wir im Fernsehen beobachten, wie „unsere" Fußballmannschaft kurz davor ist, ein Tor zu schießen, und unser Kind hat das Ziel, auf einen anderen Sender zu schalten, dann werden wir versuchen, das zu verhindern.

Wenn wir im Auto mit unseren Kindern unterwegs sind und sie machen aus Langeweile Quatsch auf der Rückbank, der mit großem Lärm verbunden ist, was uns wiederum stört, dann ist unser Ziel, die Kinder zu bremsen und den Lärm zu vermeiden.

Wird ein Kind von seinen Eltern immer genau dann bestraft, wenn es einfach nur Quatsch macht, so entwickelt es im Laufe der Zeit ein Vermeidungsverhalten, denn es möchte ja nicht ständig bestraft werden. Es vermeidet das, was ihm die Strafe beschert hat: den Quatsch. Die Folge: Das Kind wird „brav", weil es seine wilde Spontaneität vermeidet.

Manchmal habe ich als Dirigent aus den Reihen des Chores oder des Orchesters strafende Kritik an meinen musikalischen und pädagogischen Vorstellungen erfahren. Sie bemühten sich, dass ich etwas daran änderte, und wollten die Durchführung meiner Ideen vermeiden. Wenn sie diese Kritik äußerten, wirkten die Menschen sehr kämpferisch, angreifend, jedenfalls nicht gelassen oder liebevoll oder konstruktiv gutmütig. Es hatte meistens etwas von einer leichten Aggression. Auch die Kritiker*innen meiner Bücher haben oft in ihrem Tonfall etwas emotional Hartes, Strenges, in gewisser Weise Kämpferisches. Würde ich mich auf diese Energie einlassen und in Resonanz gehen, dann würde in mir ebenfalls eine kämpferische Dynamik entstehen. Ich würde mein Wort zur Gegenkritik oder Verteidigung erheben und dem anderen seine Unzulänglichkeiten an den Kopf werfen – im gleichen Maße, wie er es mir gegenüber gerade getan hat.

Doch irgendetwas in mir weiß: Das wäre nur die Fortsetzung eines Verletzungskreislaufes. Das will ich aber nicht. Daher vermeide ich, zu dieser Dynamik in Resonanz zu gehen, die aufsteigende destruktive Aggression in mir zuzulassen und auszudrücken. Ich stehe diesem Gefühl nicht weiter zur Verfügung und antworte dann freundlich.

Bin ich entspannt, dann erkenne ich oft sogar das Körnchen Wahrheit in der Botschaft der anderen Person. Ich habe die verletzende Energie herausgefiltert, wodurch für mich das zum Vorschein kommt, was die andere mir eigentlich vermitteln will. So kann ich auf ihren Wunsch eingehen oder ihr verständnisvoll erklären, warum ihre Sicht der Dinge für mich gerade nicht passt. Ich vermeide in meinem Verhalten angreifende Energie. Sie befindet sich dadurch in meinem Nicht-Zielbereich.

Eine Frau, ich nenne sie hier Marianne, erzählte mir, dass sie in ihrer Kindheit mehrfach sexuelle Kontakte mit ihrem Onkel erlebt hatte. Es fühlte sich für sie schön an, denn er war sehr liebevoll. Sie befand sich bei ihm in einem geborgenen verständnisvollen Rahmen, hatte ihn lieb und genoss die Berührungen und die Gefühle. Je erwachsener sie wurde, desto mehr wurde ihr bewusst, dass eine derartige Form des Kontaktes mit einem erwachsenen Verwandten in unserer Gesellschaft verboten und ausgegrenzt ist. Die Menschen um sie herum, die davon erfuhren, regten sich auf, empörten sich und werteten ab, was der Onkel getan hatte. Um zu dieser Gesellschaft dazugehören zu können, fing Marianne nun an, in sich selbst dieses vergangene Erlebnis auszugrenzen, es zu vermeiden, auch die angenehmen und liebevollen Gedanken zu blockieren. Denn so etwas war ja verboten. Die Menschen um sie herum sprachen von „Missbrauch" und „seelischen Problemen". Somit hatte sie nun tatsächlich ein seelisches Problem. Sie vermied die angenehmen Erinnerungen an früher. Jedes Mal, wenn heute ein Mensch liebevoll zu ihr wird, reagiert sie mit einer Blockade, mit Abgrenzung, mit Vermeidung. Die liebevollen Gefühle dürfen nicht sein, denn sie sind eng mit dem Missbrauchserlebnis und den Wertungen der Gesellschaft verknüpft.

Dieses Phänomen der Vermeidung kann ich mithilfe des Wunsch-Folgen-Modells ebenfalls abbilden (siehe Abb. 8). Hier sehen Sie, dass es sich genau umgekehrt zu Abbildung 3 verhält. Alles gehört dazu, nur das, was wir vermeiden wollen, gehört nicht dazu.

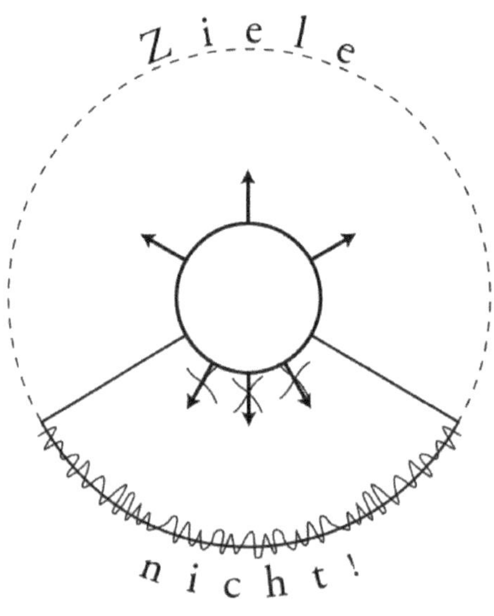

Abb. 8

Auch in diesen Aspekt des Modells können wir viele Wertungen aus unserem Alltag einordnen: Für treue Menschen kommt ein Seitensprung *nicht* in Frage. Sie ziehen in verfänglichen Situationen eine starke Grenze, weil sie ihre*n Partner*in und damit auch sich selbst *nicht* verletzen wollen. Der Seitensprung befindet sich innerhalb des Nicht-Zielbereiches und wird somit gezielt ausgeschlossen.

Für Menschen, die in ihrer Kindheit immer streng behandelt wurden und die daran gewöhnt sind, dass man ein freundliches und liebevolles Verhalten vermeidet, gehört Freundlichkeit in den Nicht-Zielbereich. Sobald jemand freundlich zu ihnen ist, reagieren sie mit Strenge und Kritik.

Wir spüren, dass ein bestimmtes Verhalten, wie z. B. Faulheit, Hektik, Rücksichtslosigkeit, Fremdgehen etc. uns nicht guttut, und entscheiden uns, dieses Verhalten nicht mehr fortzuführen. Wir schließen es aus. Wir stellen uns diesem Verhalten nicht mehr zur Verfügung. Durch diese Entscheidung befindet sich das nicht gewollte Verhalten ab sofort in dem Bereich, den wir vermeiden wollen: im Nicht-Zielbereich.

Oft stößt jemand an seine eigenen Grenzen und Wertungen, wenn er einem Menschen begegnet, der besonders offen, liebevoll, tolerant und auch furchtlos ist. Dies äußert sich darin, dass er diesen offenen Menschen abzuwerten beginnt, ihn womöglich als „abgehoben“, „realitätsfern“ etc. bezeichnet. Diese besondere Offenheit befindet sich in seinem Nicht-Zielbereich. Ich selbst kenne es aus meinem eigenen Leben. Wenn ich in einem bestimmten Bereich einen Schmerz erfolgreich aufgelöst und verarbeitet habe, meine „Schranken“ geöffnet und dort nun keine Befürchtungen mehr habe, beginnt ein anderer Mensch, der seine Befürchtungen an dieser Stelle noch aufrechterhält, mich zu kritisieren und mich (wieder) einschränken zu wollen. Im Kontakt mit mir stößt er an seine eigenen Grenzen, an seine eigenen Wertungen, an die Grenzen seines Nicht-Zielbereiches. Er will lieber das, was ich schon in mir erlöst habe, vermeiden, denn ihm würde es noch wehtun. Es befindet sich in seinem Nicht-Zielbereich.

Umgekehrt: Dort, wo ich einen Menschen zu werten beginne, bin ich selbst an meine Grenzen gestoßen. Der andere macht irgendetwas oder besitzt eine Ausstrahlung, wodurch ich meine Grenzen in mir zu spüren bekomme, wenn ich versuche, ein Gleichgewicht zu ihm herzustellen. Sein Verhalten befindet sich in meinem Nicht-Zielbereich. Also werte ich es negativ.

Die *Big-Brother*-Bewohnerin Cora ist 21 Jahre alt und erscheint mir als eine offene, gefühlvolle Frau – verständnisvoller und rücksichtsvoller als manch anderer Mitbewohner. Beruflich ist sie Pornodarstellerin. Sie berichtet, dass sie sich selbstständig gemacht hat, ihre Filme selbst produziert und dieser Beruf ihr sehr viel Spaß macht. Dabei hat sie auch ihre Grenzen: Sie küsst beim Sex nicht und sie dreht ihre Filme nur mit Männern aus dem „Alltag", also nicht mit professionellen Pornodarstellern.

Als die Bewohner*innen dieser 10. Staffel sich zu Beginn ihres Zusammenlebens untereinander kennenlernen und davon berichten, was sie beruflich machen und was sie interessiert, erfährt Cora Unverständnis und teilweise auch Abwertung von den anderen. Sie erzählt, dass sie diese Erfahrung auch in ihrem Alltag ständig machen muss. Coras selbst erwählter Beruf befindet sich in einem Nicht-Zielbereich vieler Menschen und erfährt daher entsprechende Ausgrenzungen. Von den Menschen, für die ihr Beruf „dazugehört", wird sie geschätzt und geliebt.

Einige Leser*innen, die *Big Brother* kennen, mögen sich vielleicht wundern, warum ich „so eine" Sendung in mein Buch integriere. Mit dem bisher beschriebenen Hintergrund kann ich es nun ganz einfach in Worte fassen: Da ich in diesem Buch über den Umgang mit Kritik schreibe und sowohl in der Sendung als auch über die Sendung viel kritisiert wird, passt sie für dieses Buch in meinen Zielbereich. Dabei gibt es einiges von den *Big-Brother*-Organisator*innen, was in meiner Fantasiewelt in den Nicht-Zielbereich gehört, wie z. B. massive Entwürdigungen zu unterstützen. In meinen Augen setzt das Team von *Big Brother* nicht früh genug Grenzen. Die entwürdigenden Taten werden mehrfach im Fernsehen gezeigt und die entsprechenden „Täter*innen" werden nicht oder nur sehr spät des Hauses verwiesen.

Durch eine Vermeidung, durch einen Nicht-Zielbereich, entstehen automatisch Dinge, die nicht mehr dazugehören sollen, und Dinge, die weiterhin dazugehören. Diese Einteilung ist wieder nichts anderes als eine normale Ausgrenzung, als eine *natürliche* Wertung.

Säen wir eine Vermeidung, so ernten wir Wertungen.

Wenn wir genau hinschauen, dann erkennen wir, dass das Erreichen eines Zieles und das Vermeiden von etwas die zwei Seiten derselben Medaille sind, denn hinter dem Vermeiden steckt immer auch ein Ziel.

Wenn wir den Tod vermeiden, steckt dahinter das Ziel, am Leben zu bleiben. Wenn wir den Schmerz vermeiden, steckt dahinter das Ziel, uns wohlzufühlen. Wenn wir die Ausgrenzung vermeiden, steckt dahinter das Ziel, den Kontakt noch weiter fortzusetzen. Wohin wir auch schauen: Die Grundlage für jegliche Wertung ist immer die Existenz eines Zieles, das man zu erreichen oder zu behalten wünscht.

Der Unterschied zwischen diesen beiden Richtungen liegt in unserer Aufmerksamkeit. Bei den Abbildungen 1 – 7 konzentrieren wir uns auf das Ziel. Bei der Vermeidung (Abb. 8) konzentrieren wir uns auf das, was wir *nicht* wollen, was wir blockieren wollen. Denn hier ist es wichtiger und effektiver, unsere Energie auf die Blockade und auf das Vermeiden zu lenken.

Manchmal benötigen wir eine Konzentration auf das Ziel, manchmal benötigen wir eine Konzentration auf die Begrenzungen, die im Zusammenhang mit unserem Ziel existieren. Es ist genauso wie bei unseren Gehirnzellen: Manchmal werden sie angeregt, manchmal gehemmt.

Wenn wir einen Fluss in seinem Flussbett halten wollen, dann konzentrieren wir uns auf die Grenze, auf die Blockade, auf die Deiche, die bei Hochwasser das Umland vor Überschwemmung schützen sollen. Wenn wir mit dem Auto in eine andere Stadt fahren wollen, konzentrieren wir uns auf den Weg und auf das Ziel. An einer roten Ampel ist jedes Warten (= Nicht-fahren) eine Konzentration auf eine Vermeidung, weil wir das Ziel haben, am Leben zu bleiben oder das Auto heil zu lassen oder unser Geld zu behalten. Während des Fahrens konzentrieren wir uns sowohl auf ein Ziel als auch auf Grenzen: auf unsere Richtung, in die wir fahren wollen, und auch auf die Fahrbahnbegrenzungen, die wir nicht überfahren wollen. Beim Lenken eines Fahrrades konzentrieren wir uns ebenfalls auf beides: Wir steuern in unsere Zielrichtung und vermeiden gleichzeitig durch ausgleichende Lenkbewegungen den Verlust unseres Gleichgewichtes.

Unser Leben ist sowohl durchwoben von der Konzentration auf Ziele als auch auf Vermeidungen. Wir sind fähig, uns auf etwas zuzubewegen, ebenso wie auch etwas zu blockieren und uns von etwas wegzubewegen.

Wir wünschen neue und bessere Gleichgewichte und wir wünschen, unser Gleichgewicht *nicht* zu verlieren.

Beides gehört dazu.

Welcher Nicht-Wunsch steckt hinter den Folgen?

Angenommen Sie fühlen eine Unruhe, Unzufriedenheit, Blockade, Hemmung oder Verletzung und wissen nicht genau, womit das zusammenhängen könnte. Wie können Sie in diesem Fall das Wunsch-Folgen-Modell nutzen?

Normalerweise liest man von links nach rechts: Wunsch-Folgen. Zuerst kommt der Wunsch, dann entstehen die Folgen. Man kann auch von rechts nach links lesen. Zuerst entdecken wir Folgen und suchen danach, was die Ursache dieser Folgen ist, welcher Wunsch ihnen vorausgeht. In diesem Abschnitt suchen wir, welcher Nicht-Wunsch den Folgen vorausgeht, also was wir ursprünglich vermeiden wollen.

Anja musste in ihrer Kindheit einen schmerzvollen Kindergeburtstag erleben. Sie hatte Freundinnen eingeladen und ihre Mutter organisierte Spiele. Bei einem Spiel sollte jedes Kind einen Preis bekommen. Anja wünschte sich sehnlichst, den kleinen Lippenstift gewinnen zu dürfen. Die Mutter verteilte die Preise – doch den Lippenstift erhielt ein anderes Mädchen. Anja war bitter enttäuscht und rastete aus. Es war der Superpreis und sie als das Geburtstagskind durfte nicht die Königin sein, die ihn erhält! Sie wurde gemaßregelt, dass die Spielregeln nun mal so seien, und sie hat auch die „Lehre" mitbekommen, dass man sich zu bescheiden habe. Diese Lehre wiederholte sich in ihrer Kindheit öfter. Als erwachsene Frau fuhr sie jahrelang (und wenn es organisatorisch nicht ging: in Gedanken) an ihrem Geburtstag ganz alleine irgendwohin und hat dann dort den Tag genossen, bescheiden, aber so, wie sie ihn sich ersehnte: ohne auf jemanden Rücksicht nehmen zu müssen. Sie vermied Gesellschaft. Vor jedem Geburtstag bekam sie Angst davor, dass ihre Mutter spontan auftauchen würde.

Oft sind uns im Laufe der Jahre manche Nicht-Zielbereiche unbewusst geworden. Wir haben uns irgendwann einmal eine Grenze antrainiert oder sind durch Schmerz und Schock in ein Vermeidungsverhalten hineingerutscht. Anschließend haben wir im Laufe der Zeit vergessen, was genau wir eigentlich vermeiden. Geblieben ist unsere Wertung, unser Vermeidungsverhalten, unsere Bremse, unsere Grenze, die immer genau dann zum Vorschein kommt, wenn wir in eine Situation geraten oder eine Szene miterleben, die wir bisher erfolgreich vermieden haben (siehe Abb. 9).

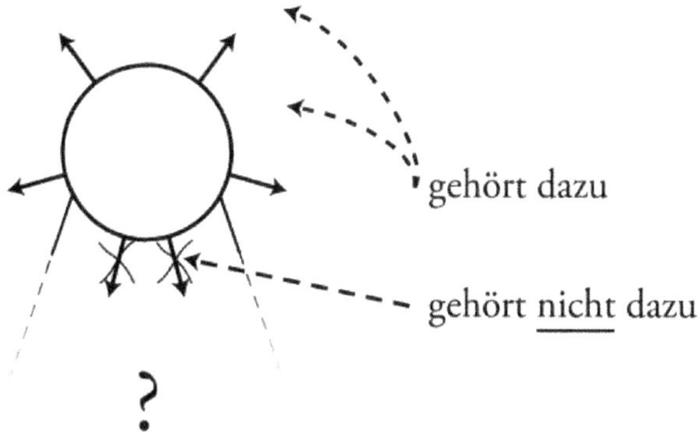

Abb. 9

Sobald wir bei uns oder bei anderen eine Wertung (heiß/kalt) erleben, können wir uns nun zwei Fragen stellen:

1. Welches Ziel soll mit dieser Wertung erreicht werden?
2. Welches Nicht-Ziel soll mit dieser Wertung vermieden werden?

   oder

1. Steckt hinter der Wertung eine Bewegung „hin zu etwas"?
2. Steckt hinter der Wertung eine Bewegung „weg von etwas"?

Der Hinbewegung haben wir uns bereits ausführlich gewidmet. Wie sieht es mit der Wegbewegung aus?

Um sich eines Nicht-Zieles wieder bewusst zu werden, müssen wir uns zuerst unsere Wertung genau anschauen. Was wollen wir im Moment nicht? Was soll sich nicht wiederholen?

Als Nächstes stellen wir uns die Frage, was denn passieren würde, wenn wir unsere Abwehr dagegen aufgeben und das, was wir nicht wollen, zulassen würden. Was würde passieren, wenn wir die Haltung einnehmen: *„Es darf dazugehören*"?

Die Vermutungen, die nun in uns auftauchen, können erste Hinweise auf unser ursprüngliches Nicht-Ziel sein. Meistens sind in diesen Vermutungen weitere Wertungen, Ausgrenzungen und Abwehrgefühle enthalten. Wir können immer tiefer graben, indem wir alle weiteren Abwehrhaltungen probehalber auflösen und uns fragen: „*... und was wäre, wenn auch das dazugehören darf?*“

Am Ende wird uns das wieder bewusst, was wir grundsätzlich zu vermeiden versuchen. Meistens hat es mit unerlösten Schmerzerlebnissen in der Kindheit zu tun. Ein Beispiel:

Als ich noch Musik studierte, sind meine Kommiliton*innen und ich öfter in den Skiurlaub gefahren. Für ungefähr zehn Student*innen haben wir in den Semesterferien eine Woche lang eine Skihütte gemietet. Wir verstanden uns alle sehr gut. Ich erinnere mich, wie wir einmal so spaßig aufgedreht waren, dass wir uns draußen eine heftige Schneeballschlacht geliefert und uns auch drinnen in den wenigen Räumen gejagt haben. Wir versuchten uns gegenseitig zu fangen.

Ich rede zwar von „wir“ – aber eigentlich war es eher ohne mich. Ich wollte gerne mitmachen, doch irgendetwas bremste mich und so schaute ich mehr oder weniger zu. Manchmal habe ich einen Schneeball geworfen, doch keiner ließ sich durch mich provozieren. Man ließ mich in Ruhe. Kaum jemand hat mich gejagt. Eine kleine Ausnahme gab es, doch anschließend hat derjenige mich schnell wieder in Ruhe gelassen.

Ich kannte mich schon lange so und habe es oft erlebt, dass ich eigentlich mittoben wollte, doch die anderen gar nicht so auf mich reagierten. Oft fragte ich mich, woran das lag. War ich für die anderen nicht interessant oder witzig genug?

Heute weiß ich, dass eine Blockade in mir steckt, die die anderen wahrgenommen haben. Sie waren in Resonanz zu meiner mir unbewussten Ausstrahlung, haben meine Blockade (unbewusst) gespiegelt und mich damit vor mir selbst geschützt. Wenn ich jetzt viele Jahre später in mich hineinfühle, ist diese Blockade nicht mehr so stark, aber irgendwie immer noch da. Nun kann ich sie gut nutzen, um hier für diesen Abschnitt ein Beispiel zu bringen.

Ich spüre eine Grenze in mir und weiß nicht mehr, warum ich diese Grenze habe. Was will ich eigentlich vermeiden? Um den Hintergrund genauer zu erforschen, stelle ich mir folgende Fragen:

Wenn meine Grenze aktiviert ist, wie fühle ich mich genau? Ich fühle einen Stress im Kopf und gleichzeitig auch im Bauch. Gleichzeitig fühle ich mich körperlich ein wenig müde, lasch.

Wodurch genau wird meine Grenze ausgelöst? Durch wildes spaßiges Toben und fröhliches Miteinanderspielen anderer Menschen. Mein Problem ist, dass ich den Impuls zum kraftvollen Toben nicht genauso verspüre wie die anderen. Wenn ich versuche mitzumachen, dann fühlt es sich irgendwie künstlich an, unecht – und ich höre gleich wieder auf. Künstlichkeit macht nicht wirklich Spaß.

Wie anders beschaffen müsste die Situation sein, damit ich mich freier fühle? Die anderen müssten etwas vorsichtiger sein, so dass mir nichts passiert, wenn ich mitmachen würde. Aber dann würden sich die anderen ja bremsen und wären nicht mehr so frei. Das ist eine Zwickmühle. Am schönsten wäre es, wenn sich etwas in mir selbst ändern könnte und ich einfach frei mittobe. Ich würde z. B. an einer Kissenschlacht teilnehmen oder mich mit jemandem ringend auf dem Boden wälzen. Der Unterschied zur Gegenwart ist, dass ich mich noch irgendwie schütze. Mir wird bewusst, dass ich Angst davor habe, unabsichtlich einen Stoß in den Magen zu bekommen. Ich will nicht verletzt werden.

Was wäre, wenn ich mich nicht mehr dagegen wehren würde? Wenn ich eventuell eine leichte Verletzung und blaue Flecken in Kauf nehmen würde? Bei dieser Frage spüre ich, wie ich noch mehr Angst um meinen Bauch habe … Plötzlich fällt mir wieder ein, dass mich in meiner Kindheit einige meiner Mitschüler auf dem Schulhof festhielten und der Stärkste mir mit seiner Faust in die Magengrube schlug, so dass ich nach Luft ringend zusammenbrach. Das musste ich in meiner Grundschulzeit mindestens dreimal erleben.

Wenn ich mir jetzt sage: „*Ja, das gehört ab jetzt auch dazu*“, dann ist meine allererste Reaktion aus meinem Gefühl heraus die Wertung: „*Nein, ich will das nicht mehr!!*“ und mir wird die emotionale Stärke meiner Grenze bewusst. Ja, das ist der Hintergrund meiner gegenwärtigen Grenze. Deswegen kann ich nicht spielerisch mit anderen toben. Das ist es, was ich unbewusst permanent vermeiden möchte. Mein Ziel ist, nie wieder Schläge in den Magen zu bekommen. Anders ausgedrückt: Schläge in den Magen zu bekommen ist hier mein Nicht-Ziel.

Natürlich ist der Wille, nicht mehr verletzt zu werden, „normal“ und stimmig. Doch die Tatsache, dass die Abwehr in der Gegenwart emotional immer noch so intensiv ist, obwohl ich schon über 30 Jahre keine Schläge mehr erfahren musste, zeigt mir: Hier ist eine psychische Grenze, die ich lösen und der gewaltfreien Gegenwart anpassen kann, wenn ich es möchte.

Im gelösten Zustand wäre nach wie vor meine Vermeidung klar, keine Schläge mehr abzubekommen. Doch der Stress hätte sich erlöst und würde sich nicht mehr auf fröhliche Situationen übertragen, in denen ich auch ab und zu blaue Flecke einzustecken bereit bin.

Ich habe inzwischen während der Arbeit an diesem Buch tatsächlich für mich einen Weg gefunden, die mich bremsenden Emotionen zu erlösen, und berichte im zweiten Kapitel im Abschnitt „*Wie ein Avatar unsere Selbstheilungskräfte aktivieren kann*“ davon.

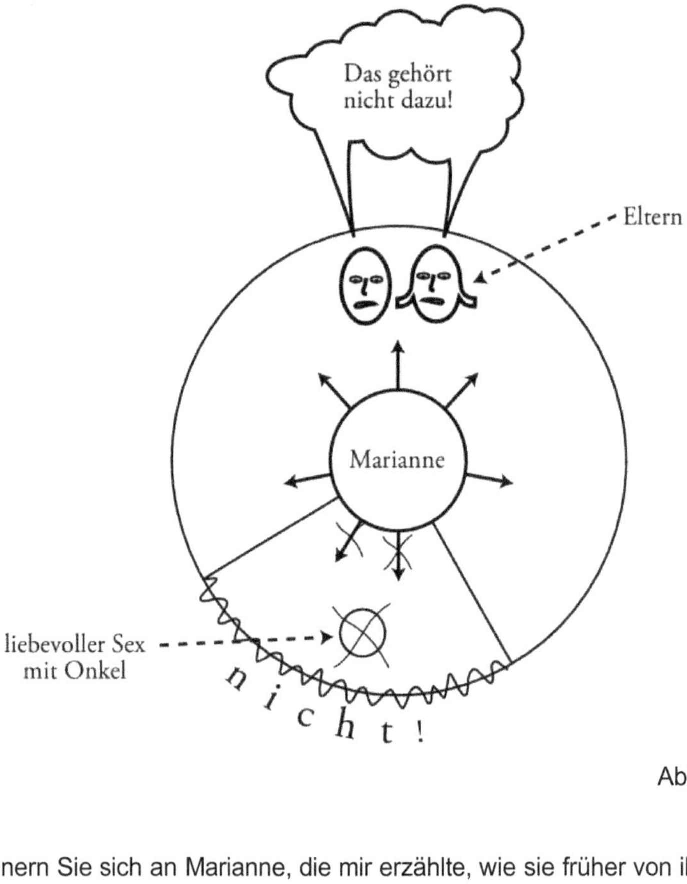

Abb. 10

Erinnern Sie sich an Marianne, die mir erzählte, wie sie früher von ihrem Onkel missbraucht wurde? Sie fühlt heute gewisse Grenzen in ihren Partnerschaften. Wenn ich mir in meiner Fantasiewelt mithilfe ihrer Erzählungen überlege, was wohl hinter diesen Grenzen stecken könnte, dann erkläre ich es mir so: Ihre Schwierigkeiten entstanden nicht während des Kontaktes zum Onkel, sondern im Nachhinein durch die Wertungen der anderen Menschen, besonders ihrer Eltern. Um sich als Kind den Eltern wieder nahe fühlen zu können, hat sie sich in dieser Wertung den Eltern angepasst und alles das, was zu dem Erlebnis mit dem Onkel gehört, in ihrem Gefühl in den Nicht-Zielbereich gesteckt und damit ausgegrenzt (siehe Abb. 10).

Jede partnerschaftliche Beziehung, die nun durch liebevolle Nähe diesen Nicht-Zielbereich berührt, erfährt von ihr eine gewisse Wertung, einen Ausschluss, eine Abgrenzung. Sobald jemand ihr gegenüber sehr liebevoll wird, beginnt sie ihn zu werten. Sie kann sich nicht ganz öffnen und sucht sich für Partnerschaften tendenziell Männer aus, die es sowieso nicht wirklich ernst mit ihr meinen und nach ein paar Wochen wieder gehen.

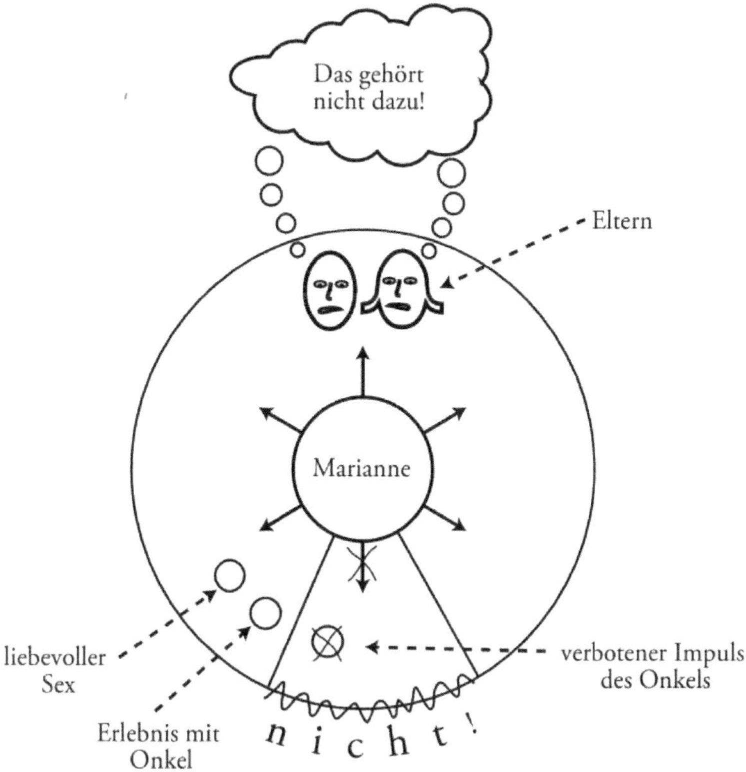

Abb. 11

Eine Lösung könnte sein, wenn sie es schafft, in ihrer Fantasiewelt die liebevolle sexuelle Nähe wieder zu integrieren, liebevoll und frei an den Onkel zu denken und gleichzeitig zu wissen, dass ein derartiger Kontakt in unserer Gesellschaft verboten ist. Es ist innerhalb eines verbotenen Rahmens passiert, aber es *ist* passiert und gehört allein durch diese Tatsache für immer zu ihrem Leben dazu. Die Erinnerung daran existiert. Sie IST. Marianne trennt die emotionale Wertung von der sachlichen Wertung und von dem tatsächlichen Geschehen (Abb.11).

Nun existieren alle Bereiche unabhängig voneinander und sie kann folgende innere Haltung einnehmen:

✓ Ja, sie hatte als Kind liebevollen Sex mit ihrem Onkel und es fühlte sich gut an. Es ist passiert.

✓ Ja, es ist verboten. Der Onkel hat es zwar aus bestimmten Impulsen heraus getan, hätte dies aber nicht tun dürfen, und so etwas darf in Zukunft nicht wieder passieren (= Nicht-Zielbereich). Der Onkel muss die entsprechenden rechtlichen Folgen tragen.

✓ Ja, es gibt Menschen, die sich darüber empören, dass es passiert ist, denn dieses Geschehen liegt in deren Nicht-Zielbereich.

Mit dieser Einteilung wird das tatsächlich passierte Geschehen befreit und darf in seiner Existenz als Erinnerung dazugehören. Das gesellschaftliche Verbot bleibt anerkannt und die emotionalen Wertungen der anderen Menschen als Folge ihrer Nicht-Zielbereiche werden weiterhin gewürdigt. Diese Unterscheidung in ihrer Haltung erlaubt ihr wieder, sich im Kontakt mit anderen Männern der liebevollen Situation hinzugeben.

Ich habe im Jahr 2002 in meiner Fantasiewelt nach einer integrierenden Sichtweise über „Missbrauch“ gesucht und folgenden Text verfasst:

„[... Missbrauch könnte verglichen werden mit dem] Wasser eines Flusses, das sich durch einen gebrochenen Deich den Weg in das Hinterland sucht und damit dieses Land überflutet und ‚missbraucht‘. Niemand macht dem Wasser einen Vorwurf. Jeder sieht: Es folgt nur seinem Bedürfnis nach Ausgleich. Und natürlich wird darum gekämpft, dass dieser Missbrauch aufhört. Doch nicht indem das Wasser beschimpft wird und man sich davon emotional distanziert und hart wird und vom Wasser Konsequenzen fordert, sondern indem man versucht, den Deich an der Stelle wieder zu reparieren, durch die das Wasser fließen konnte. Mit den Folgen des Deichbruches muss man leben. Die Konsequenzen zieht man selbst: Man verstärkt den Deich.“

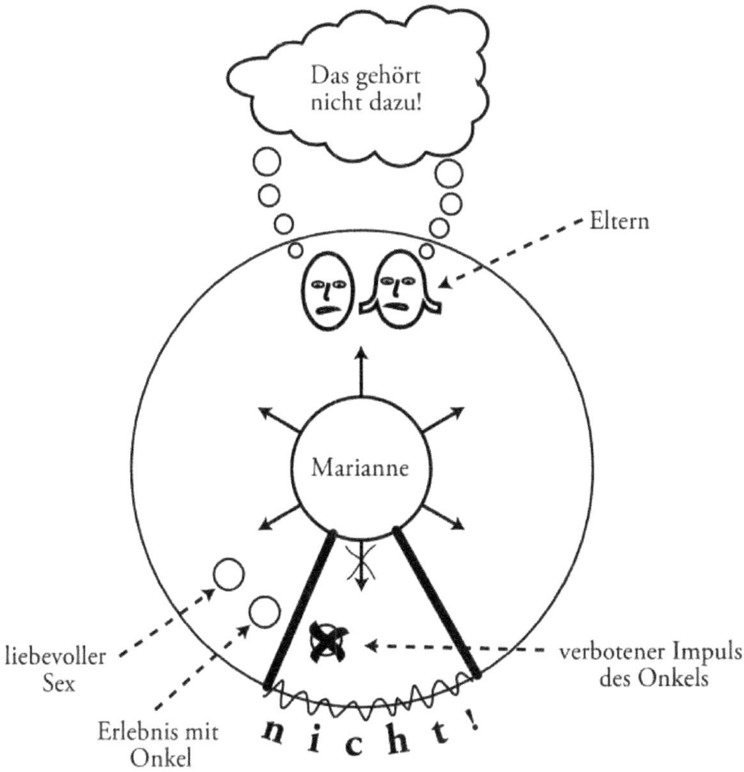

Abb. 12

Die Verstärkung des Deiches entspricht dem Training des „nicht“ (siehe Abb. 12). Sie ist die kraftvolle Entscheidung, etwas *nicht* mehr zu tun oder *nicht* mehr zuzulassen. In unserer Gesellschaft entspricht es z. B. dem Grenzen setzenden Urteil eines Gerichtes. So, wie der Fluss mit erhöhten und verstärkten Deichen leben muss, so muss auch derjenige in unserer Gesellschaft, der Regeln gebrochen hat, mit den Konsequenzen der Rechtsprechung leben.

Das ist meine Fantasie, in der ich nichts Verbotenes erlaube und nichts beschönige. Ich löse nur schrittweise in meiner Fantasiewelt das bereits Passierte, das nie wieder rückgängig zu machen ist, von der aussichtslosen emotionalen Abwehr dagegen. Die Empörung und die Abwehr sind aussichtslos, da ja nichts mehr zu ändern ist. Solange wir sie aufrechterhalten, hemmen sie uns in anderen Bereichen. Genauso wie auch meine Angst vor Schlägen in den Bauch seit 30 Jahren unnötig wirkte und mich eingeschränkt hatte.

Im *Big-Brother*-Haus gibt es die Bewohnerin Iris, die zu Beginn Coras Beruf als Pornodarstellerin intensiv abwertete. Genauso sah sie am Anfang auf den Mitbewohner Klaus. Er ist der zweite Pornodarsteller in dieser öffentlichen Fernsehwohngemeinschaft. In Abbildung 13 habe ich die Wertung von Iris dargestellt.

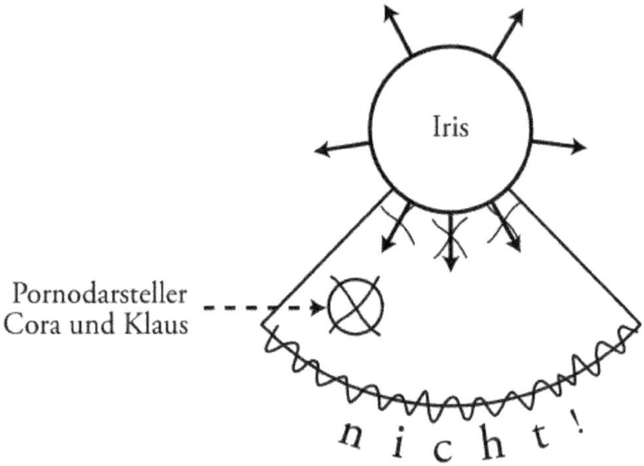

Abb. 13

Im Laufe der Wochen lernte Iris beide Pornodarsteller*innen genauer kennen und hat inzwischen Cora in ihr Herz geschlossen. Genauso hat sich ihr Verhältnis zu Klaus verändert. Zu ihm hat sich ein Kontakt aufgebaut, den Iris mit folgenden Worten kommentierte: „*Wer hätte gedacht, dass ein Porno-King mal eine Bezugsperson für mich wird. Aber er ist halt ein netter Mensch!*"

Die Geschehnisse im *Big-Brother*-Haus haben bei Iris im Laufe der Zeit zu einer Unterscheidung geführt. Nun gehört der herzliche Kontakt zu Cora und zu Klaus dazu, sie wertet ihre Persönlichkeiten nicht mehr ab, während der Beruf „Pornodarsteller*in" sich nach wie vor im ausgeschlossenen Bereich befindet (Abb. 14).

Mit dem Thema der lösenden Unterscheidung setze ich mich im zweiten Kapitel im Abschnitt „*Wie arbeitet unser Gehirn?*" weiter auseinander. Außerdem können Sie mithilfe der Übung 16 das lösende Unterscheiden trainieren.

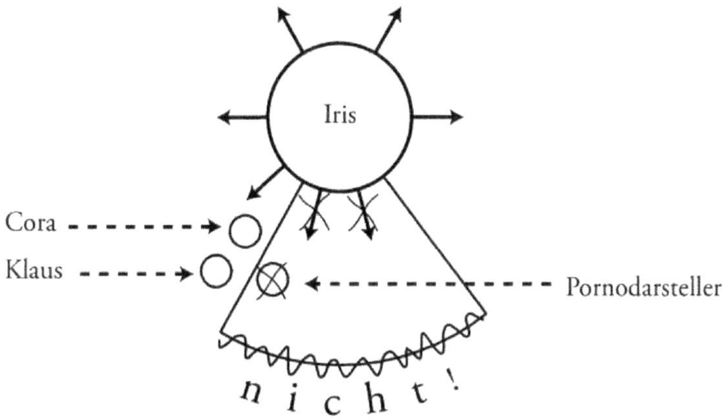

Abb. 14

Körperlicher und seelischer Verlustschmerz sind fast immer das, was wir vermeiden wollen, was sich in unserem Nicht-Zielbereich befindet und was sich hinter unseren Grenzen und kämpferischen Wertungen versteckt. Warum aber ist unsere Grenze oft so emotional aufgeladen? So kämpferisch? So streng und gereizt im Tonfall? Weil sich darin bereits der Schmerz des Verlustes auszudrücken beginnt. Je stärker uns etwas schmerzt, desto lauter, härter und kämpferischer werden wir in unserer Grenzziehung, in unserer Wertung.

Haben wir uns mit unserem Verlustschmerz versöhnen können, dann sind wir in der Lage, liebevoll klare Grenzen zu setzen. Wir achten unser Gegenüber als Mensch, können sogar liebevolle Gefühle ihm gegenüber haben, uns auf einer bestimmten Ebene mit ihm verbunden fühlen und besitzen gleichzeitig die Fähigkeit, klare Grenzen zu setzen und zu kommunizieren, was wir *nicht* mehr wollen. Eine solche Grenze kann auf der materiellen Ebene bis zur Kontaktlosigkeit führen. Wir wollen dem anderen nicht mehr begegnen, weil wir nichts mehr mit seinen Wünschen und Zielen zu tun haben wollen. Dabei unterscheiden wir zwischen dem Menschen und seinen Wünschen. Solange er sich mit diesen Wünschen identifiziert, wollen wir keine Begegnung. Wir fühlen uns aber trotzdem mit ihm als Mensch liebevoll verbunden und sehen ihn auf der Ebene des Menschseins als dazugehörig. Mit diesem Wunsch-Folgen-Modell erscheint dies nun nicht mehr widersprüchlich.

Wie angekündigt, werde ich mich mit dem Thema der Verbundenheit und des Verlustschmerzes noch sehr eingehend im dritten Kapitel auseinandersetzen.

Die folgende Übung könnte tendenziell etwas bisher Unverarbeitetes in Ihnen aufwühlen. Gehen Sie nach wie vor nach Ihrem Gefühl und entscheiden Sie, ob Sie sich damit auseinandersetzen wollen oder erst einmal lieber nicht.

Übung 9

Sich einer unbewussten Vermeidung nähern

Wollen wir die Wertung bei einer unbewussten Vermeidung genauer untersuchen und herausbekommen, was unser eigentliches Nicht-Ziel ist, empfehle ich ähnliche Fragen, wie ich sie Ihnen in Übung 7 zur Verfügung gestellt habe.

Ich passe hier die Übung 7 dem Thema der Vermeidung an und stelle sie Ihnen als eine weitere Übung zur Verfügung.

Wenn Sie wollen, dann geben Sie dieser Übung als Hintergrund wieder die Stimme einer Ihnen sehr angenehmen und verständnisvollen Person, die auch tatsächlich Verständnis für Sie hat.

Können Sie sich an eine Hemmung erinnern, die Sie in den letzten Tagen oder vor ein paar Stunden gefühlt haben oder immer noch fühlen? Sie lesen erst weiter, wenn Ihnen ein Beispiel eingefallen ist.

Wahrscheinlich haben Sie die Ursache für diese Hemmung noch nicht herausbekommen, denn sonst wäre sie kein Problem mehr für Sie, weil Sie es verstehen und einordnen könnten.

Ich gebe Ihnen die Möglichkeit, sich dieser Ursache intensiv zu nähern und sie vielleicht sogar zu erkennen.

Sie denken jetzt an diese Hemmung und stellen sich selbst dazu Fragen, die ich Ihnen gleich formulieren werde. Bei jeder Frage lassen Sie sich genügend Zeit, damit Ihr Unbewusstes auf diese Frage in Ruhe reagieren kann und allmählich die Antwort bildet, die Ihnen dann bewusst wird. Damit Sie frei für die nächste Frage sind, schreiben Sie diese Antwort auf.

Wenn Emotionen auftauchen sollten, geben Sie ihnen so viel Raum, wie es für Sie passt.

Hier die Fragen:

1. Wenn Ihre Hemmung aktiviert ist, wie fühlen Sie sich genau?

2. Wodurch genau wird die Hemmung ausgelöst?

3. Wenn Sie von jemandem gefragt werden, was genau Ihr Problem ist, wie würden Sie es ihm mitteilen und auf den Punkt bringen?

4. Sie konzentrieren sich auf die Situation, in der Ihre Hemmung ausgelöst wird. Wie anders müsste die Situation sein, damit Sie sich frei fühlen?

5. Haben Sie eine Antwort auf die Frage 4 gefunden, dann gehen sie jetzt zu Frage 6.
   Sollten Sie bei 4 die Antwort gefunden haben, dass die Situation gar nicht anders sein muss, sondern sich etwas in Ihnen selbst ändern müsste, dann liegt die „Situation" in Ihnen. Sie sind selbst die Situation. Bevor Sie zu Frage 6 gehen, stellen Sie sich nun die Frage:
   Wie anders beschaffen müsste mein innerer Zustand, meine innere Situation sein, damit ich mich gut fühle?

6. Sie vergleichen die angenehme Situation in Ihrer Fantasie mit der wirklichen Situation. Welche Unterschiede gibt es zwischen beiden?

7. Sie schreiben sich genau auf, was Sie an der wirklichen Situation nicht wollen.

8. Sie schreiben genau auf, was passieren würde, wenn Sie sich gegen das, was Sie nicht wollen, nicht mehr wehren würden.

9. Sie beobachten und schreiben auf, wie Sie sich fühlen, wenn Sie zu dem, was dann passieren würde, sagen: „Ja, das gehört ab jetzt dazu."
   Das, was Sie bei den Fragen 7, 8 und 9 aufgeschrieben haben, ist das, was Sie bisher vermeiden. Das sind die Teile, die sich in Ihrem Nicht-Zielbereich befunden haben oder befinden.

10. Sie probieren, wie Sie Ihren Nicht-Zielbereich in möglichst viele verschiedene Aspekte aufteilen können und schreiben diese Aspekte in eine Liste. Aspekte können sein: Das, was passiert ist / das, was Sie darüber fühlen / das, was andere darüber fühlen / Reaktionen (eigene oder fremde) / die Bewertung (eigene oder fremde) / Hauptwunsch und Nebenwünsche etc.

11. Sie sortieren die Aspekte in Ihrer Liste neu und ordnen sie den beiden folgenden Bereichen zu: „Das gehört ab jetzt dazu“ und „Das gehört nach wie vor *nicht* dazu.“

Vielleicht geht es Ihnen jetzt schon besser, nachdem Sie sich Ihre Antworten auf diese Fragen und die neuen Zuordnungen bewusst gemacht haben, und Ihre Hemmung hat sich in eine Klarheit verwandelt. Oder es geht Ihnen schlechter, weil Ihnen der Hintergrund bewusst geworden und „aufgewühlt“ ist, Sie aber bisher noch keine Lösung dafür gefunden haben. Die nächste Übung und auch das nächste Kapitel geben Ihnen weitere Hilfsmöglichkeiten, selbstständig Lösungen und „Happy Ends“ zu finden.

Sie können auch testen, ob sich an Ihrer Hemmung etwas verändert, wenn Sie sich für kurze Zeit diesem Nicht-Ziel wieder zur Verfügung stellen. Sie schließen wieder alles aus, was sie von Anfang an ausgeschlossen hatten, und können sich sagen: „Jetzt stehe ich meiner Grenze wieder voll und ganz zur Verfügung.“

Was fühlen Sie dann?

Welche Wertungen in Ihnen werden deutlicher und welche verschwinden?

Sie lassen sich Zeit dafür, die Gefühle in Ruhe zu erspüren, und entscheiden selbst, was Sie sich wünschen und welcher Weg Ihnen letztendlich guttut.

Sie beobachten über einen längeren Zeitraum, auf welche Weise Ihnen diese eben gemachte Erfahrung für den Umgang mit Ihren Hemmungen weiterhelfen wird.

Übung 10

Das Erspüren einer Lösungsmöglichkeit

Diese Übung unterstützt Sie darin, für festgefahrene Probleme einen neuen Lösungsgedanken zu erhalten. Dafür nutzen Sie das Potenzial in Ihrem Gefühl.

Wenn etwas festgefahren ist, dann liegt es oft daran, dass man im Moment auf einem Standpunkt stehen geblieben ist und vergessen hat, sich bewegen zu können. Hiermit werden Sie sich wieder bewegen. Allerdings ist unklar, welche Wirkungen das haben wird. Die Wirkungen stehen auf jeden Fall im Zusammenhang mit Ihrer Problematik. Es könnte sein, dass zunächst eine Erstverschlimmerung zum Vorschein kommt. Es könnte aber auch sein, dass es Ihnen gleich besser gehen wird. Daher folgen Sie immer Ihrem Gefühl. Wenn es Sie bremst, dann lassen Sie sich bremsen, denn es könnte ein Schutz sein. Warten Sie ab, wie es sich weiterentwickelt, und machen Sie die Übung später noch einmal. Dabei beobachten Sie, ob sich durch das Warten und Zeit-verstreichen-Lassen Veränderungen ergeben haben.

Sie können die Übung für ein momentan existierendes größeres Problem nutzen. Sie können aber auch ein unkomplizierteres Thema nehmen und damit die Übung erst einmal ausprobieren. Es spielt keine Rolle, welches Thema Sie wählen, um die ersten kleinen Erfahrungen mit dieser Übung zu erleben.

Sie nehmen jetzt ein leeres Blatt Papier, Größe DinA4, und schreiben das Wort „Ich“ darauf. Anschließend markieren Sie den Zettel mit einem Pfeil nach oben – für die Blickrichtung. Wenn Sie später auf diesem Blatt stehen, dann positionieren Sie sich so, dass Sie in die Richtung schauen, in die der Pfeil deutet.

Das Blatt Papier legen Sie anschließend nach Ihrem Gefühl irgendwo im Raum auf den Boden. Achten Sie dabei auch auf die Blickrichtung und fühlen Sie, in welche Richtung „Ich“ schauen möchte. Nun stellen Sie sich wie oben beschrieben auf das Papier, spüren nach, wie Sie sich auf diesem Platz fühlen, und registrieren dieses Gefühl.

Anschließend nehmen Sie ein weiteres Blatt Papier und schreiben darauf: „Das, was ich erreichen möchte.“ Sie brauchen sich nicht vorzustellen, was Sie erreichen wollen. Es genügt, das Blatt einfach auf diese

Weise zu beschriften. Vielleicht ist Ihnen Ihr Ziel in Bezug auf das von Ihnen gewählte Thema auch gar nicht so bewusst. Nachdem Sie einen Pfeil für die Blickrichtung gezeichnet haben, legen Sie dieses Blatt genauso nach Ihrem Gefühl an eine Stelle im Raum. Achten Sie dabei wieder auf die Blickrichtung. Wie geht es Ihnen auf diesem Platz, wenn Sie sich daraufstellen? Wenn Sie nichts Besonderes wahrnehmen, können Sie Ihre Fantasie spielen lassen und sich vorstellen, wie sich dieser Platz anfühlen könnte, wenn er mit Gefühlen angefüllt wäre. Welche Gefühle wären es?

Wenn Sie darauf keine Antwort finden, dann seien Sie kreativ und überlegen sich, mit welchen Gefühlen Sie diesen Platz selbst anfüllen würden. Auch diese kreative Vorstellung darf dazugehören und kann Ihnen weiterhelfen.

Wenn Sie wollen, können Sie die Gefühle notieren.

Anschließend stellen Sie sich auf das Blatt „Ich" und schauen, ob Sie sich dort anders fühlen oder in ihrer Fantasiewelt andere Gefühle auf diesen Platz projizieren als vorher. Gibt es einen Unterschied?

Wenn Sie wollen, können Sie diese Gefühle notieren.

Auf das dritte Blatt schreiben Sie: „Das, was ich vermeiden möchte" und legen es mit Pfeil markiert im Raum auf den Boden. Dabei lassen Sie sich von Ihrem Gefühl führen, auf welchen Platz sie es legen.

Was fühlen Sie, wenn Sie sich auf dieses dritte Blatt stellen?

Genauso stellen Sie sich nacheinander wieder auf die anderen beiden Blätter und schauen, ob sich an den Gefühlen auf diesen Positionen etwas verändert hat, nachdem das dritte Blatt dazugekommen ist. Vielleicht beginnen Sie sogar, miteinander zu reden? Kommen Ihnen auf einzelnen Positionen in Ihrer Fantasiewelt bestimmte Sätze oder Fragen? Und was passiert, wenn Sie diese aussprechen? Könnte es sein, dass Sie zu einer Frage auf einer Position eine Antwort auf einer anderen Position finden?

Wenn Sie wollen, können Sie alles notieren, was Sie erspüren, erfahren, erleben und aussprechen wollen. Auch wenn Sie das Gefühl haben, dass Sie sich hier gerade selbst etwas vorspielen und mit Ihren Gedanken oder (un)bewussten Wünschen die Situation manipulieren, sagen Sie sich, dass auch das dazugehören darf. Es gibt in dieser Übung nichts Falsches, es gibt nur Erfahrungen.

Sie beobachten, ob es auf irgendeiner der drei Positionen ein Gefühl gibt, die Blickrichtung oder den Standort verändern zu wollen. Wenn ja, dann verändern Sie entsprechend. Anschließend stellen Sie sich wieder überall darauf und schauen, was nun anders ist und ob es weitere Impulse für Veränderungen gibt. Sie bewegen die Blätter so lange im Raum umher oder führen Dialoge mit ihnen, bis es keine weiteren Veränderungswünsche oder Sätze mehr gibt oder bis Sie die Lust daran verlieren, weitere Veränderungen durchzuführen.

Erst dann nehmen Sie ein viertes Blatt und notieren: „Das, was den nächsten Schritt zeigt." Es könnte sein, dass Ihnen dieses Blatt eine neue, bisher noch nicht beachtete Richtung weist. Sie legen es dazu, stellen sich darauf und erspüren, wie es Ihnen auf diesem Blatt geht. Dann beobachten Sie, ob sich etwas bei den anderen Blättern verändert hat und ob Sie etwas Neues wahrnehmen können.

Sind neue Veränderungswünsche auf den einzelnen Positionen wahrnehmbar, dann können Sie diese nun umsetzen. Auch jetzt bewegen Sie die Blätter so lange im Raum umher, bis es sich überall besser anfühlt und keine weiteren Veränderungswünsche mehr vorhanden sind. Oder bis Sie die Lust daran verlieren, weitere Veränderungen durchzuführen.

Wenn Sie es noch benötigen, schreiben Sie nun als Letztes auf ein fünftes Blatt: „Das lösende Element." Sie legen es in den Raum dazu, stellen sich darauf und spüren, was es hier zu spüren gibt. Welche Veränderungswünsche und lösende Dialoge entstehen nun in Ihrer Fantasie, in Ihrem Gefühl, in Ihrem Verstand? Wie geht es den anderen Elementen mit dem lösenden Element? Was zeigt sich für Sie? Erkennen Sie etwas Neues?

Sollten Sie selbst Ideen haben, noch weitere Elemente oder Personen dazuzustellen, dann folgen Sie Ihren Impulsen. Sie können jederzeit weitere „lösende Elemente" dazustellen und beobachten, ob Ihnen dadurch neue Ideen, neue Gefühle oder neue Impulse kommen.

Sie können diese Übung jederzeit unterbrechen oder es auch so stehen lassen und beobachten, was sich nun in Ihnen weiterentwickelt. Sie können diese Übung auch am nächsten Tag wiederholen und beobachten, ob sich etwas verändert, sich etwas Neues gezeigt hat. Sie können jederzeit auf diese Technik zurückgreifen und sich dadurch selbst einen Schritt weiterhelfen.

Wenn Sie zunächst nicht viel erspüren konnten, vielleicht entwickelt es sich in den nächsten Tagen, wenn Sie es noch einmal durchführen? Vielleicht erkennen Sie, dass es später Unterschiede zum ersten Mal gibt, und Sie können durch diese Unterschiede neue Zusammenhänge mit Ihrer Problematik wahrnehmen? Vielleicht haben Sie auch ein Happy End durch diese Übung erleben dürfen?

Sie beobachten und ziehen Ihre Schlüsse aus dem, was Sie beobachtet haben, und beobachten weiter.

Sie erinnern sich

- Mein Bild von der Welt, von meinen Mitmenschen und von mir selbst ist meine ganz persönliche konstruktive Fantasiewelt.
- Ich betrachte jeden Menschen als grundsätzlich frei, seine ganz eigene gleichberechtigte Fantasiewelt zu gestalten – bewusst oder unbewusst. Jede*r entscheidet frei, mit wem sie/er spielen möchte.
- Ich habe ab und zu die Möglichkeit, mithilfe der „resonierenden Empfindung“ in mir selbst Persönlichkeitsanteile anderer Menschen zu fühlen.
- Ich kann wählen, ob ich zur Verfügung stehe und eine Resonanz zu meinem Umfeld entwickle. Ich beeinflusse dies, indem ich etwas verändern will oder es so lasse, wie es ist, indem ich helfen will oder darauf vertraue, dass meine Hilfe nicht nötig ist.
- Jedes Element hat den Wunsch nach Gleichgewicht.
- Streit bedeutet, dass die Beteiligten sich entgegenstehende Wünsche haben und ihre Wünsche gerade nicht loslassen können, weil es jede*n zu sehr schmerzen würde. Die Stärke dieses Schmerzes zeigt sich in der Intensität des Streits.
- Ich kann die Fantasiewelt eines anderen Menschen niemals wirklich vollständig nachvollziehen, weil ich nicht sein Leben gelebt habe. Umgekehrt kann auch niemand anders meine Fantasiewelt nachvollziehen, weil niemand mein Leben gelebt hat.

- Ich sehe zwei verschiedene Ebenen, auf denen wir inmitten aller Missverständnisse Verständnis füreinander haben können: die Ebene des Verstandes, der etwas in Worte zu fassen versucht und es manchmal tatsächlich auf den Punkt bringt; und die Ebene des Gefühls, das einfach nur auftaucht und gelebt wird und „zufällig" passt.

- Die natürlichen Folgen eines Wunsches / Zieles sind (Ab)Wertung und Ausgrenzung. Umgekehrt gilt: Aus jeder (Ab)Wertung und jeder Ausgrenzung, die ich lebe und erlebe, kann ich Rückschlüsse auf die Existenz eines Wunsches / Zieles ziehen.

- Auf der Ebene der reinen Existenz gehört alles dazu. Hier gibt es keine Wertungen, denn es existiert nichts, was nicht dazugehört.

- Wenn etwas passiert ist, sollte es auch so sein.

- Ich habe die Wahl, alle meine bewussten Wünsche loszulassen. Dadurch lösen sich die dazugehörigen Begrenzungen auf. Nur dort, wo ich Wünsche habe, bin ich verletzbar.

- Jeder Mensch existiert und gehört allein dadurch auf der Ebene des Menschseins immer dazu. Wenn ich mich nicht mehr zur Verfügung stelle, dann kann sich das nur auf Wünsche / Ziele eines Menschen beziehen, nicht auf den Menschen an sich.

- Ich stärke meine Aufmerksamkeit und Klarheit, wenn ich vor einem Geschehen Vermutungen anstelle, was wohl passieren wird.

- Eine Suggestion beschreibt etwas so, als wenn es bereits so sei. Ich habe die Wahl, ob ich einer Suggestion zur Verfügung stehe oder nicht.

- In meiner Fantasiewelt kann ich den Hintergrund von geschriebenen oder gesprochenen Worten selbst gestalten und mir kreativ überlegen, auf welche Weise ich es wahrnehmen will.

- Mein Potenzial der Ziellosigkeit kann ich in jeder Situation nutzen, um mich zwischendrin zu entspannen, um mich ausgeglichen zu fühlen, um nicht zur Verfügung zu stehen, weder fremden noch eigenen Zielen.

- Wenn ich ein Problem erlebe, dann weiß ich, dass dahinter immer ein Wunsch steckt. Durch Fragen an mich selbst kann ich diesen Wunsch genau herausbekommen. Ich habe die Wahl, ob ich den Wunsch behalte oder aufgebe.

- Wenn ich erlebe, dass ein anderer Mensch wertet, dann weiß ich, dass dahinter immer ein Wunsch steckt. Ich habe die Wahl, ob ich diesem Wunsch zur Verfügung stehe oder nicht.

- Ich setze das Wort „nicht" ein, wenn ich es brauche und es mich beim Erreichen meines Zieles kraftvoll unterstützt.

- Meine Ziele erreiche ich durch eine wechselnde Konzentration sowohl auf das entsprechende Ziel als auch auf die Blockade von dem, was ich nicht will.

- Die natürlichen Folgen einer Vermeidung sind (Ab)Wertung und Ausgrenzung.

- Wenn ich ein Problem erlebe, dann weiß ich, dass dahinter auch eine grundsätzliche Vermeidung stecken kann. Durch Fragen an mich selbst kann ich diese Vermeidung genau herausbekommen. Ich habe die Wahl, ob ich weiter vermeide oder es als dazugehörig anerkenne.

- Wenn ich erlebe, dass ein anderer Mensch wertet oder ausschließt, dann weiß ich, dass er sich gerade entweder auf ein Ziel konzentriert oder auf eine Vermeidung.

- Wenn ich ein Problem in mehrere Aspekte einteile, kann ich neu sortieren, was in Zukunft dazugehören darf und was nicht.

Unsere Beziehung zur/zum konstruktiven Kritiker*in

Bis hierher habe ich viele Bereiche meiner Fantasiewelt angesprochen und manchmal auch nur angerissen. Obwohl wir das Kapitel „Der Zauberblick“ nun verlassen und zum nächsten Kapitel übergehen werden, ist der Zauberblick noch nicht vollendet. Auch im nächsten Teil werde ich einige Themen anschneiden und erklären, bevor ich am Ende des dritten Kapitels alles zu einem Ganzen zusammenfüge und der Zauberblick seine volle Wirkung entfalten kann. Trotzdem schauen wir hier schon einmal auf den Zwischenstand, was wir bisher erreicht haben und wie wir die Themen auf unser Problem mit der Kritik übertragen können.

Ich habe am Anfang des Buches die zwei Bereiche von Kritik beschrieben: konstruktive und destruktive Kritik. Mit der konstruktiven Kritik haben wir selten ein Problem – abgesehen von dem manchmal auftauchenden kleinen „normalen“ Stich im Herzen, uns ausgeschlossen zu fühlen. Konstruktive Kritik unterstützt uns und wir können darauf aufbauen. Ich möchte an dieser Stelle noch einmal daran erinnern, wie sich in meiner Fantasiewelt eine konstruktive Kritikerin verhält.

Zunächst beschreibe ich eine Kritikerin, die uns direkt anspricht und mit uns über unser Werk oder unsere Handlung oder Sichtweise redet. Zur Vereinfachung definiere ich im Folgenden das, was wir getan haben und worauf die Kritikerin reagiert, mit dem Begriff „unser Ausdruck“, was immer es auch sein mag.

Die konstruktive Kritikerin ist freundlich und hat das Bild, dass jeder in seiner eigenen Fantasiewelt lebt. Sie fühlt sich frei und lässt auch jedem die Freiheit, selbst zu entscheiden, wie man seine Fantasiewelt gestalten möchte und mit wem man sich zusammentut. Allerdings ist sie der Ansicht, in ihrer Fantasiewelt wahrnehmen zu können, wo wir in unserer Fantasiewelt Lücken haben. Um in ein aus ihrer Sicht besseres Gleichgewicht zu gelangen, könnte man diese Lücken vielleicht schließen. „Unser Ausdruck“ hat sie dazu inspiriert, dieser Ansicht zu sein. Der erste Schritt für sie ist zu überprüfen, ob sich ihre Annahme, wir hätten eine Lücke, bestätigt. Dazu teilt sie uns mit, was sie durch unseren Ausdruck konkret wahrgenommen hat, wie er bei ihr angekommen ist. Sie sagt noch nicht, was sie zu kritisieren hat – es geht nur um die Wahrnehmung. Vielleicht spürt sie auch eine „resonierende Empfindung" über ihr Gefühl im Kontakt mit unserem Ausdruck und fasst sie in Worte. Dabei ist sie offen für Mitteilungen und Korrekturen von unserer Seite und nimmt ernst, was wir über unsere Fantasiewelt selbst sagen. Anschließend stellt sie uns Fragen über das, was sie kritisieren möchte, und versucht zunächst einmal, uns und unseren Ausdruck so gut wie möglich nachzuvollziehen und ihre Wahrnehmung noch zu verfeinern. Fühlen wir uns von ihr tatsächlich verstanden, was ja nur wir selbst bestätigen können, und sie hat ihre Kritik immer noch, dann erklärt sie uns, was ihrer Meinung nach noch fehlt, was sie anders gemacht hätte, und begründet auch, warum. Haben wir Fragen zu ihren Ausführungen, dann steht sie uns für den Lernprozess gern zur Verfügung.

Ein Streit könnte zwischen uns gar nicht entstehen, weil es nicht darum geht, den anderen von einem Ziel zu überzeugen. Es geht lediglich darum, sich gegenseitig möglichst gut zu verstehen und sich Angebote zu machen, um die jeweilige Fantasiewelt durch neue Informationen, Aspekte oder Unterscheidungen ergänzen oder erweitern zu können. Beide Seiten sind sich bewusst, dass ein 100%iges Verständnis nicht möglich ist, und sind bereit, jederzeit loszulassen und auch Kompromisse einzugehen, um eine gemeinsame Wellenlänge zu finden. Jede Wertung, die von der konstruktiven Kritikerin formuliert wird, sehen wir als ihre persönliche Grenze, die mit ihren persönlichen Zielen zusammenhängt und die sie uns einfach nur anbietet. Wir haben die Möglichkeit, sie dadurch genauer kennenzulernen, ihre Fantasiewelt intensiv zu erfahren und eventuell das eine oder andere für uns zu übernehmen, um dadurch in ein für uns besseres Gleichgewicht zu gelangen.

Im Kontakt mit ihr fühlen wir uns wohl, weil wir spüren, wie wir uns gegenseitig mit unserer Fantasie auf einer übergeordneten Ebene als zugehörig anerkennen. Wir sind auf der Ebene der reinen Existenz sowieso miteinander verbunden, und das ist in unserem Austausch fühlbar.

Sollte die Kritikerin mit ihren neuen Angeboten bei uns auf eine unverarbeitete Verletzung aus der Vergangenheit gestoßen sein, so ist das für sie nichts Ungewöhnliches. Sie ist sich bewusst, dass manchmal bestimmte Nicht-Zielbereiche durch Kritik berührt werden können, und steht den Folgen aufgeschlossen gegenüber. Ziehen wir also eine Grenze und vermitteln, dass wir über einen bestimmten Bereich *nicht* mehr weiterreden möchten, dann kann sie das ohne Schwierigkeiten anerkennen und so sein lassen.

Hat sie unsere Ansicht wahrgenommen und bleibt aber bei ihrer Sichtweise, steht also unseren Wünschen, Zielen und Fantasien nicht zur Verfügung, dann fühlen wir uns von ihr menschlich nicht abgewertet, sondern nach wie vor integriert. Sie achtet uns als Mensch, teilt eben nur unsere Ziele nicht. Der Unterschied zwischen uns bleibt.

Eine konstruktive Kritikerin, die sich unseren Ausdruck angeschaut hat und nun öffentlich darüber schreibt oder redet, kann sich natürlich nicht immer direkt mit uns austauschen und uns Fragen stellen. Deswegen ist sie sich bewusst, dass sie sich ein persönliches Bild von der Sache gemacht hat, und kommuniziert dies auch so. Liest man ihre Worte, so bleiben sich die Leser*innen durch die Formulierungen der Kritikerin permanent bewusst, dass diese hier nur aus ihrer eigenen Fantasiewelt berichtet und ihre persönlichen Maßstäbe ansetzt. Wir entdecken keine Generalisierungen oder allgemeinen Behauptungen, wie etwas zu sein hat oder nicht. Es bleibt immer persönlich. Auch wenn sie ihre (Be-)Wertungen mitteilt, werden ihre eigenen dahinterstehenden Ziele deutlich, und jede*r bleibt beim Lesen frei, diese Ziele zu übernehmen. Ihre Mitteilungen bleiben ein Angebot, unseren Ausdruck einmal aus *ihrem* Blickwinkel zu betrachten und zu bewerten.

Die Kritik der konstruktiven Kritikerin besteht aus folgenden Punkten:

- Wie hat sie unseren Ausdruck verstanden?
- Worin besteht ihrer Meinung nach der Unterschied zwischen unserem Ausdruck und ihrer Fantasiewelt?
- Welches Ziel steckt hinter ihrer Kritik? Worum geht es ihr? Was will sie vermitteln und warum?
- Was fehlt ihrer Meinung nach, um ihr Ziel erreichen zu können?
- Wie würde sie es selbst ergänzen und formulieren?

Durch diese konstruktive Form der Kritik sind sowohl wir selbst als auch alle anderen, die ihre Kritik wahrnehmen, in der Lage, sie und ihre Ziele genau kennenzulernen. Jede*r fühlt sich dabei frei gelassen, für sich zu entscheiden, was einem davon eventuell gut, was man überzeugend oder sogar genial findet, um es anschließend in die eigene Fantasiewelt zu übernehmen, dazuzulernen und damit den Horizont zu erweitern.

Unsere Beziehung zur/zum destruktiven Kritiker*in (Zwischenstand)

Jetzt schauen wir mit einem etwas neueren (Zauber)Blick auch auf die destruktive Kritik. An dieser Stelle macht es sich bezahlt, wenn Sie die Abschnitte „Sie erinnern sich" immer wieder durchgelesen haben, denn ich werde hier alles bisher Beschriebene zusammenfassen und auf unsere Beziehung zu einem destruktiven Kritiker übertragen. Ich betone, dass dies nur ein Zwischenstand ist und von mir in den nächsten beiden Kapiteln noch entscheidend weiterentwickelt wird:

So wie wir lebt auch ein Kritiker in seiner ganz eigenen Fantasiewelt – das ist unsere Fantasie. Daher ist gewiss, dass er uns und unser Werk oder unser Verhalten (= unseren Ausdruck) durch den Filter seiner Fantasiewelt wahrnimmt, unabhängig davon, ob er selbst es auch so sieht oder nicht. Allem, was er sagt, fügen wir selbstständig die Information hinzu: „Das ist seine ganz persönliche Fantasiewelt."

Er hat sich entschieden, mit uns zu „spielen", denn sonst würde er sich nicht über unseren Ausdruck äußern. Der destruktive Kritiker möchte aber in diesem Spiel seine *eigenen* Regeln durchsetzen und stellt diese in der Rangfolge ganz nach oben. Das führt bei uns zu einer „resonierenden Empfindung", die einem Gefühl der Unterordnung entspricht. Wir fühlen uns im Kontakt zu ihm automatisch etwas kleiner.

Dem destruktiven Kritiker fällt es schwer, flexibel mit Regeln umzugehen und z. B. von seinen Regeln für eine Zeit loszulassen, um uns dort abzuholen, wo wir uns gerade befinden, und uns dann Schritt für Schritt seine Regeln zu erläutern. Das kann er nicht. Genauso würde es ihm schwerfallen, uns in Ruhe zu lassen, loszulassen. Das Loslassen und Sich-Anpassen gehört zum großen Teil in seinen Nicht-Zielbereich und ist möglicherweise mit seelischem Schmerz verbunden, den er vermeidet. Um nicht irgendwann von einem intensiven Kontakt loslassen zu müssen, sorgt er von Anfang an dafür, dass er uns nicht zu nahe kommt, und strahlt eine gewisse Distanz aus, die sich in abfälligen Worten widerspiegelt. Sein Kontakt zu uns besteht auf der einen Seite aus Nähe, denn seine Aufmerksamkeit auf unseren Ausdruck und seine Kommunikation sind ja bereits eine gewisse Form von Nähe. Auf der anderen Seite besteht sein Kontakt gleichzeitig aus der Vermeidung (Nicht-Ziel) einer wirklichen Nähe, weil sie einen unverarbeiteten Schmerz in ihm aktivieren würde. Diese Abwehr gegen Nähe kommt in seinen distanzierten Worten zum Ausdruck. Das führt bei uns zu einer „resonierenden Empfindung“, die einem Gefühl von Ausschluss entspricht. Wir fühlen uns im Kontakt zu ihm automatisch ausgegrenzt.

Hat der Kritiker Kontakt zu uns aufgenommen, indem er sich über uns geäußert hat, und wir nehmen ihn wahr, dann fühlen wir immer auch die Resonanz zu ihm. Wir entwickeln resonierende Empfindungen und erspüren dadurch z. B. seinen seelischen Schmerz. Dies zeigt sich darin, dass wir selbst einen Schmerz fühlen, während der andere sich äußert. Wehren wir uns gegen dieses Gefühl und wollen den Schmerz verändern, dann binden wir uns dadurch an ihn. Achten wir ihn jedoch mit seiner Fantasiewelt und auch mit seinem schmerzvollen Nicht-Zielbereich, wie er ist, ohne irgendetwas zu korrigieren oder richtigzustellen, so können wir besser loslassen und die Resonanz beendet sich in uns. Das Schmerzgefühl rückt mehr in den Hintergrund. Wir stehen seinem Schmerz nicht mehr zur Verfügung und können gleichzeitig betroffen von seinem Schmerz sein und Mitgefühl haben. Wir sind frei, uns um ihn zu kümmern oder uns auf unsere eigenen Ziele zu konzentrieren.

Wir haben die Fantasie, dass der destruktive Kritiker genau wie wir Wünsche nach besseren Gleichgewichten hat und das Bestmögliche in seiner Fantasiewelt tut, um sie zu erreichen. Je mehr und intensiver und härter er um ein besseres Gleichgewicht kämpft, desto deutlicher zeigt er uns, wie sehr es ihn schmerzen würde, wenn er diesen Kampf aufgäbe. Diesen Schmerz können wir nie wirklich nachvollziehen, denn wir kennen sein Leben nicht. Wir haben nicht sein Leben gelebt und er hat nicht unser Leben gelebt. Und doch verbindet uns eine höhere Ebene, auf der wir uns irgendwie über unsere Gefühle „verstehen“. Es hat seinen Sinn, dass gerade er uns kritisiert und ausgerechnet wir seine Kritik miterleben dürfen. Es ist so eingetroffen und passiert, also sollte es so sein.

Auch wenn es eine destruktive Kritik ist, können wir beide aus der Situation lernen und uns dadurch weiterentwickeln – wenn wir es wollen. Wir können z. B. lernen, welches Ziel der Kritiker verfolgt. Schauen wir genau auf seine Wertung, auf das, was für ihn dazugehört und was nicht dazugehört (heiß/kalt), dann können wir wie ein Detektiv auf die Motive schließen, die ihn bewegen. Wir können Rückschlüsse auf seine Wünsche und Ziele ziehen, die ihm vielleicht selbst inzwischen nicht mehr bewusst sind. Vielleicht kommen wir dabei auch zu dem Schluss, dass er etwas ganz Bestimmtes vermeiden möchte, weil es sich in seinem Nicht-Zielbereich befindet.

Wir können uns darin trainieren, Vermutungen darüber anzustellen, was der destruktive Kritiker als Nächstes tun oder sagen wird und welche Folgen seine Kritik für uns haben könnte. Anschließend beobachten wir, wie weit wir mit unserer Vermutung richtiglagen.

Haben wir seine Ziele oder seine Vermeidungen genauer kennengelernt, dann können wir schauen, ob diese uns in einem bestimmten Bereich unseres Lebens weiterhelfen, uns zu neuen Ideen anregen und vielleicht sogar Lösungen für eines unserer Probleme bieten. Wir können daran glauben, dass uns seine bewussten oder unbewussten Ziele guttun würden, und uns ihnen zur Verfügung stellen. Oder wir entscheiden, uns seinen Zielen nicht mehr zur Verfügung zu stellen und zunächst einmal ziellos zu sein.

Letzteres erreichen wir, indem wir uns auf die reine Existenzebene konzentrieren, denn auf dieser Ebene gehört alles dazu. Der destruktive Kritiker existiert, seine Ziele existieren, sein Wunsch mit uns zu spielen existiert, seine Abwehr gegen zu große Nähe existiert, wir existieren, unsere Wahrnehmung existiert, alles existiert und IST einfach nur. Alle anderen Ziele lassen wir für einen Moment los. Wir verfolgen keinen einzigen Wunsch mehr und machen uns dadurch unangreifbar. Alles, was gerade passiert, IST und gehört dazu.

Auch der Kritiker existiert als Mensch und gehört zur gesamten Existenz des Universums und damit auch zu uns Menschen immer dazu. Dabei hören oder lesen wir seine Worte und seine Suggestionen, die beschreiben, wie wir und unser Werk in seinen Augen „sind“, und wissen: Es ist seine Fantasie und gehört auf der Ebene der Existenz dazu wie alles andere auch. Wir können auch weiterhin unsere Ziellosigkeit genießen.

Wenn es uns schwerfällt, wirklich loszulassen und ziellos zu sein, dann ist bereits klar, warum uns der Kritiker vom Himmel geschickt wurde: Wir bekommen die Chance, hier genau herauszubekommen, an welchem Wunsch wir selbst gerade festhalten. Durch Fragen an uns selbst können wir uns diesen Wunsch wieder bewusst machen und dann neu entscheiden, ob er für uns noch wichtig ist oder nicht. Wenn ja, dann suchen wir weiter danach, wo und mit wem er sich erfüllen lässt. Wenn nicht, dann können wir uns kraftvoll darin trainieren, uns von diesem Wunsch zu distanzieren, indem wir ihn uns vorstellen und uns selbst sagen: „Das will ich *nicht* mehr!" oder „Für diesen Wunsch stehe ich *nicht* mehr zur Verfügung!" Dabei wissen wir, dass nun in unserem Gehirn bestimmte Nervenzellen beginnen, hemmende Reize auszusenden, damit wir mit unserem bisherigen Verhalten aufhören und es sein lassen. Wir können unsere Fähigkeit, Grenzen zu setzen, auch direkt im Kontakt mit dem destruktiven Kritiker einsetzen, ihm mitteilen, dass wir das *nicht* mehr wollen, oder uns entscheiden, uns diese Situation nun *nicht* weiter anzutun. Wir können aber auch etwas tiefer in unserem Unbewussten graben und danach suchen, was wir eigentlich ursprünglich vermeiden wollen. Wogegen wehren wir uns?

Haben wir uns selbst darauf eine Antwort geben können und etwas gefunden, was sich in unserem Nicht-Zielbereich befindet, dann besteht die Möglichkeit, es in mehrere Aspekte einzuteilen und neu zu überlegen, was ab jetzt dazugehören darf und was auch weiterhin ausgeschlossen bleiben soll.

In meiner Fantasiewelt gibt es nicht *den* konstruktiven oder destruktiven Kritiker. Jeder Mensch hat beide Anteile in sich und lebt sie mehr oder weniger in den unterschiedlichsten Situationen. Meine Erfahrung ist: Je klarer ich beide Anteile unterscheiden kann, desto klarer kann ich in problematischen Situationen damit umgehen und so darauf reagieren, dass ich mit den Folgen gut und sogar angenehm leben kann.

Übung 11

Mit neuen Augen in die Vergangenheit schauen

Sie erinnern sich an eine Person, die Sie früher oder vor Kurzem besonders heftig kritisiert hat. Dann lesen Sie nochmals den Abschnitt über „Unsere Beziehung zur/zum *konstruktiven* Kritiker*in" durch und stellen sich vor, dass Ihr Gegenüber sich auf diese angenehme Weise verhalten würde – wie eine konstruktive Kritikerin. Vielleicht fällt es Ihnen schwer, sich das vorzustellen, denn Sie müssten einen vollständig anderen Charakter in Ihr Gegenüber projizieren.

Auch wenn es schwerfällt: Sie nutzen Ihre Fantasiewelt ausgiebig, um es sich genau vorzustellen. Vielleicht wäre dieses Verhalten für sie oder ihn in einem Paralleluniversum möglich – oder nach einer grundsätzlichen Verzauberung? Sie lassen sich etwas einfallen, so dass Sie es sich gut in Ihrer Fantasiewelt vorstellen können, dass Ihr Gegenüber sich wie eine konstruktive Kritikerin verhalten hat.

Sie lesen jetzt den Abschnitt „Unsere Beziehung zur/zum konstruktiven Kritiker*in" mit der entsprechenden Fantasie durch.

Anschließend machen Sie die Verwandlung der anderen Person wieder rückgängig und erinnern sich daran, wie diejenige sich „wirklich" verhalten und was sie gesagt hat. Nun lesen Sie „Unsere Beziehung zur/zum *destruktiven* Kritiker*in" durch und stellen sich dabei vor, auf diese Weise mit Ihrem Gegenüber umzugehen und so auf die Kritik zu reagieren.

Wie ändert sich Ihr Gefühl gegenüber dieser Person?

Wenn Sie wollen, verfahren Sie auf diese Weise mit allen Menschen, von denen Sie in Ihrer Vergangenheit besonders schmerzvoll und vorwurfsvoll kritisiert wurden.

Kapitel 2

DER AVATAR

Avatar, Surrogat oder Stellvertreter?

Ein glücklicher Zufall, eine Fügung (oder die Führung des weisen Universums?) erlaubt mir, während meiner Arbeit an diesem Buch unvorhergesehen über das nun folgende Thema zu schreiben. Jetzt weiß ich auch, warum sich mein Schreiben um ein Jahr verzögert hat, denn ursprünglich sollte das Buch bereits im Herbst 2009 erscheinen.

Es ist Mitte Februar 2010. Vor einigen Wochen eroberte der Kinofilm *Avatar* die Herzen von Millionen Menschen auf der ganzen Welt und wurde zum erfolgreichsten Film aller Zeiten. Vor wenigen Tagen las ich in dem Buch des Amerikaners Norman Doidge *Neustart im Kopf – Wie sich unser Gehirn selbst repariert* über eine bahnbrechende Erkenntnis in der Hirnforschung. Es handelte sich um die Heilung von Phantomschmerzen bei amputierten Gliedmaßen. Ich selbst lebe seit 2002 regelmäßig in „Aufstellungswelten" mit Stellvertreter*innen. Diese drei Aspekte fügen sich nun zu einer neuen Fantasiewelt zusammen, die ich gerade erst für mich erfolgreich zum ersten Mal anwenden konnte. Leider kann ich Ihnen nicht noch mehr Praxis bieten. Das, was ich Ihnen in diesem Kapitel beschreibe, ist ein einziges Experiment und bisher nur logisch nachvollziehbar. Welche Erfahrungen damit gemacht werden können, weiß ich nicht. Sie werden es ganz allein ausprobieren müssen – und ich kann Ihnen nichts versprechen.

Warum ich überhaupt darüber schreibe? Es ist ein geniales Gefühl, das mich hier drängelt, und dem folge ich neugierig und beobachte, wohin uns der Weg führen wird.

Die Auswirkungen meiner im Folgenden beschriebenen Fantasiewelt sind gänzlich unerforscht. Bitte testen Sie eigenverantwortlich für sich, ob Sie sich dafür zur Verfügung stellen wollen oder eher nicht und lieber nur mit einer inneren Distanz auf meine Fantasiewelt schauen. Es ist nach wie vor nur meine ganz persönliche konstruktive Fantasie. Ich übernehme keine Verantwortung für die Folgen, die entstehen, wenn Leser*innen meine Fantasie übernehmen und ausprobieren.

Schaue ich im Duden das Wort „Avatar" nach, steht dort: „grafische Darstellung, Animation, Karikatur o. Ä. als Verkörperung des Benutzers im Cyberspace". Im Grunde verkörpert sich der Benutzer in einer untergeordneten Realitätsebene, denn der Cyberspace ist ein untergeordneter Teil der Welt, in der wir leben. Der Hinduismus definiert mit dem Begriff „Avatar" einen göttlichen Aspekt, der die Gestalt eines Menschen oder Tieres annimmt. Auch hier steigt der göttliche Benutzer von einer „höheren Realität" auf eine tiefere Ebene herab, ohne dabei die göttliche Ebene zu verlassen. Er existiert quasi doppelt und steuert seinen Avatar von der höheren Ebene aus.

Erinnere ich mich an den Film *Avatar*, dann entdecke ich dort eine kleine Unregelmäßigkeit. Der Avatar im Film hält sich nicht im Cyberspace auf, sondern befindet sich in der gleichen Welt wie sein Benutzer. Meiner Meinung nach hätte der Avatar im Film eher „Surrogat" heißen müssen. Im Duden lesen wir über den Begriff Surrogat: „Stoff, Mittel o. Ä. als behelfsmäßiger, nicht vollwertiger Ersatz." Das entsprechende lateinische Verb heißt *surrogare* oder *subrogare*, übersetzt: „jemanden anstelle eines anderen auswählen". Interessanterweise läuft auch gerade ein anderer Film in den Kinos mit Bruce Willis in der Hauptrolle, der sich *Surrogates* nennt und in dem die Menschen ebenfalls über ihr Gehirn einen maschinellen Ersatzkörper steuern.

Wie sieht es im Vergleich damit bei den Stellvertreter*innen der Systemaufstellungen aus? Sind sie nicht auch Avatare oder Surrogate? Der Unterschied ist, dass der Avatar und das Surrogat vollständig von der/dem Benutzer*in gesteuert werden.

Manchmal wird in der Kinesiologie oder auch in anderen Verfahren ein Surrogat eingesetzt, um gezielt mithilfe dieses Ersatzes eine Aktivierung der Selbstheilungskräfte in die Wege zu leiten. Im Vergleich damit fühlt sich eine Stellvertreterin der Systemaufstellungen selbstständig in eine Rolle ein und berichtet über ihre resonierenden Empfindungen. Sie hat ein gewisses Eigenleben, wird nicht „gesteuert" oder „gezielt genutzt", eher erforscht und untersucht, um mithilfe ihrer Empfindungen und durch ihre Handlungen und Äußerungen neue Erkenntnisse zu gewinnen. Allerdings werden Stellvertreter*innen auch als Surrogat eingesetzt, indem sie manchmal stellvertretend für die aufstellende Person lösende Rituale vollziehen sollen. Die positive Wirkung der Rituale überträgt sich öfter wie von selbst auf die aufstellende Person.

Vergleiche ich die Begriffe miteinander, dann halte ich „Avatar" für den schöneren und eingängigeren Begriff. Wenn bereits ein so bekannter Spielfilm ein wenig unscharf mit diesem Begriff umgegangen ist, dann erlaube ich mir, auf den Zug aufzuspringen. Daher entscheide ich mich in diesem Kapitel für den Begriff „Avatar" und definiere damit die Verkörperung von Benutzer*innen als Ersatz in der gleichen Welt, in der sich auch die Benutzer*innen befinden. Zusätzlich gibt dieser Begriff denjenigen einen Vorteil an die Hand, die den Film gesehen haben, denn sie verknüpfen in ihrer Fantasiewelt „Avatar" mit der im Film erlebten wunderschönen Welt und achtungsvollen naturverbundenen Kultur der Ureinwohner auf dem Planeten Pandora.

Warum gibt es Phantomschmerzen?

Vilayanur Subramanian Ramachandran ist gebürtiger Inder und lebt in Amerika als Professor an der *University of California* in San Diego und als Direktor des *Center for Brain and Cognition*. Er ist Neurologe und bekannt als „Marco Polo der Neurowissenschaft". Der amerikanische Psychiater und Psychoanalytiker Norman Doidge hat über höchst interessante Erkenntnisse von V. S. Ramachandran in seinem Buch *The Brain That Changes Itself* (dt: *Neustart im Kopf – Wie sich unser Gehirn selbst repariert*, Campus 2008, Seite 177 ff.) geschrieben. Dieses Buch wurde von einem Mitarbeiter des Campus Verlags ins Deutsche übersetzt. Ich habe es gelesen und schreibe nun darüber, was wiederum Sie nun lesen. Mit anderen Worten: Das, was Sie im Folgenden wahrnehmen werden, besteht aus fünf persönlichen Fantasiewelten.

Sie kennen wahrscheinlich das Phänomen des Spiels „Stille Post", bei dem ein Satz in einer Gruppe von Mitspieler*innen immer in das Ohr der nächsten Sitznachbarin geflüstert werden soll. Manche Mitspielerin versteht den Satz nicht richtig oder verändert den Satz leicht, bevor sie ihn an den nächsten Mitspieler weitergibt. Das hat zur Folge, dass die letzte Mitspielerin, die nun diesen Satz laut mitteilen soll, oft einen völlig anderen Satz wiedergibt als diejenige, die sich den Satz ausgedacht und der ersten Mitspielerin der Runde ins Ohr geflüstert hat.

Übertragen auf die gegenwärtige Situation bedeutet es: Das, was Sie hier beim Lesen wahrnehmen, entspricht sicherlich nicht 100%ig dem, was V. S. Ramachandran Ihnen direkt mitteilen würde, wenn Sie sich treffen sollten. Doch selbst dann können wir uns nicht sicher sein, dass seine Fantasiewelt mit der absoluten Realität (falls es die überhaupt gibt) übereinstimmt. Sehen Sie also meine Beschreibungen und das, was Sie daraus machen, nach wie vor als unsere persönlichen Fantasiewelten an. Es wäre vergeblich, wenn Sie danach suchen, was Wahrheit ist und was nicht. Konzentrieren Sie sich nur darauf, was Sie für eine gute Idee halten, was tatsächlich für Sie funktioniert und Ihnen selbst in Ihrem Leben weiterhilft.

Im Folgenden gebe ich Ihnen mit meinen Worten verkürzt die Informationen wieder, die ich bei Norman Doidge gelesen habe, und werde anschließend in meiner Fantasiewelt neue Schlussfolgerungen für unsere Gefühle im Alltag daraus ziehen.

Wenn Arme oder Beine eines Menschen bei einem Unfall so schwer verletzt werden, dass sie nicht mehr geheilt werden können oder sogar eine Gefahr für den übrigen Körper darstellen, dann wird der entsprechende Körperteil amputiert. Normalerweise gehen wir davon aus, dass wir einen Körperteil, den wir nicht mehr haben, auch nicht mehr spüren können. Doch die allermeisten Menschen fühlen nach einer Amputation immer noch Schmerzen oder Jucken in dem nicht mehr vorhandenen Körperteil. Wie kann das sein? Und wie behandelt man diese „Phantomschmerzen", wenn der Körperteil gar nicht mehr da ist? Vor allem: Wo soll man sich kratzen, wenn es in einem Finger einer Hand juckt, die doch schon vor längerer Zeit amputiert wurde?

Dieses Phantom-Phänomen kann man auch bei Frauen entdecken, die nach der Entfernung ihrer Gebärmutter immer noch Menstruationsschmerzen und Wehen spüren, oder bei Männern, die nach der Entfernung eines Magengeschwürs und aller dazugehörigen Nerven weiterhin über entsprechende Schmerzen klagen.

Es gibt Ärzt*innen, die versucht haben, diesen Phantomschmerz durch eine weitere Operation zu heilen, indem sie das bereits verkürzte Körperteil noch ein wenig mehr kürzten. Man vermutete, dass der Schmerz mit den abgeschnittenen Nervenenden zusammenhing. Doch nach jeder Operation tauchte der Schmerz wieder auf.

Hirnforscher*innen haben die Vorstellung entwickelt, dass unser Gehirn plastisch ist, d. h. es verändert sich permanent und passt sich neuen Gegebenheiten an. Mithilfe modernster Technik konnten sie die Erkenntnis festigen, dass bestimmte Gehirnbereiche für bestimmte Körperteile zuständig sind. Man spricht auch von „Gehirnkarten“, in Anlehnung an den Begriff „Landkarte“. Die Gehirnkarte, in der Informationen aus dem Gesicht verarbeitet werden, liegt direkt neben der Gehirnkarte, die in Verbindung mit den Armen steht. Wenn nun ein Arm amputiert wird, dann verschwindet die Gehirnkarte für den Arm nicht einfach, sondern sie bildet sich plastisch um und stellt sich jetzt der noch aktiven benachbarten Gehirnkarte für das Gesicht zur Verfügung. Man hat festgestellt, dass ein Mensch, dem vor einer gewissen Zeit ein Arm amputiert wurde, eine Berührung im Gesicht sowohl dort als auch *gleichzeitig* in dem Phantomarm spüren kann. Die logische Konsequenz lautet: Wenn es irgendwo im Phantomarm juckt, dann könnte man sich im Gesicht kratzen und damit das Phantomjucken beenden. Dies hat sich tatsächlich bestätigt. Die Gehirnkarte für das Gesicht und die für den Arm sind zusammengewachsen.

Ramachandran geht davon aus, dass nach einer Amputation das Gehirn beginnt, neue Synapsenverbindungen herzustellen. Geht ein Körperteil verloren, dann wird die entsprechende Gehirnkarte arbeitslos und sucht nun nach neuen Aufgaben. In meinen Worten: Die Gehirnkarte sucht nach einem neuen Gleichgewicht. Dabei wird ein Nervenwachstumsfaktor freigesetzt, wodurch benachbarte Gehirnareale sich zu vernetzen beginnen. Frauen, deren Brust entfernt wurde, berichteten später davon, dass sie auf neue Weise eine sexuelle Erregung verspürten, wenn man sie an ihren Ohren, am Schlüsselbein oder am Brustbein berührte. Diese drei Bereiche befinden sich im Gehirn in der direkten Nachbarschaft der Brustwarzenkarte.

Solche Veränderungen von Gehirnkarten geschehen nicht nur nach einer Operation. Unter normalen Umständen haben Wissenschaftler*innen entdeckt, dass bestimmte Gehirnkarten sowieso immer ein wenig umherwandern. Dies ist eine weitere Bestätigung dafür, dass unser Gehirn plastisch ist und sich permanent verändert.

Des Weiteren entdeckte Ramachandran, dass manche Patient*innen Phantomschmerzen fühlten, die dem Zustand entsprachen, den sie kurz vor oder bei der Amputation erlebt hatten. Dies waren keine bloßen Erinnerungen an frühere Zeiten, sondern reale Schmerzen in der Gegenwart. Soldaten, deren Hand durch eine Explosion abgetrennt wurde, fühlten viele Jahre einen explosiven Schmerz in der nicht mehr vorhandenen Hand. Menschen, deren Arm vor der Operation eingegipst war, fühlten später eine Art Starre, als ob ihr Phantomarm unbeweglich sei. Eine Frau, deren Daumen nach einer Erfrierung amputiert werden musste, fühlte im Phantomdaumen einen Schmerz wie bei einer Erfrierung. Allerdings kommt es auch vor, dass Patient*innen viele Jahre lang schmerzfrei sind und erst ein Stich an einer empfindlichen Stelle den Schmerz aus der Vergangenheit auslöst und als Phantomschmerz an die Oberfläche bringt.

Es scheint so zu sein, als ob die entsprechenden Gehirnkarten den zuletzt erlebten Schmerz für alle Zeit festgeschrieben haben, ihn weiterhin in den Körper hineinprojizieren und ihn bei ihrer „Wanderung" zu neuen Arbeitsaufgaben im Kontakt mit den Nachbarkarten mitnehmen. Ramachandran vermutete, dass das Fehlen des entsprechenden Körperteils der Grund war, warum die scheinbar festgeschriebenen Phantomgefühle nicht verschwanden. Dieser Gedanke ist vielleicht nicht sofort zu verstehen. Ich möchte es mithilfe meiner eigenen Fantasiewelt erklären: Normalerweise steht das Gehirn über die Nervenbahnen im Körper in einer ständigen Wechselwirkung mit den entsprechenden Körperregionen. Durch diesen Austausch befindet sich die „Beziehung" zwischen Gehirn und Körperregion in einer ständigen Veränderung und entwickelt sich immer weiter hin zu neuen Gleichgewichten. Das Gehirn schickt Impulse in eine Körperregion und aus der Körperregion werden wahrnehmende Impulse zum Gehirn geleitet. Fasst eine Hand auf eine heiße Herdplatte, dann werden Schmerzimpulse zum Gehirn geschickt. Das Gehirn speichert den Zustand „Schmerz" und gibt für ein besseres Gleichgewicht den Befehl, die Hand entsprechend so zu bewegen, dass sich die Schmerzen verringern, also „Hand wegziehen!" Beim und nach dem Wegziehen der Hand werden neue Informationen aus der Körperregion ins Gehirn geschickt und das Gehirn vergleicht sie mit dem gespeicherten Schmerz. Besser oder schlechter? Heiß oder kalt? Ziel erreicht? Ist eine Veränderung geschehen, ändert das Gehirn auch seinen Zustand und passt sich der neuen Wahrnehmung an. Wenn ein besseres Gleichgewicht erreicht wurde, wird der bisherige Schmerzzustand in eine „Erinnerung" verwandelt. Er ist vorbei, aber man kann sich noch an ihn erinnern.

Wird nun aber eine Körperregion entfernt, dann kann zwischen Gehirn und Körperregion kein Austausch mehr stattfinden, der eine Weiterentwicklung bewirkt. Angenommen, die Hand befindet sich gerade auf der Herdplatte. Sie sendet die Information „sehr heiß" ans Gehirn, das Gehirn geht zu dieser Information ein Gleichgewicht ein und speichert den Zustand „sehr heiß". Genau in diesem Moment wird die Hand amputiert. Was passiert? Im Gehirn bleibt der gespeicherte Zustand bestehen und wartet auf neue und bessere Informationen von der Hand – doch die kommen nicht mehr, denn die Hand ist ja nicht mehr da. Nun kann sich das Gehirn nicht mehr im Austausch mit der Hand weiterentwickeln. Es schreibt den letzten Zustand als zuletzt erreichtes Schmerz-Gleichgewicht fest und projiziert ihn weiter in den Körper. Die Hand ist weg, doch der Mensch fühlt weiterhin den Schmerz in der Hand, weil die Handgehirnkarte sich aus dem letzten Zustand ohne Austausch nicht mehr herausentwickeln kann.

Dieses Phänomen kenne ich aus dem Alltag: Ich schaue am späten Vormittag auf eine digitale Uhr, beobachte die Sekunden und sehe für einen kurzen Augenblick die Ziffern 11:11,11. Genau in diesem Moment schließe ich die Augen. In meinem Gedächtnis bleibt dieses Bild noch eine Weile bestehen, während die Uhrzeit sich schon weiterbewegt hat. Ich habe den Austausch zwischen mir und den Informationen von der Uhr durch das Schließen meiner Augen unterbrochen. Mein Gehirn projiziert den letzten Zustand weiterhin vor mein geistiges Auge.

Ich telefoniere mit einem guten Freund. Auf einmal höre ich, wie mein Freund am Telefon schmerzvoll aufschreit. In diesem Moment unterbricht die Verbindung. Ich mache mir Sorgen, ich höre immer noch innerlich meinen Freund schreien, weiß nicht, wie es ihm geht, werde panisch, überlege, wie ich ihm helfen könnte ... Einige Stunden später, als der Kontakt zu dem Freund wieder möglich ist, erzählt er mir, dass er aus Versehen mit dem Telefon gegen den Türrahmen gestoßen ist, sich intensiv erschrocken hat und ihm das Telefon aus der Hand gefallen und zerbrochen ist. Ihm selbst ging es nach dieser Schrecksekunde sofort wieder gut (abgesehen von dem Ärger über das zerbrochene Telefon). Doch diese Information fehlte mir, denn die Verbindung war ja unterbrochen. So machte ich mir viel länger Sorgen über seinen Zustand und eine mögliche Verletzung als er selbst. Mein Gehirn präsentierte den Schrei meines Freundes als letzten Zustand permanent innerhalb meiner Fantasiewelt.

Wird uns ein Körperteil amputiert, so bleibt unsere entsprechende Gehirnkarte inhaltlich auf dem Stand, den sie im letzten Austausch mit diesem Körperteil in sich selbst präsentiert hatte. Wird der Kontakt zu einem Menschen unterbrochen, so bleibt unsere entsprechende Gehirnkarte inhaltlich auf dem Stand, den sie im letzten Austausch mit diesem Menschen in sich selbst präsentiert hatte.

Damit kann ich mir auch erklären, warum die meisten Menschen beim Abschied von einem anderen Menschen bestimmte Ungleichgewichte noch schnell klären wollen. Manche Paare können abends nicht schlafen, wenn sie sich nach einem Streit nicht wieder versöhnen. Der zuletzt erlebte Zustand im Kontakt mit unserem Gegenüber bleibt so lange erhalten, bis eine Chance besteht, ihn im Austausch weiterzuentwickeln. Mit dieser Sichtweise finde ich es nun logisch, dass viele versuchen, einen möglichst angenehmen Zustand bei einem Abschied, einer Trennung oder einfach nur beim Einschlafen zu erreichen.

Wenn die Bewohner*innen der RTL2-Fernseh-Wohngemeinschaft bei *Big Brother* sich streiten oder sich gegenseitig böses Verhalten unterstellen, sich anschließend voneinander zurückziehen und sich nicht weiter darüber austauschen, dann bleibt diese unangenehme Spannung als verbitterte Atmosphäre in der WG erhalten. Manchmal kann es sich weiterentwickeln, wenn sich einer der Streithähne einen Ruck gibt, auf den anderen zugeht, um das Ungleichgewicht zu klären und es durch einen erneuten Austausch in ein besseres Gleichgewicht zu bewegen. Noch nie habe ich erlebt, dass ein heftiger Streit ungeklärt unterbrochen wird, man anschließend nicht mehr darüber spricht und man sich dann automatisch wieder blendend versteht. Meistens ist ein „klärendes“ Gespräch notwendig, mit dessen Hilfe sich in den Gehirnen der Beteiligten die aufgetauchte Spannung in eine Entspannung oder gar eine Versöhnung, zu einem Happy End weiterentwickeln kann.

Ab und zu beobachte ich beim Stadtbummel einen scheinbar verrückten Menschen, der laut diskutierend herumschlendert. Nein, er hat kein Handy in der Hand, dazu sieht er zu „arm“ aus. Er hat dreckige Klamotten an, scheint obdachlos zu sein, starrt vor sich auf eine leere Fläche und redet permanent vor sich hin. Wenn ich genau hinhöre, scheint es mir, als wenn er mit einem unsichtbaren Gegenüber diskutiert. Jetzt kann ich mir erklären, dass dieser Mensch möglicherweise vor vielen Jahren von seinen schimpfenden Eltern auf intensiv verletzende Weise verstoßen wurde und sich dieser letzte Zustand in sein Gehirn eingebrannt hat. Seit dieser Trennung im Streit befindet er sich in einem Streitzustand und diskutiert ohne Ende mit den ehemaligen Bezugspersonen, die wir als Beobachter*in von außen nicht mehr wahrnehmen. Es sind „Phantompersonen“, die er auf die leere Fläche oder auf anwesende Menschen projiziert. Seit dieser Trennung hat er im Kontakt mit seinem Umfeld keine Möglichkeit mehr gefunden, diesen Zustand in seinem Gehirn weiterzuentwickeln.

Von mir selbst kenne ich es auch: Habe ich im Kontakt mit anderen Menschen eine schmerzvolle Streitsituation erlebt und wir haben uns im Streit getrennt, dann muss ich innerlich oft noch längere Zeit weiterdiskutieren. Dabei suche ich danach, dass mein Gegenüber in meiner Fantasie endlich einlenkt und mich versteht, doch mein Gehirn produziert nur immer wieder das zuletzt erlebte Bild des Uneinsichtigen. Ich kann innerlich sagen, was ich will: Das Fantasie-Gegenüber in mir ändert sich nicht. Mir fehlt der direkte Kontakt, das direkte Feedback vom anderen. Ich bin mit meinem Gehirn in einem Zustand des Ungleichgewichtes stecken geblieben.

In einem Zustand des Schmerzes oder Ungleichgewichtes stecken zu bleiben gehört nicht bei allen Menschen zur Normalität. Nicht jede*r muss innerlich weiterdiskutieren. Nicht jede*r hat Probleme damit, nach einem Streit abends einschlafen zu können. Auch nicht alle Patient*innen von Ramachandran zeigten das Symptom, dass ein Phantomschmerz genau den Zustand vor der Amputation eines Körperteils spiegelte. Dies könnte bedeuten, dass unser Gehirn trotzdem eine Möglichkeit hat, sich außerhalb eines Austausches in diesem Bereich weiterzuentwickeln.

Die phänomenale Heilung von Phantomschmerzen

Ramachandran hatte den Einfall, das Gehirn zu täuschen. Wenn es bei dem Verlust eines Armes trotzdem die Illusion aufrechterhält, dass der Arm und entsprechende schmerzhafte oder juckende Gefühle noch vorhanden seien, dann müsste es doch möglich sein, das Gehirn wiederum durch absichtlich herbeigeführte Illusionen (konstruktive Fantasiewelten!) lösend zu beeinflussen.

Er baute einen kleinen Kasten in der Größe eines offenen Schuhkartons. An der längeren Seite schnitt er zwei Löcher frei, so dass eine Versuchsperson beide Hände nebeneinander in diesen Schuhkarton stecken konnte. Schaute man von oben in den Karton, so sah man darin beide Hände stecken. War jedoch die linke Hand der Patientin amputiert, so konnte sie nur die rechte Hand in den Karton stecken. Der Platz der linken Hand blieb frei. Nun wurde genau in die Mitte des Kartons ein Spiegel eingebaut, dessen Spiegelfläche zur Seite der rechten Hand zeigte. Schaute man jetzt nicht mehr von oben sondern ein wenig schräg von der Seite in den Karton und gleichzeitig in den Spiegel, so konnte man sowohl die rechte Hand im Original als auch ihr Spiegelbild sehen. Das Spiegelbild der rechten Hand befand sich „scheinbar" genau an der Stelle, an der normalerweise die linke Hand in dem Karton zu sehen sein müsste, wenn sie vorhanden wäre.

Ramachandran bat seinen Patienten, sich in seiner Fantasie vorzustellen, dass er die nicht vorhandene linke Hand ebenfalls in den Karton steckte, und dann anschließend so in den Karton zu schauen, dass er sowohl seine rechte Hand als auch das Spiegelbild der rechten Hand an der Stelle der fehlenden linken Hand sehen konnte. Die Illusion war perfekt. Für den Patienten sah es so aus, als ob die linke Hand wieder da sei. Bewegte er nun die rechte Hand, dann bewegte sich gleichzeitig auch seine scheinbar vorhandene linke Hand. Die Hoffnung von Ramachandran war, dass sich auf diese Weise das Gehirn täuschen lasse und „glauben“ werde, dass sich die Phantomhand bewege.

Die Versuchsperson Philip hatte ungefähr zehn Jahre vorher durch einen Motorradunfall den linken Arm verloren. Nachdem dieser amputiert worden war, spürte Philip starke Schmerzen im Phantomellenbogen, und der Phantomarm fühlte sich gelähmt an. Hier steige ich direkt in den Bericht von Norman Doidge ein und zitiere (S. 186 f.): „Philip hatte das Gefühl, wenn er den [Phantom-]Arm irgendwie bewegen könnte, dann würden die Schmerzen nachlassen. Die Situation deprimierte ihn so, dass er sogar an Selbstmord dachte.

Als Philip den guten Arm in die Schachtel steckte, *sah* er nicht nur, wie sich sein Phantomarm bewegte, sondern er *fühlte* es sogar. Überrascht und überwältigt erklärte er, sein Phantomarm sei ‚wieder eingestöpselt‘. Doch in dem Moment, indem er die Augen schloss, erstarrte der Phantomarm wieder. Ramachandran gab Philip die Schachtel mit nach Hause, um damit zu üben, in der Hoffnung, Philip könne die Lähmung verlernen, indem er eine plastische Veränderung in seinem Gehirn bewirkte. Philip arbeitete jeden Tag zehn Minuten lang mit der Schachtel, doch es schien nur zu funktionieren, wenn er die Augen offen hatte und das Spiegelbild der Hand sah.

Nach vier Wochen erhielt Ramachandran einen freudigen Anruf von Philip. Sein Phantomarm war nicht nur dauerhaft aus seiner Starre erwacht, er war sogar verschwunden, und zwar selbst dann, wenn er die Schachtel nicht benutzte. Damit waren auch die Schmerzen im Phantomellenbogen wie weggeblasen. Philip spürte lediglich einige schmerzfreie Phantomfinger, die von seiner Schulter herabbaumelten. Damit war dem neurologischen Illusionskünstler V. S. Ramachandran als erstem eine scheinbar völlig unmögliche Operation gelungen: die erfolgreiche Amputation eines Phantomarms.“

Auch andere Wissenschaftler*innen machten die Erfahrung, dass es einigen Patient*innen durch diese Spiegeltherapie besser ging. „Funktionelle Magnetresonanztomographien des Gehirns dieser Patient*innen zeigten, dass sich die Bewegungskarten dieser Phantome, die nach der Operation geschrumpft waren, wieder vergrößerten und sich die Wahrnehmungs- und Bewegungszentren normalisierten.“

Ramachandran zieht folgenden Schluss: „Unser Körper ist ein Phantom, das sich unser Gehirn zu seinem eigenen Nutzen geschaffen hat."

Ich erweitere dies noch auf unsere menschlichen Beziehungen und formuliere es so: Wir haben in unserem Gehirn eine Fantasiewelt über unseren Körper und unser Umfeld erschaffen, die uns einen größtmöglichen Nutzen bringt und die sich im permanenten Austausch mit Körper und Umfeld immer weiter ausbauen und entwickeln kann. Manchmal tut sie es auch und bewegt sich in neue und bessere Gleichgewichte; manchmal hält sie lieber an gewohnten Gleichgewichten fest, weil sie diese bevorzugt, und manchmal *kann* sie sich gar nicht weiterentwickeln, weil ihr ein entsprechender Austausch mit dem Körper oder dem Umfeld fehlt.

Fehlt dieser Austausch, dann bleiben bestimmte unvollendete Ungleichgewichte bestehen oder tauchen später nach einer indirekten Aktivierung wieder auf. Diese unvollendeten Ungleichgewichte sind „Phantomprobleme".

Um diese Phantomprobleme in bessere Gleichgewichte zu bringen oder sogar vollständig versöhnen zu können, benötigt man eine passende Illusion für das Gehirn, eine neue Fantasie, einen „Ersatz" für das Fehlende, also einen „Avatar", mit dem das Gehirn den Austausch in den entsprechenden Problembereichen wieder aufnehmen und sich dadurch weiterentwickeln kann. Für diese Illusion hat Ramachandran einen Spiegel eingesetzt und damit das Spiegelbild von Philips rechter Hand in einen Ersatz, in einen Avatar für die linke Hand verwandelt. Dieser Avatar hat einen gewissen fehlenden Austausch ersetzt und dafür Raum gegeben, dass sich ein Problembereich der Fantasiewelt von Philip selbst heilen konnte. Ich sage es noch einmal anders: Mithilfe eines Avatars lässt sich ein Problemzustand, ein bisher unglückliches Ende in unserem Gehirn zu einem „Happy End" weiterentwickeln.

Wie ein Avatar unsere Selbstheilungskräfte aktivieren kann

Ein Avatar ist aber nicht nur in Form eines Spiegelbildes einsetzbar. Doidge berichtet in seinem Buch von einem Experiment, das Ramachandran mit ihm durchgeführt hat (S. 188): „[Ramachandran holte] eine Gummihand aus dem Schrank, wie sie in Kuriositätenläden verkauft wird. Er bat mich, an einem Tisch Platz zu nehmen, legte die Gummihand vor mich hin, sodass die Finger von mir wegzeigten, und bat mich, meine Hand genau parallel daneben zu legen. Dann stellte er eine Trennwand zwischen die beiden Hände, sodass ich nur noch die Gummihand sehen konnte.

Nun begann er, mit seiner Hand über die Gummihand zu streichen. Gleichzeitig strich er mit der anderen Hand über meine für mich nicht sichtbare Hand. Als er den Daumen der Gummihand berührte, berührte er auch meinen Daumen. Als er dreimal auf den kleinen Finger der Gummihand tippte, tippte er im gleichen Rhythmus auf meinen kleinen Finger. [...] Binnen weniger Augenblicke verschwand das Gefühl, dass er meine wirkliche Hand berührte, und ich hatte den Eindruck, das Gefühl der Berührung stamme nun von der Gummihand. Die Gummihand war zu einem Teil meines Körperschemas geworden!“

Als ich mir klarmachte, was ich da gerade gelesen hatte, kam mir sofort eine Idee. Ich holte aus dem Keller eine männliche weiße Plastikpuppe, ca. 40 cm groß, auf der Meridiane eingezeichnet waren. Viele Heilpraktiker haben eine solche Puppe in ihrer Praxis stehen. Ich legte sie vor mich auf den Schreibtisch und stellte mir intensiv vor: Das bin ich.

Dann berührte ich die Puppe, also meinen „Avatar“, an einem Fußzeh, während ich mir gleichzeitig diese Berührung an meinem eigenen Körper vorstellte. Mein Zeigefinger berührte ein Knie des Avatars Olaf und ich stellte mir vor, wie sich diese Berührung an meinem Knie anfühlen würde. Ich streichelte dem Avatar Olaf den Kopf und fühlte in meiner Fantasiewelt, wie mein Kopf gestreichelt wurde. Dann legte ich meine Finger auf das Brustbein von „Olaf“, auf Höhe der Thymusdrüse, und stellte mir vor, ich selbst wäre ein verständnisvoller Mensch, der Olaf in seinem Schmerz, der ihm durch destruktive Kritik zugefügt worden war, voll und ganz verstehen und sich in ihn einfühlen kann, und entwickelte ein liebevolles Gefühl für ihn.

Und auf einmal brach ich in heftige Tränen aus! …

Durch dieses für meinen Avatar „inszenierte“ Happy End kam mein bisher noch unverarbeiteter Schmerz endlich zum Vorschein und drückte sich aus. Eine Viertelstunde weinte ich innerhalb des verständnisvollen und liebevollen Rahmens, den ich mir mithilfe des Avatars nun selbst geben konnte. Dadurch verarbeitete ich einen Teil meiner vergangenen schmerzvollen Erlebnisse. Interessant dabei war, dass meine Tränen sofort weniger wurden, wenn ich den Avatar losließ.

Dann musste ich eine Pause machen. Anschließend konnte ich mir gar nicht mehr vorstellen, warum ich so in Tränen ausgebrochen war. Ich schaute auf den Avatar, doch ich fühlte mich vollkommen normal. Testweise legte ich meine Finger wieder liebevoll auf die Thymusdrüse von Avatar „Olaf“ – und begann schon wieder zu weinen. Dieses Mal kamen Erinnerungen an meine lange Suche nach Verständnis für mich und an meinen sehnlichsten Wunsch, irgendwann einmal auf eine Menschengruppe zu stoßen, die mich mit den Worten begrüßen würde: *„Ja, Olaf, jetzt hast du es endlich gefunden und dich selbst verstanden. Und wir verstehen dich, dass du auf der Suche danach warst. Herzlich willkommen in unserer Runde. Jetzt gehörst du endlich zu uns!“*

Und was tat ich? Ich sagte nun selbst mit einem innerlich weiten und liebevollen Gefühl zu meinem Avatar: *„Olaf, herzlich willkommen. Jetzt gehörst du endlich zu uns.“*

… Das war eindeutig zu viel!

Ich schrie vor Schmerz und tiefer Berührung!

Auch hier musste ich nach ein paar Minuten unterbrechen, da ich es kaum aushielt. Doch nun wusste ich, dass ich in Zukunft Schritt für Schritt mithilfe meines Avatars noch tiefer „zu mir selbst“ finden kann.

Anschließend musste ich mich ausruhen, ich war ziemlich erschöpft. Als ich dalag, ohne meinen Avatar, hatte ich plötzlich das Gefühl, selbst dieser Avatar gewesen zu sein. Ich fühlte mich etwas kleiner und spürte, dass da jemand Größeres sei, der mich liebevoll beobachtet und berührt hatte. Und irgendetwas entspannte und beruhigte sich in meinem Körper – ein für mich völlig neues und höchst faszinierendes Gefühl.

Seitdem arbeite ich immer mal wieder mit meinem Avatar. Dabei gehe ich davon aus, dass manche Dinge auch länger brauchen, weil sich manche Gehirnkarten erst allmählich umorientieren, so wie bei Philip, der vier Wochen brauchte, bis mithilfe des Spiegelkastens sein linker Phantomarm endlich verschwunden war.

Diese Arbeit an mir selbst befindet sich auf einer noch höheren Stufe, als wenn ich nur durch Visionen imaginieren würde, wie sich mein Körper selbst heilt. Mit meinem Avatar kann ich aktiv etwas im Außen tun, ins Außen projizieren und im Außen eine projizierte Veränderung beobachten, die mich wiederum motiviert, mich selbst dieser Projektion anzupassen. Ich vermute, dass ich beim Beobachten, was ich da mit meinem Avatar mache, auch meine Spiegelneurone anrege, auf diese Weise das Beobachtete in meinem Gehirn repräsentiere und so die Gehirnkarten weiterentwickle.

Die Wirkung auf mich ist dann am stärksten, wenn ich den Avatar anschaue, ihn also intensiv mit meinen Augen beobachte. Dabei stelle ich mir zuerst vor, dass er die gleichen Schmerzen hat wie ich jetzt gerade. Dann behandle ich ihn mit meinen Händen und male mir in meiner Fantasiewelt aus, wie seine Schmerzen allmählich verschwinden. Zum Schluss „sehe" ich als Happy End meinen geheilten Avatar Olaf vor mir, „sehe" seinen schmerzfreien Körper und „höre" auch, wie er sagt: „*Wow! Das fühlt sich gut an. Mein Schmerz ist weg, ich kann mich wieder frei bewegen und fühle mich kraftvoll und ausgeglichen.*"

Öfter erlebe ich auch, dass mir beim Berühren meines Avatars allmählich die Augen zufallen und ich in einen Dämmer- oder eine Art Trancezustand gerate. Dann lasse ich es geschehen und vertraue darauf, dass mein Gehirn sich gerade auf eine andere Frequenz einschwingt, die es wohl für die entsprechende Änderung benötigt.

Ich lasse mich bei den „Sitzungen" mit meinem Avatar immer von meinem Gefühl und meiner Intuition leiten. Dabei führe ich diese Sitzungen meistens morgens nach dem Aufwachen in meinem Bett liegend aus. Mein Avatar liegt neben mir, ich berühre ihn an den Stellen, die ich als Unterstützung dafür empfinde, um bestimmte körperliche oder seelische Ungleichgewichte in ein besseres Gleichgewicht zu bringen, und stelle mir vor, dass dort heilendes goldenes Licht hineinströmt.

Warum morgens? Ich habe erlebt, dass mich dann das mit mir selbst Erlebte und Gefühlte noch mindestens den ganzen Vormittag begleitet.

Das ist so ähnlich, wie wenn wir morgens eine bestimmte Melodie im Radio hören und sie den Vormittag über als Ohrwurm nicht mehr aus dem Kopf bekommen.

Manchmal schaue ich im Laufe des Tages einfach so nebenbei auf meinen Avatar und „sehe“, wie gut es ihm geht. Irgendwie steckt mich das an …

Am nächsten Tag beginnt alles von vorne bzw. von dem Standpunkt aus, auf dem ich mich gerade befinde. Wenn ich mit meinem Avatar arbeite, stelle ich mir vor, dass er den gleichen Schmerz und die gleichen Einschränkungen hat, wie ich. Ich stelle mir intensiv vor, dass er ich ist. Dann behandle ich ihn und „beobachte“ dabei genau seinen vollständigen Heilungsprozess. Durch tiefe emotionale Berührung erlebe ich ab und zu einen seelischen Schmerz und verarbeite etwas nachträglich.

Aufgrund der Beschreibungen von V. S. Ramachandran vermute ich, dass ich mithilfe meines Avatars in der Lage bin, meine Gehirnkarten über mich selbst und meinen Körper Schritt für Schritt zu verändern, meine Fantasiewelt über mich selbst weiterzuentwickeln. Bisher konnte ich damit Kopfschmerzen, Rückenschmerzen und seelische Schmerzen in bessere Gleichgewichte bewegen.

Erinnern Sie sich an mein Bauch-Trauma, das durch die Schläge meiner Mitschüler ausgelöst wurde und das mich daran hinderte, mit anderen Menschen spielerisch frei zu toben, weil ich befürchtete, dass mein Bauch dabei verletzt werden könnte? Auch dieses Trauma konnte ich erlösen, indem ich mir meinen Avatar vornahm, mir vorstellte, wie er diese emotionale Blockade hatte, und dann meine Finger sanft auf seinen Bauch legte. Auch hierbei brach ich wieder in heftige Tränen aus und weinte so lange über die damaligen Geschehnisse und die gegenwärtige sanfte Berührung durch mich selbst, wie es aus mir herauskommen wollte. Anschließend war es wichtig, einige Minuten zu schlafen. Als ich wieder aufwachte, fühlte ich mich bei Gedanken ans Toben und bei der Vorstellung, aus Versehen einen Schlag in den Bauch zu bekommen, wesentlich ausgeglichener und freier als vorher. Ich bin gespannt, wie ich mich bei einer zukünftigen ausgelassenen Situation mit anderen Menschen verhalten werde.

Bei meinen Knieschmerzen, die ich noch zwei Tage nach einer ausgiebigen Jogging-Runde spürte, änderte sich zunächst nichts, als ich meinen Avatar mit meinen Fingern an seiner Kniescheibe berührte.

Dann kam mir der Gedanke, dass mein Knieschmerz nicht an der Oberfläche, sondern etwas tiefer mittendrin im Knie liegen könnte. Ich änderte also meine Fingerpositionen und berührte das kleine Knie meiner Avatar-Puppe so, dass es vollständig zwischen Daumen und Zeigefinger lag. Wenige Sekunden später war der Schmerz in meinem Knie vollkommen verschwunden – und blieb auch verschwunden. Erst als ich zwei Tage später erneut eine Jogging-Runde drehte, kam der Schmerz wieder, und ich identifizierte ihn als eine kleine Sehnenscheidenentzündung, die ich durch Massage angrenzender Muskeln innerhalb von zwei Tagen heilen konnte.

Selbstverständlich gibt es Probleme, die ich nicht mithilfe meines Avatars lösen kann. Ich sehe diese Methode auch nicht als „Allheilmittel" für jeden, sondern als eine neue Möglichkeit, die das Spektrum der bisherigen Methoden fantastisch ergänzt. Der Avatar bietet mir eine vollkommen neue Dimension, mit mir selbst umzugehen und einiges auf indirekte Weise weiterzuentwickeln. Ich beobachte auch weiterhin, was mir damit noch so alles einfällt und gelingt.

In meiner Fantasiewelt kann ich mir nun auch das natürliche Bedürfnis von Kindern erklären, mit Puppen zu spielen: Sie haben durch das Spiel die Möglichkeit, sowohl Gehirnkarten zu festigen, indem sie in ihrem Spiel das bereits Erlebte wiederholen und nachspielen, als auch neue Lösungen für spannungsvolle Situationen zu finden und auf diese Weise ihre Gehirnkarten mithilfe von Fantasie und Puppenspiel-Illusion weiterzuentwickeln.

Übrigens habe ich „zufällig" gleich am nächsten Tag, nachdem ich die vergangenen Erlebnisse mit destruktiver Kritik emotional ein Stück verarbeiten und meine Gehirnkarte diesbezüglich weiterentwickeln konnte, von einer sehr qualifizierten Person zu einem meiner Texte ein höchst positives Feedback erhalten. Es war so aufbauend, so professionell und so genial, wie ich es noch nie erleben durfte. Das mit mir selbst inszenierte Happy End schien sich jetzt sogar im Außen zu manifestieren und mich eine „Resonanz" meines Umfeldes auf meine gelöste innere Haltung erleben zu lassen, denn das Feedback hatte in meinen Augen die Ausstrahlung von: *„Herzlich willkommen, Olaf!"*

Übung 12

Einen Avatar zur Aktivierung der Selbstheilungskräfte des Gehirns einsetzen

Sie suchen sich eine Puppe oder etwas Ähnliches, das Sie selbst repräsentiert. Es ist Ihr „Avatar". Entweder legen Sie den Avatar vor sich auf den Schreibtisch oder auf Ihren Schoß. Dann trainieren Sie Ihr Gehirn mit der Fantasie, dass Sie selbst dieser Avatar sind, indem Sie ihn an mehreren Stellen seines Körpers berühren und sich dabei vorstellen, wie es sich anfühlt, wenn Sie dort an Ihrem eigenen Körper berührt werden. Sie können dieses Erlebnis dadurch intensivieren, dass Sie mit einer Hand Ihren Avatar berühren und mit der anderen Hand an der gleichen Stelle sich selbst berühren. Nehmen Sie z. B. den Zeigefinger Ihrer linken Hand und berühren die Nase Ihres Avatars. Zur gleichen Zeit berühren Sie mit dem Zeigefinger Ihrer rechten Hand Ihre eigene Nase. Sie können mehrmals gleichzeitig auf beide Nasen tippen oder sie auch streicheln. Beobachten Sie, wie Sie sich mit dem Avatar zu identifizieren beginnen, wenn Sie diese Berührung an mehreren verschiedenen Körperstellen durchführen. Dabei „sehen" Sie in Ihrer Fantasie sich selbst vor sich liegen. Deshalb „sehen" Sie auch, wie es Ihrem Avatar genauso geht wie Ihnen.

Nun fragen Sie sich oder sogar direkt den Avatar, was er wohl braucht, damit er körperlich und emotional in ein besseres Gleichgewicht gelangen kann. Was können Sie tun, um ihm zu helfen? Sie beobachten Ihre Fantasie, was für ein Gedanke, ein Bild, eine Idee oder ein innerer Satz Ihnen kommt, und folgen diesem Impuls. Vielleicht gibt Ihnen der Avatar in Ihrer Fantasie auch selbst eine Antwort?

Sie geben Ihrem Avatar liebevoll und verständnisvoll das, was Sie selbst brauchen. Dabei sehen Sie in Ihrer Fantasiewelt, wie es Ihrem Avatar allmählich immer besser geht. Kommen Ihnen Tränen, dann lassen Sie sie so lange fließen, wie Sie es möchten. Sie wissen, dass Sie die Behandlung jederzeit unterbrechen oder beenden können. Gehen Sie die Schritte, die Ihnen guttun.

Ist die Behandlung zu Ende, dann legen Sie sich hin und entspannen ein paar Minuten. Beobachten Sie, wie es Ihnen gerade geht, und sammeln Sie dadurch Ihre Erfahrungen mit sich selbst und mit dieser Übung.

Diese Übung führen Sie so oft durch, wie es Ihrem Gefühl entspricht, und beobachten die kleinen oder großen Veränderungen, die in den nächsten Stunden, Tagen oder Wochen passieren, wenn Sie die Behandlung eventuell regelmäßig wiederholen und auch weiterentwickeln.

Übung 13

Zugang zum Unterbewusstsein durch den Avatar finden

Ich habe nun schon öfter erlebt, dass ich mich selbst „eigentlich" gut fühlte, auf meinen Avatar schaute und irgendwie den Eindruck hatte, dass er traurig aussah. Dann berührte ich ihn liebevoll und fragte ihn, was denn mit ihm los sei. In diesem Moment wurde mir meine eigene Trauer bewusst. Zusätzlich wusste ich auf einmal auch, worüber ich traurig war, und ließ meine Gefühle so lange fließen, bis es mir wieder besser ging. Anschließend „sah" auch mein Avatar ausgeglichen aus.

Sie schauen auf Ihren Avatar und seinen Gesichtsausdruck. Was sehen Sie in Ihrer Fantasie, wie es ihm geht? Geht es ihm nicht so gut, dann fragen Sie ihn einfühlsam, was mit ihm los sei. Beobachten Sie, was Ihnen dazu einfällt und wie Sie damit umgehen und es heilen wollen.

Sie erinnern sich

- Mein Gehirn hat plastische „Karten" entwickelt, um sich im Austausch mit meinem Körper und meinem äußeren Umfeld optimal zu orientieren. Mithilfe dieser Karten stellt es eine Resonanz zu den Geschehnissen im Körper und in meinem Umfeld her und gibt neue Impulse für bessere Gleichgewichte.
- Beendet sich ein Austausch zwischen Gehirn und einem Körperteil oder einem Bereich meines Umfeldes, dann wird in der entsprechenden Gehirnkarte der zuletzt erreichte Zustand festgeschrieben.
- Den unangenehmen Zustand einer Gehirnkarte, die keinen Austausch mehr erfährt, kann ich mithilfe von äußerlich herbeigeführten Illusionen (= Avatar) oder auch mit innerer Vorstellungskraft (= konstruktive Fantasie) zu einem Happy End weiterentwickeln und mich dadurch selbst heilen.

Wie arbeitet unser Gehirn?

Ramachandrans Erkenntnisse sowie auch meine Erfahrungen mit dem Avatar und den Freien Systemaufstellungen lassen mich nun ein vollständiges (Fantasie-)Bild entwerfen, wie unser Gehirn und damit auch unsere Emotionen im Allgemeinen funktionieren. Dieses Bild liefert mir Erklärungen und logische Zusammenhänge für fast alle Phänomene, die wir mit uns selbst und unserem Gehirn erleben. Auf einmal erkenne ich einen roten Faden und sehe, wie ich sowohl mit meinen Mitmenschen als auch mit mir selbst auf neue Weise umgehen kann. Bei den folgenden Beschreibungen benutze ich auch meine „Formel", dass jedes Element den Wunsch nach Gleichgewicht hat:

Unser Gehirn befindet sich mithilfe der Nervenbahnen und der Sinnesorgane im ständigen Kontakt sowohl mit unserem übrigen Körper als auch mit unserem Umfeld. Wie ein Navigationsgerät in einem Auto entwickelt es in sich selbst entsprechende „Karten" als Modell vom Körper und von unserem Umfeld (wie z. B. eine Gehirnkarte für den gesamten Arm oder eine untergeordnete Gehirnkarte für die einzelnen Finger). Dieses Entwickeln von Modellen bezeichnen wir als „Lernen".

Unser Gehirn hat permanent den Wunsch nach Gleichgewicht. Es will *nicht* aus dem bisher erreichten Gleichgewicht geraten – und es will neue Gleichgewichte erreichen. Deshalb überprüft es fortwährend sein Modell, indem es das Modell nach außen projiziert und gleichzeitig mit den Eingangssignalen vergleicht. Es schaut, ob es sich in Resonanz befindet oder nicht, ob es übereinstimmt oder Unterschiede existieren. Sobald es Ungleichgewichte zwischen dem Modell und den Eingangssignalen feststellt, sucht es nach neuen Gleichgewichten, indem es das Modell so lange ändert (= Bildung neuer synaptischer Verbindungen oder neuer Einsatz alter Verbindungen), bis es mit den Eingangssignalen wieder im Gleichgewicht schwingt. Dies geschieht blitzschnell und ohne Unterbrechung. Unser Gehirn geht mit seinem Modell zu jeder sinnlichen Wahrnehmung sofort wieder in Resonanz, um es innerhalb seiner Möglichkeiten stimmig in sich selbst zu präsentieren und effektive Befehle an den Körper für entsprechende Interaktionen mit dem Körper oder dem Umfeld geben zu können. Der Grundsatz lautet: Stelle eine Verbundenheit her zu dem, was dich unterstützt, Gleichgewichte zu erhalten oder neu zu erreichen, und blockiere das, was dich aus dem Gleichgewicht bringt oder dich von neuen Gleichgewichten abhält.

Es ist wichtig zu unterscheiden: Eine Blockade ist kein Kontaktabbruch, sondern eine weitere „In-Formation", ein „Nein" zu etwas Wahrgenommenem, ein hemmender Reiz im Gehirn, eine Einteilung von etwas in den Nicht-Zielbereich, eine Bewertung. Es gehört *nicht* zu unserem Gleichgewicht/Ziel dazu.

Bricht aber ein Kontakt zu einem bestimmten Bereich des Körpers oder des Umfeldes vollständig ab, so kann das Gehirn sein Modell an dieser Stelle nicht mehr überprüfen und nicht mehr weiterentwickeln. Es kann an dieser Stelle nichts Neues mehr dazulernen. Da es kein Informationsmaterial mehr erhält, mit dem es interagieren könnte, da keine „Funksprüche" mehr hereinkommen, kann es weder ein Gleichgewicht noch ein Ungleichgewicht identifizieren, weder ein „Ja" noch ein „Nein". So bleibt es auf dem zuletzt erreichten Stand stehen. Es speichert diesen letzten Zustand als gegenwärtiges „Gleichgewicht" in dieser Beziehung. Wir haben etwas „fertig gelernt". Immer dann, wenn wir an diesen Bereich erinnert werden oder uns selbst an ihn erinnern oder unsere Aufmerksamkeit darauf lenken, präsentiert unser Gehirn uns diesen letzten Zustand, indem es ihn in unseren Körper oder in unser Umfeld projiziert.

Diese letzten Zustände können vielfältig sein. Es könnte ein Schmerzzustand, ein Glückszustand oder auch ein Bewegungszustand sein. Angenommen, wir waren gerade intensiv bestrebt, ein Ziel zu erreichen, und wurden mittendrin unterbrochen, dann wird in unserem Gehirn der Zustand „Ich strebe zu diesem Ziel hin" festgeschrieben.

Diese Eigenart unseres Gehirns nützt uns für unsere Lernprozesse. In den Bereichen, in denen es eine „Pause" erfährt, wiederholt es den letzten Zustand selbstständig (wie einen Phantomschmerz) und schreibt ihn dadurch „fest". Wir erleben es nachts, wenn wir tagsüber intensiv gelernt haben und durch unseren Schlaf den bewussten Kontakt zu allem unterbrechen: Unser Gehirn arbeitet weiter, wiederholt die zuletzt erreichten Zustände und festigt sie dadurch. Als ich das erste Mal an einem Skikurs teilnahm und Skifahren lernte, hörte ich auch nachts damit nicht auf. In meinen Träumen fuhr ich immer weiter.

Diesem automatischen Festschreiben haben wir unser allgemeines „Gedächtnis" zu verdanken – und damit unsere Fähigkeit zum Lernen.

Unser Gehirn hat etwas, das wir erlebt haben und das nun beendet ist, auf eine bestimmte Weise in seinem Modell „gespeichert" und dort festgeschrieben. An diesen gespeicherten Zuständen orientieren wir uns, indem wir sie wiederholen, nach außen projizieren, gleichzeitig überprüfen, ob sie noch mit den Eingangssignalen übereinstimmen, und gegebenenfalls weiterentwickeln und dadurch neu anpassen.

Durch viele Erfahrungen und Experimente von Hirnforscher*innen wissen wir, dass Erinnerungen veränderbar sind und „weiterentwickelt" werden können. Gegenwärtige Geschehnisse können beeinflussen, wie wir über unsere Vergangenheit denken und wie wir uns erinnern. Gedächtnisinhalte können sich ändern. Gehirnkarten wandeln und verknüpfen sich mit anderen Gehirnkarten, wenn sie weniger oder gar nicht mehr gebraucht werden. Auf der anderen Seite haben außergewöhnliche Menschen (Autisten, Savants etc.) Gehirne, die sich besonders exakt an überdurchschnittlich viele Informationen erinnern. Sie können z. B. innerhalb kürzester Zeit ein Buch lesen und den Inhalt nach Jahren immer noch wortwörtlich korrekt zitieren. Auch wenn unser Gehirn wandelbar ist und sich immer wieder verändert und der Gegenwart neu anpasst, besitzt es trotz allem die Fähigkeit, Informationen beständig und zuverlässig „fest" zu speichern. Wie lassen sich die „Veränderungen" und das „Festschreiben" im Gehirn unter einen Hut bringen?

Als Klavierspieler erlebe ich folgendes Phänomen: Habe ich ein Stück von Johannes Brahms eingeübt, beherrsche es fehlerfrei und übe gleich anschließend ohne Pause ein sehr ähnliches zweites Stück von Brahms, bis ich es beherrsche, dann spiele ich das erste Stück anschließend wesentlich schlechter. Ich mache zu viele Fehler. Habe ich aber ein Stück von Mozart eingeübt und übe anschließend ein vollständig anders geartetes modernes Stück von Alexander Skrjabin, dann kann ich den Mozart danach immer noch recht gut spielen.

Was ist passiert? Ich deute es wie folgt: Mein Gehirn hat beim Üben des ersten Brahms-Stücks eine entsprechende Gehirnkarte angelegt – die Brahms-Klavierstück-Karte. Weil das zweite Brahms-Stück sehr ähnlich war, hat mein Gehirn dies mit der ersten Gehirnkarte verknüpft und diese weiterentwickelt. Als ich nun wieder das erste Brahms-Stück spielen wollte, war es nicht mehr so vorhanden wie am Anfang, denn mein Gehirn hatte es aufgrund der Ähnlichkeit in einigen Teilen weiterentwickelt und verändert. Also machte ich beim Spielen des ersten Stücks mehrere Fehler.

Als ich aber von Mozart zu Skrjabin wechselte und damit den Kontakt zu der Mozart-Gehirnkarte vorläufig beendete, schrieb mein Gehirn den letzten Zustand fest und legte aufgrund des starken Unterschiedes im Stil der beiden Komponisten eine völlig neue Skrjabin-Klavierstück-Gehirnkarte an, ohne die Mozart-Gehirnkarte weiterzuentwickeln. Deswegen beherrschte ich den Mozart nach dem Üben des Skrjabin-Stücks immer noch recht gut.

Wollen wir uns eine Zahlenkombination merken (z. B. 24539) und lesen anschließend viele weitere ähnliche Zahlenkombinationen (bitte decken Sie nun die erste Zahlenkombination mit dem Finger zu und lesen die folgenden Zahlen hier laut vor, Ziffer für Ziffer: „24593, 24659, 27534, 27954, 23456“), dann fällt es uns schwer, uns wieder an die erste Zahlenkombination zu erinnern.

Merken wir uns aber eine Zahlenkombination (50829) und lesen anschließend lauter Buchstabenkombinationen (decken Sie auch hier wieder diese Zahlenkombination mit dem Finger zu und lesen die folgenden Buchstaben einzeln laut vor: „wregs, iohöl, fsgea, ebdst, üiojq“), dann fällt es uns anschließend leichter, uns an die Zahlenkombination zu erinnern. Ich erlebe sogar, dass ich beim Vorlesen der Buchstaben gleichzeitig immer noch an die Zahlenkombination denken und sie auf diese Weise „festigen“ kann, was mir beim ersten Beispiel (24539) nicht so gut gelingt.

Kennen Sie das Spiel „Memory“? Wenn wir es an einem Tag das erste Mal spielen, geht es noch relativ leicht, sich zu merken, welches Bild an welchem Platz liegt. Doch je öfter wir das Spiel direkt hintereinander spielen, desto mehr vermischt sich unsere Erinnerung, wie die Karten in den vorigen Durchläufen lagen, mit unserer Erinnerung, wie die Karten jetzt gerade liegen. Wir „verwechseln“ öfter die Spieldurchläufe miteinander. Spielen wir aber ein anderes Memory-Spiel mit anderen Bildern, so ist es wieder leichter, sich die Plätze zu merken.

Ich ziehe folgenden Schluss daraus: Wir nehmen im Außen etwas wahr und lernen es (kennen), beispielsweise Vokabeln, wodurch sich eine kleine Vokabel-Gehirnkarte für das Gelernte in uns entwickelt, denn unser Gehirn geht (aufgrund seines Wunsches nach einem neuen Gleichgewicht) in Resonanz zu dem Wahrgenommenen. Wenn wir unsere Aufmerksamkeit von diesem Lernstoff abziehen, unterbrechen wir dadurch den Kontakt zwischen unserer Vokabel-Gehirnkarte und den zu lernenden Vokabeln im Außen – genauso wie bei einer Amputation der Kontakt zwischen Arm und Gehirn unterbrochen wird. Richten wir nun unsere Aufmerksamkeit auf etwas gänzlich Unterschiedliches, z. B. auf Geschichtsdaten, so wird währenddessen die Vokabel-Gehirnkarte durch den Kontaktabbruch festgeschrieben, nicht mehr weiterentwickelt und eine neue Geschichts-Gehirnkarte angelegt. Je größer der Unterschied zwischen den gelernten Einheiten (Vokabeln/Geschichtsdaten) ist, desto eher wird die zuerst gelernte Einheit so festgeschrieben, wie wir sie verlassen. In diesem Fall können wir uns besser an den zuletzt erreichten Zustand erinnern. Wer also immer wieder den Hinweis bekommt, doch mal bei einer Sache zu bleiben, sie durchzuziehen und nicht immer hin und her zu wechseln, der bekommt von mir den Hinweis: **Wechseln – mit großem Unterschied – kann förderlich sein.**

Stellt das Gehirn Ähnlichkeiten zwischen Lerneinheiten (Brahmsstück 1 / Brahmsstück 2) fest, dann aktiviert es die bereits vorhandene Gehirnkarte der ersten Lerneinheit und verknüpft sie mit den neuen, aber ähnlichen Informationen der zweiten Lerneinheit. Die bereits existierende Gehirnkarte wird durch die nächste ähnliche Lerneinheit weiterentwickelt. Da also die erste Lerneinheit nicht „festgeschrieben", sondern „weiterentwickelt" wird, fällt es uns wesentlich schwerer, uns wieder korrekt an die erste Lerneinheit zu erinnern, denn sie existiert kaum noch in dem Zustand, in dem wir sie beendet hatten.

Die positive Seite dieses Effektes sehen wir bei mit unangenehmen Assoziationen festgeschriebenen Gehirnkarten, wenn ein Kontakt zu einem Menschen auf unangenehme Weise geendet hat. Diese Karten können sich nicht nur dann weiterentwickeln, wenn wir direkt an das letzte unangenehme Erlebnis anknüpfen und z. B. mit diesem Menschen ein klärendes Gespräch suchen, sondern auch dann, wenn wir „nur" ähnliche Situationen mit anderen Menschen erleben, die uns helfen, diese Gehirnkarten aus ihrem unangenehmen Zustand in einen angenehmeren Zustand weiterzuentwickeln. Dies gilt auch für Momente, in denen wir einem anderen Menschen von diesem unangenehmen Kontaktabbruch erzählen. Dadurch knüpfen wir in unserer Fantasiewelt wieder an das Erlebnis an und können durch die verständnisvolle Reaktion des anderen unsere Gehirnkarte ein Stück in Richtung Happy End weiterentwickeln. Allein wenn dieser uns nur brav zuhört, ist das schon eine angenehmere Reaktion als die Spannung beim Kontaktabbruch mit dem zuerst genannten Menschen.

Im negativen Sinne bedeutet das aber auch, dass bestimmte Erinnerungen an unsere Vergangenheit durch unsere Erzählungen oder durch ähnliche Erlebnisse in der Gegenwart möglicherweise leicht weiterentwickelt und dadurch verändert werden. Wie die Wissenschaftler*innen mit ihrer Fantasiewelt bestätigen, ist unser Gedächtnis wandelbar. Wir können uns nicht vollständig darauf verlassen, ob wir uns korrekt erinnern und es damals wirklich so war, wie wir jetzt gerade denken.

Zurück zu den Lernprozessen: Wollen wir besonders effektiv Inhalte oder Fähigkeiten erlernen, dann wäre es demnach besonders „gehirngerecht", wenn wir sehr unterschiedliche Inhalte hintereinander lernen, um eine Vermischung zu vermeiden. Wir lernen z. B. Geschichtsdaten auswendig und üben anschließend Klavier. Wir können auch ähnliche Inhalte beim (Kennen)Lernen in unserer Fantasiewelt sehr unterschiedlich präsentieren. Ein Beispiel: Gedächtniskünstler lernen sehr lange Zahlenreihen oder Spielkartenreihen auswendig, indem sie diese in ihrer Fantasiewelt mit den buntesten Fantasiebildern kombinieren, die sich stark voneinander unterscheiden. Jede Zahl oder Spielkarte haben sie in ihrer Fantasie mit einem völlig anderen Bild verknüpft. Man kann z. B. die „1" mit dem Fantasiebild einer Kerze und die „2" mit dem Fantasiebild eines Schwans verknüpfen.

Bisher wurde oft argumentiert, dass das Gehirn sich Bilder besser merken könne als abstrakte Zahlen. Aber seien wir einmal ehrlich: Wenn wir die Zahl „1" oder eine Spielkarte vor uns sehen, dann haben wir ebenfalls ein „Bild" vor Augen, nämlich einen senkrechten Strich mit einem Haken am oberen Ende oder die entsprechenden Symbole auf der Karte. Es geht also nicht unbedingt darum, „Bilder" in unserer Fantasiewelt zu erschaffen, um sich eine Zahlenreihe besonders gut zu merken, sondern es geht darum, besonders *unterschiedliche* und für uns *ungewohnte neue* Bilder in unserem Gehirn zu fantasieren. Deswegen wird beim Gedächtnistraining oft darauf hingewiesen, dass die inneren Bilder besonders „lebendig", „ausgefallen" und „unverwechselbar" sein sollten. Das Ziel ist, dass sich die Gehirnkarten für diese Bilder nicht gegenseitig beeinflussen und sich nicht gegenseitig „aus Versehen" weiterentwickeln und verändern, sondern dass aufgrund ihres starken Unterschiedes eine

Kontaktlosigkeit (!) untereinander bestehen bleibt und sie daher besser „festgeschrieben“ werden.

Die Festschreibung einer Gehirnkarte geschieht, wenn unser Gehirn nichts mehr findet, was den Zustand der Gehirnkarte weiterentwickelt und verändert. Festschreibung geschieht, wenn das Gehirn etwas Neues besser vom Alten unterscheidet und dadurch „getrennt“ halten kann. In diesem Fall sagt das Gehirn: „Das ist ***nicht*** das Gleiche.“ Durch diese Unterscheidung kann es bestimmte Gehirninhalte vor einer Weiterentwicklung schützen und im festgeschriebenen Zustand bewahren (auch hier erkennen wir, wie wichtig ein trennendes oder unterscheidendes „NICHT“ sein kann und wie es uns in unseren Gedächtnisleistungen unterstützt).

Auf der anderen Seite kennen wir Erlebnisse, bei denen wir im Wohnzimmer entscheiden, uns etwas aus der Küche zu holen, in die Küche laufen und dort vergessen haben, was wir wollten. Gehen wir wieder zurück ins Wohnzimmer, dann fällt es uns wieder ein. Der Unterschied zwischen den beiden Umgebungen von Wohnzimmer und Küche war zu groß und hat den Kontakt zu unserer Erinnerung unterbrochen. Ich kenne es aus dem Klavierunterricht. Wenn ich ein Musikstück intensiv geübt hatte – allein am eigenen Klavier zu Hause – und ging dann in den Unterricht zu meinem mir aufmerksam zuhörenden Lehrer, der ein andersfarbiges Klavier hatte, das in einem anders gestalteten Raum stand, dann machte ich regelmäßig mehr Fehler als zu Hause. Mein Gehirn bekam in dieser neuen Umgebung nicht mehr so guten Zugang zu dem zu Hause Erlernten. Als ich später selbst Schüler unterrichtete, hörte ich regelmäßig von ihnen: *„Zu Hause ging es aber besser!“*

Erinnern Sie sich an Momente, in denen Sie etwas gelernt, gelesen oder gedacht hatten und wurden dabei durch ein Telefonat unterbrochen? Ich wette, dass es Ihnen anschließend schwerer fiel, sich wieder daran zu erinnern, was genau Sie vor dem Telefonat wahrgenommen oder gedacht hatten. Jeder kennt auch die folgende Situation: Wir haben gerade einen Gedanken, den wir unserem Gegenüber mitteilen wollen, der andere unterbricht uns, wir hören ihm konzentriert zu – und haben anschließend vergessen, was wir sagen wollten.

Bei diesen Beispielen war der Unterschied zwischen den beiden Aufmerksamkeitsbereichen so groß, dass wir den Kontakt zum ersten

Thema verloren haben. Deshalb ist es den Gedächtniskünstlern beim Lernen langer Zahlenreihen wichtig, nicht nur besonders unterschiedliche Bilder zu den einzelnen Zahlen zu kreieren, sondern diese Bilder auch noch miteinander zu verknüpfen. Manche erfinden Geschichten, in denen z. B. eine Kerze die Schwanzfedern des Schwans ankokelt (1 – 2), wobei der Schwan deshalb einen Angelhaken (5) aus dem See schnappt und verärgert in einen Papierkorb (0) am Ufer wirft.

Mit dieser Fantasie-Geschichte konnten wir uns bereits die ersten vier Ziffern einer Zahlenreihe einprägen: 1 – 2 – 5 – 0. Dabei sehen wir in unserer Fantasie: Kerze – Schwan – Angelhaken – Papierkorb.

Andere Gedächtniskünstler stellen in ihrer Fantasie die verschiedenen Symbole für die Ziffern in die unterschiedlichen Ecken ihres Zimmers. Die Kerze steht neben der Tür, der Schwan sitzt gemütlich in der Ecke neben dem Fenster, der Angelhaken hängt neben der Lampe von der Decke, der Papierkorb steht in der Ecke gegenüber der Tür. Hier stellt das Zimmer die Verbindung zwischen den Einheiten dar. Manchmal wird das eine „Route" genannt, die man sich fest eingeprägt hat und auf der die einzuprägenden Einheiten der Reihe nach aufgestellt werden.

Fazit: Die Lerneinheiten sollen sich also gut voneinander unterscheiden, doch irgendwie auch miteinander verbunden sein. Es ist ein gesundes Gleichgewicht zwischen **Unterscheidung** und **Verbindung** nötig, um eine optimale Gehirnleistung zu entwickeln.

Wenn Sie das nächste Mal im Wohnzimmer stehen und einen Teller aus der Küche holen wollen, dann stellen Sie sich schon im Wohnzimmer genau vor, wo genau sich der Teller in der Küche befindet, den Sie sich dort holen wollen. Malen Sie sich zusätzlich aus, wie Sie in der Küche den Teller nehmen und er Ihnen aus Versehen herunterfällt und zerbricht. Wenn Sie anschließend in die Küche gehen, dann werden Sie sicherlich nicht vergessen haben, was Sie dort wollten. Hoffentlich gehen Sie aber *nicht* zwischendurch in die Abstellkammer, um schon einmal Schaufel und Besen zu holen! Lassen Sie den Teller *nicht* herunterfallen, sondern trainieren Sie sich darin, sich innerlich den zerbrochenen Teller vorzustellen und dies in Ihrem Gehirn so erfolgreich zu blockieren, dass es *nicht* geschehen wird ...

Jetzt ist noch verständlicher, warum das Fantasieren und spielerische Umsetzen von Fantasien bei Kindern so gesund ist und warum ich es in diesem Buch empfehle: Es hält unser Gehirn fit und besonders leistungsfähig. In unserer konstruktiven Fantasiewelt können wir oft viel besser fantastische Unterscheidungen und fantasievolle Verbindungen konstruieren, als unser Umfeld sie uns „live“ bieten kann.

Intelligenz zeichnet sich meiner Ansicht nach also dadurch aus, dass das Gehirn eines Menschen in den meisten Bereichen seines Lebens viel mehr *Unterschiede* erschaffen und damit auch im Außen erkennen kann und gleichzeitig in der Lage ist, fantasiereiche und nützliche *Verknüpfungen* zwischen diesen Unterschieden zu erschaffen. Man lebt ein erfolgreiches Gleichgewicht zwischen Trennung und Verbindung.

Ein Mensch, der bei einem Intelligenztest schlechter abschneiden würde, hat das „Problem“, dass er tendenziell Dinge miteinander vermischt. Er steckt sie unter einen Hut, „generalisiert“ und empfindet, dass doch alles das Gleiche sei. Unterscheidungen fallen ihm schwer. Außerdem hat er Schwierigkeiten, in seiner Fantasiewelt nützliche Zusammenhänge für sich zu kreieren.

Inzwischen hat man festgestellt, dass die Intelligenz eines Menschen durch bestimmte Computerspiele erhöht werden kann, und zwar indem er seine Unterscheidungsfähigkeit und seine Imaginationskraft trainiert. Jedes Gehirn ist formbar und kann durch Training neue Fähigkeiten entwickeln. Selbst nach einem Schlaganfall kann der gesunde Hirnbereich die verlorenen Aufgaben des geschädigten Hirnbereichs durch gezieltes Training übernehmen, so dass der Mensch wieder leistungsfähig wird.

In unserer Beziehung zur destruktiven Kritikerin geht es darum, *Unterschiede* und *Verbindungen* zu finden, die unser Problem mit ihr lösen und uns ausgeglichen reagieren lassen. Genau das biete ich Ihnen im gesamten Buch an. Im ersten Kapitel ging es mehr um Unterscheidungen, die entstehen, sobald man ein Ziel anstrebt. Im letzten Kapitel wird es um eine tiefe Verbundenheit zwischen allem gehen. Ich freue mich, wenn die von mir dargestellten Sichtweisen Sie am Ende in Ihrer Fantasiewelt dazu befähigen, genügend *Unterscheidungen* zu erschaffen, so dass Sie gelöst und mit einer inneren *Verbundenheit* mit denjenigen Menschen in Ihrem Umfeld umgehen können, die Ihnen durch ihr Verhalten und ihre Worte unangenehme Folgen bereiten.

Übung 14

Etwas miteinander verknüpfen

Sie haben zwei Dinge oder Menschen oder Situationen im Alltag, die Sie miteinander verknüpfen wollen. Oder Sie haben etwas gelesen und möchten es mit zukünftigen Situationen in Ihrem Alltag verknüpfen, so dass Ihnen dabei wieder einfällt, was Sie gelesen haben.

Dazu stellen Sie sich beides gleichzeitig nebeneinander in einem Fantasiebild vor. Es kann ruhig auch zunächst nichts miteinander zu tun haben. Sie sehen es einfach nebeneinander.

Beispiele:

1. Die Kerze steht neben dem Schwan.
2. Der Teller steht neben dem Wohnzimmer.
3. Die Ziffern 24539 stehen normal nebeneinander.
4. „Jeder Mensch lebt in einer Fantasiewelt“ auf den „Alltag“ übertragen.

Nun fragen Sie sich, was diese Dinge miteinander verbinden könnte. Lassen Sie Ihrer Fantasie freien Lauf.

Beispiele:

1. Die Kerze wird angezündet und verbrennt die Schwanzfedern des Schwans. Oder der Schwan frisst die Kerze am Stück und sie bleibt ihm quer im Hals stecken.
2. Der Teller rollt durch die Tür des Wohnzimmers herein und springt selbstständig auf den Platz, auf dem Sie ihn benötigen.
3. Bei den Ziffern sehen Sie, dass die 3 nicht auf Ihrem „normalen“ Platz sitzt, wenn Sie von 2 an aufwärts zählen würden: 2 *3* 45. Außerdem ist die normal folgende 6 zu einer 9 umgedreht. Die normale Reihenfolge 23456 hat sich durch eine frech aus der Reihe tanzende 3 und durch eine auf dem Kopf stehende 6 verwandelt in 24539.
4. Sie sehen innerlich ein Fantasiebild vor sich, auf dem viele Menschen auf einem großen Platz versammelt sind. Daneben sehen Sie das Bild von einem bunt schillernden, beweglichen großen Haufen vieler laufender Fernsehbildschirme (wie auch immer Sie sich das vorstellen). Dieser Haufen ist hier mein Symbol für „Fantasiewelt“. Nun sehen Sie, wie sich der bunte Haufen plötzlich permanent vervielfältigt, gleichzeitig verkleinert und anschließend diese kleinen, bunt schillernden Haufen sich mit einem Sprung in die Köpfe aller

Menschen auf dem Platz verpflanzen. Nun sehen Sie die Köpfe all der Menschen mit ihrem bunten beweglichen Inhalt. Jeder Kopf schillert anders – in leuchtenden Farben. Diese Menschen versuchen sich begeistert darüber auszutauschen, was sie gerade jeweils in ihrem eigenen Kopf wahrnehmen. Jeder will es dem anderen erzählen, der jedoch gleichzeitig mit seinem eigenen schillernden Kopf zu tun hat und dabei versucht, sein Gegenüber so gut wie möglich zu verstehen.
Um dieses Bild besonders zu festigen, gehen Sie in die Stadt auf einen Platz oder in ein Gebäude, wo Sie besonders viele Menschen beobachten können. Sie schauen die Menschen an und „sehen" mit Ihrer Fantasie die vielen bunt schillernden Fantasiewelten in den Köpfen dieser Menschen.

Bei mir hatte diese Vorstellung Nr. 4 den Nebeneffekt, dass ich mich plötzlich mit diesen Menschen noch mehr verbunden fühlte, denn wir haben alle etwas gemeinsam: eine durch unser eigenes Leben geprägte schillernde Fantasiewelt. Ich „sah" auf einmal, dass kleine Menschengruppen, die fröhlich zusammensaßen oder -standen und eine Art Clique bildeten, sich für mich nicht mehr als einheitliche Gruppe präsentierten, sondern als eine Gruppe einzelner Menschen, in der jeder seine ganz eigene Fantasiewelt besitzt.

Bei jeder für Sie guten Idee in diesem Buch streichen Sie nun den Abschnitt nicht mehr mit einem Bleistift oder Marker an, sondern Sie legen den Stift zur Seite. Das Unterstreichen bringt Ihnen nur etwas, wenn Sie das Buch wieder zur Hand nehmen und darin die angestrichenen Sätze wiederfinden und lesen, aber es hilft damit noch nicht für den Alltag. Wollen Sie etwas Wichtiges unterstreichen, dann reagieren Sie in Zukunft auf eine neue Weise: Sie legen das Buch kurz zur Seite, malen sich in Ihrer Fantasiewelt eine zukünftige Situation mit einer Person aus, bei der Sie das Gelesene anwenden wollen, und stellen sich deutlich vor, wie Ihnen diese gute Idee in dieser Situation wieder einfällt und was Sie dann denken, fühlen oder tun werden. Sie gehen die Szene ein zweites Mal durch. Wie wird es genau geschehen? Fallen Ihnen beim zweiten Mal noch ein paar mehr Dinge ein?

Dann stellen Sie sich alles noch einmal mit einer anderen Person oder in einer anderen Situation vor. Darin kommen auch viele Elemente vor, die Sie kennen und die Sie in der zukünftigen Situation darin unterstützen, sich wieder an die gute Idee aus dem Buch zu erinnern. Haben Sie sich beispielsweise das Büro Ihrer Chefin vorgestellt, in dem sie mit Ihnen ein Gespräch führt, dann konzentrieren Sie sich in Ihrer Fantasie auch intensiv auf die Elemente „Schreibtisch“, „Pflanze“, „Bilder an der Wand“ etc. und verknüpfen diese Dinge mit der guten Idee aus dem Buch.

Wie eine derartige Verknüpfung auf die Zukunft bezogen funktioniert, zeige ich Ihnen mit folgendem Beispiel:

Sie stellen sich vor, wie Sie irgendwann demnächst das Buch zuklappen, um nun etwas anderes zu tun. Dabei werden Sie sicherlich eine Tür öffnen, um aus einem Raum oder in einen Raum zu gehen. Wenn Sie eine Tür öffnen, greifen Sie zur Türklinke. Überlegen Sie sich, welche Türklinke von welcher Tür Sie zuerst anfassen werden. Sie stellen sich jetzt vor, dass Ihnen in dem Moment, in dem Sie diese Türklinke berühren, meine Idee einfällt, sich selbst mit einem Avatar heilen zu können. Sie intensivieren diese Verknüpfung, indem Sie sich vorstellen, dass die gesamte Tür für Sie selbst steht, sie ist Ihr Avatar. Die Türklinke ist seine Hand. Wenn Sie nun die Türklinke in die Hand nehmen, schütteln Sie sich quasi selbst die Hand.

Sie lesen den letzten Absatz noch einmal und beobachten anschließend, wie in der Zukunft Ihr Gehirn reagiert, wenn Sie beim nächsten Mal eine Türklinke in die Hand nehmen, und woran Sie denken.

So funktionieren Verknüpfungen für Ihre Zukunft. Auf diese Weise können Sie sowohl alte Erinnerungen mit neuen Verknüpfungen versehen als auch Ihr Gehirn auf zukünftige Situationen vorbereiten. Dazu benötigen Sie Ihre farbig schillernde, unbegrenzte konstruktive Fantasiewelt.

Übung 15

Mithilfe von Unterscheidungen Klarheit bekommen

Eine Unterscheidung ist meistens angebracht, wenn Sie ein Problem wahrnehmen – entweder bei anderen oder bei sich selbst. Wenn man Plätzchen backt, dann hat man zuerst einen Klumpen Teig auf dem Tisch. Beobachten Sie genau: Meistens erscheinen mit einem Problem zusammen bestimmte „Klumpen" in der Formulierung.

Ich wähle bewusst nicht den Begriff „Generalisierung", weil er nicht auf alles anwendbar ist. Der „Klumpen" ist für mich ein praktischeres Bild.

„*Die anderen verhalten sich alle rücksichtslos und egoistisch.*"

Hier gibt es z. B. den Klumpen „*Die anderen alle*".

Man kann den Klumpen durch eine Frage in Teile unterteilen, in Plätzchen unterscheiden: „*Wer denn genau?*" und „*Ist jeder gleich stark rücksichtslos oder gibt es auch kleine Ausnahmen?*"

Die Antwort bringt mehr Klarheit, deutlichere Unterscheidungen. Man erhält Informationen, wer alles dazugehört und wer nicht.

Ein weiterer Klumpen ist „*rücksichtslos*".

Unterscheidende Frage: „*Rücksichtslos gegenüber wem oder was?*" oder „*Worauf genau wird keine Rücksicht genommen?*"

Eine unterscheidende Frage entspricht beim Plätzchenbacken der Form, mit der wir aus dem Klumpen die ersten Plätzchen ausstechen. Eine Antwort entspricht dem Plätzchen, mit dem wir schon etwas mehr anfangen können als mit dem Teigklumpen. Natürlich lässt sich ein Plätzchen noch verschönern durch weitere Fragen und Antworten, die noch mehr Unterschiede zum Vorschein bringen.

Problem des Kindes: „*Schule ist bescheuert.*"

Klumpen: „*Schule*" und „*bescheuert*".

Unterscheidende Frage an das Kind: „*Was genau findest du an der Schule bescheuert?*" Schon bei dieser Frage wurde eine Unterscheidung gefällt, indem nicht mehr auf das „*ist*" eingegangen wurde, sondern man es direkt der Fantasiewelt des Kindes zugeschrieben hat, dass es selbst die Schule bescheuert „findet".

Antwort: „*Die Lehrerin war wieder ungerecht.*"

Nun ist das Problem schon ein wenig klarer. Das Plätzchen ist die „*Lehrerin*" und „*ungerecht*". Allerdings kann man diese Plätzchen auch wieder zu einem Klumpen formen und diesen noch in kleinere Plätzchen „unterscheiden", z. B. durch die Frage: „*Welche Lehrerin denn – und was genau hat sie getan?*"

„*Die Mathelehrerin hat mich von Tobias weggesetzt, weil wir zu viel miteinander geredet haben, und dann hat sie mir auch noch eine Strafarbeit gegeben.*"

Damit ist der Problem-Klumpen unterschieden und das eigentliche Problem kommt zum Vorschein. Nun kann man mit Überlegungen beginnen, wie das Problem gelöst werden könnte.

Klumpen: „*Keiner traut sich, ganz ehrlich seine Meinung zu sagen!*"

Unterscheidende Fragen: „*Wer ist Keiner?*" und „*Wenn jemand schweigt, bedeutet das tatsächlich immer, dass jemand Angst hat zu reden?*"

Ein typischer Klumpen, den viele Menschen von sich selbst kennen: „*Niemand mag mich.*"

Mögliche unterscheidende Fragen: „*Wer mag dich denn am wenigsten? … Wenn du das weißt, dann weißt du auch, dass alle anderen dich ein bisschen mehr mögen.*"

„*Was brauchst du, damit du das Gefühl hast, dass dich jemand mag?*"

„*Was würden Menschen tun, wenn sie dich mögen würden? Woran würdest du es merken?*"

„*Wenn die Menschen dies nicht tun, woher weißt du, dass sie dich nicht vielleicht trotzdem mögen?*"

Wenn Sie einem destruktiven Kritiker zuhören oder seine Texte lesen, beobachten Sie, wo man seine Aussagen durch unterscheidende Fragen noch verfeinern und damit genauer klären könnte. Beispiele:

Klumpen: *„Das, was du tust, ist inakzeptabel!“*

Unterscheidende Fragen: *„Was genau von dem, was ich alles getan habe?“*

„Für wen genau inakzeptabel?“

„Wie müsste es sein, dass es für die Person (oder den Personenkreis) akzeptabel wäre?“

Klumpen: *„Das ist purer Egoismus.“*

Unterscheidende Fragen: *„Worauf beziehst du diese Aussage? Also was genau ist egoistisch?“*

„Was bedeutet für dich überhaupt Egoismus?“

„Was wäre un-purer Egoismus?“

„Was wäre für dich das positive Gegenteil von purem Egoismus in diesem Zusammenhang?“

Unterscheidende Fragen helfen, bei zusammengeklumpten Themen die einzelnen Bereiche besser voneinander zu trennen, mehr Klarheit zu bekommen und letztendlich auch bestimmte Gehirnkarten besser auseinanderzuhalten und zu sortieren. Auf diese Weise lernen wir die Zielbereiche und auch die Nicht-Zielbereiche sowohl unseres Gegenübers als auch von uns selbst genauer kennen.

Je besser wir etwas kennengelernt und unterschieden haben, desto klarer können wir damit umgehen und es entsprechend verändern und weiterentwickeln.

Macht uns ein Mensch Vorwürfe oder kritisiert uns abwertend, dann können wir auch laut oder leise für uns unterscheiden: *„Der andere projiziert etwas mithilfe festgeschriebener Gehirnkarten auf mich. Das hat* ***nichts*** *mit mir zu tun.“*

Oder: *„Seine Stimmung hat nichts mit mir zu tun.“*

Oder: *„So, wie er mit der Sache umgeht, ist es ganz allein seine Entscheidung und hat nichts mit mir zu tun.“*

Oder: *„Ja, ich habe etwas bei ihm ausgelöst und ich habe (vielleicht) auch einen Fehler gemacht, aber die Art, wie er nun mir gegenüber auftritt, hat nichts mit mir zu tun, sondern das ist allein seine Entscheidung.“*

Ich erkannte eines Tages bei mir selbst, dass meine Begeisterung für eine Aufgabe immer mit der Anerkennung anderer Menschen „verklumpt“ war. Ich hatte mich gefragt, warum ich bei schwereren Aufgaben sofort die Lust verlor, anstatt dafür Begeisterung zu entwickeln. Dazu fiel mir ein, dass ich bisher oft einen bestimmten Ablauf erlebt hatte: Ich begeisterte mich für etwas und musste dann erleben, dass ein anderer Mensch mit seinem Verhalten meine Begeisterung dämpfte, eingrenzte oder zerstörte. Dadurch, dass jemand anders sich nicht genauso für etwas begeistern konnte wie ich, fühlte ich mich gebremst. Besonders in meiner Kindheit gab es absichtliche oder unabsichtliche Grenzsetzungen für Dinge, die mich begeisterten.

Als mir diese Verklumpung bewusst wurde, unterschied ich und sagte mir: „Meine Begeisterung hat *nichts* mit der Laune oder dem Nicht-Zielbereich anderer Menschen zu tun.“

Danach fühlte ich mich auch bei schweren Aufgaben viel motivierter und begeisterter als früher.

Sie suchen nach „Klumpen“ in den Formulierungen anderer Menschen oder in Ihren eigenen Formulierungen und unterscheiden Sie durch Nachfragen.

Sie beobachten das Verhalten eines anderen Menschen, der in seiner Fantasiewelt sein Gefühl mit Ihrem Verhalten verknüpft und Ihnen deshalb Vorwürfe macht, und unterscheiden diese Verknüpfung wieder, indem Sie für sich formulieren, was Ihrer Fantasie nach *nicht* zusammengehört.

Sie erinnern sich

- Mein Gehirn hat plastische „Karten“ entwickelt, um sich im Austausch mit meinem Körper und meinem äußeren Umfeld optimal zu orientieren. Mithilfe dieser Karten stellt es eine Resonanz zu den Geschehnissen im Körper und in meinem Umfeld her und gibt neue Impulse für bessere Gleichgewichte.

- Beendet sich ein Austausch zwischen Gehirn und einem Körperteil oder einem Bereich meines Umfeldes, dann wird in der entsprechenden Gehirnkarte der zuletzt erreichte Zustand festgeschrieben.

- Den unangenehmen Zustand einer Gehirnkarte, die keinen Austausch mehr erfährt, kann ich mithilfe von äußerlich herbeigeführten Illusionen (= Avatar) oder auch mit innerer Vorstellungskraft (= konstruktive Fantasie) zu einem Happy End weiterentwickeln und mich dadurch selbst heilen.

- Ich entwickle meine Gehirnkarten, indem ich Verbindungen herstelle. Verbindung bedeutet: Kontakt intensivieren, Verknüpfung, Ähnlichkeit, Wellenlänge herstellen, in Resonanz sein, „das gehört dazu".

- Ich entwickle meine Gehirnkarten, indem ich Unterscheidungen herstelle. Unterscheidung bedeutet: sich unterschiedliche Bilder machen, Klumpen genauer unterteilen, Trennung, Loslösung, „das ist *nicht* das Gleiche", zwei verschiedene Welten sehen, Nicht-Resonanz, einsortieren in den Nicht-Zielbereich, „das gehört *nicht* dazu".

Man soll aufhören, wenn´s am schönsten ist

Unser Gehirn steht im ständigen Austausch mit unserem Körper und unserem Umfeld. Bricht ein Kontakt zu einem Bereich des Körpers oder des Umfeldes ab, so speichert das Gehirn diesen letzten Zustand als gegenwärtiges „Gleichgewicht" und schreibt ihn fest. Immer wenn wir an diesen Bereich erinnert werden oder uns selbst daran erinnern, präsentiert unser Gehirn uns diesen letzten Zustand. Durch diese Eigenart des Gehirns verstehen wir nun besser die Behauptung: „Man soll aufhören, wenn´s am schönsten ist." In dem Moment, in dem wir aufhören und den Kontakt abbrechen zu dem, was wir bisher Schönes erleben, wird der schöne Zustand in unserem Gehirn festgeschrieben. Er bleibt optimal in Erinnerung und vermittelt uns angenehme Gefühle, Freude und Ausgeglichenheit.

Ist der Zustand besonders schmerzhaft, wie z. B. bei einer schmerzvoll verlorenen Hand (etwa durch die Explosion eines Feuerwerkkörpers) oder bei einer Trennung von einem anderen Menschen im Streit, so ist dies ein Ungleichgewicht für uns. Wir beginnen bewusst oder unbewusst, nach einem besseren Gleichgewicht, nach einem „Happy End“ zu suchen. Feinfühlige Menschen können uns diese innere Suche ansehen und fragen uns: „*Was beschäftigt dich?*“ Immer, wenn uns etwas beschäftigt, dann ist das ein Zeichen dafür, dass unser Gehirn für sich selbst ein Happy End sucht. Ich sage gerne: „Bei mir läuft gerade ein Suchprogramm im Hintergrund, so dass ich mich nicht mit voller Energie auf die Gegenwart konzentrieren kann.“

Im Folgenden benutze ich den Begriff „Happy End“ häufiger anstelle von „Gleichgewicht“, weil ich dadurch bestimmte Zusammenhänge besser auf den Punkt bringen kann. Er passt gut zu den Eigenarten unseres Gehirns. Denn in dem Begriff ist das „Ende“ enthalten, also der Kontaktabbruch, der dazu führt, dass ein bestimmter Zustand in unserem Gehirn festgeschrieben wird – in diesem Fall auf glückliche Weise. Ein „Happy End“ ist sowohl das Erreichen eines neuen Gleichgewichtes (Zieles) als auch das erfolgreiche Verteidigen oder Wiedererlangen eines bestehenden Gleichgewichtes (gewohnter Zustand).

Erleben wir also körperlich oder seelisch ein unglückliches Ende (ein „Bad End“), das wir nun in unserem Gehirn aushalten müssen, und spüren wir, dass unser Gehirn sich nicht selbst zu einem Happy End weiterentwickeln und dadurch heilen kann, dann beschäftigt uns das. Wir beschweren uns über körperliche oder seelische Schmerzen. Und wir suchen grübelnd in uns selbst oder auch in unserem Umfeld eine Lösung, wie wir dies verändern und in Richtung Happy End bewegen könnten.

Wir lesen Bücher, reden oder diskutieren mit anderen Menschen, gehen zum Arzt, führen eine Systemische Aufstellung durch, oder wir rufen nach Mama, wenn wir noch besonders jung sind. Wir „suchen“ (= Sucht) so lange im Außen oder auch im Inneren nach neuen Sichtweisen, Erkenntnissen, Informationen, bis wir in unserem Gefühl ein besseres Gleichgewicht wahrnehmen können und sich dadurch unsere Suche vorübergehend beendet oder sogar endgültig erlöst = „Happy End“.

Egal, ob wir innerlich oder äußerlich nach einer Lösung suchen: Unser Ziel ist immer ein besseres Gleichgewicht oder die erfolgreiche Verteidigung eines bestehenden Gleichgewichtes. Was genau für uns ein

Happy End darstellt, hängt von unseren persönlichen Zielen ab, also von dem, was wir als neues Gleichgewicht erreichen wollen (= Ziel) oder was wir als Ungleichgewicht empfinden (= Nicht-Ziel) und in ein gewohntes Gleichgewicht zurückholen wollen. Dabei könnte sich unsere Suche sowohl auf eine ganz frische Krise beziehen, die wir gerade erleben, als auch auf Traumata, die wir schon seit unserer Kindheit unerlöst mit uns herumtragen.

Wenn wir uns in unserer Fantasiewelt vorstellen, dass jeder Mensch permanent nach Happy Ends in allen möglichen Bereichen sucht und oft sogar darum kämpft, dann können wir uns viele Situationen unseres Alltages besser erklären. Ich nenne im Folgenden ein paar Beispiele.

Streiten zwei Menschen miteinander, so können wir erleben, dass beide Seiten es schwer haben, das betreffende Thema loszulassen. Entweder es wird tatsächlich noch eine gemeinsame Lösung gefunden, dann fühlen beide ein Happy End. Oder beide wollen das Happy End jeweils für sich gewinnen – und das schaffen sie dadurch, dass sie das „letzte Wort" behalten. Denn wer das letzte Wort hat, der hat den Zustand erschaffen, der am Schluss in beiden Gehirnen „festgeschrieben" wird. Kann der andere es so nicht „stehen lassen", dann muss er noch einen Kommentar zum Thema abgeben und damit den Zustand des Themas zu einem Happy End weiterentwickeln. Damit kann er nun zufrieden sein – und gleichzeitig hat sein Gegenüber sein Happy End verloren und fühlt sich mit diesem Ende nun wesentlich unwohler. Kann er das nicht aushalten, wird er eine neue Bemerkung oder Geste machen, die dazu führen soll, dass er sich seinem Happy End wieder näher fühlt etc. Im Extremfall kann das zu einer unendlichen Geschichte werden.

Aufgrund der Funktionsweise unseres Gehirns geht es in jeder Auseinandersetzung um Gewinnen und Verlieren. Derjenige, der gewinnt, darf ein Happy End in seinem Gehirn fühlen. Derjenige, der verliert, muss so lange unter den Gefühlen eines Bad Ends in der entsprechenden Gehirnkarte leiden, bis er dafür ein eigenes Happy End gefunden hat.

Viele können nicht aufhören, wenn´s am unangenehmsten ist.
Verständlich.

Es gibt Menschen, die kraftvoll und bestimmt ihre Meinung sagen, sich dann umdrehen, gehen und dadurch den Kontakt und die Möglichkeit einer Weiterentwicklung des Themas unterbrechen. Jetzt wissen wir, warum sie das tun: Damit haben sie „gewonnen“ und ihr Happy End im Gehirn und im Gefühl erreicht. Sie haben das letzte Wort ausgesprochen, das nun in den Gehirnen der Beteiligten „festgeschrieben“ wird. „Happy End“ heißt nicht unbedingt, dass diese Menschen nun glücklich sind. Auf jeden Fall haben sie aber ein größeres Unglück verhindert, das eingetreten wäre, wenn sie „verloren“ hätten. Manche brechen genau deswegen den Kontakt ab und gehen, weil sie die nächste Reaktion des anderen fürchten und lieber schnell verschwinden, bevor es noch schlimmer wird. Dann haben sie erfolgreich ein noch größeres Ungleichgewicht in sich selbst verhindert. So etwas ist ebenfalls ein gewisses Happy End.

Manchmal dreht sich diese Person nicht weg und geht, sondern sie bleib. Allerdings vermittelt sie permanent den Eindruck, dass sie das, was ihr Gegenüber sagt, nicht an sich heranlässt. Ihr Gegenüber hat bei ihr das Gefühl, gegen eine Wand zu reden. Das schafft diese Person dadurch, dass sie in gewisser Weise innerlich „weggeht“, sich distanziert, den inneren Kontakt abbricht, keine Reaktion zeigt oder nicht auf das eingeht, was ihr Gegenüber zum Thema sagt, sondern auf eine immer gleiche Weise ihre Sichtweise präsentiert. Damit bleibt ihre Sichtweise „festgeschrieben“. Sie hält intensiv an ihrem Happy End fest und ist zu einer Weiterentwicklung ***nicht*** bereit. Denn in ihrem Gefühl wäre eine Weiterentwicklung nur eine Verschlechterung und würde sie von ihrem Ziel abbringen. Eine Veränderung dieses Themas befindet sich in ihrem Nicht-Zielbereich. Auch das Wort „basta“ ist eine solche Festschreibung und damit ein gewisses Happy End für denjenigen, der das Wort ausspricht. Es kommt aus dem Italienischen *(bastare)* und bedeutet „genug sein“ – also *„genug der Entwicklung und Veränderung, es soll nun dort stehen bleiben, wo ich es jetzt entschieden habe*“.

Eine Person, die uns angreifend und verletzend kritisiert, spürt also möglicherweise gerade ein Bad End in sich selbst und hat das Gefühl, durch die Kritik ein gewisses Happy End für sich erreichen zu können. Um ihr Happy End anschließend aufrechterhalten zu können, verschließt sie sich uns gegenüber vor einem ebenbürtigen Austausch (mit Weiterentwicklung).

Wenn wir auf der anderen Seite das Ziel verfolgen, unser kritisierendes Gegenüber von etwas zu überzeugen, befinden wir uns im Nachteil. Denn der andere besitzt immer die Macht, entweder sich zu verschließen und seine eigene Sichtweise festgeschrieben zu lassen oder sich für einen Austausch und damit für eine Weiterentwicklung zu öffnen. Derjenige, der an seiner Sichtweise festhält, befindet sich **immer** gegenüber demjenigen im Vorteil, der ihn zu überzeugen versucht.

Aus diesem Grund wirkt ein Mensch, der sich rechtfertigt und damit versucht, die festgesetzte Behauptung eines anderen Menschen zu widerlegen, immer als der etwas Schwächere. Denn er möchte durch seine Rechtfertigung die Sichtweise eines anderen Menschen weiterentwickeln. Doch ohne die Offenheit des anderen hat er keine Chance. Der andere lebt erfolgreich seine Verschlossenheit, seinen inneren Kontaktabbruch und damit den Schutz vor einer ungewollten Veränderung in seinem Gehirn.

Ich habe lange nach einer Erklärung gesucht, warum es sich für mich nie kraftvoll anfühlt, wenn ich mich rechtfertige, und warum häufig auch andere Menschen das Rechtfertigen als negativ werten. Jetzt ist mir klar, warum eine Rechtfertigung immer auch eine Schwäche ausstrahlt: Die Rechtfertigende bleibt die Verliererin, wenn die andere Person ihre Sichtweise nicht ändert. Ändert diese ihre Sichtweise und sagt: *„Ach so, … ja, dann verstehe ich … und sehe, dass ich etwas Falsches behauptet habe*“, dann verwandelt sich das Rechtfertigen nachträglich in eine erfolgreiche Erklärung, aber erst dann.

Deswegen wirkt jemand, der sich erfolgreich vor einer Weiterentwicklung seiner Sichtweise verschließt, oft als machtvoller „Sieger“. In der Politik und den Chefetagen großer Firmen sind solche Persönlichkeiten häufig gefragt, weil „Sich-Durchsetzen“ oft mit „Führen“ verwechselt wird.

Inzwischen kann ich leichter nachgeben, die andere Person „gewinnen“ lassen und ihr das letzte Wort und damit ihr Happy End zugestehen. Ich würdige und respektiere die andere in ihrer Entscheidung, stimme meinem Gefühl des Bad Ends zu und kümmere mich gut um mich selbst.

Wenn ich mich aber trotzdem noch irgendwie unwohl fühle, habe ich anschließend die Möglichkeit, in mir selbst ein Happy End nachzuholen, ohne dazu den weiteren Austausch mit meinem Gegenüber zu benötigen.

Wie Sie sich nach destruktiver Kritik oder „falschen“ Behauptungen anderer Menschen ein eigenes Happy End in Ihrer konstruktiven Fantasiewelt erschaffen, zeige ich im Abschnitt *„Die Installation der Sichtweise von Verbundenheit*“ im Kapitel 3.

Weitere Beispiele, in denen Menschen nach Happy Ends suchen:

Wenn ein Kind in der Schule etwas Schlimmes erlebt, dann kommt es nach Hause und möchte (normalerweise) mit den Eltern darüber reden. Es muss unbedingt der Mutter erzählen, was passiert ist. Hört die Mutter verständnisvoll zu, dann hat das Kind das Gefühl, sie durch die Erzählung erfolgreich auf den gleichen Stand gebracht zu haben. Durch Verständnis kann die Mutter am inneren Zustand des Kindes „andocken". Es entsteht eine Art „Wellenlänge" – und von diesem Punkt aus kann nun das Kind seinen unangenehmen inneren Zustand weiterentwickeln. Entweder ist schon allein die verständnisvolle Reaktion der Mutter ein Happy End oder die Mutter hat Ideen und Sichtweisen, die in dem Kind ein neues Gleichgewicht mit Happy End möglich machen. Zu einem verständnisvollen Rahmen gehört auch, dass der Leidende zunächst einmal nur sein Leid ausdrücken darf und darin verstanden wird. Es kann für die Weiterentwicklung sehr wichtig sein, zuallererst formulieren zu dürfen, wie weh etwas getan hat, und für diesen Schmerz vom Gegenüber Verständnis zu bekommen. Durch das freie Berichten über das erlebte Bad End wird ausführlich das entsprechende Gehirnnetzwerk aktiviert – und durch die neue Reaktion der Zuhörenden entwickelt sich dieses Gehirnnetzwerk dann weiter.

Können Eltern das Kind nicht wirklich verstehen und machen einfach nur Vorschläge, die eher zu ihrer eigenen Fantasiewelt passen als zu der des Kindes, so wird das Kind dies durch Widerstand spiegeln. Es wünscht sich „Verständnis", ein Andocken an seinen festgefahrenen Zustand im Gehirn und die Möglichkeit der anschließenden Weiterentwicklung dieses Zustandes in Richtung Happy End. Durch dieses Ziel gehört ein Nicht-Verstehen der Eltern automatisch nicht dazu und löst beim Kind Wertung und Widerstand aus: *„Nein! So meinte ich es nicht!"* („nicht" = Grenze zum Nicht-Zielbereich).

Reagieren Eltern tendenziell strafend und hat das Kind ein weiteres Ungleichgewicht zu befürchten (z. B. bei schlechten Schulnoten) oder haben die Eltern wenig Zeit oder sind unaufmerksam, dann bleibt das Kind an der Stelle in seinem unangenehmen Zustand stecken. Es muss allein sehen, wie es diesen Zustand irgendwann einmal weiterentwickeln und zu einem Happy End führen kann.

In sehr, sehr seltenen Fällen findet ein Jugendlicher oder junger Erwachsener nach langer vergeblicher und sehr verzweifelter Suche ein scheinbares „Happy End“, indem er den scheinbaren Verursacher seines inneren Ungleichgewichtes eliminiert – er tötet seinen Lehrer. So lassen sich die Hintergründe von Amokläufern erklären.

Bei *Big Brother* war Folgendes zu beobachten: Harald und Iris streiten sich und finden keine gemeinsame Lösung. Beide suchen im Kontakt miteinander für sich selbst nach einem Happy End, können es aber nicht finden und machen den jeweils anderen dafür verantwortlich. Anschließend geht Harald zu seinem Lebensgefährten Carlos und lästert über Iris. Das bedeutet: Er sucht im Gespräch mit ihm danach, die Situation für sich zu einem Happy End weiterzuentwickeln, indem er die Situation noch einmal beschreibt. Er drückt seine Gefühle und Wertungen vollständig aus, wie es ihm im Kontakt mit Iris nicht möglich war, und findet in Carlos für seine Sichtweise eine Unterstützung. Dabei tut es ihm gut (Happy End für das Gehirn), dass Carlos offen ist und zuhören kann, denn Harald bricht in Tränen aus und beginnt, seinen Schmerz fließen zu lassen. So kann Harald durch sein Reden und Weinen die Situation in sich verarbeiten und damit emotional weiterentwickeln. Vielleicht unterstützen ihn die Tipps von Carlos sogar für eine positive Weiterentwicklung.

Immer wenn ein Mensch das Bedürfnis hat, mit einem anderen Menschen über einen dritten Menschen zu reden, steckt dahinter der Wunsch nach Verständnis, nach einer Weiterentwicklung und nach einem Happy End für einen unangenehm festgeschriebenen Gehirnzustand.

Ich sehe es so: Wenn uns eine Person destruktiv kritisiert, steckt dahinter ihr verzweifelter Wunsch, für sich selbst in einem bestimmten Gehirnbereich ein Happy End zu finden. Das ist ein bestimmtes Ziel – und Ziele führen zu Wertungen, zu Ausgrenzungen. Die Kritikerin demonstriert uns intensiv ihre Wertungen und ihre Grenzen, um wieder intensiveren Kontakt zu ihrem Ziel fühlen zu können. Gehen wir zu ihren Grenzen und damit zu ihrem Ziel ein Gleichgewicht ein (durch Verständnis und Zustimmung), ist sie ihrem Happy End einen weiteren Schritt näher.

Immer wieder versuchen Menschen ihre Probleme im Beruf oder in Beziehungen zu lösen, indem sie den Job oder den Partner wechseln. Bei verschiedenen Experten habe ich gelesen oder von ihnen gehört, dass man ein Problem nicht löst, indem man wegläuft, sondern es direkt in der Situation lösen sollte. Man würde sowieso sein Problem überallhin mitnehmen und es auch im neuen Job und mit dem neuen Partner wieder erleben.

Jetzt kann ich ergänzen: Ein Wechsel ist nicht unbedingt schlimm, denn wir haben in jeder neuen Situation die Chance, unser Problem innerhalb eines neuen Rahmens ein Stück in Richtung Happy End weiterzuentwickeln. Vielleicht hilft uns der neue Job oder der neue Partner nicht, das Thema endgültig zu lösen. Doch in einem neuen Rahmen besteht auf jeden Fall die Chance, unser Problem zunächst zu wiederholen und dann einen neuen Schritt in Richtung Happy End zu machen.

In meiner Fantasiewelt denke ich: Aus diesem eben angeführten Grund kann es nie ein Fehler sein, eine neue Situation auszuprobieren. Die einzigen Folgen, die man tragen muss, ist der Verlust des Alten. Wer aber kaum ein Problem damit hat, das Alte loszulassen, der sollte sich nicht durch die Behauptung davon abhalten lassen, ein Wechsel würde das Problem sowieso nicht lösen, da man sich selbst und damit das Problem ja mitnehme.

Ich behaupte: Ein Wechsel in eine neue Situation bietet *immer* auch eine neue Chance, seine Problem-Gehirnkarte mindestens ein Stückchen in Richtung Happy End weiterzuentwickeln. Selbst eine schmerzvolle Erfahrung macht uns noch deutlicher, was wir *nicht* wollen, und unterstützt uns darin, in Zukunft klarer Grenzen setzen zu können.

Manchmal finden wir eine Person, die uns sehr gut versteht und die tolle Ideen dafür hat, wie man ein Happy End erreichen könnte. Im Kontakt mit dieser Person können wir unangenehme Zustände in unserer Erinnerung weiterentwickeln und zu einem Happy End führen. Das erleben wir zum Beispiel mit guten Freund*innen oder auch in der Gesprächstherapie. Hier wird meistens darauf geachtet, dass es möglichst schön endet.

Bei einem besonderen Abschied wollen wir unserem Gegenüber noch einmal etwas Schönes schenken oder ihm eine sehr angenehme Situation bereiten: Der andere soll den Abschied und alles damit Verbundene in schöner Erinnerung behalten. Dadurch können wir einen angenehmen „festgeschriebenen Zustand" im Gehirn des anderen (und auch bei uns selbst) auslösen – vorausgesetzt der andere hat es als ebenso schön empfunden und es passt in seinen Zielbereich. Happy End.

Die Mitglieder eines Stammes in Malaysia, die sich „Senoi“ nennen, sollen es sich zur Tradition gemacht haben, schlechte Träume am nächsten Morgen so lange zu erzählen, bis sich ein guter Ausgang gefunden hat, ein Happy End.

Manche Menschen holen sich abends kurz vor dem Einschlafen noch einmal den schönsten Moment des Tages intensiv in Erinnerung.

Und warum beende ich diesen Abschnitt mit diesem schönen Beispiel? Man soll aufhören, wenn´s am schönsten ist.

Übung 16

Sich die tägliche Suche nach Happy Ends bewusst machen

Bei dieser Übung leben Sie „normal“ Ihren Alltag mit einer kleinen Änderung.

Sie leben einen Tag lang mit den beiden Fragen:

„Welches Happy End suche/lebe ich jetzt gerade?“

„Welches Happy End sucht/lebt gerade mein Gegenüber?“

Damit Sie diese Fragen nicht vergessen, schreiben Sie sie auf mehrere Zettel, die Sie überall in Ihrer Wohnung und an Ihrem Arbeitsplatz mit Tesaband befestigen oder einfach nur hinlegen. Gute Stellen dafür sind:

- an den Rand des Computerbildschirm geklebt, leicht ins Bild hereinhängend,
- am Telefon über der Zahlentastatur,
- auf farbigem Papier im Geldscheinfach Ihres Portemonnaies,
- auf dem Armaturenbrett Ihres Autos,
- auf dem Küchen- oder Esstisch etc.

Sie beobachten, welche Antworten Ihnen daraufhin kommen.

Wenn Sie über das Happy End eines anderen Menschen nachdenken, so denken Sie auch an die Möglichkeit, ihn direkt zu fragen, was er gerade sucht oder sich wünscht.

Sie wiederholen die Übung nach ein paar Tagen. Auf diese Weise integrieren Sie allmählich diese neue Form von Aufmerksamkeit in Ihren Alltag. So können Sie bewusster und daher auch ausgeglichener mit der alltäglichen Suche nach Happy Ends umgehen und ein Happy End gezielter erreichen oder die Suche danach leichter aufgeben.

Die Suche nach Happy Ends bei Phantomproblemen

Sowohl unsere Suche nach Happy Ends als auch die Tatsache, dass unser Gehirn eine sehr ähnliche Situation benötigt, um einen alten Zustand weiterzuentwickeln, führen mich nun zu den Systemaufstellungen (nähere Infos darüber: www.freie-systemische-aufstellungen.academy).

Mithilfe der bisher entwickelten Sichtweisen kann ich neu formulieren, wofür uns Aufstellungen dienen: Sie bieten uns ganz direkt die Möglichkeit, unsere unangenehm festgefahrenen Beziehungs-Gehirnkarten zu einem Happy End weiterzuentwickeln, „unterbrochene Hinbewegungen" zu vollenden und dadurch z. B. auch Phantomprobleme zum Verschwinden zu bringen.

Was ist ein Phantomproblem?

Fühlen wir einen körperlichen Phantomschmerz, dann projiziert unser Gehirn einen Schmerz in einen Körperteil, der gar nicht mehr existiert. Haben wir in einer Beziehung zu unserem Umfeld ein Phantomproblem, dann projiziert unser Gehirn etwas in unser aktuelles Umfeld, das eigentlich in eine frühere ungelöste Beziehung zu einem anderen Menschen gehört. Wir meinen, für unser Umfeld etwas tun oder uns auf eine bestimmte Weise verhalten zu müssen, obwohl niemand konkret etwas gesagt hat. Oder wir befürchten eine negative Reaktion von unserem Umfeld, wofür es bisher keinen konkreten Anhaltspunkt gibt. Oder wir projizieren in einen anderen Menschen etwas Negatives (Hintergedanken, Erwartungshaltung, Abneigung etc.), was dieser nicht bestätigen kann. Oder wir fühlen ein Problem, können dafür aber keinen wirklich logischen Grund in unserem Alltag finden.

Entweder klären sich solche Phantomprobleme schon direkt im Austausch mit unserer neuen Umwelt und wir können klärende Unterscheidungen treffen (siehe Übung 15), oder wir merken, dass sich ein Problem immer wiederholt und sich nicht so einfach klären lässt. Dann suchen wir nach Klärung und Hilfe.

In Aufstellungen können wir mit solchen festgefahrenen Projektionen arbeiten und den entsprechenden Gehirnkarten für zwischenmenschliche Beziehungen eine Weiterentwicklung anbieten. Teilnehmer*innen suchen sich aus der Gruppe Stellvertreter*innen für die an dem Problem beteiligten Personen aus. Dann wird beobachtet und durch Fragen erforscht, wie sich diese Stellvertreter*innen fühlen und verhalten. Schließlich wird ausprobiert, ob ein Happy End möglich ist. Oder man wartet, ob sich aus dem Verhalten der Stellvertreter*innen wie von selbst allmählich ein Happy End oder einfach nur ein nächst besseres Gleichgewicht entwickelt.

Wenn die Stellvertreter*innen (durch resonierende Empfindungen gesteuert) sich von Anfang an auf eine Weise äußern und verhalten, dass die aufstellende Person ihre Problematik in der Aufstellung wiederfindet, dann bietet die Aufstellung dadurch eine gute Projektionsfläche für die entsprechende Gehirnkarte. Es ist die gleiche Voraussetzung wie bei Philip, als er begeistert mitteilte, dass er durch das Betrachten des Spiegelbildes seiner rechten Hand das Gefühl hätte, es wäre die amputierte linke Hand und er würde seinen Phantomarm wieder eingestöpselt spüren. Durch diese Voraussetzung wurde sein Gehirn in die Lage versetzt, an die Gehirnkarte des amputierten Arms anzuknüpfen und sie in Richtung Happy End weiterzuentwickeln.

Als ich zwei ähnliche Brahms-Stücke hintereinander am Klavier übte, war unglücklicherweise auch genau diese Voraussetzung gegeben, so dass mein Gehirn die alte Gehirnkarte mit weiterentwickelte.

Bei einer Aufstellung verhält es sich so: Mithilfe von Stellvertreter*innen, die sich sehr ähnlich verhalten wie die von ihnen vertretenen Personen, wird unser Gehirn in die Lage versetzt, an bestimmte festgefahrene Beziehungskarten anzuknüpfen. Wir fühlen die Beziehung zu einer oder mehreren Personen wieder „eingestöpselt“. Dadurch kann diese Beziehung in uns weiterentwickelt werden. Durch Veränderungen in der Aufstellung werden wir dazu angeregt, uns ein neues Bild zu machen, ein Happy End zu finden. Mit diesem Gefühl kehren wir dann in den Alltag zurück und setzen die Beziehung zu den entsprechenden Personen auf neue Weise fort, in einem besseren Gleichgewicht.

Eine erwachsene Tochter verlor bei einem Unfall ihre Mutter. Vorher hatten sie ein ungeklärtes Verhältnis und überlegten daher am Telefon, sich doch einmal zu treffen und in Ruhe auszusprechen. An dem Tag, an dem die Mutter die Tochter besuchen wollte, verunglückte sie tödlich. Die Aussprache fand nie statt. Als die Tochter dann bei einer Aufstellung eine Stellvertreterin für ihre Mutter aussuchte, diese Stellvertreterin ansah und ihre Mutter in sie projizieren konnte, kamen viele Tränen. Die Tochter weinte heftig um den Verlust der Mutter („*Ich vermisse dich sehr!*“) und verarbeitete ihn auf diese Weise ein Stückchen. Anschließend fand eine Aussprache zwischen Mutter und Tochter statt. Die Stellvertreterin der Mutter formulierte intuitiv Gedanken und Gefühle, die die Tochter tief berührten und ihr ein Happy End bescherten. Die Tochter sagte später: „*Ich habe es immer geahnt, dass meine Mutter so fühlte, wie die Stellvertreterin es hier formuliert hat - doch sie hat es nie gesagt.*“ Die Stellvertreterin konnte es mithilfe von resonierenden Empfindungen (also ohne Anweisungen) in Worte fassen – ein Happy End für die Gehirnkarte der Tochter.

Ich vergleiche gerne einen amputierten Körperteil mit einer amputierten Beziehung. Damit meine ich eine Beziehung, die wir irgendwann in der Vergangenheit abbrechen mussten, weil unser Gegenüber entweder verstorben ist oder wir uns getrennt haben. Unser Gehirn hat den letzten Zustand, den wir mit diesem Menschen erlebt haben, festgeschrieben. Wenn es ein Mensch war, der uns sehr viel bedeutet hat und der in den meisten unserer Lebensbereiche präsent war, dann beeinflusst der letzte festgeschriebene Zustand all diese Lebensbereiche. Denn dazu gibt es sehr viele Verknüpfungen in unserem Gehirn. Haben wir uns im Negativen getrennt oder geschah der Tod plötzlich und wir haben das Gefühl, etwas in dieser Beziehung sei noch unerledigt, dann beeinflusst dieses Unerledigte durch die vielen Verknüpfungen all unsere anderen Lebensbereiche, die uns irgendwie an diesen Menschen erinnern. In vielen Lebensbereichen erleben wir Phantomprobleme – und die anderen Menschen wundern sich, was denn mit uns los sei, und fühlen sich von uns missverstanden. Unser Gehirn projiziert Ungleichgewichte in sie, die sie uns gar nicht bestätigen können. Wir befürchten oder sehen Probleme, wo für andere anscheinend gar keine vorhanden sind. Hätte beispielsweise die Tochter nicht das Happy End mit der Mutter nachgeholt, dann hätte es sein können, dass sie im Laufe der Zeit in der Beziehung zu ihrem Partner oder zu ihrer eigenen Tochter (also zu einem Menschen, der ihr ähnlich nahesteht wie ihre Mutter) ein permanentes Gefühl entwickelt, irgendwie noch eine Aussprache zu wollen – ein Phantomproblem.

Im Extremfall hat uns eine Trennung sehr wehgetan, so dass wir die Erinnerung daran zu vermeiden versuchen. Unsere Beziehungskarte und all ihre Verknüpfungen sind in einem heftigen Schmerz festgeschrieben. Damit wir diesen Schmerz in der Gegenwart im Alltag nicht fühlen müssen, vermeidet unser Gehirn den Zugang zu dieser Beziehungskarte.

Es gibt dazu aus der Hirnforschung einen interessanten Hinweis. Am 13.1.2005 war in *Die Zeit* ein Artikel von Angelika Franz zu lesen (*Trauer im Herzen – Flaute im Hirn*). Sie schreibt u. a.: „ ‚Nachdem er mich verlassen hatte, konnte ich lange Zeit gar nichts mehr spüren – ich war wie tot', hört man Frauen nach einer Trennung oft sagen. Wie recht sie mit dieser hilflosen Beschreibung ihres Seelenzustandes haben, hat jetzt eine Gruppe von Wissenschaftler*innen aus Tübingen und dem amerikanischen Charleston in South Carolina nachgewiesen. Sie untersuchten die Hirnaktivitäten von Frauen, die vor höchstens vier Monaten von einem Partner verlassen wurden, mit dem sie zuvor mindestens ein halbes Jahr eng zusammen gewesen waren. Dabei stellten die Wissenschaftler*innen fest, dass nach einer Trennung bestimmte Hirnareale nur noch vermindert tätig sind oder fast brachliegen. [...]

Verstärkte Hirntätigkeit wiesen die neun ausgewählten Versuchspersonen dagegen im Kleinhirn auf, das für das Gleichgewicht und koordinierte Bewegungen sorgt. Das Phänomen *gesteigerter* Hirnaktivität ist recht gut erforscht und zeigt an, dass Nerven in dieser Region mehr arbeiten müssen, um die entsprechenden Aufgaben wahrzunehmen. Weniger klar ist, was *verminderte* Aktivität bedeutet. ‚Deaktivierungen könnten dadurch zustande kommen, dass diese Hirnregionen aktiv durch andere gehemmt werden, oder dass andere Hirnregionen mehr Energie verbrauchen auf Kosten der weniger aktiven Zonen', erklärt der Tübinger Neurologe Arif Najib.“

Ich erkläre mir, dass das Gehirn dieser Frauen durch die Trennung und den fehlenden Austausch mit dem ehemaligen Partner in verschiedenen Bereichen schmerzhaft „festgeschrieben“ wurde und auf eine Weiterentwicklung wartet. Da die Frauen nicht permanent den unverarbeiteten Verlustschmerz fühlen wollen, vermeiden sie den Kontakt und die Aktivierung der entsprechenden Gehirnkarte. Die Areale werden im Gehirn gehemmt. Würde man innerlich die entsprechende Beziehung weiterentwickeln wollen, dann müsste man sich als Erstes intensiv verabschieden und die überwältigende Trauer über einen längeren Zeitraum durchleben. Wer das nicht möchte, sich selbst verbietet, nur eine Träne zu weinen, oder wer sich nicht bewusst ist, dass durch Tränen eine Trennung verarbeitet werden kann, der blockiert gleichzeitig alle Gehirnareale, die durch diese Trauerarbeit geheilt werden würden. Vielleicht sind dann aber andere Areale überaktiv, weil sie versuchen, wichtige Aufgaben der blockierten Areale zu übernehmen.

Ein Happy End scheint für diese Frauen sowohl innerhalb der Beziehung als auch durch Trauerarbeit im Moment nicht möglich zu sein. Und das überträgt sich auf viele Hirnbereiche und damit auch auf viele Situationen im Alltag, die mithilfe dieser Hirnbereiche bewältigt werden wollen. Nur das Nötigste funktioniert noch. Der Mensch wirkt abwesend, inaktiv, zurückgezogen, leer etc.

Wenn wir nun eine Aufstellung durchführen und einen Stellvertreter für uns selbst und für die Person aussuchen, mit der ein positiver Kontakt nicht mehr möglich ist, dann können wir durch ein intuitives Rollenspiel unseren festgefahrenen Zustand weiterentwickeln. Wir können das Negative in etwas Positives verwandeln oder das Unerledigte hier in dieser Aufstellung endlich erledigen oder den Verlustschmerz vollständig verarbeiten. Unsere Gehirnbereiche, die mit dieser Beziehung in Verbindung standen, und auch alle anderen davon beeinflussten Lebensbereiche können sich mithilfe dieser Rollenspiel-Illusion weiterentwickeln – in ein besseres Gleichgewicht – zu einem Happy End, in dem alles Geschehene sinnvoll integriert werden kann.

Natürlich benötigen wir dafür nicht unbedingt eine Aufstellung. Es ist auch im Gespräch mit verständnisvoll „andockenden“ Freund*innen, einer guten Therapeutin oder sogar mit dem eigenen Avatar möglich, sich selbst einen Rahmen zur Weiterentwicklung zu geben. Ebenso können wir mithilfe der eigenen Fantasie und Vorstellungskraft in dieser Beziehung nach einem Happy End für uns suchen. Dazu sollten wir grundsätzlich davon überzeugt sein, dass unsere Gehirnkarten diesbezüglich tatsächlich weiterentwickelbar sind, und wir sollten auch wissen, wie wir sie weiterentwickeln können:

Meine Erfahrung mit mir selbst ist, dass ich so lange in meiner Fantasie nach einem lösenden Gedanken, einer Sichtweise, einer inneren Haltung suche, bis ich durch das gefundene Happy End eine Erleichterung fühle, manchmal sogar tief berührt in Tränen ausbreche und meinen mit dem Verlust verbundenen Schmerz vollständig ausdrücken kann. Sie erinnern sich, dass ich mithilfe meines Avatars meine Suche nach Integration in eine liebevolle verständnisvolle Gruppe (= Familienersatz) selbstständig zu einem Happy End führen konnte („*Herzlich willkommen, Olaf!*“) und dadurch in Tränen ausbrach, die den Schmerz verarbeiteten.

Ein weiteres Beispiel: Nach meinem Auszug aus meinem Elternhaus hatte ich früher noch mehrere Jahre Probleme damit, Anweisungen von Lehrer*innen in meinem Musikstudium anzunehmen. Meistens fühlte ich dabei ein Schwächegefühl oder eine Abwehr – die gleichen Gefühle, die ich gegenüber meinen Eltern entwickelt hatte. Denn ich hatte den Wunsch nach Selbstständigkeit und sträubte mich gegen jeden Vorschlag, egal wie korrekt er war.

Irgendwann wurde mir meine „Verklumpung“ Lehrer*in/Eltern bewusst und ich konnte meine Gehirnkarte durch eine Unterscheidung weiterentwickeln: „*Die Lehrer*innen sind nicht meine Eltern.*“ Als nächster Schritt tauchte in mir der Schmerz gegenüber meinen Eltern wieder auf. Unter Tränen hatte ich folgende Sätze in mir: „*Warum habt ihr mir oft so unlogische Anweisungen gegeben und mich dadurch unnötig eingeschränkt?! Das hat immer so wehgetan – besonders, weil ihr dabei so streng gewesen seid …*“

Nach einer gewissen Zeit der formulierten Verzweiflung und der verarbeitenden Tränen fühlte ich auf einmal das Happy End in mir wie von selbst auftauchen: „*Ihr wusstet es damals nicht besser. Ihr wusstet nicht, wie ihr mir Grenzen möglichst liebevoll und klar vermitteln könnt, denn ihr kanntet es selbst nicht anders. Ich sehe jetzt: Ihr habt euer Bestes getan!*“ Und auch dieses Happy End war von Tränen begleitet.

So suche ich immer wieder nach Happy Ends, in denen ich mein Gegenüber – auch wenn der andere tatsächlich Unverzeihliches getan hat – irgendwie integrieren kann. Dabei habe ich festgestellt, dass jedes Wutgefühl auf jemand anderen und jede Abwertung seiner Persönlichkeit oder seines Verhaltens immer ein Hinweis auf eine im Bad End schmerzvoll festgeschriebene Gehirnkarte in mir sind. Gleichzeitig verhindert das Wutgefühl ein Happy End. Halte ich an meiner Wut oder meinem Ärger fest, so ist kein Raum für ein Happy-End-Gefühl vorhanden.

Während meiner Studienzeit hatte ich dazu ein wichtiges Erlebnis: Ich saß im Kino auf einem Platz direkt am mittleren Gang. Der Film war vorbei und der Abspann lief zusammen mit der Filmmusik. In meinem Gefühl ließ ich den Film noch nachwirken und war vom Inhalt tief berührt und immer noch darin versunken. Die anderen Leute waren schon fast alle gegangen. Da schrie mir plötzlich eine Frau von hinten kommend direkt ins Ohr „AUFSTEHEN!!“ Ich hatte sie nicht kommen sehen und erschrak so heftig, dass ich mich nur spontan nach ihr umdrehen konnte und ihr mit aufgerissenem Mund nachstarrte, während sie leicht angetrunken zum Ausgang ging. Kurz bevor sie das Kino verließ, drehte sie sich noch einmal zu mir um und ich sah, dass sie wohl ein schlechtes Gewissen zu haben schien. Sie hatte vielleicht nicht damit gerechnet, dass ich mich so erschrecken würde. Ihre Lippen bewegten sich, als wenn sie sagen würde „´tschuldigung“ – und dann war sie verschwunden. Ich stand immer noch unter Schock. Ganz allmählich stieg ein Ärger in mir hoch, denn nun war die besinnliche Stimmung nach dem Ende des Films vollständig verdorben. Permanent musste ich an diese Frau denken. Mein Gehirn drehte sich nur noch um sie. Als ich aus dem Kino kam, konnte ich sie nirgends mehr entdecken. Ich setzte mich auf mein Fahrrad und fuhr los, wollte nach Hause, immer noch im festgeschriebenen Schock-Ärger-Zustand. Es gab keine Chance, mit dieser Frau irgendetwas zu klären und dadurch etwas in meinem Kopf weiterzuentwickeln, denn ich würde sie sicherlich nie mehr wiedersehen.

Und jetzt? Wie sollte ich diesen Zustand in mir auflösen? Meine Gedanken waren unweigerlich an sie gebunden und mein Ärger wurde immer stärker. Ich begann, innerlich mit ihr zu reden, ihr Vorwürfe zu machen, wollte das Erlebnis ungeschehen machen. Und gleichzeitig wusste ich, dass dies nicht die Lösung sein konnte. Ich musste meinen Ärger wirklich loslassen. Dann kam mir ein neuer Einfall und ich sagte mit einem aufrichtigen Gefühl in meiner Fantasie zu ihr: „*Ich wünsche dir aus ganzem Herzen, dass du für dein Leben aus dieser Situation etwas Sinnvolles lernen kannst.*“ Das war mein Happy End, denn in diesem Moment kamen die Tränen und ich konnte meinen Schock ausweinen. Nach ca. zehn Minuten war es gut. Meine Tränen waren versiegt, der

Ärger war weg, ich fühlte mich mit dieser Frau versöhnt und begann wieder, an den Film zu denken. Meine meditativen Gedanken über den Inhalt kamen zurück.

Auf diese Weise fand ich für mein kleines Trauma ein Happy End und konnte die Frau auf positive Weise integrieren – trotz ihres „unmöglichen Verhaltens". Gleichzeitig gab ich meiner Opferrolle (= ich habe den Schreck nicht verhindern können) einen positiven Sinn: In meiner Fantasie stand ich dieser Frau für eine eventuelle Lernerfahrung zur Verfügung.

Tränen unterstützen die Weiterentwicklung festgeschriebener Gehirnkarten

Wer meine Bücher kennt, der weiß, dass ich bisher in jedem Buch an irgendeiner Stelle über den Hintergrund von Tränen schreibe. So nun auch hier. Ich bin der Überzeugung, dass in unserer Gesellschaft der Umgang mit Tränen noch sehr gebremst ist, besonders bei Männern. Man wertet Tränen als Schwäche, als Zeichen dafür, dass mit einem Menschen gerade etwas nicht stimmt. Wenn jemand weint, muss er getröstet werden, damit sich sein Tränenfluss „beendet". In unserer Gesellschaft schämt man sich oft für Tränen und reagiert mit Unsicherheit. Sie gehören nicht wirklich vollkommen dazu.

Ich habe über viele Jahre intensiv an mir selbst und auch bei anderen mir nahestehenden Menschen erlebt, dass ein Happy End in Verbindung mit intensivem Tränenfluss emotionale Probleme schnell und nachhaltig verschwinden lässt und einen Menschen Stück für Stück wieder öffnet. Auch heute erlebe ich regelmäßig: Wenn ich positive Erkenntnisse habe, durch die ich in Tränen ausbreche, dann ist mein momentanes Problem spätestens am nächsten Tag endgültig verschwunden und taucht auch danach nicht wieder auf. Warum erst am nächsten Tag? Weil das Gehirn vermutlich nach dem Weinen eine Phase Schlaf braucht, um sich in dem verarbeiteten Bereich neu zu organisieren. So ist zumindest meine Erfahrung mit mir.

Ab und zu erlebe ich, dass ich für ein Problemgefühl zwar ein Happy End finde, in dem Moment jedoch kein Raum ist, um die Tränen zuzulassen. In solchen Situationen ist die Lösung zwar für meinen Verstand klar, aber mein Gefühl kommt nicht hinterher und hemmt mich immer noch. Erst die Tränen und der anschließende Schlaf befreien dann auch mein Gefühl. Ich fühle danach in der entsprechenden Situation keine Hemmung oder Angst mehr.

Bei vielen Menschen erlebe ich, dass sie sich durch eine Verletzung innerlich verschließen und emotional hart und abweisend werden. Wenn dann von außen plötzlich eine Versöhnung angeboten wird, die sie annehmen können, öffnen sie sich wieder – mit Tränen in den Augen. Dies können wir ebenso als Zeichen deuten, dass ein Tränenfluss und eine emotionale Öffnung nach einer Verletzung direkt zusammenzuhängen.

Meine Fantasie ist: Habe ich ein Problem mit und in meinem Verstand gelöst, dann führen die Tränen dazu, dass die Lösung auch im Gefühl nachvollzogen wird. Im Gehirn ist der „Neokortex" der beim Menschen am höchsten entwickelte Bereich. Hier sind die Sprache und das Denken angesiedelt. Für die Gefühle ist ein anderer Gehirnbereich zuständig: das limbische Gehirn (auch das „emotionale Gehirn" genannt). Vielleicht ist der Entwicklungsprozess im Gehirn folgender: Ich löse mit meinem Verstand ein Problem im Neokortex und anschließend muss ich noch den Weg finden, diese Lösung und Öffnung auch im emotionalen Gehirn umzusetzen – mithilfe der Tränen?

Natürlich gibt es Lösungen, die auch ohne Tränen ins Gefühl übergehen. Doch manche Lösungen scheinen nur in Verbindung mit einem tränenreichen Gefühlsausdruck vollständig integriert werden zu können. So erkläre ich mir unsere Tränenausbrüche, wenn uns etwas tief berührt. Unser Weinen ist ein Zeichen dafür, dass unser emotionales Gehirn einen Schmerz auf natürliche Weise nachträglich lösend verarbeitet.

Bei einem Kleinkind können wir diesen Prozess am deutlichsten beobachten: Es erlebt ein Verlustgefühl (was auch ein körperliches Schmerzgefühl sein kann = Verlust des körperlichen Gleichgewichtes) und beginnt *sofort* zu weinen. Das Weinen hat zwei Wirkungen: 1. Im Außen alarmiert es die Eltern, die dem Kind zu Hilfe eilen. 2. Im Inneren verarbeitet das Kind durch diesen Ausdruck seinen gegenwärtigen Schmerz, entwickelt dadurch die entsprechende Gehirnkarte sofort weiter und passt sie dem erlebten Verlust an. Das Kind ist im „Fluss".

Wir erkennen hier die beiden Balance-Wege unseres Gehirns wieder: Es möchte sowohl den Verlust eines Gleichgewichtes verhindern (Hilferuf nach den Eltern) als auch neue Gleichgewichte erreichen (Integration des erlebten Schmerzes durch tränenreiche Anpassung des Gehirns an die Gegenwart). Meiner Fantasie nach verläuft der „natürliche" Prozess so: Zuerst spüren wir ein Verlustgefühl, dann reagieren wir entweder mit einer Abwehr gegen den Verlust des Gleichgewichtes oder mit einer Anpassung an das gegenwärtige Verlusterlebnis. Diese Anpassung geschieht durch emotionalen Ausdruck des Schmerzes und eine damit verbundene Weiterentwicklung der entsprechenden Gehirnkarte.

Beobachten wir ein kleines Kind, das z. B. beim Einkaufen den Wunsch loslassen muss, ein verlockendes Spielzeug mitnehmen zu dürfen, weil die Eltern es nicht bezahlen wollen. Dann sehen und hören wir, wie es sich zunächst wehrt. Wenn aber allmählich klar wird, dass der Wunsch unerfüllt bleibt, verabschiedet es sich von dem Wunsch und weint und weint. Nach einer gewissen Zeit (wenn das Kind auch genügend weinen darf) ist die Trauer vorüber, der Verlust des Wunsches ist vollständig verarbeitet und das Kind konzentriert sich auf etwas völlig Neues. Kein nachträglicher Gedanke mehr an das verlockende Spielzeug. Keine Depression. Dem Kind geht es wieder gut. Es ist ausgelassen und fröhlich. Der Schmerz ist vollständig verarbeitet.

In unserer heutigen Gesellschaft, in der hinter dem Weinen selten ein tieferer Sinn gesehen wird, lernt das heranwachsende Kind von der Erwachsenenwelt, den Verlustschmerz immer seltener auszudrücken und so die entsprechenden Gehirnkarten kaum noch weiterzuentwickeln. Das Weinen wird oft als ein Zeichen von Schwäche gewertet, weil wir vergessen haben, wie kraftvoll wir *nach* einem vollständigen Trauerprozess wieder fühlen. Solange man trauert, ist tatsächlich ein Gefühl von natürlicher Schwäche präsent. Denn der Körper konzentriert sich auf den Prozess des Verabschiedens und zieht dafür Energie aus anderen Bereichen ab. Bleibt man in der Trauer stecken, so bleibt man auch in der Schwäche stecken. Durchlebt man aber die Trauer *vollständig*, was ein wenig Zeit und manchmal auch Schlaf benötigt, dann kommt danach eine neue Stärke und Kraft zum Vorschein. In unserer schnelllebigen Zeit ist bei den meisten Erwachsenen das Bewusstsein für diesen Prozess verloren gegangen.

Findet ein Kind in seinem Umfeld (Familie, Schule, Freunde etc.) kein tiefes Verständnis mehr für den Ausdruck seines Schmerzes, so fehlt dem Kind ein Rahmen für diesen Prozess und ein entsprechendes Happy End. Es weint bei Verlust immer seltener und verliert allmählich seine Fähigkeit, durch Tränen ein neues Gleichgewicht im Gehirn zu erreichen. Es verliert die Fähigkeit, sich innerlich der Gegenwart neu anzupassen und eine neue Kraft, Aufmerksamkeit und Neugier zu befreien. Die entsprechenden Gehirnkarten bleiben im Schmerz festgeschrieben. Dadurch breitet sich nach einem Verlust auch das Gefühl von Schwäche immer mehr aus. Es bildet sich ein Weltbild heraus, in dem ein Verlust mit der Wertung „Schwäche" und ein Gewinn mit „Stärke" verknüpft wird. Das Kind bekämpft emotional den Verlust und ringt verzweifelt um einen „Sieg". Anstatt einen Verlust vollständig zu verarbeiten, lernt es viel mehr den Aspekt, sich zuerst noch eine Weile gegen den Verlust des Gleichgewichtes zu wehren. In dieser Abwehr akzeptiert das Kind in seinem limbischen Gehirn den bereits stattgefundenen Verlust (noch) nicht. Es hält fest, kämpft, wird trotzig und/oder wütend, verschließt sich, will den Verlust ausblenden. Gleichzeitig existiert ein Gefühl von natürlicher Schwäche. Der ohnmächtige Kampf um ein Gefühl von Stärke wächst und drückt sich oft in Wut aus. Wenn das Kind nun weint, dann meistens aus einem anderen Grund: Es demonstriert deutlich sein Leid, damit der Verlust von den Erwachsenen wieder rückgängig gemacht wird. In diesem Fall dienen die Tränen nicht mehr der Verarbeitung und Anpassung des Gehirns an den Verlust, sondern nur noch zur „Alarmierung" der Eltern und gleichzeitigen Abwehr gegen den Verlust. Somit lebt das Kind letztendlich genau das nach, was es vorgelebt bekommt. Es ist mit seinem Umfeld in Resonanz.

Wenn das Kind heranwächst, konzentriert sich sein verzweifelter Kampf um Stärke immer mehr darauf, einen anderen „schuldigen" Menschen möglichst zu schwächen, um sich selbst stärker fühlen zu können. Man will sich von dem Verlorenen nicht verabschieden, weil man dem anderen *diesen* Sieg nicht gönnt. Der „wahre" Sieg wäre aber, loszulassen und sich der natürlichen Schwäche hinzugeben. Der natürliche Prozess wäre, sich intensiv mit Tränen vom Verlorenen zu verabschieden, bis dieser Verlust nicht mehr schmerzt und man sich kraftvoll gereift dem Neuen zuwenden kann.

Hier finden wir die Ursache für das Gefühl der Rache in unserer Gesellschaft, für unseren emotional aufgeladenen Drang nach Ausgleich und Gerechtigkeit. Wir suchen unsere Stärke nicht mehr darin, dass wir einen erlebten Verlust vollständig verarbeiten, sondern darin, gegenüber dem anderen wütend unsere Schwäche auszudrücken, damit sich nun der andere schwächer fühlt und wir uns wieder stark fühlen können. Wir wollen uns rächen.

Die Rache und der Hass sind demnach die vollständig ausgewachsene Abwehr gegen ein Verlustgefühl. Es beginnt aber schon beim Ärger. Der Ärger ist der Anfang unserer Abwehr gegen einen Verlust und kann sich über die Wut bis zur Rache hochschaukeln. Und was steckt hinter unserem Ärger, unserem Drang nach Ausgleich, unserer Wut, unserer Rache? Wie gesagt: Wir verarbeiten unseren Verlustschmerz nicht, sondern bleiben in der „Schwäche des Verlustes" stecken, drücken unsere Abwehr gegen Verlust aus und fügen dadurch uns selbst und anderen Menschen weiteren Verlustschmerz zu. Der Verlustschmerz setzt sich fort. Ärger wirkt auf alle Beteiligten destruktiv – einschließlich auf den, der sich ärgert.

Manche Menschen begründen ihre Rache damit, dass die andere Person endlich „lernen" soll, ihnen nie wieder einen Verlust anzutun. Sie soll den gleichen Schmerz spüren, wie man ihn selbst spüren muss. Doch diese Begründung macht keinen Sinn. Denn so einen Lernprozess kann die andere auch machen, wenn sie miterlebt, wie wir weinen, wie wir durch die natürliche Schwäche gehen und unseren Verlust betrauern und verarbeiten. Hinter unserem Rachegefühl steckt meiner Ansicht nach unsere tiefe Sehnsucht, von der anderen Person endlich verstanden zu werden und Mitgefühl von ihr zu erleben – für das, was sie uns angetan hat. Das kann die andere am besten nachvollziehen, wenn sie genauso leidet wie wir. Doch selten fällt unser Wunsch nach Verständnis auf fruchtbaren Boden. Uns bleibt nichts anderes, als diesen Wunsch aufzugeben und unseren Verlust zu verarbeiten.

Haben wir nach unserem Prozess des Verabschiedens und Verarbeitens eine neue Stärke in uns selbst erreicht, dann können wir ausgeglichen auf die andere Person zugehen und mit ihr reden oder ihr eine klare Grenze setzen, ohne sie persönlich aus einer unerlösten Schwäche heraus angreifen zu müssen.

Dadurch, dass wir oft den Verarbeitungsprozess von Verlustschmerzen vermeiden, bleiben manche unserer Gehirnkarten in bestimmten schmerzvollen Zuständen festgeschrieben und können sich nicht mehr weiterentwickeln. Wir vermeiden den Kontakt zu ihnen. Andere Gehirnkarten entwickeln sich weiter und passen sich laufend jeder neuen Gegenwart an. So entsteht ein Gesamtzustand mit unterschiedlich weit entwickelten Gehirnkarten. Die einen befinden sich auf dem aktuellen Stand, die anderen sind in einem unverarbeiteten Schmerzzustand festgeschrieben. Im Menschen entsteht ein Unterschied, eine „Spaltung". Im Extremfall entwickelt er auf diese Weise mehrere Persönlichkeiten. Er benötigt für unterschiedliche Situationen unterschiedliche Gehirnkarten, die sich in unterschiedlichen Zuständen befinden. Diese Gehirnkarten können nicht mehr einheitlich zusammenarbeiten, da sie sich extrem voneinander unterscheiden – und so wirkt der Mensch nach außen gespalten, d. h. er verhält sich in verschiedenen Situationen sehr unterschiedlich: mal liebevoll, verständnisvoll und offen, mal hart, streng und verschlossen, mal kindlich etc.

Meiner Fantasie nach entstehen durch diese im unverarbeiteten Schmerz festgeschriebenen Gehirnkarten auch eine gewisse Lustlosigkeit und ein tiefes Gefühl, von etwas getrennt zu sein. Dieses Gefühl des Getrenntseins beeinflusst mehr oder weniger stark unser Leben. Es bildet die Basis von Depression, Einsamkeit und Rückzug. Mit diesen Gehirnkarten projizieren wir in bestimmte Situationen, dass wir von anderen Menschen irgendwie ausgeschlossen werden. Wir denken, dass wir nicht dazugehören, nicht als dazugehörig anerkannt werden, obwohl die anderen dies durch ihr Verhalten gar nicht bestätigen. Dadurch entsteht das Phantomproblem „Getrenntsein".

Manchmal bestätigt sich dieses Getrenntsein im Außen dadurch, dass andere Menschen uns tatsächlich nicht integrieren und nicht anerkennen, weil sie als unabsichtliche Stellvertreter*innen auf unsere Ausstrahlung und Projektion intuitiv reagieren und uns genau das spiegeln, was wir in unserem Gehirn präsentieren.

Wenn es aber tatsächlich Momente gibt, in denen wir ausgeschlossen werden, dann schmerzt uns das oft mehr, als es eigentlich der Situation angemessen wäre. Denn es wurde (durch Ähnlichkeit) eine Gehirnkarte in uns reaktiviert, in der wir einen Verlustschmerz noch nicht verarbeitet und noch nicht zu einem Happy End geführt haben. So fühlen wir nicht nur das gegenwärtige Ausgeschlossensein, sondern fühlen zusätzlich auch noch den Phantomschmerz des Ausgeschlossenseins aus der Vergangenheit in Form einer schmerzhaft festgeschriebenen Gehirnkarte.

Unser Gefühl des Getrenntseins ist oft also mehr oder weniger die Folge davon, dass wir unsere eigenen Gehirnkarten davon „getrennt" haben, sich der aktuellen Gegenwart anzupassen. Jedes Mal, wenn wir in der Gegenwart ein Erlebnis haben, das uns an einen unverarbeiteten Verlustschmerz erinnert, fühlen wir verstärkt das Phantom-Getrenntsein in uns selbst. Die Gegenwart hat an ein schmerzvolles Erlebnis aus unserer Vergangenheit angedockt, das noch ausgedrückt und verarbeitet werden möchte, damit sich die entsprechende Gehirnkarte zu einem Happy End weiterentwickeln kann.

Die Folgen, wenn wir „Trauerarbeit" in uns blockieren, sind also: Phantomprobleme, Projektionen, Missverständnisse, Gefühle des Getrenntseins, plötzlich auftauchende Depressionen, aggressive Kämpfe für eigene Ziele etc.

Haben wir als Kind gelernt, die Tränen und die emotionale Verarbeitung von Verlust zu vermeiden, dann leben wir tendenziell weniger den Wunsch nach neuen Gleichgewichten als vielmehr den Wunsch, bestehende Gleichgewichte *nicht* zu verlieren. Wir haben es in unserem Leben schwerer, etwas loszulassen, worauf viele Auseinandersetzungen aufbauen. Wir haben ein Gefühl des Getrenntseins, leiden unter Einsamkeit, auch innerhalb von Beziehungen, und sind frustriert, weil sich in unserem Leben nicht mehr viel Neues tut oder das Neue uns nicht wirklich begeistert und innerlich bereichert. Uns fehlt etwas.

Es fehlt das Andocken an die im Schmerz festgeschriebenen Gehirnkarten, das Wiederaufnehmen des natürlichen Verarbeitungsprozesses von früherem Verlust und damit die Weiterentwicklung unserer Gehirnkarten und die Anpassung an die Gegenwart.

Sind wir wieder im „Fluss", dann ist jeder in der Vergangenheit erlebte Verlust vollständig integriert, und auch jeder neue schmerzende Verlust in der Gegenwart kann in dem Moment vollständig integriert werden, nachdem er geschehen ist.

Sind wir wieder im Fluss, dann können wir das daran erkennen, dass wir folgende liebevolle Haltung fühlen:

„Wenn es passiert ist, dann sollte es auch so sein."

Im Fluss folgen wir wieder beiden Richtungen gleichermaßen:

1. dem Wunsch, das Gleichgewicht nicht zu verlieren,
2. dem Wunsch, neue Gleichgewichte zu erreichen, auch nach einem bereits erlebten Verlust eines Gleichgewichtes.

Im Fluss haben wir keine Angst mehr vor einem Verlust, denn wir wissen, dass wir jede schmerzliche Verlusterfahrung anschließend verarbeiten und integrieren können. Wir kämpfen kraftvoll um unsere Gleichgewichte, haben jedoch keine Angst mehr, den Kampf zu verlieren. Je weniger Angst wir haben, etwas zu verlieren, desto freier und lockerer, desto liebevoller und fürsorglicher können wir uns verhalten. Unsere Liebe verliert die Forderung nach Ausgleich und wird bedingungsloser, denn wir können leichter geben, ohne gleich wieder nehmen zu wollen. Wir können leichter schenken, ohne zu erwarten, dass der andere das Geschenk auch wahrnimmt, annimmt und würdigt.

Meine intensivste „Problemlösezeit" fand während meines Musikstudiums statt. Über eine Dauer von ca. drei Jahren fühlte ich durchschnittlich jeden zweiten bis dritten Tag ein Problem und erlöste es (nach oft stundenlanger innerer Suche) durch die Idee eines Happy-End-Gedankens und einen intensiven Tränenausbruch. Anscheinend entwickelte ich damals, nachdem ich aus meinem Elternhaus ausgezogen war, eine ganze Menge Beziehungs-Gehirnkarten weiter. Dabei handelte es sich hauptsächlich um Probleme wie Hemmungen, Schamgefühle, unnötiger und sinnloser Ärger, Verlustschmerzen, Demütigungen, Gefühle des Ausgeschlossenseins, Gefühle von Einsamkeit, unerlöste Sehnsüchte etc.

Geschehnisse oder Personen im Alltag, wie z. B. die Dozent*innen und Professor*innen meiner Hochschule oder meine Partnerin oder meine Kommiliton*innen, dockten unabsichtlich an meine unerlösten Gehirnkarten an und aktivierten dadurch Problemgefühle. Da ich oft keinen wirklich logischen Grund für eines der Probleme im Alltag fand, konnte ich die Gefühle als „Phantomprobleme" identifizieren. Ich machte mir Gedanken über mich, weil irgendetwas mit mir nicht stimmte, suchte nach Erinnerungen an frühere Verluste und suchte mir neue Happy

Ends (neue positive oder logische Sichtweisen über das Geschehene). Auf diese Weise knüpfte ich wieder an die unterbrochenen Verarbeitungsprozesse an und holte sie nach (siehe auch die Übungen 7, 9 und 10).

Heute fühle ich mich von den allermeisten Ungleichgewichtsgefühlen aus meiner Vergangenheit befreit oder kann gut mit ihnen umgehen. Das schreibe ich nicht nur den von mir gefundenen Happy Ends zu, mit denen ich festgeschriebene Gehirnkarten aus meiner Kindheit und Jugend weiterentwickeln und lösen konnte, sondern vor allem auch meinen Tränen.

Deswegen empfehle ich: Wenn Sie ein Happy End erleben, auf welche Weise auch immer, und Sie brechen tief berührt in Tränen aus, dann lassen Sie es so lange fließen, wie Sie es durchhalten können. Wenn Sie es unterbrechen müssen, dann können Sie es beim nächsten Happy End fortsetzen.

Nicht immer ist ein Tränenausbruch an ein Happy End geknüpft. Auch eine einfache Erinnerung oder das Erzählen eines früheren Verlustes kann Tränen anregen. Hier ist das Happy End ein wenig versteckt: Es befindet sich in der aktuellen Situation, dass man in einem inzwischen neuen gereiften Bewusstsein noch einmal zurückschauen und sich selbst einen verständnisvollen Rahmen geben kann. Vielleicht gibt uns auch diejenige, der wir gerade von unserer Vergangenheit erzählen, einen verständnisvollen Rahmen (= ein Happy End), in dem wir nun die Trauerarbeit nachholen können.

Im *Big-Brother*-Haus sind die Bewohner*innen seit mehreren Monaten von der Umwelt abgeschottet und fühlen sich permanent den Spannungen und Auseinandersetzungen innerhalb der Gruppe ausgesetzt. Man verletzt sich gegenseitig, ringt um gute Gefühle, Enttäuschungen werden dem anderen zum Vorwurf gemacht, man zieht übereinander her und drückt seine Abneigung gegen den anderen aus etc. Hier ist regelmäßig zu erleben, dass eine Bewohnerin oder ein Bewohner in Tränen ausbricht, wenn sie/er vom *Big-Brother*-Team Briefe oder Videobotschaften von der eigenen Familie erhält. Der Kontakt mit der geliebten Familie stellt in gewisser Weise ein Happy End dar, einen Rahmen der liebevollen Geborgenheit, des Verständnisses, in dem die emotionalen Verlusterlebnisse der Auseinandersetzungen im Haus durch Tränen ein Stück weit verarbeitet werden können. Hinterher fühlen sich die betreffenden Bewohner*innen regelmäßig gestärkt.

Umgekehrt habe ich in einer Psychosomatischen Klinik erlebt, wie die Patient*innen durch die emotionale Arbeit und die tiefe Verbundenheit untereinander immer wieder sehr berührt waren. Erlebten sie Verständnis von ihren Mitpatient*innen und schöne Situationen, dann sind viele Tränen geflossen. Mit diesen Tränen haben sie die ungelösten Spannungen aus ihrer Familie ein Stück weit verarbeiten können. Denn Gedanken an die Familie waren oft mit Abwehrgefühlen verbunden. Die meisten wollten aus der Klinik gar nicht mehr nach Hause, weil sie sich hier so verstanden fühlten.

Ich bin in meiner Fantasiewelt davon überzeugt, dass Tränen einen positiven Veränderungsprozess im Gehirn unterstützen, wodurch sich das Gehirn in bestimmten Arealen der Gegenwart wieder anpassen kann, so wie das Gehirn von Philip sich an die Tatsache des amputierten Arms anpassen konnte. Aktualisiert sich auf diese Weise eine Gehirnkarte wieder, dann verschwindet der Unterschied zu den anderen aktualisierten Gehirnkarten und damit die „Spaltung“ im Menschen. Zwischen den Gehirnarealen entsteht ein neues Gleichgewicht, eine neue Verbindung, der Kontakt zwischen ihnen ist wieder mehr im Fluss.

Solche Veränderungen im Gehirn kann ich durch folgende Erfahrung mit mir selbst bestätigen: Wenn ich ein Problem löste und dabei lange und intensiv weinte und anschließend auch die Möglichkeit hatte, ein wenig zu schlafen, dann fühlte ich mich danach wesentlich besser. Gleichzeitig fiel es mir schwer, mich wieder an mein Ursprungsproblem zu erinnern! Erst nach intensivem Nachdenken fiel mir wieder ein, in welchem Problemzustand ich vor meinem Lösungsprozess gesteckt hatte. Demnach muss sich mein Gehirn nach einem Lösungsprozess in einem neuen Zustand befinden, der sich vom alten Problemzustand stark *unterscheidet*, da ich in der neuen Gegenwart keine Verknüpfung zum alten Zustand fand.

Leider gibt es noch keine entsprechenden Erkenntnisse in der Hirnforschung darüber, welche Prozesse das Gehirn während der erfolgreichen Trauerarbeit durchläuft. Sowohl der Neurobiologe Prof. Dr. Gerald Hüther als auch Dr. med. Thomas Kammer, ein Mitarbeiter des Teams um Prof. Dr. Dr. Manfred Spitzer an der Universität Ulm, teilten mir mit, dass noch kein „Wissen“ darüber existiere. Man nehme jedoch an, dass in den nächsten Jahren in diesem Bereich große Fortschritte gemacht werden könnten. Ich bin gespannt, ob sich das, was ich an mir selbst und auch bei vielen Teilnehmer*innen meiner Aufstellungs-Workshops erleben darf und was schon Sigmund Freud erlebte und als „Trauerarbeit" definierte, durch die Fantasiewelten unserer Wissenschaftler*innen bestätigen lässt.

Wenn Sie alle meine Erfahrungen bezüglich Tränen in einem Stück versammelt lesen wollen, empfehle ich Ihnen mein Buch *„Der Mann, der sich glücklich weinte – Tränen-Yoga befreit das Gehirn, das Menschsein und die Gesellschaft"*.

Übung 17

Einen Verarbeitungsprozess anregen durch die Illusion eines Happy Ends

Diese Übung können Sie am besten durchführen, wenn Sie sich gerade nicht sehr wohlfühlen (und eine ungelöste Gehirnkarte aktiviert ist). Sie geben sich dafür viel Raum und Zeit und achten darauf, dass Sie nicht gestört werden. Sie steigen nur so tief in die Übung ein, wie es sich gut für Sie anfühlt.

Sie nehmen Ihr Gefühl des Ungleichgewichtes und fragen sich, ob es mit einer bestimmten Person zusammenhängt. Fällt Ihnen eine Person ein, dann fragen Sie sich, ob hier vielleicht ein Phantomproblem vorliegt. Projizieren Sie dieses Ungleichgewicht auf den anderen? Ist der andere einfach nur Auslöser für ein Ungleichgewicht, das Sie „eigentlich" schon länger kennen? Kennen Sie es eher im Zusammenhang mit einer Person aus einer früheren Zeit Ihres Lebens?

Sie gehen in der Zeit so weit zurück, bis Sie bei der Person/den Personen angelangt sind, mit der/denen Sie ursprünglich zum ersten Mal dieses Ungleichgewicht erlebt haben. Fallen Ihnen keine früheren Personen ein, dann bleiben Sie bei der Person, an die Sie gerade denken.

Nun stellen Sie sich in Ihrer Fantasie deutlich vor, wie ein perfektes Happy End für Sie ablaufen würde, ein Happy End, das Sie tief berührt. Sie achten darauf, dass es kein Happy End ist, durch das ein Verlustschmerz fortgesetzt wird, z. B. indem einer von beiden erfolgreich seine

Rache am anderen ausleben kann. Es ist ein Happy End, bei dem beide sich offen, einsichtig und liebevoll verhalten. Welche versöhnlichen Sätze sagen sich beide?

Sie malen sich dieses Happy End aus, auch wenn Sie sich in Ihrer Fantasie sicher sind, dass der andere Mensch sich „in Wirklichkeit" niemals so öffnen würde. Denn hier geht es nur darum, ein neues Gleichgewicht in Ihrem Gehirn herzustellen und Ihren eigenen Verlustschmerz in Ihrem limbischen Gehirn zu verarbeiten. Ein Fantasie-Happy-End ist eine Art Heilpflaster, das Sie auf Ihrer seelischen Wunde anbringen. Es unterstützt Ihr Gehirn bei der Heilung der seelischen Verletzung.

Sie malen sich diese Happy-End-Illusion intensiv aus. Berührt Sie diese Vorstellung und kommen Tränen, dann lassen Sie die Tränen so lange fließen, wie sie fließen wollen.

Ich habe bei mir selbst öfter erlebt, dass ein intensiver Tränenprozess zu Kopfschmerzen und Müdigkeit führen kann. Geben Sie sich also auch den Raum, danach ein wenig zu schlafen.

Sie beobachten, wie Sie sich am nächsten Tag fühlen.

Wenn Sie ein neues Ungleichgewicht spüren, können Sie die Übung erneut durchführen, entweder mit derselben Person oder mit einer anderen Person, die Ihnen inzwischen eingefallen ist. Manchmal kann ein Lösungsprozess auch mehrere Phasen über mehrere Themen und Tage verteilt dauern.

Wer noch Zweifel hat, ob es „gut" sei, sich eine Illusion auszumalen, die nicht der erlebten Wirklichkeit entspricht, dem möchte ich Folgendes sagen:

Ihr Zweifel könnte seine Berechtigung haben. Wenn Sie zweifeln, dann führen Sie diese Übung nicht durch, denn der Zweifel könnte einen Schutz für Sie darstellen.

Ansonsten kann ich Ihnen aus meiner eigenen Erfahrung mitteilen, dass es in dieser Übung „nur" um die emotionale Erlösung einer schmerzvoll festgeschriebenen Gehirnkarte im limbischen Gehirn geht. Habe ich durch mein Happy End viel weinen und meinen Schmerz verarbeiten können (manchmal auch über mehrere Tage oder Wochen), dann erlebe ich anschließend nicht, dass ich enttäuscht darüber bin, das Happy End nicht in der „Wirklichkeit" erleben zu können, sondern ich stehe der Wirklichkeit viel ausgeglichener gegenüber. Ich fühle in mir eine neue Kraft und habe die Klarheit und Gelassenheit, dass ich weiß, wie es im gelösten Zustand aussehen „könnte". Mein Gehirn hat neben meiner Erinnerung an die schmerzvolle Erfahrung nun eine neue angenehme Denk- und Fühlmöglichkeit dazugewonnen.

Sie erinnern sich

- Mein Gehirn hat plastische „Karten" entwickelt, um sich im Austausch mit meinem Körper und meinem äußeren Umfeld optimal zu orientieren. Mithilfe dieser Karten stellt es eine Resonanz zu den Geschehnissen im Körper und in meinem Umfeld her und gibt neue Impulse für bessere Gleichgewichte.
- Beendet sich ein Austausch zwischen Gehirn und einem Körperteil oder einem Bereich meines Umfeldes, dann wird in der entsprechenden Gehirnkarte der zuletzt erreichte Zustand festgeschrieben.
- Den unangenehmen Zustand einer Gehirnkarte, die keinen Austausch mehr erfährt, kann ich mithilfe von äußerlich herbeigeführten Illusionen (= Avatar) oder auch mit innerer Vorstellungskraft (= konstruktive Fantasie) zu einem Happy End weiterentwickeln und mich dadurch selbst heilen.
- Ein Happy End ist sowohl das Erreichen eines neuen Gleichgewichtes als auch das erfolgreiche Verteidigen oder Zurückholen eines gewohnten Gleichgewichtes.
- Ich entwickle meine Gehirnkarten, indem ich Verbindungen herstelle. Verbindung bedeutet: Kontakt intensivieren, Verknüpfung, Ähnlichkeit, Wellenlänge herstellen, in Resonanz sein, „das gehört dazu".
- Ich entwickle meine Gehirnkarten, indem ich Unterscheidungen herstelle. Unterscheidung bedeutet: sich unterschiedliche Bilder ma-

chen, Klumpen genauer unterteilen, Trennung, Loslösung, „das ist *nicht* das Gleiche“, zwei verschiedene Welten sehen, Nicht-Resonanz, einsortieren in den Nicht-Zielbereich, „das gehört *nicht* dazu“.

- Ich stelle mir in meiner Fantasiewelt vor, dass jeder Mensch (auch ich) tief in seinem Unterbewusstsein darum bemüht ist, in möglichst vielen Situationen ein Happy End zu erleben, damit in seinen Gehirnkarten dieser glückliche Zustand festgeschrieben wird.

- Auch im Kontakt mit Menschen, die sich „unverzeihlich“ verhalten, suche ich in mir nach einem Happy End. Dabei ist es mir wichtig, einen Menschen trotz seines schmerzvollen Verhaltens in seiner Würde zu achten. Nur durch eine klare Unterscheidung zwischen dem Menschsein und seinen Zielen fühlt sich ein Happy End in mir „rund“ an.

- Ich kann mithilfe von Stellvertreter*innen in einer Aufstellung meine ungelösten Beziehungs-Gehirnkarten zu einem Happy End weiterentwickeln. Diese Stellvertreter*innen werden durch ihre resonierende Empfindung in ihrem Verhalten so gesteuert, dass sie meistens optimal an meine Beziehungskarten andocken.

- Habe ich als Kind, Jugendlicher oder Erwachsener verlernt, einen tiefen Verlust zu betrauern und den Schmerz auszudrücken und zu weinen, dann gibt es immer noch manche „alte“ Gehirnkarten in mir, die in einem unverarbeiteten Schmerz festgeschrieben sind und seitdem mein Gefühl von Verbundenheit im Leben blockieren.

- Wenn ich mich über etwas ärgere, jemandem böse bin oder sogar Rachegefühle entwickle, dann weiß ich, dass ich gerade nicht loslassen und nicht um das Verlorene trauern kann. Im Ärger setze ich den Verlust fort und wirke auf alle Beteiligten – auch auf mich selbst – destruktiv.

- Der Fluss meiner Tränen unterstützt mich darin, Verlusterfahrungen und durch Happy Ends angeregte Lösungsprozesse in meinem Gefühl (im emotionalen Gehirn) vollständig nachzuvollziehen und umzusetzen.

- Finde ich mithilfe meines Umfeldes (Stellvertreter*innen) zurzeit kein Happy End, dann kann ich entweder einen Wechsel vollziehen und dadurch die momentane Situation verändern, oder ich warte auf eine neue Situation, die mich besser darin unterstützen kann, ein Happy End zu finden.

Die drei Rollen

Wenn wir eine Systemaufstellung beobachten oder als Teilnehmer*in dabei mitwirken, halte ich Folgendes für wichtig: Da unser Gehirn sowohl aus seinem inneren Gehirnkarten-Modell heraus („Phantomprobleme") als auch aus einer universellen Resonanz heraus („resonierende Empfindung") agiert und Gefühle entwickelt, sollten wir immer wieder neu überprüfen: *„Ist das, was ich in dieser Aufstellung gerade sehe und fühle, eine* ***Projektion*** *meines Gehirns oder eine* ***resonierende Empfindung****? Oder* ***beides****?"*

Wir überprüfen es, indem wir mit unserem Umfeld interagieren, Fragen stellen, Vorschläge machen, unsere Wahrnehmungen äußern und nach Bestätigungen für eine der beiden Richtungen suchen. Entdecken wir verbindende Parallelen oder Unterschiede? Diese Interaktionen sind es, die ich bei konstruktiven Kritiker*innen schätze und bei destruktiven Kritiker*innen vermisse.

Die Unterscheidung, was eine Projektion meines Gehirns und was eine resonierende Empfindung ist, fällt mir im Alltag leichter, wenn ich mir der Möglichkeit von drei verschiedenen Rollen bewusst bin. Außerdem eröffnet mir das Wissen über diese drei Rollen eine neue Beweglichkeit in Krisen. Ich kann mich fragen, in welcher Rolle ich mich gerade befinde, und kann mich dann für den Wechsel in eine andere Rolle entscheiden.

Welche drei Rollen meine ich?

Wenn ich Freie Systemische Aufstellungen beobachte, erkenne ich dort drei Positionen, die man einnehmen kann: die Position der Problemträgerin, der Stellvertreterin oder der Beobachterin. (Der Organisator, der die Aufstellungsgruppe organisiert, hat während einer Aufstellung entweder die Funktion eines helfenden Stellvertreters oder eines Beobachters. Die Rolle als Problemträger hat er, wenn er das Ziel verfolgt, die Gruppe zu organisieren und auf die Regeln zu achten.)

Schauen wir uns die drei Rollen genauer an:

Die Problemträgerin (oder auch Zielträgerin)

Bin ich ein Problemträger, dann „trage" ich selbst gerade ein Problem, das ich lösen möchte. Ich habe ein Ziel, das ich noch nicht erreicht habe. Ich spiele keine Stellvertreterrolle, bin kein Avatar für jemand anderen, sondern beschäftige mich gerade mit mir selbst, mit meinen Zielen und/oder meinem Ungleichgewicht. Bin ich mir nicht sicher, ob mein gefühltes Problem mein eigenes ist oder ob ich vielleicht doch nur in einer problematischen Resonanz zu einer anderen Person stehe, die „eigentlich" das Problem hat, dann kann ich mich fragen, ob ich gut auf eine Lösung verzichten kann. Wenn jedoch irgendetwas in mir an dem Wunsch nach einer Veränderung und an der Suche nach einer Lösung festhält, dann bin ich selbst auch derjenige, der ein Problem (ein Ziel) hat, also ein Problemträger. Ich denke über mich nach, frage mich, was mir mein Problem sagen möchte, welche Erkenntnis mir fehlt, welches Happy End ich für mich erreichen könnte etc. Ich frage mich: *„Was fehlt mir?"* oder *„Was ist mir zu viel?"*, und ich mache mich auf den Weg zu meinem Ziel.

Die Stellvertreterin

Bin ich ein Stellvertreter oder Avatar, dann stehe ich einer anderen Person für das Spiegeln ihrer Ausstrahlung zur Verfügung. Ob die andere glücklich, offen, fröhlich oder traurig, verletzt, zurückgezogen ist – ich befinde mich in Resonanz zu ihr und habe resonierende Empfindungen. Hat die andere ein Problem, dann ist unser gemeinsames Ziel, für sie ein Happy End zu finden. Ihre Ausstrahlung und meine Empfindung haben nichts mit mir zu tun. Ich schwinge nur mit und folge den fremden Zielen meines Gegenübers oder meines Umfeldes. Ich denke über mein Umfeld und mein entsprechendes Resonanzgefühl nach, frage mich, welches Happy End mein Umfeld erreichen möchte, was das Problem uns sagen könnte, welche Erkenntnis meinem Umfeld fehlt, die ich ergänzen könnte, was eventuell stört etc.

Kurz: Ich fühle mit, folge meinen Impulsen und suche gleichzeitig nach dem Happy End für die andere Person. Was fehlt ihr? Was ist ihr zu viel?

Zur Unterscheidung zwischen den Begriffen „Stellvertreter" und „Avatar": Bin ich ein „Stellvertreter", dann vertrete ich für die Problemträgerin eine andere Person, mit der sie sich ein Happy End wünscht. Besitze ich jedoch direkt die Stellvertreterrolle für die Problemträgerin, dann bin ich zum „Avatar" geworden, den die Problemträgerin stellvertretend für sich selbst heilen möchte.

Im Alltag erkenne ich meine Stellvertreter- oder Avatarrolle daran, dass ich die Suche nach der Lösung selbst gut loslassen kann. Entscheide ich für mich, nicht weiter zur Verfügung zu stehen, und gelingt mir durch diese Entscheidung problemlos der Wechsel in die Beobachterrolle, dann war ich nur Stellvertreter und kein Problemträger. Nur wenn es mir schwerfällt, aus der Rolle herauszugehen, ist das ein Zeichen dafür, dass ich selbst ein Problem oder sogar ein Phantomproblem habe, weil mein Gehirn ein eigenes Ungleichgewicht in diese Situation hineinprojiziert. Eine alte Gehirnkarte mit einem „Bad End" wurde in mir wieder aktiviert, so dass ich an dem Wunsch nach einem Happy End hängen bleibe und damit in die Rolle des Problemträgers gewechselt habe.

Es könnte auch sein, dass man sich aus Versehen und unbewusst in einer Stellvertreterrolle befindet. Kinder wachsen in dieser Rolle auf, indem sie ihren Eltern intensiv zur Verfügung stehen, und werden manchmal sogar dafür bestraft, wenn sie es nicht tun. Wenn es ihnen z. B. sehr gut geht, sie fröhlich sind, Witze machen, während die Eltern in schlechter Stimmung sind und die Fröhlichkeit der Kinder nicht aushalten können, werden sie von den Eltern zurechtgewiesen oder sogar mit Härte bestraft. Das könnte dazu führen, dass diese Kinder sich später als Erwachsene nicht mehr trauen, *nicht* zur Verfügung zu stehen, und dadurch im Alltag immer wieder unabsichtlich in Stellvertreterrollen rutschen. (Solch ein Problem kann man lösen und sich nachträglich ein Happy End ausmalen, bei dem man sich in seiner Fantasie als Kind fröhlich verhält und von den Eltern trotz ihrer schlechten Stimmung liebevoll dafür anerkannt wird. In diesem Fantasie-Happy-End können die Eltern besser zwischen der Stimmung der Kinder und der eigenen Stimmung *unterscheiden*).

Die Beobachterin

Ich stehe gerade keinem Ziel zur Verfügung und beobachte nur mein Umfeld. Meine Aufmerksamkeit ruht auf der reinen Seinsebene und ich habe keine Ziele. Ich bin einfach. Mein Zustand ist momentan die Ziellosigkeit. Ich beobachte alles als „existent“ und auf dieser Ebene als dazugehörig. Alles gehört dazu, alles darf „sein“.

Im Extremfall fühle ich mich eins mit dem Universum, eins mit allem, so dass sich selbst meine Identifikation mit meinem Ich auflöst. Ergebnis: „Es ist.“ Es stimmt allem zu. Es genießt das einfache Sein.

Keine Ziele – nur reines Sein und absolute Verbundenheit.

In dieser Verbundenheit fühle ich mit meinem Umfeld mit. Ungleichgewichte in mir sind das Ergebnis puren Mitgefühls und stellen daher auf der Ebene des reinen Seins „Gleichgewichte“ dar. Denn ein Ungleichgewicht „ist“ einfach nur.

Wenn wir als Beobachter*in einer Aufstellung mitfühlen, so haben wir trotz der Gefühle immer noch die Rolle der/des Beobachter*in. Erst wenn wir aus unserem Mitgefühl heraus aktiv werden, haben wir die Rolle gewechselt – wir sind zum Stellvertreter geworden, der seine Resonanz-Impulse auslebt und dadurch seinem Umfeld zur Verfügung steht. Haben wir durch das Mitfühlen oder Ausagieren selbst ein Problem, so sind wir zum Problemträger geworden.

Wenn wir als Problemträger*in oder Stellvertreter*in für das jeweilige Problem keine Lösung finden, kann manchmal der einfache Wechsel aus der Rolle der Problemträgerin oder der Stellvertreterin in die Rolle der Beobachterin für uns ein Happy End bieten. Dieser Wechsel bedeutet nichts anderes als das Loslassen der uns momentan steuernden Ziele, egal ob es eigene oder fremde Ziele sind. Wir lassen los, stehen den Zielen nicht mehr zur Verfügung, werden zur ziellosen Beobachterin und fühlen uns mit allem und allen Möglichkeiten auf gleiche Weise tief verbunden. Wir fühlen uns entlastet und haben gleichzeitig immer noch unser Mitgefühl (= tiefes Verständnis).

Sind mir diese drei Rollen im Alltag bewusst, dann kann ich besser einordnen, in welcher Rolle ich mich gerade befinde. Manchmal besteht die Möglichkeit, die Rolle zu wechseln. Manchmal ist es dringlich, noch eine Weile in einer der drei Rollen zu verharren, bis die Aufgabe erfüllt ist oder bis mich irgendetwas wie von selbst die Rolle wechseln lässt.

Übung 18

Rollenwechsel

Sie fragen sich beim Zusammensein mit anderen Menschen, in welcher Rolle Sie sich gerade befinden. Welche der drei Rollen passt gerade zu Ihrem Gefühl und zu Ihrem Verhalten? Damit Sie sich an diese Übung erinnern, nehmen Sie es sich gezielt vor und denken kurz vor der Begegnung mit einem anderen Menschen wieder an Ihr Ziel, nebenbei Ihre Rollen zu beobachten. Dabei kann es sein, dass Sie die ganze Zeit nur eine einzige Rolle haben. Es kann aber auch sein, dass Sie das Gefühl haben, zwischen den Rollen zu wechseln. Beispielsweise sind Sie die Problemträgerin, wenn Sie Ihrem Gegenüber etwas erzählen, und Sie rutschen in die wahrnehmende Stellvertreterrolle, sobald der andere zu klagen beginnt und Sie ihm helfen wollen, oder in die Beobachterrolle, wenn der andere etwas von sich berichtet.

Erinnern Sie sich daran, dass die Rolle der Problemträgerin nicht immer mit einer Krise zusammenhängt. Die Problemträgerin hat oft einfach nur eigene Ziele (Zielträgerin). Beispielsweise haben Sie das Ziel, dass der andere Sie versteht, während Sie ihm etwas erzählen.

Am besten bekommen Sie die Rollen heraus, wenn Sie sich fragen: „Welches Ziel wirkt gerade bei wem?"

Haben Sie selbst ein Ziel, dann sind Sie in der Problemträgerrolle.

Helfen Sie jemandem bei seinem Ziel, sind Sie in der Stellvertreterrolle.

Beobachten Sie die Ziele anderer Menschen, ohne dabei unterstützend aktiv zu sein, sind Sie in der Beobachterrolle.

Haben Sie sich selbst mehrere Tage beobachtet und fällt Ihnen das Reflektieren über die Rollen immer leichter, dann probieren Sie als Nächstes aus, ob und wie Sie während einer Begegnung absichtlich und gezielt die Rollen wechseln.

Wie wechseln Sie aus der Problemträgerrolle in die Stellvertreterrolle (z. B. durch Fragenstellen)?

Wie wechseln Sie in die Beobachterrolle (z. B. durch Loslassen aller Ziele)?

Und wie wechseln Sie wieder zurück in die Problemträgerrolle (z. B. indem Sie die Initiative ergreifen und von sich erzählen)?

Ein Beispiel für den Wechsel aus einer Stellvertreterrolle in die Beobachterrolle: Die Heilpraktikerin Sabine fühlt sich im Kontakt mit manchen Klient*innen genervt und spürt den Wunsch, sie wieder loszuwerden. Sie denkt nach und ihr wird bewusst, dass dieses Gefühl die Folge einer Stellvertreterrolle sein könnte. Diese Menschen könnten es aus ihrer Kindheit gewohnt sein, dass man von ihnen genervt ist, und Sabine befindet sich gerade in Resonanz zu dieser Gewohnheit. In dem Moment, als ihr das bewusst wird, hat sie aus der Rolle der Stellvertreterin in die Rolle der Beobachterin gewechselt. Ihre Abwehr und Genervtheit verschwinden, sie steht nicht mehr zur Verfügung und fühlt sich wieder ausgeglichen.

Die Wirkung von unerlösten Gehirnkarten in unserem Alltag

Gehirnkarten werden bei einem Kontaktabbruch auf ihrem letzten Stand festgeschrieben. Ihre Weiterentwicklung geschieht mithilfe einer diesem Stand ähnlichen Illusion. Die Illusion kann aufgrund ihrer Ähnlichkeit an diesen Stand, an die zuletzt festgeschriebenen Erlebnisse anknüpfen. Es könnte eine ähnliche Situation im Alltag sein, auf die wir den letzten Stand unserer Gehirnkarte projizieren. Es könnte eine Aufstellung mit Stellvertreter*innen sein, die an den Stand unserer Gehirnkarte andockt, indem die Stellvertreter*innen sich im Rollenspiel sehr ähnlich verhalten. Es könnte eine reine Erinnerung (= innere Projektion unseres Gehirns) sein, die wir vielleicht einer anderen Person erzählen oder uns selbst aufschreiben.

Eine Gehirnkarte bleibt festgeschrieben, wenn der Unterschied zwischen Gehirnkarte und Illusion zu groß ist und die Illusion nicht andockt.

Festschreiben – weiterentwickeln – festschreiben – weiterentwickeln … dieses Prozedere vollzieht unser Gehirn jeden Tag, von morgens bis abends. Selbst nachts arbeitet unser Gehirn, indem es bestimmte Zustände durch Wiederholung noch mehr festigt und auf der anderen Seite bestimmte Zustände durch kreative Träume weiterentwickelt und manche Probleme über Nacht löst.

Was ist mit unerlösten Gehirnkarten, die seit unserer Kindheit festgeschrieben sind und durch ähnliche Situationen im Alltag zwar immer wieder ausgelöst aber nicht zu einem Happy End weiterentwickelt werden? Sie verfolgen uns auf unangenehme Weise bis in unser Erwachsensein.

Susanne, eine Klientin, erzählte mir von ihrer jahrelangen Abneigung gegen „Anhänglichkeit bedürftiger Menschen“ und wie sie diese endlich auflösen konnte. Sie hatte in ihrem Leben immer wieder das „Problem“, dass Freundinnen oder ihr Partner auf sie zukamen und ihre Hilfe brauchten. Sie half zwar gern, fühlte sich aber unterschwellig unwohl dabei. Irgendwie störte sie die Bedürftigkeit der anderen und sie konnte ihren eigenen Zielen nicht folgen. Deswegen war ihr Bedürfnis nach Alleinsein sehr groß, nachdem sie jemandem zur Verfügung gestanden hatte. Nach ihrer Hilfe zog sie sich ausgiebig zurück.

Vor Kurzem erhielt sie eine E-Mail von jemandem, mit dem sie schon länger in einer Auseinandersetzung steckte. Der andere machte wieder einmal seinem Ärger Luft. Sie fühlte eine Angst vor diesem Mann und in ihr tauchte die Befürchtung auf, er würde demnächst vor ihrer Haustür auftauchen und sie „belagern“. Gleichzeitig wusste sie, dass diese Fantasie abwegig war, und sie fragte sich, warum sie so etwas befürchten würde. Die Antwort war: In ihrem Gefühl hatte diese Belagerung mit einer gewissen Anhänglichkeit zu tun. Sie projizierte in diesen Mann einen Stalker, den sie nie wieder loswerden würde, wenn sie sich nicht irgendwann einmal einigen könnten.

Sie war sich bewusst, dass sie hier die Rolle einer Problemträgerin hatte, und dachte nach. Sie fragte sich, wieso sie sich gegen Anhänglichkeit emotional so wehrte, und erinnerte sich dabei an ihre Kindheit. Sie hat zwei Geschwister, die fünf und sieben Jahre älter sind als sie, und eine zwei Jahre jüngere Schwester. Auf einmal blitzte in ihr eine Erkenntnis auf. Sie hatte damals eigentlich immer den Wunsch, zu ihren älteren Geschwistern dazugehören und mitspielen zu dürfen, doch die Eltern achteten darauf, dass sie mit ihrer jüngeren Schwester spielte. So wurde diese jüngere bedürftige Schwester für sie zu einer „Störung“, zu einem Stalker, den sie nicht loswurde. Sie konnte ihrem Ziel nicht wirklich folgen, zu den Älteren dazuzugehören. Der Weg zu diesem Ziel wurde immer wieder dadurch unterbrochen, dass die Eltern Grenzen setzten und dass die älteren Geschwister auch keine Lust hatten, sie in ihr Spiel zu integrieren. Es bildete sich das Muster in ihr: das Ziel anstreben, zu den Größeren dazuzugehören, und durch die Existenz der anhänglichen und bedürftigen kleinen Schwester gestört werden.

Als sie sich überlegte, dass diese Dynamik zwischen den Geschwistern möglicherweise auch ein Spiegelbild der Dynamik zwischen den Eltern sein könnte, kam sie auf einen weiteren Zusammenhang: Ihre Eltern waren beide jeweils Erstgeborene mit dem Schicksal, die eigenen Ziele hintanstellen zu müssen, um Rücksicht auf die bedürftigen jüngeren Geschwister zu nehmen. Auch in dem Weltbild der Eltern erkannte sie dieses Muster.

Diese Erkenntnis führte nun dazu, dass sie eine neue Entscheidung fällte und endlich ihr Kindheitsziel, zu jemand anderem dazugehören zu wollen, losließ. Gleichzeitig konnte sie sich der Bedürftigkeit liebevoll zuwenden. Das war ihr neues Happy End. Dieses Happy End führte dazu, dass sie sich für jegliche Bedürftigkeit anderer Menschen öffnen konnte und keine Abwehr und kein unruhiges Gefühl mehr empfand, während sie zur Verfügung stand. Auch konnte sie klarer und ohne schlechtes Gewissen eine Grenze setzen, wenn sie gerade ihrem eigenen Ziel Vorrang gab und daher momentan leider nicht zur Verfügung stehen konnte.

Schauen wir uns die Situation durch die Brille der „Gehirnkarten“ an: Susanne hatte als Kind ein Ziel, das sie erreichen wollte. Auf dem Weg dorthin wurde sie immer wieder unterbrochen. In ihr bildete sich eine Gehirnkarte mit dem festgeschriebenen Such-Zustand: „Ich suche danach, endlich meines tun und zu den Großen dazugehören zu dürfen.“ Diese Gehirnkarte konnte kein Happy End erreichen, da sie als Kind immer der jüngeren Schwester zur Verfügung stehen musste. Seitdem „suchte“ diese Gehirnkarte nach diesem Happy End. Immer wenn sie jemandem zur Verfügung stand und damit ihre entsprechende Gehirnkarte aktiviert wurde, spürte sie permanent ihr immer noch unerlöstes Ziel, fühlte sich unruhig und musste anschließend als „Ausgleich“ ihre Zeit für sich haben.

Das Erlebnis mit dem ärgerlichen Mann aktivierte ihre unerlöste Gehirnkarte und führte so zu einem Phantomproblem: Sie projizierte in ihrer Fantasie etwas in den Kontakt zu ihm, das eigentlich abwegig war. So begann sie, über sich selbst nachzudenken.

Als ihr das ursprüngliche Problem bewusst wurde und sie den Zusammenhang erkannte, knüpfte sie durch diese Erinnerung innerlich an ihre alte Gehirnkarte wieder an und konnte diese durch den neuen Gedanken zu einem neuen Happy End führen: „*Ich brauche das Ziel heute nicht mehr. Und wenn es für mich passt, stehe ich anderen auch gerne liebevoll zur Verfügung*".

Aus dieser Geschichte von Susanne kann ich eine einfache Mathematikaufgabe ableiten:

Element A: „Das Festschreiben von bestimmten Gehirnkarten geschieht bei einem Kontaktabbruch."

Element B: „Wir wollen in unserem Leben neue Gleichgewichte erreichen und wir wollen *nicht* aus einem gewohnten Gleichgewicht gebracht werden."

In meiner Fantasiewelt sind A und B unsere beiden grundsätzlichen Bestrebungen.

Kombiniere ich beides, erhalte ich als Ergebnis A + B = „Werden wir in unserem Leben plötzlich auf negative Weise unterbrochen, dann kann der als ‚Bad End' in unserem Gehirn festgeschriebene Zustand sowohl der **Drang** nach einem noch nicht erreichten neuen Gleichgewicht als auch der **Schmerz** um ein verlorenes Gleichgewicht sein."

Beim Drang wollen wir unbedingt etwas erreichen (Ziel), beim Schmerz unbedingt etwas vermeiden (Nicht-Ziel). Wenn wir im Laufe der Zeit vergessen haben, was wir ursprünglich erreichen wollten oder was wir ursprünglich verloren haben, dann beeinflussen uns diese unerlöst festgeschriebenen Gehirnkarten unbewusst in unserem Alltag. Immer dann, wenn uns irgendetwas an die früheren Geschehnisse erinnert, wird dadurch die entsprechende Gehirnkarte aktiviert und der Wunsch nach dem Happy End wird wieder wach. Dieser Wunsch zeigt sich im Gefühl in Form eines **Drangs** oder als **Blockade, Angst oder Hemmung**.

Ist in der Gegenwart unsere Gehirnkarte (mit Drang oder Hemmung) aktiviert worden, wir können aber kein Happy End erreichen, dann spüren wir irgendwie ein Problem und sind somit für eine gewisse Zeit zur/zum „Problemträger*in" geworden. Das Problem spüren wir so lange, bis die auslösende Situation vorbei ist und wir das Problem allmählich wieder vergessen haben. Oder bis uns selbst unsere unerlöste Gehirnkarte bewusst geworden ist, wir dadurch an sie andocken, wir erkannt haben, was uns fehlt oder zu viel ist, und sie zu einem neuen Happy End führen konnten.

Mit diesem Hintergrund kann ich mir erklären, warum wir nach einer plötzlichen Trennung oder dem Tod eines sehr lieben Menschen unbewusst nach einer Fortsetzung suchen, also nach Menschen, die dem Verlorenen ähnlich sind. Durch den Verlust ist der Kontakt zu diesem Menschen abgebrochen und unsere Beziehungs-Gehirnkarte festgeschrieben. Ist der Verlust unerwartet geschehen, dann ist er meistens auch sehr schmerzhaft, denn man konnte sich nicht genügend darauf vorbereiten und ein Happy End gestalten. Unsere Gehirnkarte steckt also in einem schmerzhaften Zustand fest. Wir suchen unbewusst nach einer ähnlichen Situation, die an diese Gehirnkarte wieder andocken kann und sie dieses Mal (hoffentlich) zu einem Happy End führt.

Ich verstehe auch, warum eine scheinbar völlig neue, unähnliche Beziehung manchmal erst einmal mit Problemen beginnt, mit denen wir unsere letzte Beziehung beendet hatten. Die neue Beziehung knüpft in ein paar Bereichen an unsere Gehirnkarte an, die noch auf dem Stand der letzten Beziehung festgeschrieben ist. Gleichzeitig projiziert unser Gehirn alte Probleme in die neue Beziehung, dadurch entstehen zunächst Phantomprobleme. Doch der Unterschied zwischen der alten und der neuen Beziehung ist, dass hier nun die Möglichkeit zu einer kleinen oder auch großen Weiterentwicklung besteht. So eine Entwicklung war in unserer letzten Beziehung nicht (mehr) möglich. Durch Gespräche und Austausch in der neuen Beziehung klären wir die Phantomprobleme und finden für manche Ungleichgewichte neue Happy Ends.

Aus diesem Grund suchen sich die meisten Menschen nach dem Auszug aus dem Elternhaus Partnerinnen oder Partner, die der eigenen Familiendynamik ähnlich sind. Dadurch kann an das bisher Erlebte angeknüpft und die entsprechende Gehirnkarte eventuell weiterentwickelt werden, falls nach einem neuen Gleichgewicht gesucht wird. Oder man hält am gewohnten Gleichgewicht fest und sucht sich jemanden, der diesem entspricht.

Wenn wir unbewusst nach Menschen suchen, die an unsere Gehirnkarten andocken können, dann können wir diese Menschen in zwei Kategorien einordnen:

Unser Gegenüber wird zum „Stellvertreter“ für eine andere, durch Tod oder Trennung verlorene Person, mit der uns noch ein Happy End fehlt oder mit der wir ein verlorenes Gleichgewicht zurückholen wollen (und dadurch ein Happy End fühlen, wenn das verlorene Gleichgewicht wieder da ist).

Unser Gegenüber wird zum „Avatar“, stellt uns also selbst dar. Wir projizieren uns selbst und unsere unvollendete Gehirnkarte in den anderen und wollen dann *ihm* helfen, ein Happy End zu finden. Während wir dem anderen helfen, helfen wir gleichzeitig uns selbst. Denn wenn wir seinen (eventuell) erfolgreichen Heilungsprozess beobachten können, heilt parallel dazu auch etwas in uns selbst – mithilfe der Spiegelneurone.

Ob der andere ein Stellvertreter oder ein Avatar für uns ist, hängt sowohl davon ab, für welche Rolle sich der andere eignet, als auch davon, was wir gerade dringender benötigen.

Wenn wir im Alltag andere Menschen unbewusst als Stellvertreter oder Avatar nutzen, blenden wir vieles aus, was nicht dazu passt. Unbewusst „wollen“ wir nur die Ähnlichkeiten wahrnehmen. Dieses Ausblenden von Unterschieden ist nötig, damit optimal an unsere Gehirnkarte angedockt wird. Die Folge ist, dass sich die andere Person nicht gesehen, nicht gewürdigt oder missverstanden fühlt. Umgekehrt ist es genauso: Wenn die andere uns unbewusst als Stellvertreter oder Avatar benötigt, dann blendet sie im Außen aus, was innerlich nicht zu ihrer Gehirnkarte passt, und wir fühlen uns von ihr nicht wirklich gesehen, nicht gewürdigt, missverstanden, vielleicht sogar missbraucht. Dabei haben wir das Gefühl, mit unseren Erklärungen bei ihr gegen Wände zu rennen.

Was passiert eigentlich, wenn wir im Kontakt mit anderen Menschen vieles ausblenden, was nicht zu unserer Gehirnkarte passt? Wir erschaffen uns dadurch in unserer Fantasiewelt eine Illusion. Mithilfe dieser Illusion stellen wir eine Verknüpfung in uns selbst her. Wir können einen Kontakt zu einer festgeschriebenen Gehirnkarte herstellen, können an sie andocken und auf diese Weise einige Phantomprobleme lösen. Genau deshalb benötigen wir Illusionen und deshalb projizieren wir ungelöste Zustände in unser Umfeld. Hier sehen wir nun den positiven Hintergrund von Projektionen, Ausblendungen, Missverständnissen, falschen Behauptungen über den anderen etc. Wir „sehen“ etwas in unserem Umfeld, was von dort gar nicht bestätigt werden kann, was aber an unsere eigene Fantasiewelt andockt und uns die Möglichkeit bietet, entweder ein altes Gleichgewicht wiederzuerlangen oder unsere Fantasiewelt an einer bestimmten Stelle in ein neues besseres Gleichgewicht weiterzuentwickeln.

Gleichzeitig kann unsere Projektion in unser Umfeld ein Signal für das Umfeld sein: „*Schau mal, auf diesem Stand befinde ich mich gerade in meiner Fantasiewelt.*" Dadurch kann das Umfeld als „Beobachter*in" uns und den Zustand unserer Gehirnkarten genauer kennenlernen.

Spüren wir bewusst oder unbewusst einen Phantomschmerz, weil wir einen Menschen verloren haben (durch Trennung, Tod oder auch nur durch emotionale Distanz) und weil die entsprechende Gehirnkarte an dieser Stelle in einem Bad End stecken geblieben ist, dann sucht etwas in uns nach einer Weiterentwicklung. Dazu benötigen wir oft einen Avatar oder Stellvertreter in unserem Umfeld. Aus diesem Grund „arbeiten" wir in Partnerschaften unbewusst so intensiv daran, dass unser Gegenüber möglichst unserer unerlösten Gehirnkarte entspricht. Wir kritisieren sein Verhalten und wollen ihn verändern. Denn wenn er genauso sein kann wie damals der andere Mensch, den wir verloren haben, dann befindet er sich in Resonanz mit dem Zustand, den unser Gehirn als Letztes in dieser Beziehung „festgeschrieben" hat. Genau in dem Moment, in dem wir das Gefühl haben, dass nun der andere verlorene Mensch wieder vor uns steht, können wir allmählich das, was uns bisher noch gefehlt hat, vollenden und in ein besseres Gleichgewicht führen. Dabei muss unser Gegenüber dem verlorenen Menschen nicht 100%ig entsprechen, es genügt auch schon eine Ähnlichkeit.

Gegenseitige Kritik in der Partnerschaft möchte oft also unbewusst ausdrücken: „*Bitte sei mal für eine kurze Zeit die Person, mit der ich noch etwas vollenden möchte, und hilf mir, diese Beziehung zu einem glücklichen Ende zu führen. Dann kann ich dort auch loslassen.*"

Wir sehnen uns sehr nach diesem glücklichen Ende, nach dem Happy End – und daher ist unsere Kritik manchmal auch intensiv und mit Schmerz verbunden. Wir drängeln die andere Person geradezu in diese Rolle, ab und zu sogar durch heftigste Vorwürfe, wenn sie dieser Rolle immer noch nicht entspricht. Sind die Ziele der anderen gerade nicht so stark wie unser Wunsch, dann steht sie uns zur Verfügung, fühlt sich in einer Rolle, und wir haben die Gelegenheit, unsere Gehirnkarte schrittweise weiterzuentwickeln.

Je stärker der Schmerz in unserer stecken gebliebenen Gehirnkarte ist, umso stärker ist unsere Sehnsucht nach einem Happy End (Ziel) und umso stärker und schmerzvoller ist die Kritik (Wertung / Grenzziehung), wenn eine andere Person sich nicht als Avatar oder Stellvertreter verhalten und zur Verfügung stellen kann, weil sie selbst gerade ein Problem hat, oder es nicht möchte, weil sie die Beobachterrolle vorzieht.

Selbstverständlich gibt es für die zur Verfügung stehenden Menschen jederzeit die Möglichkeit, sich dafür zu entscheiden, jemandem nicht als Avatar oder Stellvertreter zur Verfügung zu stehen und in die Beobachterrolle zu wechseln oder wieder den eigenen Zielen zu folgen. Je klarer man durchschauen kann, wo man gebraucht wird, wo man zur Verfügung steht, welches bewusste oder unbewusste Ziel der andere hat, desto klarer kann man auch entscheiden, ob man diesem Ziel zur Verfügung steht oder nicht.

Die frohe Botschaft, die hinter alldem steckt, lautet: **Alles, was uns an Unangenehmem jemals passiert ist, können wir in uns selbst zu einem Happy End weiterentwickeln.**

Was passiert aber, wenn einem Menschen die Weiterentwicklung von Gehirnkarten bis hin zu Happy Ends in seiner Kindheit verboten wurde? Beispielsweise durch seine Eltern, die jedes Happy-End-Gefühl im Kind abgewertet und unterbrochen haben? Wenn also die Weiterentwicklung sich generell in seinem Nicht-Zielbereich befindet?

Dann muss zuerst die Gehirnkarte, in der dieses Verbot aktiviert ist, zu einem Erlaubnis-Happy-End weiterentwickelt werden. Solange dies nicht funktioniert, steckt die betreffende Person möglicherweise in einer Depression. Happy Ends könnten für sie zu berührend sein, zu heftige Gefühle auslösen, deswegen vermeidet sie Gedanken an berührende Happy Ends.

„Ich zeige euch, was mir hilft und was nicht“

In meiner Fantasiewelt bin ich davon überzeugt, dass es in uns Gehirnkarten gibt, die nach einem Happy End suchen (neues Gleichgewicht) und dazu Menschen brauchen, die an diese Gehirnkarten andocken können. Darunter gibt es aber auch Gehirnkarten, die früher in außergewöhnlich schmerzvollen Momenten festgeschrieben wurden, weil wir damals einen überaus starken Verlustschmerz erfuhren. Erinnert uns heute irgendetwas an diese Schmerz-Gehirnkarten, dann wird unsere Grenze, unsere Abwehr, unser „nicht!“ aktiviert und wir beginnen, uns vor unseren eigenen inneren Schmerzen zu schützen, indem wir uns gegen unser gegenwärtiges Umfeld wehren und den Auslöser dieses Schmerzes begrenzen wollen. Wir wollen nicht mit diesem Schmerz in Kontakt kommen ...

So dachte ich noch vor Kurzem, und so sehen es viele Menschen in der Therapieszene und allgemein in unserer Gesellschaft. Dieser Schutz vor dem eigenen inneren Schmerz und die Abwehr gegen äußere Auslöser werden als tatsächlich existent angesehen.

Inzwischen denke ich jedoch anders darüber.

Ich bin davon überzeugt, dass *jeder* Mensch tief in seinem Herzen alle seine schmerzvoll festgeschriebenen Gehirnkarten zu einem Happy End weiterentwickeln möchte. Wir haben ganz automatisch unbewusst oder bewusst dieses Ziel, sobald eine Gehirnkarte Leid erzeugt. Entweder wir finden in unserer Fantasiewelt durch Nachdenken oder andere selbstständige Wege zu einem Happy End, oder wir finden es mithilfe unseres Umfeldes.

Viele denken auch, dass eine Person sich ablenkt oder sich Illusionen macht oder absichtlich etwas missversteht, um sich vor einer neuen Realität zu schützen, die sie zu sehr schmerzen würde. Sie „verschließt die Augen“, um etwas Schmerzvolles nicht sehen oder sich an etwas Schreckliches nicht mehr erinnern zu müssen.

Ich glaube aber, diese Illusionen sind nur die Folge davon, dass wir bisher eine bestimmte Gehirnkarte an dieser Stelle noch nicht weiterentwickeln konnten. Wir verschließen nicht die Augen, sondern schauen in unserer Fantasie konzentriert auf eine Stelle, an der wir auf eine für uns stimmige Weiterentwicklung im Gehirn warten. Diese Stelle projizieren wir unbewusst in unser Umfeld (und erschaffen so eine Illusion), damit wir dort die helfenden Parallelen und Ähnlichkeiten entdecken können, die vielleicht an unsere Gehirnkarte andocken und durch die wir hoffentlich eine Weiterentwicklung zu einem Happy End erfahren dürfen.

Damit wir mithilfe unseres Umfeldes tatsächlich eine Weiterentwicklung erleben können, müssen im Umfeld folgende Voraussetzungen gegeben sein:

Das helfende Umfeld muss an diese entsprechende Gehirnkarte andocken können, indem es entweder Verständnis auf der Verstandesebene hat (wie z. B. bei einer verständnisvoll zuhörenden Person, die alles gut nachvollziehen und in eigenen Worten stimmig wiederholen kann) oder Verständnis im Gefühl durch spiegelndes Verhalten zeigt (wie z. B. bei Stellvertreter*innen in einer Aufstellung).

Das helfende Umfeld weiß: Ein gefundenes Happy End kann nur von der Problemträgerin selbst als solches identifiziert werden. Nur sie weiß, wann das Happy End erreicht ist. Denn nur sie hat Kontakt zu ihrer schmerzvoll festgeschriebenen Gehirnkarte. Sie kann die Lösung oder den Lösungsvorschlag in sich selbst testen und entscheiden, ob sie sich damit tatsächlich besser fühlt und die Gehirnkarte nun keinen Schmerz mehr projiziert. Maßstab für ein Happy End ist immer das Happy-Gefühl der Problemträgerin. Im optimalen Fall kann also das Umfeld vollständig anerkennen, wenn die Problemträgerin sagt, das Happy End sei erreicht oder noch nicht erreicht. Das Umfeld betrachtet die Fantasiewelt der Problemträgerin von Anfang an als „Chefin". Und *niemand* im Umfeld denkt, er wüsste es aufgrund seiner Erfahrungen besser oder hätte den passenden Maßstab oder das richtige Denkmodell.

Das helfende Umfeld ist in der Lage, jede Folge eines Happy Ends, die sich bei der Problemträgerin zeigt (wie z. B. ein heftiger lösender Tränenausbruch oder eine daraus entstehende neue Sichtweise) als dazugehörig anzuerkennen. Hat aber jemand im Umfeld ein Problem damit, wenn er die Problemträgerin zusammenbrechend heulen sieht oder wenn er etwas Negatives in das gefundene Happy End hineinprojiziert oder die gefundene Lösung/Sichtweise als „falsch" wertet, dann wird die Problemträgerin in ihrem Verarbeitungsprozess unterbrochen. Wenn das Umfeld selbst in eine Krise gerät, steht diese Krise des Umfeldes nun im Mittelpunkt. Die Problemträgerin kann ihr Happy End auf der Gefühlsebene nicht vollständig integrieren, denn nun muss sie sich um ihr Umfeld und das Problem/das Ziel/die Wertung des Umfeldes kümmern und wechselt in ihrer Rolle von der Problemträgerin zur Stellvertreterin. Sie teilt beispielsweise den anderen mit, es sei nicht so schlimm, dass sie etwas verarbeiten müsse. Die Tränen seien kein Zeichen von Leid, sondern von Erlösung. Oder sie muss sich rechtfertigen und ihr Happy End verteidigen etc. – Damit es nicht zu solch einem Wechsel kommt, muss also das gesamte Umfeld offen für die Folgen sein, die durch das gefundene Happy End ausgelöst werden. Es muss z. B. in der Lage sein, Tränen unterstützend begleiten zu können oder offen für das persönliche Happy End und die Fantasiewelt der anderen Person zu sein, anstatt den Prozess durch eine eigene Krise zu unterbrechen.

Ich behaupte, dass *jeder* Mensch intuitiv erspüren kann, ob die hier genannten drei Voraussetzungen (verständnisvoll andocken, Happy End anerkennen, offen für Folgen) in seinem Umfeld gegeben sind oder nicht!

Sobald irgendetwas im Umfeld diese Voraussetzungen nicht erfüllen kann, wird der betreffende Mensch im Kontakt mit diesem Umfeld seine schmerzvoll festgeschriebene Gehirnkarte auch nicht optimal zu einem Happy End weiterentwickeln können.

Und was passiert, wenn ein Mensch das spürt? Er fühlt in sich Einwände gegen das helfende Umfeld, eine Grenze, eine Wertung. Warum?

Der Mensch hat ein ganz klares (oft unbewusstes) Ziel: Er möchte eine bestimmte Schmerz-Gehirnkarte weiterentwickeln. Weil er dieses Ziel hat, „weiß“ er auch intuitiv, was ihn auf seinem Weg unterstützt und was nicht, was zu seinem Ziel dazugehört und was nicht. Seine „Wertung“ ist vollkommen natürlich und gleichzeitig eine Botschaft an das zur Verfügung stehende Umfeld. Das Umfeld kann nun durch diese Wertungen versuchen, die Hinweise des Problemträgers ernst zu nehmen und sein Ziel hinter seiner Wertung genauer kennenzulernen.

Milton H. Erickson, der berühmteste Hypnosetherapeut in Amerika im letzten Jahrhundert, sah in solchen scheinbaren Widerständen und Wertungen seiner Klient*innen immer das Angebot zur Kooperation. Er ließ sich auch von vielen Klient*innen indirekt oder direkt sagen, wie er sie am besten hypnotisieren könne und welche Sätze oder welches Sprechtempo nicht passten. Dadurch lernte er die innere Struktur seiner Klient*innen genauer kennen.

Ich selbst konnte auf der Behandlungsliege einer Heilpraktikerin ganz klar rückmelden, welche Berührung und welche Worte von ihr mich stärkten und welche mich schwächer fühlen ließen. Dementsprechend gab ich ihr Tipps – und sie war offen dafür und lernte mich dadurch genauer kennen.

Die Problemträgerin vermittelt: „*Hier könnt ihr mir helfen und hier nicht.*" Schon schreiende Babys haben diese Botschaft ans Umfeld und teilen mit, dass ihnen gerade die passende Hilfe zur Weiterentwicklung oder zur Erhaltung des Gleichgewichtes fehlt.

Wenn das Umfeld wirklich helfen und zur Verfügung stehen möchte, muss es zunächst lernen, wie es der Problemträgerin optimal helfen kann. Viele Menschen definieren die Hinweise, Korrekturen und Wertungen einer Problemträgerin jedoch von vornherein als „Abwehr, Schutz, Grenze, Überlebens-Ich, Missverständnis etc.". Meiner Fantasie nach sind diese Hinweise der Problemträgerin nicht anders zu deuten, als dass hier bestimmte Voraussetzungen zur Weiterentwicklung ihrer Gehirnkarte vom Umfeld nicht erfüllt sind.

Ich fasse diese **drei Voraussetzungen** noch einmal zusammen:

Andocken des Umfeldes an die Gehirnkarte = tiefes emotionales und kognitives Verständnis.

Anerkennung vom Umfeld, dass der Problemträger der „Chef" seines Problems ist und nur selbst sein Happy End definieren und erleben kann.

Offenheit des Umfeldes für die Folgen eines Happy Ends, die sich im Gefühl und Verhalten des Problemträgers zeigen.

Sind diese Voraussetzungen nicht erfüllt, dann könnte Folgendes passieren:

Der Problemträger beschwert sich, dass er nicht verstanden wird oder dass hier irgendetwas nicht „passt".

Der Problemträger verteidigt sich und sucht nach Anerkennung. Fühlt er sich von seinem Umfeld in seiner Fantasiewelt abgewertet und damit irgendwie „kleiner", dann versucht er, seine Chefrolle wiederzuerlangen, indem er nun seinerseits das Umfeld abwertet oder eigene Sichtweisen „dagegen" setzt und sich zu rechtfertigen versucht, um wieder „größer" zu werden, oder die Happy-End-Vorschläge des Umfeldes nicht wirklich annehmen kann.

Spürt er, dass sein Umfeld nicht offen sein kann für eventuell tränenreiche Folgen, für tiefe fließende offene Gefühle als Folge eines Happy Ends oder für neue Sichtweisen, dann versucht er zunächst einmal, sein Umfeld für solche Gefühle zu öffnen, und will die Grenzen des Umfeldes erweitern, die Blockaden des Umfeldes lösen, das Umfeld „therapieren". Der Problemträger macht sich selbst zum Stellvertreter für das Umfeld, um an die unerlösten Gehirnkarten seines Umfeldes anzudocken– allerdings mit dem Hintergrund, anschließend selbst Hilfe vom Umfeld zu erhalten. Er hilft, um sich selbst dadurch einen Rahmen zu erschaffen. *„Bitte heile dich, damit anschließend ich meinen Heilungsprozess mit deiner Hilfe erleben darf."* (Dieses Vorgehen können wir oft bei Kindern gegenüber ihren Eltern und auch viel in Beziehungen erleben.)

Stellen wir uns vor, eine Problemträgerin ist gerade im Kontakt mit ihrer schmerzvoll festgeschriebenen Gehirnkarte und fühlt seelischen Phantomschmerz. Und nun „kritisiert" sie aus ihrem Phantomschmerz heraus kämpfend und um ein Gleichgewicht ringend ihr Umfeld, weil es die oben genannten Voraussetzungen nicht erfüllt. Ihre Kritik könnte wie folgt aussehen:

„Du siehst das völlig falsch! Du verhältst dich unmöglich! Das passt aber überhaupt nicht! So ein Quatsch! ..."

„Ich bin falsch? Nein – DU! Erkenne doch endlich mal meine Sichtweise an! Ich will auch mal gesehen werden! Immer muss ich nachgeben! Gib du endlich mal nach!!"

„Ich sehe, du hast da noch etwas nicht gelöst. Kümmere dich mal um dein Problem. Schau mal, wie du dich gerade verhältst! Ich glaube nicht, dass DU mir helfen kannst!"

Die destruktive Kritikerin ist geboren.

Sie ist eine sich unschuldig fühlende Problemträgerin, die ein eigenes Ziel verfolgt. Sie befindet sich gerade im Kontakt mit ihrer schmerzvoll abgeschlossenen Gehirnkarte, fühlt einen seelischen Phantomschmerz und wird daraus aktiv. Sie teilt ihrem Umfeld aus diesem Schmerz heraus indirekt mit, wo es sich in ihrem Nicht-Zielbereich befindet und sie nicht in dem Ziel unterstützen kann, ihre ungelösten Gehirnkarten zu einem Happy End weiterzuentwickeln. Gleichzeitig „demonstriert" ihr Verhalten ihre eigene Fantasiewelt, ihre Gehirnkarte, an die das Umfeld andocken könnte.

Ihr Verhalten ist kein „Schutz", sondern ein sehr dringender, inzwischen oft unbewusster Wunsch, endlich die „wirklich" passende Unterstützung zu finden. Dieser dringende Wunsch erzeugt auf ganz natürliche Weise: – Wertung!

Die Problemträgerin weiß am besten, was ihr hilft. Sie hat immer nur ein Ziel: Lösung. Auf dem Weg zur Lösung gibt es zwei Bezugspunkte der Aufmerksamkeit: Was ist zu viel? Was fehlt? Fehlt gerade etwas auf dem Weg zur Lösung, dann wird es gesucht. Ist etwas zu viel, dann wird es vermieden. Viele Helfer*innen deuten das Vermeiden einer Problemträgerin sehr oft als eine generelle Vermeidung, einen Widerstand oder eine Blockade, die ein Teil des Problems sein soll. Dabei kann es einfach nur so sein, dass es der Problemträgerin gerade zu schnell geht und nicht hilft oder dass sie spürt, dass auf dem Weg zur Lösung für sie etwas verkehrt läuft und nicht passt.

Ich kann mich noch gut daran erinnern, wie ich als Kind das Fahrradfahren ohne Stützräder lernte. Die Stützräder wurden das erste Mal abmontiert, und meine Mutter hielt mich und das Fahrrad fest. Dann schob sie mich an – immer noch das Fahrrad festhaltend, und ich spürte, dass sie es schief hielt. Das Fahrrad und ich waren zur Seite geneigt, und so konnte ich nicht selbstständig das Gleichgewicht halten (was ja unser beider Ziel war!). Ich rief: *„Du hältst schief!"* – doch meine Mutter glaubte mir nicht und meinte, ich würde mich gegen ihre Hilfe wehren. Demnach war ihre Reaktion: *„Stell dich nicht so an!"* Ein befreundeter Mann, der die Szene beobachtete, rief meiner Mutter zu, dass sie das Fahrrad gerade halten müsse. Erst dann wurde sie stutzig und korrigierte sich. Ich lernte also nicht nur das Fahrradfahren, sondern wollte meine Mutter darin belehren, wie sie mir am besten helfen kann. Leider sah sie mich nicht als kompetent genug an.

Wenn ein Problemträger sich wehrt und mitteilt, was für ihn nicht stimmt, gibt es viele Helfer*innen, die zumindest innerlich denken: *„Klar,* *er wehrt sich, weil er vor der Lösung Angst hat. Er will sich noch schützen.*" Viele Lehrer*innen und Therapeut*innen halten ihre Schüler*innen oder Patient*innen für nicht kompetent genug und werten daher ihre Korrekturversuche als nicht dazugehörig oder als ungelösten Schutz. Doch in Wirklichkeit ist es umgekehrt: Die Lehrerin/Therapeutin ist nicht kompetent genug, um wirklich passend an die individuelle Gehirnkarte der Schülerin/Patientin anzudocken. Denn so etwas kann niemand an irgendeiner Universität lernen. Das Andocken muss in jeder aktuellen Situation bei jedem Menschen immer wieder neu gelernt werden. Daher benötigt die Lehrerin/Therapeutin dementsprechend *immer* von der Schülerin/Patientin eine Hilfe, ein Feedback, einen Korrekturvorschlag, eine Kritik – und manchmal auch den Hinweis, wenn es passt.

Ein Baby kann nicht kommunizieren, sondern nur schreien oder lächeln, um ein eigenes Ungleichgewicht oder Gleichgewicht zu demonstrieren. Darin ist es vollkommen kompetent. Und die Mutter muss herausfinden, welches Ziel hinter der „Wertung" des Babys steckt, warum es schreit und wie sie ihm optimal helfen kann. Wir müssen bei jedem destruktiven Kritiker herausfinden, welches Ziel hinter seiner Wertung steckt, warum er wertet und wie wir ihm optimal helfen können.

Ich will an dieser Stelle die oben erwähnte Fantasiewelt würdigen, mit der viele Menschen davon ausgehen, ein Problemträger würde sich einfach nur „schützen" und „sich verschließen". Deswegen beschreibe ich das Verhalten des Problemträgers aus meiner Sicht noch einmal anders: Der Problemträger schützt sich tatsächlich vor seinem gegenwärtigen Umfeld. Denn er erlebt, dass das Umfeld ihn nicht wirklich versteht und ihn gerade nicht wirklich unterstützen kann. Er spürt, dass sein Umfeld sein ungelöstes Ungleichgewicht zwar reaktivieren könnte, aber nicht dazu in der Lage ist, den Rahmen für eine vollständige Verarbeitung zu bieten.

Das Umfeld könnte hier einwenden: *„Aber der Problemträger ‚projiziert' nur ins Umfeld, dass es den Rahmen nicht bieten kann. In Wirklichkeit ist der Rahmen doch vorhanden, denn wir sind alle verständnisvoll offen! Er kann es nur nicht sehen!"*

Meine Antwort ist: „*Wenn das Umfeld wirklich den passenden Rahmen bietet, dann würde es an dieser Stelle nicht widersprechen. Stattdessen könnte das Umfeld die scheinbare Verschlossenheit, den*

Schutz, die Projektion des Problemträgers vollständig würdigen und passend damit umgehen. Es erkennt das Verhalten des Problemträgers als wertvolle Hinweise dafür, was der Problemträger eigentlich wirklich benötigt."

Nimmt man den Problemträger vollständig ernst – in allem – und gelingt die Integration all seiner Projektionen, dann erkennt man das daran, dass er keine Abwehr mehr signalisiert. Denn nun konnte man passend andocken.

Wer „wirklich“ (= wirkungsvoll) einer anderen Person helfen will, hat zunächst die Schülerrolle, denn er muss ganz klar lernen, wie er am besten an die Gehirnkarte der anderen andockt. Die Problemträgerin hat die Lehrerinrolle. Sie zeigt durch ihre Feedbacks, durch ihren Widerstand, durch ihre Korrekturen dem anderen, wo dieser schon richtig angedockt hat und wo er noch falschliegt. Hat er richtig angedockt, dann „lebt“ die Problemträgerin meistens einfach nur noch die Gehirnkarte, d. h. sie wehrt sich nicht mehr: Jetzt ist es richtig. Sie hat keinen Widerstand und keine Korrektur mehr. In dieser scheinbaren „Normalität“ kann man dann die nächsten Entwicklungsschritte gehen.

Ich erkenne jedes therapeutische Modell, in dem einem (traumatisierten) Menschen ein innerer Anteil zugeschrieben wird, der sich nur „wehrt“ und „schützt“ und sein „Überleben sichert“, als unvollständig. Es verleitet dazu, den Überlebensanteil dieses Menschen als eine Störung auf dem Weg zur Lösung zu sehen. Therapeut*innen überlegen, wie man diesen Überlebensanteil loswerden, umgehen oder austricksen könnte, um an den Kern des Problems heranzukommen und so die Lösung einzuleiten. Klar, dass in solchen Momenten viele Patient*innen sich tief in ihrem Gefühl nicht ernst genommen und als Mensch nicht ebenbürtig fühlen und dass auf diese Weise gefundene Lösungen von den Patient*innen selbst unbewusst sabotiert werden, um sich die Chef*inrolle zurückzuholen.

In meiner Fantasie gibt es, wie bereits beschrieben, drei klare Voraussetzungen, die sich ein Patient von seinem Umfeld wünscht: Verständnis (Andocken), Anerkennung (Chef*inrolle), Offenheit (für alle Folgen eines Happy Ends).

Bei welcher Ärztin fühlen wir uns am wohlsten? Bei der Ärztin, die jede Information von uns ernst nimmt, sie genau kennenlernen will, sie nutzt, jede Korrektur und jeden Hinweis von uns aufgreift, sich ganz offen von uns sagen lässt, was hilft und was nicht, das ebenso ernst nimmt, und dann durch diesen gemeinsamen Lernprozess irgendwann einen Vorschlag machen kann, der uns tatsächlich weiterhilft – wie eine konstruktive Kritikerin.

Ich fasse meine Fantasiewelt in Bezug auf diesen Punkt noch einmal zusammen: Wenn eine Helferin einer Problemträgerin im Moment nicht helfen kann, dann liegt es ursprünglich nicht daran, dass die Problemträgerin sich nicht helfen lässt, sondern daran, dass die Helferin nicht die passende Hilfe anbietet. Wer hier etwas verändern muss, um erfolgreich helfen zu können, ist immer die Helferin. Sie muss an ihrem Hilfsangebot so lange etwas ändern, bis es passt und das Ziel erreicht wurde. Dazu kann auch die Möglichkeit gehören, dass man seine Hilfe aufgibt – auch das könnte einer anderen Person manchmal helfen, ihr Ziel zu erreichen.

Sie erinnern sich

(Ein paar Absätze, an deren Inhalt Sie sich inzwischen sicher gut erinnern, lasse ich weg.)

- Ich entwickle meine Gehirnkarten, indem ich Verbindungen herstelle. Verbindung bedeutet: Kontakt intensivieren, Verknüpfung, Ähnlichkeit, Wellenlänge herstellen, in Resonanz sein, „das gehört dazu“.

- Ich entwickle meine Gehirnkarten, indem ich Unterscheidungen herstelle. Unterscheidung bedeutet: sich unterschiedliche Bilder machen, Klumpen genauer unterteilen, Trennung, Loslösung, „das ist *nicht* das Gleiche“, zwei verschiedene Welten sehen, Nicht-Resonanz, einsortieren in den Nicht-Zielbereich, „das gehört *nicht* dazu“.

- Ich stelle mir in meiner Fantasiewelt vor, dass jeder Mensch (auch ich) tief in seinem Unterbewusstsein darum bemüht ist, in möglichst vielen Situationen ein Happy End zu erleben, damit in seinen Gehirnkarten dieser glückliche Zustand festgeschrieben wird.

- Auch im Kontakt mit Menschen, die sich „unverzeihlich“ verhalten, suche ich in mir nach einem Happy End. Dabei ist es mir wichtig, einen Menschen trotz seines schmerzvollen Verhaltens in seiner Würde zu achten. Nur durch eine klare Unterscheidung zwischen der Menschenwürde und den Zielen dieses Menschen fühlt sich ein Happy End in mir „rund“ an.

- Ich kann mithilfe von Stellvertreter*innen in einer Aufstellung meine ungelösten Beziehungs-Gehirnkarten zu einem Happy End weiterentwickeln. Diese Stellvertreter*innen werden durch ihre resonierende Empfindung in ihrem Verhalten so gesteuert, dass sie meistens optimal an meine Beziehungskarten andocken.

- Habe ich als Kind, Jugendlicher oder Erwachsener verlernt, einen tiefen Verlust zu betrauern und den Schmerz auszudrücken und zu weinen, dann gibt es immer noch manche „alte“ Gehirnkarten in mir, die in einem unverarbeiteten Schmerz festgeschrieben sind und seitdem mein Gefühl von Verbundenheit im Leben blockieren.

- Wenn ich mich über etwas ärgere, jemandem böse bin oder sogar Rachegefühle entwickle, dann weiß ich, dass ich gerade nicht loslassen und nicht um das Verlorene trauern kann. Im Ärger setze ich den Verlust fort und wirke auf alle Beteiligten – auch auf mich selbst – destruktiv.

- Der Fluss meiner Tränen unterstützt mich darin, Verlusterfahrungen und durch Happy Ends angeregte Lösungsprozesse in meinem Gefühl (im emotionalen Gehirn) vollständig nachzuvollziehen und umzusetzen.

- Finde ich mithilfe meines Umfeldes (Stellvertreter*innen) zurzeit kein Happy End, dann kann ich entweder einen Wechsel vollziehen (z. B. weggehen) und dadurch die momentane Situation verändern, oder ich warte auf eine neue Situation, die mich besser darin unterstützen kann, ein Happy End zu finden.

- Ich kann mir den Unterschied von drei Rollen deutlich machen und im Alltag zwischen ihnen wählen: 1. Problemträger (oder Zielträger), 2. Stellvertreter/Avatar, 3. Beobachter.

- Werde ich in meinem Leben plötzlich auf negative Weise unterbrochen, dann kann der als „Bad End“ in meinem Gehirn festgeschriebene Zustand entweder ein **Drang-Zustand** zu einem noch nicht erreichten neuen Gleichgewicht oder der **Schmerz-Zustand** eines verlorenen Gleichgewichtes oder beides sein.

- Ich kann spüren, 1. ob mein Umfeld mein Problem wirklich versteht und daran andocken kann, 2. ob es mich als Chef meines Problems und meiner Lösung anerkennt und 3. ob es offen dafür ist, was ich bei einem Happy End empfinden werde und welche Folgen sich daraus entwickeln. Dementsprechend öffne oder schütze ich mich.

- Wenn etwas in mir unbedingt möchte, dass mein Umfeld mir helfen soll (= Ziel), es dazu aber nicht in der Lage ist, dann werte ich mein Umfeld. Es passt nicht zu meinem Ziel – zumindest nicht so, wie es gerade ist.

Was ist, wenn beide Seiten gleichzeitig ein Problem haben?

Treffen sich zwei Problemträger – sagt der eine mit seinem Problemgefühl zum anderen:

„Was hast *du* denn für ein Problem!?“

Sagt der andere:

„Dass du eins hast.“

Ist damit nicht das Kernleiden vieler Menschen auf den Punkt gebracht? Bestehen die meisten Probleme nicht darin, dass wir von anderen nicht die Hilfe oder Unterstützung erhalten (haben), die wir gebraucht hätten, weil sie zu stark mit sich selbst beschäftigt sind? Gibt es in unserem Leben nicht so unendlich viele Situationen, die „falsch“ gelaufen sind oder immer noch „falsch“ laufen?

Allein unsere Wertung (= „falsch“) zeigt: Wir haben Ziele. Es fällt uns gerade schwer, ziellos zu sein, unser einfaches „Sein“ zu genießen und für eine Zeit in die mitfühlende Beobachterrolle zu schlüpfen, loszulassen. Wir fühlen öfter Leid in uns, haben Wünsche, Ziele, Wertungen, die wir durchsetzen wollen, und werden auf diese Weise für kurze Momente im Kampf mit den Zielen unseres Umfeldes zum destruktiven Kritiker – ohne es zu merken.

Ist der andere auch ein Problemträger, so kritisieren wir uns gegenseitig. Es kommt zur Auseinandersetzung. Wenn eine Person beispielsweise immer genau dann Nähe braucht, während die andere Person eine Distanz braucht, und wenn die andere immer genau dann Distanz braucht, wenn die eine Nähe möchte, dann gibt es hier zwei Gehirnkarten, die gegenseitig voneinander fordern, dass das jeweilige Gegenüber sich der eigenen Gehirnkarte anpasst. Hier ist eine Auseinandersetzung darüber vorprogrammiert, wer zuerst das Happy End erleben darf („gewinnen" darf).

Wenn mir dieser Zusammenhang klar ist, dann weiß ich auch: Sobald die andere Person Problemträger*in ist und ich merke im Gespräch, dass sie ihre Ziele (Wünsche nach Happy End) nicht loslassen kann, dann ist sie gerade nicht in der Lage, Verständnis für mich zu entwickeln und mir für meine Ziele zur Verfügung zu stehen. In diesem Fall bleiben für mich folgende Möglichkeiten:

Entweder ich lasse los, stehe der anderen für ihr Ziel zur Verfügung (Wechsel in die Stellvertreterrolle) und versuche, so gut wie möglich an ihre Gehirnkarte anzudocken, sie ernst zu nehmen, Verständnis zu entwickeln, die Person als Chef*in ihres Problems und Happy Ends anzuerkennen und offen zu sein für die Folgen ihres Happy Ends. Oder ich gehe in die Rolle des mitfühlenden Beobachters und lasse alle Ziele los, sowohl meine als auch ihre.

Will ich aber Problemträger bleiben, mich auch weiterhin um meine Ziele kümmern und eine Auseinandersetzung vermeiden, dann muss ich das ohne die andere Person tun.

Ansonsten bleibt nur noch der Kampf mit ihr, die Auseinandersetzung darüber, wer wem als Erstes zur Verfügung steht und Verständnis für das Gegenüber entwickelt.

Auf einem höheren Niveau, auf dem beide in der Lage sind, ihre jeweiligen Ziele für eine kurze Zeit loszulassen, besteht die Möglichkeit, in diesem Zeitfenster miteinander zu reden und zu klären, wer wem für welches Happy End wann als Erstes zur Verfügung steht – und ob überhaupt.

Manchmal stecke ich in einem Problem und kann in diesem Moment meinen Wunsch nach einem Happy End einfach nicht loslassen. Gleichzeitig erlebe ich, dass die andere Person es auch nicht kann, und fühle mich traurig, unglücklich, verletzt, fühle meine Sehnsucht nach einem Happy End und spüre einen großen Graben zwischen uns. Ich bin nicht in der Lage dazu, Verständnis für die andere zu entwickeln, und erhalte auch kein Verständnis von ihr. In solchen Momenten habe ich schön öfter erlebt, dass ich mich zurückziehen und mir mithilfe meines eigenen Avatars selbst Verständnis geben kann.

Nicht immer brauche ich meinen Avatar dazu, sondern oft genügt auch ein Nachdenken und Erforschen meines Gefühls von Ungleichgewicht. Ich suche in mir nach der Ursache meines Problems. Irgendwann wird mir etwas bewusst, ich erinnere mich an etwas und erkenne einen Zusammenhang zwischen einem früheren Erlebnis und meinem gegenwärtigen Problem. In diesem Fall habe ich eine Verknüpfung in mir selbst hergestellt, so dass nun eine Weiterentwicklung meiner Gehirnkarte geschehen ist.

Habe ich eine lösende Erkenntnis gewonnen, meinen Schmerz verarbeitet oder einen unbewussten Drang beendet, dann war ich in der Lage, selbstständig und ohne Hilfe meiner momentan aktivierten Gehirnkarte ein Happy End hinzuzufügen.

Nichts anderes machen Kinder, wenn sie bei ihren Eltern kein Verständnis für ihren Wunsch finden, hart zurückgewiesen werden, sich verletzt fühlen, sich dann in ihr Zimmer zurückziehen und weinend mit ihren Puppen reden, sie in den Arm nehmen, sich an sie kuscheln und den Schmerz verarbeiten oder sich im Kontakt mit der Puppe ihren Wunsch als Illusion (in der Fantasie) erfüllen, um letztendlich ihre Gehirnkarte so gut wie möglich weiterzuentwickeln.

Geht es mir besser, dann kann ich wieder auf die andere Person zugehen. Ich kann mich fragen: „*Warum macht sie das? Was genau ist los in ihr? Welche ihrer Gehirnkarten schreit nach einem Happy End?*“ Dabei weiß ich, dass die Antwort darauf nur in ihrer Fantasiewelt zu finden ist.

Hätte ich ihre Fantasiewelt vollständig verstanden, dann würde mir ein Licht nach dem anderen aufgehen und ich könnte genau nachvollziehen, warum sie sich so verhält. Doch leider sind unsere Lebenswege so unterschiedlich, dass ein totales Verständnis nicht wirklich möglich ist. Ich habe kaum eine Ahnung, auf welchem Stand sich die Gehirnkarten der anderen Person befinden. Deswegen kann ich nur schrittweise lernen, sie immer besser zu verstehen.

Übrigens kann ich mir mit diesem Hintergrund gut vorstellen, wie es dazu kommt, dass wir uns im Kontakt mit einem anderen Menschen oft in einer „Rolle“ fühlen und eigentlich gar nicht wirklich „wir selbst“ sein können. Wenn wir jemand anderem zur Verfügung stehen und uns Gedanken über sein Verhalten und seine Ziele machen, passen wir uns in unserem Verhalten seiner momentan aktivierten Gehirnkarte an, um ihn so gut wie möglich zu verstehen. Wir fühlen in Resonanz die Ziele und die Nicht-Zielbereiche der Fantasiewelt des anderen, seine Begrenzungen und Wertungen. Da sich seine Fantasiewelt immer von unserer unterscheidet, fühlen wir uns auch anders, als wir uns selbst kennen. Wir sind nicht wir selbst.

Wir würden uns nur frei fühlen, wenn unser Gegenüber in der Lage wäre, im Kontakt mit uns seine Ziele vollständig loszulassen. Wie wäre so etwas möglich? Dazu müsste der andere seine Gehirnkarten bis zu einem Happy End führen, so dass sich sein Drang nach einer Weiterentwicklung und damit sein Wunsch nach Avataren oder Stellvertreter*innen beendet. Er müsste seine Nicht-Zielbereiche klären (von unerlösten Emotionen befreien) und gleichzeitig die Fähigkeit entwickeln, seine Ziele loszulassen, also ziellos zu sein. Dabei geht es nicht darum, Ziele für immer aufzugeben, sondern nur darum, etwas beweglicher zu sein und das Verfolgen von Zielen für eine Zeit „sein“ lassen zu können – ohne gleich Probleme dabei zu fühlen.

Angenommen, wir sind selbst darin geübt, unsere Ziele für eine Zeit loszulassen und beweglich zu sein. Wenn wir nun in dieser Ziellosigkeit einer anderen Person begegnen, dann fühlt diejenige sich im Kontakt mit uns frei und kann „sie selbst“ sein. Sie muss uns für kein Ziel zur Verfügung stehen.

Allerdings gibt es dabei noch eine Ausnahme. Es könnte sein, dass wir durch unsere Ziellosigkeit in der anderen Person einen Nicht-

Zielbereich berühren und damit ein Problem bei der anderen auslösen. Sie hat z. B. gelernt, dass Ziellosigkeit etwas Schlechtes sei und Faulheit bedeute. Nun kritisiert sie unsere Ziellosigkeit und will uns verändern. In solchen Momenten ist sie zwar „sie selbst", aber sie hat nicht das Gefühl, wirklich frei zu sein und sich gut zu fühlen. Da sich unsere Ziellosigkeit in ihrem Nicht-Zielbereich befindet, taucht nun ihre „Wertung" in ihr auf, also die Grenze ihres Nicht-Zielbereiches: Ziellosigkeit ist *nicht* gut. Sie projiziert in uns ein Problem, gibt uns damit die Rolle eines Avatars und versucht, „unser" Problem zu „heilen". Die Person möchte unsere Ziellosigkeit beenden, damit wir erfolgreich an ihre festgeschriebene Gehirnkarte andocken können und sie sich wieder besser fühlen kann.

Begegnen wir uns, während wir uns beide gleichzeitig im Zustand der Ziellosigkeit befinden, dann erleben wir einen völlig freien Kontakt zueinander. Hier will niemand den anderen seiner eigenen Gehirnkarte anpassen und man nimmt sich gegenseitig so, wie man ist.

Happy Flow.

Kapitel 3

Die Verbundenheit

Eine tiefe Verbundenheit ist der Nährboden für Happy Ends

In meiner Fantasiewelt bin ich davon überzeugt, dass es eine Instanz in uns gibt, die immer bestrebt ist, etwas zu lösen, zu klären, sich in ein besseres Gleichgewicht zu bewegen. Wir haben den Wunsch, alte Gleichgewichte nicht zu verlieren und/oder neue Gleichgewichte zu erreichen. Deswegen sucht etwas in uns immer nach Lösungen. Der Neurobiologe Prof. Dr. Gerald Hüther sagte in einem Vortrag 2009 in Köln, dass nach neuesten Erkenntnissen unser Gehirn einfach nur ein Organ zum Lösen von Problemen sei. Man könnte es auch anders ausdrücken: Wir sind bestrebt, permanent zu wachsen und zu reifen und alle Aufgaben und Hindernisse auf diesem Weg zu lösen. Dazu benötigen wir nicht nur die Entwicklung von Gehirnkarten, sondern auch eine tiefe Verbundenheit mit unserem Umfeld.

Es gibt ein faszinierendes Experiment in der Psychophysik, das immer wieder in Büchern erwähnt wird (vgl. Peoc'h, 1995) – zuerst von Ruppert Sheldrake in „*Der siebte Sinn der Tiere*" (Fischer Scherz 1999). Vor Kurzem habe ich es in Rüdiger Dahlkes Buch „*Die Schicksalsgesetze*" (Goldmann 2009, S. 180ff.) wiederentdeckt. Auch auf Youtube.com ist aus dem Jahr 2013 ein Video darüber zu finden mit dem Titel „*René Peoch – Der Geist wirkt auf die Materie*" (Zugriff 4.11.2020). In diesem

Experiment geht es um Gänseküken und einen Roboter. Der Roboter befindet sich auf einer großen rechteckigen Fläche und ist permanent in Bewegung. Er fährt ein Stück geradeaus, ändert nach dem Zufallsprinzip seine Richtung, fährt wieder ein Stück, ändert wieder zufällig die Richtung etc. Beobachtet man die Fahrspuren dieses Roboters, so kann man allmählich nachvollziehen, dass sich durch das Zufallsprinzip die Bewegungen des Roboters gleichmäßig über die gesamte Fläche verteilen.

Nun haben Forscher eine Verbindung zwischen Gänseküken und diesem Roboter hergestellt, indem sie den Küken sofort nach ihrem Schlüpfen den Roboter gezeigt und ihn quasi als deren Mutter vorgestellt haben. Die Gänseküken haben eine Gehirnkarte entwickelt (Roboter = Mutter) und sich emotional an diesen Roboter gebunden. Das Ziel des Experiments war nicht, dass die Küken nun ständig dem Roboter nachlaufen, sondern es war umgekehrt: Man hat neben dem rechteckigen Feld, auf dem sich der Roboter bewegte, ein kleines Gehege aufgestellt und die Küken darin untergebracht. Seltsamerweise war nun zu beobachten, dass sich die Fahrten des Roboters nicht mehr gleichmäßig über das gesamte Feld verteilten, sondern er hielt sich auffällig oft in der Nähe der Küken auf. Es war so, als hätten die Küken durch ihre emotionale Bindung, durch ihren Wunsch nach Nähe, durch den „Ruf“ nach der Mutter den Roboter in seinen Bewegungen an sich gebunden.

Dieses Experiment soll wiederholbar sein und immer wieder das gleiche Ergebnis anzeigen.

Bei einem ähnlichen Experiment mit diesem Roboter hat man eine Nacht lang einen Menschen an der Seite des Feldes schlafen lassen. Der Roboter änderte allmählich seine Fahrten, indem er sich tendenziell öfter auf der anderen, dem schlafenden Menschen gegenüberliegenden Seite aufhielt – also in größtmöglichem Abstand zu ihm. Warum? Der Roboter gab natürlich gewisse Fahrgeräusche von sich und der Mensch hatte den Wunsch, „in Ruhe“ zu schlafen. So bestand das Gleichgewicht zwischen dem Roboter und dem Schlafenden darin, dass der Roboter die Nähe zu diesem vermied.

An diesen beiden Beispielen können wir wunderbar sehen, wie unser Umfeld – sogar unser technisches Umfeld – sowohl Wünsche nach Verbindung als auch solche nach Vermeidung (= „nicht!“) spiegeln und damit erfüllen kann. Die Küken wollten den Roboter verstärkt in ihr Leben ziehen, weil sie die Mutter in ihn projizierten. So intensivierte sich der

Kontakt und ein neues und besseres Gleichgewicht entstand dadurch, dass der Roboter sich öfter in der Nähe der Küken aufhielt. Der schlafende Mensch wollte in Ruhe schlafen, Lärm befand sich in seinem Nicht-Zielbereich, und der Roboter vermied das Lärm-Ungleichgewicht, indem er sich von dem Schlafenden fernhielt.

Allerdings spielt dabei immer eine Rolle, wessen Wunsch intensiver ist. Hätte man den Roboter auf eine bestimmte Bewegung fest programmiert, so wäre er wahrscheinlich durch die Wünsche der Küken oder des schlafenden Menschen von dieser Programmierung (= eigenes Ziel) nicht sehr abgewichen. Durch die Programmierung auf Zufallsbewegungen war der Roboter bei jeder Entscheidung über die nächste Richtung „frei“ in der Wahl, wohin er sich als Nächstes wandte. Er hatte also kein festgelegtes Programm, keinen „starken Wunsch“ und richtete sich in seinen Zufallsbewegungen nach den Wünschen seines Umfeldes. Durch eine gewisse eigene Ziellosigkeit konnte er besser den Zielen seines Umfeldes zur Verfügung stehen und helfen.

In einem anderen Experiment haben Forscher*innen eine Kaninchenmutter von ihrem Jungen getrennt und weit voneinander entfernt in unterschiedlichen Räumen untergebracht. Sie konnten sich weder hören noch sehen. An beide Tiere wurden Messgeräte angeschlossen. Dann haben die Forscher*innen das Kaninchenbaby mit einer Nadel gepiekst. In diesem Moment hat nicht nur das Messgerät des Kaninchenbabys einen Ausschlag registriert, sondern auch das Messgerät der Mutter zeigte eine emotionale Reaktion.

Durch eine ganz bestimmte Ebene der Resonanz steht alles mit allem in Verbindung miteinander. Alles schwingt.

Wie ich bereits am Anfang des Buches erwähnte, beobachte ich diese Form von Verbundenheit auch in unseren zwischenmenschlichen Beziehungen: Wir spiegeln uns gegenseitig sowohl unsere bewussten und unbewussten Wünsche nach Verbindung als auch die nach Vermeidung.

In Aufstellungen tritt dieser Spiegel verstärkt in unser Bewusstsein, weil wir ihn gezielt mithilfe von Stellvertreter*innen einsetzen. So ähnlich wie der Roboter stellen Stellvertreter*innen ihre persönlichen Wünsche zurück, wenn sie zur Verfügung stehen und helfen. Im Alltag erleben wir es tendenziell auf einer eher unabsichtlichen Ebene. Ich erzählte Ihnen von meinen Klassenkameraden, die es „verstanden“, mich für ihre Prügeleien als Opfer auszusuchen. Ich war ideal dafür, da ich mich nicht bei den Lehrer*innen beschwerte. Außerdem erzählte ich Ihnen von Erwachsenen, die es „verstanden", mich immer genau dann zu erwischen, wenn ich etwas Ungezogenes tun wollte oder getan hatte. Es kann also sein, dass ein Mensch mit einem Wunsch nach der Lösung eines Problems andere Menschen auf einer bestimmten Resonanzebene „anzieht" und sie so beeinflusst, dass sie mit ihrem Verhalten an seinen Problembereich „andocken".

In meinem ersten Band *Ich stehe nicht mehr zur Verfügung* habe ich über viele weitere Situationen berichtet, in denen sich Menschen gegenseitig spiegeln, und wie man lösend damit umgehen kann.

Durch viele Erzählungen anderer Menschen, durch mehrere Bücher über „Resonanz im Universum" und durch eine große Menge an eigenen faszinierenden Erfahrungen, letzten Endes durch die konzentrierten Erlebnisse bei Aufstellungen habe ich in mir das Fantasiebild entwickelt, dass im Universum alles mit allem tief in Verbindung miteinander stehen muss – es existiert eine tiefe Verbundenheit. Manche sagen dazu: *„Alles ist eins."*

Ich habe die Fantasie, das Universum benötigt diese Verbundenheit als Basis, um Strukturen bilden und weiterentwickeln zu können. Gäbe es keine Verbundenheit, dann wüssten die einzelnen Elemente nicht, auf welche Weise sie sich miteinander verbinden müssen (wo sie aneinander „andocken"), um Teile einer übergeordneten Struktur zu werden, und in welche Richtung sie eine Weiterentwicklung erfahren (wo ein besseres Gleichgewicht zu finden ist).

Wie wir inzwischen wissen, kann eine Weiterentwicklung nur stattfinden, wenn etwas Neues an das andocken kann, was sich weiterentwickeln will oder was weiterentwickelt werden soll. Bringt das Fernsehen die Fortsetzung eines Films, dann ist es sinnvoll, auch weiterhin dieselben Schauspieler*innen für dieselben Rollen einzusetzen. Außerdem setzt die Handlung dort an, wo sie vorher aufgehört hat, oder es wird dafür gesorgt, dass die Zuschauer*innen eine Verknüpfung zwischen der vorausgegangenen Folge und der Fortsetzung erfahren. Diese Verknüpfung ist ein „Andocken". Begegnen wir nach langer Zeit einer guten Freundin wieder, dann erzählen wir ihr alles, was in der Zwischenzeit passiert ist. Unsere neue Begegnung knüpft dort an, wo wir uns das letzte Mal ausgetauscht haben, und entwickelt sich durch unsere Erzählungen weiter. Wir bringen uns „auf den neuesten Stand". Hätten wir nicht die gleiche Sprache, dann wäre das nicht möglich. Wir benötigen also auch hier eine Wellenlänge, eine Verknüpfung. Philip konnte mithilfe einer „Avatar-Hand" seine Gehirnkarte weiterentwickeln, weil das Spiegelbild an den alten Zustand anknüpfte. Stellvertreter*innen in einer Aufstellung können uns am besten helfen, wenn sie genau unseren Problemzustand spiegeln und damit an unser Problem andocken. Ein Kind fühlt sich nur verstanden, wenn die Mutter sich auf die gleiche Wellenlänge wie das Kind begibt. Jemand will helfen und *muss* schauen, wo der andere steht. Der andere muss es ihm zeigen oder sagen. Die Therapeutin hört sich zunächst das Problem der Klientin an und lernt dieses dabei kennen. Der Klavierlehrer hört sich zunächst an, was sein Schüler in der vergangenen Woche geübt hat und auf welchem Stand er sich befindet, indem er sich das eingeübte Klavierstück vorspielen lässt. Erst anschließend wird der Lehrer helfend aktiv.

Jedes Kennenlernen stellt eine Form von Verbundenheit zu dem Kennengelernten her. Ebenso ist jedes Kennenlernen nur möglich, weil es eine Verbundenheit gibt (durch Lichtwellen, Schallwellen, emotionale Resonanzen etc.). Darüber hinaus sind Heilungen in der Körpertherapie durch Massage, Akupunktur, Akupressur, also durch Kontakt und durch Verbundenheit möglich. Manchmal wird sogar ein Punkt am Körper berührt und dadurch an einen unverarbeiteten emotionalen Schmerz aus der Vergangenheit angedockt, der anschließend zum Vorschein kommt und sich nun durch Verarbeitung in ein besseres Gleichgewicht bewegen kann.

Das Andocken, das Verständnis, die Wellenlänge, die Verbundenheit, die Verknüpfung, die Resonanz ist Voraussetzung für die Weiterentwicklung eines Zustandes. Eine Weiterentwicklung ist entweder eine Bestätigung des Zustandes, eine Festigung, oder dessen Veränderung und Verbesserung.

Ohne Verbundenheit keine Struktur und ohne Verbundenheit keine Festigung oder Verbesserung. Aus diesem Grund suchen wir als Allererstes immer nach Verständnis, nach Wellenlänge, nach Verbundenheit. Ist diese Voraussetzung gegeben, dann können wir als Nächstes unserem Wunsch nach einem besseren Gleichgewicht folgen.

Zuerst das Herstellen oder Finden von Verbundenheit, dann die Weiterentwicklung.

Wollen wir im Kontakt mit einer anderen Person ein eigenes Problem lösen, so suchen wir als Erstes immer Verständnis (= Verbundenheit). Wenn beide gleichzeitig ein Problem haben und es lösen wollen, dann suchen beide zunächst nach dem Verständnis des anderen. Das ist der Grund dafür, dass sich viele Streitgespräche nach einer Weile nur noch darum drehen, wer was auf welche Weise gesagt hat. Es dreht sich bei beiden um das Hauptziel „Verständnis" – und nichts anderes. Ohne Verständnis keine Lösung. Erst wenn auf beiden Seiten jeweils das Verständnis für das Problem des anderen vorhanden ist und damit Verbundenheit existiert, können beide sich einer Weiterentwicklung zuwenden.

Wollen wir einem Kind eine Anweisung geben und es reagiert nicht, dann fühlen wir uns unsicher und fragen nach: *„Hast du verstanden, was ich dir gesagt habe?"* Ohne seine Reaktion fehlt uns ein Gefühl von Verbundenheit. Im Gespräch mit einer Person, die nicht im Geringsten auf das eingeht, was wir sagen, sondern permanent nur ihre eigenen Sichtweisen darstellt und an ihren Behauptungen festhält, sich nicht unterbrechen lässt, nicht auf uns reagiert, fühlt sich jedes Bemühen für uns vergeblich an. Wir scheinen gegen Wände zu reden. Wir können uns nicht austauschen, nicht gemeinsam reifen, es ist einseitig. Wir haben das Gefühl, die andere versteht uns nicht, und so entsteht in unserem Gefühl eine Distanz zu ihr. Uns fehlt eine Verbundenheit.

Manchmal verstehen wir unser eigenes Verhalten nicht und suchen in uns nach der Ursache. Irgendwann wird uns vielleicht etwas bewusst, wir erinnern uns an etwas, wir erkennen einen Zusammenhang zwischen einem früheren Erlebnis und unserem gegenwärtigen Verhalten. In diesem Fall haben wir eine Verknüpfung, eine Verbundenheit in uns selbst hergestellt, so dass nun eine Weiterentwicklung geschehen kann. Aus diesem Grund haben wir bei eigenen Problemen mit uns selbst immer das erste Ziel, uns etwas „bewusst" zu machen. Diese Bewusstwerdung ist ein Andocken eines Teils in uns an einen anderen Teil, eine Verbundenheit innerhalb unseres Bewusstseins.

Der Hypnosetherapeut Milton H. Erickson unterstützte seine Patient*innen in ihrem Heilungsprozess, indem er sich vollkommen auf ihre Projektionen einließ, mitspielte, eine Verbundenheit herstellte und dann aus dieser Wellenlänge heraus erfolgreich neue Impulse für eine Weiterentwicklung gab. In der Kommunikationstechnik NLP (Neurolinguistisches Programmieren) wird diese Vorgehensweise „Herstellen eines Rapport“ genannt – oder „Pacing“.

Das erste Ziel ist Verbundenheit, das zweite Ziel die Weiterentwicklung innerhalb dieser Verbundenheit.

Wenn alles den Wunsch nach besseren Gleichgewichten hat, hat alles auch den Wunsch nach Verbundenheit, denn ohne Verbundenheit kann es keine besseren Gleichgewichte geben.

In meiner Fantasie forme ich aus diesen Sichtweisen nun die folgende Behauptung:

Verbundenheit ist der Nährboden für unser Leben.

Ohne Verbundenheit ist unser Leben in Gefahr. Verbundenheit *muss* immer vorhanden sein.

Deswegen drängeln wir bei Problemen auch so oft nach Verständnis von anderen Menschen und danach, dass sie mit ihrem Verhalten an unseren eigenen inneren Zustand und an unsere Projektion andocken. Je größer das Problem ist, umso intensiver ist unser Wunsch nach dem Gefühl von Verbundenheit, und umso größer und schmerzvoller sind unsere Vorwürfe, wenn unser Gegenüber das nicht erfüllen kann oder will. Denn anstelle von Verbundenheit fühlen wir nun Verlustschmerz.

Im umgekehrten Fall, also wenn wir nicht Problemträger*in sind, sondern Kontakt zu einer Person haben, die in einem Problemzustand steckt, dann fühlen wir unbewusst ihren Ruf nach Verbundenheit, so wie der Roboter dem Ruf der Gänseküken folgte. Und wie erreicht man am besten Verbundenheit? Indem man sich auf das Problem der anderen Person einschwingt und in Resonanz geht. Das ist der Grund, warum wir im Alltag immer wieder so schnell in „helfende Rollen“ rutschen und dabei resonierende Empfindungen erleben. In einer helfenden Rolle beginnen wir, an das Problem der anderen Person mit unserem Gefühl und unserem Verhalten anzudocken, eine Verbundenheit anzubieten und dadurch die Chance zu ermöglichen, den Problemzustand im Gehirn der anderen weiterzuentwickeln. Dabei ist es zunächst unwichtig, ob es Aussicht auf Erfolg hat oder nicht. Wir stehen erst einmal zur Verfügung, und wenn es nur mit unserer Aufmerksamkeit und unserem Mitgefühl ist. Für einen derartigen „Ruf“ sind besonders solche Menschen offen, die flexibel sind und leicht ihre eigenen Wünsche loslassen können. Oder negativ ausgedrückt: Es sind die Menschen „anfällig“, in die Helferrolle zu rutschen, die es schwer haben, an eigenen Zielen festzuhalten, und sich stattdessen nach anderen richten.

Haben wir eine Verbundenheit verloren, dann benötigen wir eine neue übergeordnete Verbundenheit, die uns darin unterstützen kann, den Verlust der alten Verbundenheit zu verarbeiten und die entsprechende Gehirnkarte zu einem Happy End zu entwickeln.

Während meines Musikstudiums habe ich z. B. über mein Elternhaus nachgedacht und neue übergeordnete Sichtweisen gefunden, mit deren Hilfe ich meine Eltern nachträglich besser verstehen konnte. Dadurch fühlte ich mich mit ihnen wieder stärker verbunden als in der Zeit kurz nach meinem Auszug. Oft bin ich bei einer neuen umfassenderen Idee, die ein Happy End für mich darstellte, in Tränen ausgebrochen und habe den in meiner Kindheit erlittenen Verlust von Verbundenheit zu meinen Eltern nachträglich verarbeitet und dadurch in das neu entstandene, tiefer gehende Gefühl von Verbundenheit integriert.

In diesem Buch stelle ich Ihnen viele neue Sichtweisen vor, die Ihnen vielleicht helfen können, ein neues übergeordnetes Verständnis zu erlangen und sich dadurch letztendlich mit Ihrem Umfeld verbundener fühlen zu können. Das eigentliche „Wunder“, das ich Ihnen hier anbiete, ist, sich mit einem destruktiven Kritiker verbunden fühlen zu können, ohne durch seine Kritik noch einen dauerhaften Verlustschmerz fühlen zu müssen. Ich bin gespannt, ob Sie sich mir bis zum Ende des Buches anschließen werden und seinen Inhalt dann allmählich auch umsetzen können. Vielleicht werden Sie in Ihrem Alltag so manche positive Überraschung erleben.

Es gibt eine übergeordnete Verbundenheit, die uns bei jedem Verlust hilft: die universelle Verbundenheit. Manche sagen dazu: „Gottes Liebe“. Die universelle Verbundenheit hilft uns aber nur, wenn wir auch an sie glauben können und uns nicht wieder nach den trennenden Sichtweisen anderer Menschen zu richten beginnen. Optimal ist, diese trennenden Sichtweisen sogar in unsere Sichtweise der universellen Verbundenheit zu integrieren – durch folgende Sichtweise: Selbst wenn ein Mensch sich und andere als getrennt empfindet, befindet er sich immer innerhalb der universellen Verbundenheit.

Universelle Liebe

Wenn ich mir vergegenwärtige, dass alles den Wunsch nach Gleichgewicht hat und dass alles mit allem verbunden ist, dann ergibt sich in meiner Fantasiewelt aus der Kombination von beidem: Liebe.

Wie meine ich das?

Habe ich den Wunsch nach Gleichgewicht, bin aber gleichzeitig auf einer tiefen Ebene mit allem anderen verbunden, dann steht mein eigener Wunsch nach Gleichgewicht in tiefer Verbindung mit anderen Wünschen nach Gleichgewicht. Auf einer tiefen Ebene kann ich unbewusst (oder manchmal auch bewusst) wahrnehmen, dass andere Menschen oder auch Tiere den Wunsch nach einem Gleichgewicht haben. Ich fühle also nicht nur meine Wünsche, sondern bin auch in Kontakt mit den Wünschen meines Umfeldes. Wird nur mein Wunsch erfüllt und fühle ich mich in einem besseren Gleichgewicht, spüre aber auf irgendeiner Ebene, dass mein Umfeld sein Gleichgewicht noch nicht erreicht hat, dann werde ich ihm automatisch helfen und zur Verfügung stehen. Denn ein Ungleichgewicht in meinem Umfeld zu spüren ist automatisch ein gewisses Gefühl von Ungleichgewicht in mir selbst.

Liebe ist, für sich selbst ebenso wie auch für sein Umfeld um Happy Ends bemüht zu sein, sie zu finden und sowohl die Happy Ends als auch die Verbundenheit miteinander zu genießen.

Stehen sich zwei Menschen gegenüber, die auf diese Weise lieben, dann können sich beide um sich selbst kümmern und gleichzeitig auch wahrnehmen, in welchen Momenten das jeweilige Gegenüber eventuell Hilfe braucht, und außerdem die Happy Ends genießen.

Dabei heißt „sich um sich selbst kümmern" nicht, sich auch immer selbst helfen zu können. Es gibt auch Ziele, die wir nur erreichen können, wenn wir Hilfe von anderen erhalten. In diesem Fall bedeutet, „sich um sich selbst kümmern" auch, andere konkret um Hilfe zu bitten und ihnen zu sagen, was man braucht und wie man es braucht.

Ich behaupte, dass jedes Lebewesen bereits jetzt schon auf diese Weise liebt. Diese Liebe ist universell präsent und wird permanent gelebt – von allen.

Aber wieso können wir das nicht so erleben? Wieso erleben wir immer wieder Missverständnisse, emotionale Distanziertheit, Vorwürfe, Abwertungen, Hass, Ärger, Streit, Krieg, Auseinandersetzungen ohne Ende?

Das einzige Problem, das wir haben, sind unsere *unterschiedlichen* Fantasiewelten,

und dieses Problem wirkt sich auf unsere Liebe wie folgt aus:

Jeder hat sein eigenes Ziel und sucht sein ganz eigenes Happy End. Dementsprechend gibt es für ihn Dinge, die zu einem Happy End dazugehören, und welche, die nicht dazugehören (= Ausgrenzung). Es existiert eine natürliche „Wertung". Meistens empfinden wir bei Wertungen wenig Liebe und sehnen uns daher nach der „bedingungslosen Liebe" (= ohne Ziele und daher ohne Wertung und Ausgrenzung).

Stecken wir selbst in einem Ungleichgewicht und suchen ein eigenes Happy End, dann projiziert unser Gehirn dieses Ungleichgewicht in unser Umfeld (als „Phantomproblem") und wir meinen, etwas für unser Umfeld tun zu wollen, damit es diesem besser geht. In Wirklichkeit verwandeln wir dadurch unser Umfeld in einen Avatar für uns und wollen diesem Avatar dann helfen. Unser unbewusster Wunsch dabei ist, durch eine erfolgreiche Hilfe im Außen unsere eigene Problem-Gehirnkarte zu einem Happy End weiterzuentwickeln. Wir heilen den anderen, um uns dadurch selbst zu heilen. Oder wir brauchen den anderen als Stellvertreter*in, um etwas Verlorenes wiederzubekommen und es weiterentwickeln zu können. In diesem Fall wollen wir den anderen verändern und ihn unserer Gehirnkarte anpassen. Unser Umfeld fühlt sich dadurch manchmal nicht wirklich verstanden und daher auch nicht unbedingt geliebt, während wir jedoch meinen, den anderen zu lieben, denn wir wollen ja nur „Gutes" (in unserer Fantasiewelt).

Spüren wir bewusst ein Ungleichgewicht in unserem Umfeld (ohne Projektion) oder wurde es uns direkt kommuniziert, dann sind wir nur in der Lage, den Hintergrund dieses Ungleichgewichtes mit unserer eigenen Fantasiewelt zu deuten. Wir wissen also nicht wirklich, was für ein Happy End unser Umfeld „eigentlich" braucht. Wenn wir uns in der Deutung nicht zurückhalten können und sogar meinen, besser zu wissen, was unserem Gegenüber helfen könnte, dann entstehen Diskussionen, weil sich der andere von uns nicht verstanden fühlt und unsere Hilfe bei ihm nicht ankommen kann. Wir können trotz unseres Gespürs nicht erfolgreich an seine Problem-Gehirnkarte „andocken“, respektieren ihn nicht als Chef seines Problems und sind auch nicht offen für völlig neue und überraschende Ergebnisse. Auch in dieser Situation fällt es schwer, Liebe zu fühlen.

In unseren unterschiedlichen Fantasiewelten haben wir unterschiedliche Wünsche nach unterschiedlichen Happy Ends und dementsprechend unterschiedliche Wertungen. Die Folgen dieser Unterschiede empfinden wir als „Nicht-Liebe“.

Das ist unser Problem. Und das ist auch schon alles. In meiner Fantasiewelt ist ***das*** die alleinige Ursache für alle zwischenmenschlichen Schwierigkeiten. Ein großer Schritt in die Richtung eines gemeinsamen Happy Ends für unsere großen zwischenmenschlichen Probleme wäre meiner Meinung nach die gemeinsame Erkenntnis, dass genau ***das*** unser Problem ist. Dazu gehört:

✓ die Anerkennung, dass jeder seine ganz eigene Fantasiewelt mit seinen ganz eigenen Zielen hat, zu denen bestimmte Dinge dazugehören und andere nicht;

✓ die Anerkennung der Möglichkeit, dass wir unabsichtlich eigene Ungleichgewichte in unser Umfeld projizieren, um uns selbst dadurch weiterzuhelfen;

✓ die Anerkennung, dass unser Umfeld besser als wir entscheiden kann, was es wirklich braucht.

Ich blicke wieder auf unsere Beziehung zur destruktiven Kritikerin. Wir können bei ihr nun Folgendes „sehen“:

Ihr fällt es schwer, in ihrer Fantasiewelt unsere Fantasiewelt als eigenständige Fantasiewelt anzuerkennen und dadurch einen „Unterschied“ zu machen. Denn sie ist darauf konzentriert, selbst nach einer bestimmten Form von Verbundenheit zu suchen. Dabei benötigt sie es, dass wir an ihre Gehirnkarte andocken.

Möglicherweise projiziert sie ihre eigenen Ungleichgewichte in uns und „verklumpt“ ihre Probleme mit unserer gegenwärtigen Situation. Dadurch werden wir zu ihrem Avatar oder Stellvertreter*in, um ihr dabei zu helfen, ein Happy End fühlen zu können.

Sie meint, in Bezug auf uns besser zu wissen, was „richtig“ und was „falsch“ wäre, denn sie ist nach wie vor auf ihre eigene Fantasiewelt mit ihren eigenen Zielen konzentriert und hat dementsprechend eine klare Wertung, die sie auf uns überträgt.

Haben wir selbst ein Problem mit einem destruktiven Kritiker, so könnte Folgendes gegeben sein:

Wir können nicht sehen, dass er aus seiner ganz persönlichen Fantasiewelt heraus kritisiert, denn unser Blick ist versperrt durch unseren intensiven Wunsch nach einem bestimmten Gefühl von Verbundenheit.

Wir projizieren eine ungelöste Beziehung aus unserer Vergangenheit in die gegenwärtige Beziehung zum Kritiker und „verklumpen" es miteinander. Wir suchen für uns nach einem Happy End. Wir machen damit den anderen zu unserem Avatar oder Stellvertreter und wünschen uns unbewusst, mit seiner Hilfe das Happy End zu erreichen. Wir sind über seine Kritik unglücklich, weil dadurch das Happy End noch immer nicht spürbar ist.

Wir sind stark auf unsere eigene Fantasiewelt konzentriert und können nicht sehen, dass der Kritiker besser als wir entscheiden kann, was er selbst gerne möchte, was er sich wünscht, was er braucht und weswegen er uns „wertet". Wir meinen zu wissen, was er anders machen müsste. Wir haben aber nicht sein Leben gelebt, kennen nur unser Leben und sind an unsere eigene Fantasiewelt gebunden.

Stecke ich in einer Situation mit einer destruktiven Kritikerin, dann warte ich nicht darauf, dass sich ihr Verhalten in der nächsten Zeit verändern wird. Ich verändere mich vielmehr selbst, indem ich

- ✓ anerkenne, dass sie aus ihrer Fantasiewelt mit ihren Zielen heraus wertet und mir durch ihre Kritik (in)direkt ihre Ziele mitteilt;
- ✓ zunächst die klare **Unterscheidung** treffe, dass diese Kritikerin *nichts* mit meinen anderen Kontakten zu anderen Menschen zu tun hat, mich dann frage (falls ich unter der Kritik leide), innerhalb welcher Beziehung zu welchem Menschen ich noch nach einem Happy End suche – und mir schließlich *dort* ein Happy End kreiere;
- ✓ davon ausgehe, dass die destruktive Kritikerin am besten entscheiden kann, was sie wirklich braucht.

Damit komme ich zu einem weiteren Thema, das bei unserer tiefen Verbundenheit eine große Rolle spielt.

Wenn wir uns entscheiden, einen anderen Menschen beim Erreichen seines Zieles *nicht* zu unterstützen, ihm für ein Happy End *nicht* zur Verfügung zu stehen, weil uns ein eigenes Ziel wichtiger ist und nicht zu seinem Ziel passt, dann ist an dieser Stelle ein **Unterschied** zweier Wünsche zum Vorschein gekommen. Sie erinnern sich: Unterscheidung = einen Klumpen genauer unterteilen, Trennung, Loslösung, „das ist *nicht* das Gleiche", zwei verschiedene Welten sehen, Nicht-Resonanz, einsortieren in den Nicht-Zielbereich, „das gehört *nicht* dazu".

Sein Wunsch gehört nicht zu unserem Wunsch.

Ich wiederhole meine Definition von Liebe:

Liebe ist, für sich selbst ebenso wie auch für sein Umfeld um Happy Ends bemüht zu sein, sie zu finden und sowohl die Happy Ends als auch die Verbundenheit miteinander zu genießen.

Müssen wir feststellen, dass wir einen anderen Wunsch haben als unser Gegenüber, und haben wir uns dafür entschieden, unserem eigenen Wunsch zu folgen, dann fühlen wir beide, dass sich eine gewisse Verbundenheit unterteilt. Wir fühlen eine Unterscheidung, Trennung, Loslösung, Nicht-Resonanz und Ausgrenzung. Unser Gegenüber fühlt sich möglicherweise nicht mehr von uns geliebt und wir meinen, unser Gegenüber weniger zu lieben, wenn wir uns um uns selbst kümmern und dabei gleichzeitig „gegen" den Wunsch des anderen handeln. In diesem Fall hat keiner von beiden eine übergeordnete Verbundenheit finden können. Beide fühlen im gemeinsamen Kontakt einen Verlust.

Deshalb haben wir oft Schwierigkeiten, unseren eigenen Wünschen zu folgen, wenn wir gleichzeitig spüren, dass andere Menschen entgegengesetzte Wünsche haben. Wir wollen zwar unseren eigenen Weg gehen, spüren dabei aber den Verlust einer Verbundenheit, werten uns selbst plötzlich als „egoistisch", machen uns gleichzeitig Gedanken über den anderen und wollen ihm (so gut es sich mit unseren Wünschen vereinbaren lässt) helfen. Mit unserem schlechten Gewissen suchen wir also auch weiterhin nach einem Happy End für uns und unser Umfeld. Manche sehen keinen anderen Ausweg, als das Gewissen hinter Härte und Abwehr zu verstecken und die Wünsche des anderen abzuwerten.

Bedeutet Liebe aber nicht auch, den anderen loszulassen? Kann es nicht auch ein Happy End sein, wenn beide sich liebevoll loslassen können und sich dadurch die neue bereichernde Möglichkeit eröffnet, für eine Zeit getrennte Wege zu gehen? Und ist es nicht so, dass trotz unterschiedlicher Wünsche nach Gleichgewichten die universelle Verbundenheit immer bestehen bleibt – und damit auch die Liebe?

Ja, aber nur, wenn da nicht der Verlustschmerz wäre …

Übung 19

Anerkennung

Sie prägen sich mithilfe der unten beschriebenen Eselsbrücken die folgenden drei Punkte ein und beobachten, wie Sie sich damit in Ihrem Alltag fühlen:

✓ Alle haben ihre eigenen Fantasiewelten mit ihren eigenen Zielen, zu denen bestimmte Dinge dazugehören und andere nicht.

✓ Es besteht immer die Möglichkeit, dass wir (sowohl andere Menschen als auch ich) aus unserer Fantasiewelt heraus unabsichtlich eigene Ungleichgewichte in unser Umfeld projizieren, um uns selbst dadurch weiterzuhelfen.

✓ Alle anderen Menschen können besser als ich entscheiden, was sie für sich brauchen. Ebenso kann ich besser als alle anderen entscheiden, was ich für mich brauche.

Sie lesen den folgenden Text mehrmals. Dadurch prägen Sie sich diese drei Punkte ein. Vielleicht stellen Sie sich dabei auch jedes Mal einen anderen Menschen aus ihrem Umfeld vor:

Sie malen sich vor Ihrem geistigen Auge viele Menschen aus, bekannte und unbekannte. In ihren Köpfen sehen Sie mithilfe Ihres Röntgenblicks die bunt schillernden Fantasiewelten. Jedes Gehirn eines jeden Menschen blinkt, blitzt und flimmert anders und in den unterschiedlichsten Farben. Diese schillernden Fantasiewelten strahlen durch die Augen der Menschen nach außen und scheinen auf alles, was diese Menschen anschauen. Dabei versuchen die Menschen immer, diese „Projektion“ ihrer schillernden Fantasiewelt möglichst in Einklang mit dem Umfeld zu bringen. Doch das funktioniert nicht immer. Überall dort, wo es Unterschiede zwischen der Fantasiewelt und dem Umfeld gibt, wo die Projektion nicht mit dem Umfeld übereinstimmt, spüren die Menschen ein gewisses Ungleichgewicht. Sie versuchen sich selbst zu heilen, indem sie auf alle möglichen Arten wieder ein Gleichgewicht zwischen Fantasiewelt und Umfeld herstellen möchten (durch Änderung des Umfeldes oder durch Änderung der eigenen Fantasiewelt). Manchmal gelingt es, ein Happy End zu erreichen, manchmal nicht. Dabei kann jeder Mensch nur ganz alleine in sich selbst registrieren, wann für ihn ein Ungleichgewicht entstanden ist, wann er wieder ein Gleichgewicht spürt oder wann ein Happy-End-Gefühl auftaucht.

Sie erinnern sich

- Ich entwickle meine Gehirnkarten, indem ich Verbindungen herstelle. Verbindung bedeutet: Kontakt intensivieren, Verknüpfung, Ähnlichkeit, Wellenlänge herstellen, in Resonanz sein, „das gehört dazu".

- Ich entwickle meine Gehirnkarten, indem ich Unterscheidungen herstelle. Unterscheidung bedeutet: sich unterschiedliche Bilder machen, Klumpen genauer unterteilen, Trennung, Loslösung, „das ist *nicht* das Gleiche", zwei verschiedene Welten sehen, Nicht-Resonanz, einsortieren in den Nicht-Zielbereich, „das gehört *nicht* dazu".

- Ich stelle mir in meiner Fantasiewelt vor, dass jeder Mensch (auch ich) tief in seinem Unterbewusstsein darum bemüht ist, in möglichst vielen Situationen ein Happy End zu erleben, damit in seinen Gehirnkarten dieser glückliche Zustand festgeschrieben wird.

- Auch im Kontakt mit Menschen, die sich „unverzeihlich" verhalten, suche ich in mir nach einem Happy End. Dabei ist es mir wichtig, einen Menschen trotz seines schmerzvollen Verhaltens in seiner Würde zu achten. Nur durch eine klare Unterscheidung zwischen der Menschenwürde und den Zielen dieses Menschen fühlt sich ein Happy End in mir „rund" an.

- Ich kann mithilfe von Stellvertreter*innen in einer Aufstellung meine ungelösten Beziehungs-Gehirnkarten zu einem Happy End weiterentwickeln. Diese Stellvertreter*innen werden durch ihre resonierende Empfindung in ihrem Verhalten so gesteuert, dass sie meistens optimal an meine Beziehungskarten andocken.

- Habe ich als Kind, Jugendlicher oder Erwachsener verlernt, einen tiefen Verlust zu betrauern und den Schmerz auszudrücken und zu weinen, dann gibt es immer noch manche „alte" Gehirnkarten in mir, die in einem unverarbeiteten Schmerz festgeschrieben sind und seitdem mein Gefühl von Verbundenheit im Leben blockieren.

- Wenn ich mich über etwas ärgere, jemandem böse bin oder sogar Rachegefühle entwickle, dann weiß ich, dass ich gerade nicht loslassen und nicht um das Verlorene trauern kann. Im Ärger setze ich den Verlust fort und wirke auf alle Beteiligten – auch auf mich selbst – destruktiv.

- Der Fluss meiner Tränen unterstützt mich darin, Verlusterfahrungen und durch Happy Ends angeregte Lösungsprozesse in meinem Gefühl (im emotionalen Gehirn) vollständig nachzuvollziehen und umzusetzen.

- Finde ich mithilfe meines Umfeldes (Stellvertreter*innen) zurzeit kein Happy End, dann kann ich entweder einen Wechsel vollziehen (z. B. weggehen) und dadurch die momentane Situation verändern, oder ich warte auf eine neue Situation, die mich besser darin unterstützen kann, ein Happy End zu finden.

- Ich kann mir den Unterschied von drei Rollen deutlich machen und im Alltag zwischen ihnen wählen: 1. Problemträger (oder Zielträger), 2. Stellvertreter/Avatar, 3. Beobachter.

- Werde ich in meinem Leben plötzlich auf negative Weise unterbrochen, dann kann der als „Bad End" in meinem Gehirn festgeschriebene Zustand entweder ein **Drang-Zustand** zu einem noch nicht erreichten neuen Gleichgewicht oder der **Schmerz-Zustand** eines verlorenen Gleichgewichtes oder beides sein.

- Ich kann spüren, 1. ob mein Umfeld mein Problem wirklich versteht und daran andocken kann, 2. ob es mich als Chef meines Problems und meiner Lösung anerkennt und 3. ob es offen dafür ist, was ich bei einem Happy End empfinden werde und welche Folgen sich daraus entwickeln. Dementsprechend öffne oder schütze ich mich.

- Wenn etwas in mir unbedingt möchte, dass mein Umfeld mir helfen soll (= Ziel), es dazu aber nicht in der Lage ist, dann werte ich mein Umfeld. Es passt nicht zu meinem Ziel – zumindest nicht so, wie es gerade ist.

- Merke ich, dass mein Umfeld mir nicht helfen kann, weil es selbst ein Problem hat, dann können wir vielleicht zunächst klären, wer wem zuerst hilft, oder wir gehen an diesem Punkt getrennte Wege.

- Ich suche immer zuerst nach einer Verbundenheit, in der ich mich dann weiterentwickeln kann.

- Habe ich eine Verbundenheit verloren, dann suche ich nach einer übergeordneten Verbundenheit, die alles Bisherige integrieren kann (z. B. eine Erkenntnis eines neuen Zusammenhangs).

- Liebe ist, für sich selbst ebenso wie auch für sein Umfeld um Happy Ends bemüht zu sein, sie zu finden und sowohl die Happy Ends als auch die Verbundenheit miteinander zu genießen. Diese universelle Liebe können wir nur selten erleben, weil uns unsere unterschiedlichen Fantasiewelten mit ihren unterschiedlichen Wünschen und Zielen oft Probleme machen.

Die universelle Verbundenheit ist unzerstörbar

In meiner Fantasiewelt sehe ich unendlich viele Ebenen der Verbundenheit. Nur eine einzige hört nie auf und kann nie verloren werden: die universelle Verbundenheit (= universelle Liebe). Sie existiert permanent. Alles hängt mit allem zusammen. In ihr gehört alles dazu. Es gibt nichts, das nicht dazugehört.

Alle anderen Ebenen der Verbundenheit sind zerstörbar. Dort können wir jederzeit die Verbundenheit verlieren.

Rüdiger Dahlke schreibt in seinem Buch *Die Schicksalsgesetze* (Goldmann 2009, S. 17): „Das Leben in der Welt irdischer Materie verlangt die Anerkennung des nach der Einheit nächstwichtigen Gesetzes, das der Polarität. Sie ist der Gegenpol zur Einheit."

Der Gedanke, dass die Polarität der Gegenpol zur Einheit ist, ist meiner Ansicht nach die Ursache, warum viele Menschen Einheit und Trennung nicht unter einen Hut bekommen. Für mich passt dieser Gedanke nicht. In *meiner* Fantasiewelt ist die Polarität ein untergeordneter Teil der Einheit und kein Gegenpol. Universelle Einheit und Verbundenheit sind immer vorhanden, und die Polarität ist ein Teil der Einheit. Alles kommt aus dem Ganzen, ist Teil des Ganzen und unterscheidet sich *innerhalb* des Ganzen in Einzelteile, die Gegenpole zueinander bilden, sich aber weiterhin innerhalb des Ganzen befinden.

Auch William Paul Young entwirft in seinem Bestseller *Die Hütte* ein Bild von einem Gott, der mitteilt, dass die Menschen sich von ihm entfernt hätten und aus diesem Grund Leid auf der Erde existiere. In meiner Fantasiewelt kann man sich nicht von Gott trennen, denn alles ist eins. Alles *ist* Gott. Auf der Ebene der Unterscheidung unterteilt Gott sich in Einzelteile, in Polaritäten und damit in unterschiedliche Ziele und Wünsche, die sich auch entgegenstehen, gegenseitig bekämpfen und eliminieren können. Das Leid, speziell unser Verlustschmerz, ist eine natürliche und logische Folge der Trennungsebene, aber gleichzeitig ein untergeordneter Teil der Einheit und gehört genauso zu Gott dazu wie alles andere.

In dem Dokumentarfilm *The Voice* (Horizon 2010) werden in der deutschsprachigen Fassung folgende Sätze gesagt: „Im Konflikt von Gut und Böse kann Dualität in der Singularität nicht überdauern, so wie ein Konflikt in einem Zustand echten Friedens nicht existieren kann. Indem wir das Bewusstsein einer Polaritätsmatrix annehmen, fallen wir aus der Singularität heraus. Um uns aus der Polaritätsmatrix zu befreien, müssen wir den inneren Konflikt beenden und Singularität erreichen."

Hier wird genauso die Polarität *neben* die Singularität gestellt, wodurch beides zusammen als Dualität gesehen wird. Singularität ist das Gute, das man anstreben sollte, wohingegen die Polarität das Schlechte ist, von dem man sich befreien sollte. Wenn man zwischen

Einheit und Dualität, zwischen Singularität und Polarität, zwischen Gut und Böse auf diese Weise trennt, dann hat man logischerweise bereits schon eine „übergeordnete“ Dualität vor Augen: Einheit – Dualität.

Stellt man sich jedoch eine Einheit vor, die sich in sich selbst unterscheidet, ist damit das Problem gelöst. Ich kann dies mit meiner Formel „Jedes Element hat den Wunsch nach Gleichgewicht“ wunderbar erläutern. Diese Formel beschreibt viele unterschiedliche Elemente, unterschiedliche Wünsche und unterschiedliche Gleichgewichte. Wo befindet sich hier die Einheit? Im allumfassenden Begriff „Jedes“. Es gibt kein Element, das *nicht* einen Wunsch hat – es gibt keine Ausnahme. Ergo: Es ist ***einheitlich*** so, dass *jedes* Element den Wunsch nach Gleichgewicht hat.

- ✓ Jede Unterscheidung ist ein Teil der allumfassenden Einheit.
- ✓ Jede Dualität ist ein Teil der Singularität.
- ✓ Das Böse ist ein schmerzhafter Teil des allumfassenden Guten.
- ✓ Der Konflikt ist ein schmerzhafter Teil des allumfassenden echten Friedens.
- ✓ Die Unruhe und die Verletzung sind schmerzhafte Teile der vollkommenen Ausgeglichenheit.

Viele Menschen konzentrieren sich bei dem Yin-Yang-Symbol auf die beiden Gegenpole. Entscheidend ist jedoch, dass beide Pole zusammen einen Kreis bilden – eine Einheit.

Eine chinesische Weisheit wurde wie folgt ins Deutsche übersetzt:

„Das Yin und Yang haben ihren Ursprung im Ganzen,
und das Ganze ist die Mutter von Yin und Yang.
In Bewegung trennt sich das Ganze in Yin und Yang.
In Ruhe vereint es sich zum Ganzen.“

Auch dies beschreibe ich anders:

„Das Yin und Yang sind im Ganzen enthalten,
und das Ganze enthält Yin und Yang.
In Bewegung (mit Zielen) ist unsere Aufmerksamkeit
auf Yin und Yang gelenkt,
In Ruhe (Ziellosigkeit) konzentriert sich unsere Aufmerksamkeit
auf das Ganze."

In der Ziellosigkeit und Einheit sind wir mit allem verbunden. In der Getrenntheit sind wir auch mit allem verbunden, nur haben wir hier Ziele. Um Ziele zu erreichen, müssen wir wissen, wo es langgeht, und dazu benötigen wir das Leid, den Schmerz, die Trennungslinie als Zeichen: *„Hier geht´s nicht lang!"*

Schaut man nur auf die Ebene der Einheit, auf das Ganze und nicht auf seine Teile, dann gibt es dort keine Unterscheidung und damit auch keine Notwendigkeit, sich zur Verfügung oder nicht zur Verfügung zu stellen. Hier ist alles miteinander in dem Zustand verbunden, dass jedes Element einen Wunsch nach Gleichgewicht hat. Dies ist die universelle Verbundenheit.

Aber auf der untergeordneten Ebene – der Ebene der Unterscheidungen – existieren die Trennungen, das „Nicht". Hier können wir entscheiden, ob wir zur Verfügung stehen wollen oder nicht. Auch wenn wir erfolgreich nicht mehr zur Verfügung stehen, bleiben wir doch auf der Ebene der Einheit immer mit allem verbunden.

Man könnte es auch so sehen: Im Grunde stehen wir durch die universelle Verbundenheit immer zur Verfügung – doch auf der Ebene der Unterscheidungen können wir entscheiden, *wie* wir zur Verfügung stehen, z. B. mit Offenheit, Nähe, liebevollem Einsatz oder mit einer Distanz, einer Nicht-Aktivität, einer Grenzziehung oder einem „Nicht".

Sie kennen den Gedanken inzwischen aus dem Wunsch-Folgen-Modell: Bin ich ziellos, dann ist alles auf gleiche Weise gültig, alles gehört dazu. Ich bin in der Beobachterrolle. Entwickle ich aber einen Wunsch und möchte ein Ziel (= Gleichgewicht) erreichen, bin also Problemträger, dann entsteht automatisch die Trennung, die Unterscheidung in *„das gehört dazu"* und *„das gehört nicht dazu"*. Sobald ein Ziel existiert, existiert auch Wertung, Unterscheidung, Trennung und manchmal Leid – und jedes Leid, jeder Schmerz hat die Aufgabe, uns mitzuteilen:

„*Hier gelangst du gerade* ***nicht*** *zum Ziel.*“ Umgekehrt: Sobald wir leiden, wissen wir, dass wir gerade ein (unbewusstes) Ziel haben. Wir sind im Moment nicht in der Beobachterrolle. Unser Leid hilft uns in Bezug auf dieses Ziel, eine neue Klarheit zu bekommen: Wo und wie gelangen wir noch besser zum Ziel?

Kurz: Das Ganze ist eine ziellose Einheit – und alle Teile dieser Einheit sind zielstrebige Wünsche, die sich zu Wesen und Elementen manifestiert haben, sich voneinander unterscheiden und oft auch gegenseitig verletzen.

Wir *sind* Wünsche – *innerhalb* der absoluten Einheit.

Mit dieser Fantasie der „absoluten Einheit mit ihren unterschiedlichen Teilen“ bekomme ich unter einen Hut, wie Menschen auf der einen Seite ein unbewusstes intuitives Verständnis für eine Situation haben, auf der anderen Seite aber in ihrem Bewusstsein vieles missverstehen: Das tiefe unbewusste Verständnis von Menschen ist durch die universelle Verbundenheit mithilfe von Resonanz möglich (wobei übrigens Resonanz nur funktionieren kann, wenn jedes Element den Wunsch nach Gleichgewicht hat). Die Missverständnisse zwischen Menschen sind die Folgen ihrer unterschiedlichen Lebenswege und daher ihrer unterschiedlichen Fantasiewelten, Ziele und Wertungen.

Ob wir uns verbunden oder getrennt fühlen, liegt allein daran, auf welche Ebene wir unsere Aufmerksamkeit richten. Worauf konzentrieren wir uns? Was wollen wir gerade sehen? Die Verbindung oder den Unterschied? **Beides ist immer gleichzeitig vorhanden.** Deshalb haben wir in unserer eigenen konstruktiven Fantasiewelt die Wahl.

Sie erinnern sich: Unser Umfeld kann uns ab und zu unsere Offenheit oder unsere Blockade spiegeln. Genauso spiegelt es uns manchmal, ob wir auf die Verbundenheit oder auf Unterschiede schauen. So, wie ich meine innere Haltung gestalte (bewusst oder unbewusst), „sehe“ ich in meinem Avatar und auch in meinem Umfeld die Entsprechungen zu meiner Haltung.

Fühle ich mich traurig, dann sehe ich auch einen traurigen Avatar und mir fallen traurige Menschen in meiner Umgebung auf. Wobei manche mir sicher rückmelden würden, dass sie gar nicht traurig sind und ich es nur in sie projiziere.

Konzentriere ich mich auf die Ebene der Einheit und fühle mich mit allem verbunden, dann erlebe ich sowohl mit meinem Avatar als auch mit meinem Umfeld öfter eine tiefe Liebe. Die Momente, in denen sich mein Umfeld von mir unterscheiden möchte, sich von mir trennt, mir Verlust androht, keine Liebe fühlt, mich verletzt etc., erlebe ich seltener oder ich kann mit der schmerzlichen Wahrnehmung liebevoll umgehen, weil ich die Verbundenheit dahinter sehe.

Wenn ich mich testweise frage: „Wie fühle ich mich mit der Fantasiewelt, dass es keine universelle Verbundenheit, keine Resonanz zwischen allem gibt?“, dann erscheint als Antwort in meinem Gefühl eine Welt der Materie. Irgendwie hat diese Welt eine gewisse „Schwere“, in der jeder Schmerz bekämpft wird.

Wenn ich mich testweise frage: „Wie fühle ich mich mit der Fantasiewelt, in der alles mit allem verbunden ist und miteinander in Resonanz schwingt?“, dann erscheint als Antwort in meinem Gefühl eine Welt voller Licht, Leichtigkeit und Liebe, in der mit jedem Schmerz auf selbstverständliche Weise umgegangen wird. Der Schmerz wird als wichtiger Teil gesehen, der dazugehört und uns bei unseren Zielen sehr behilflich sein kann.

Je stärker meine Fantasie der überall vorhandenen Verbundenheit ist, desto liebevoller und klarer schaue ich – besser: projiziere ich auf mein Umfeld. Gleichzeitig besteht jederzeit die Möglichkeit, *innerhalb* dieser Verbundenheit auch klare und liebevolle Unterscheidungen zu leben, denn die Unterscheidung ist immer ein untergeordneter Teil der überall vorhandenen universellen Verbundenheit.

Egal, was ich denke, was ich mache oder wie ich es mache: Es ist immer ein untergeordneter Teil vom Ganzen und gehört zum Ganzen dazu.

Allerdings gibt es mit der universellen Verbundenheit ein Problem: Sie ist nicht dazu da, mich zu retten, mich zu heilen, mir Frieden zu bringen, mich glücklich zu machen. Sie ist nur dazu da, mir mitzuteilen: *„Schau – auch das gehört dazu.“* Und ich erlebe Katastrophen, Krankheiten, Krieg, Terror, Unglück, Leid, Zerstörung, Destruktivität. Es sind alles schmerzhafte Teile der universellen Verbundenheit, die mir zeigen, wo sich bestimmte Ziele *nicht* erfüllen lassen – und ich kann lernen und neu damit umgehen.

Auf die Frage: „Warum lässt Gott all das Leid zu?" lautet die klare Antwort: „Weil er uns damit eindeutig zeigt, wo wir *nicht* entlang gehen sollen, wenn wir bestimmte Ziele verfolgen. Und wir können alle daraus lernen und daran wachsen."

Die Ursache für unseren Verlustschmerz und die Versöhnung

Wie kommt nun unser Verlustschmerz zustande?

Ich wiederhole noch einmal: In der Ziellosigkeit und Einheit sind wir mit allem verbunden. In der Getrenntheit sind wir auch mit allem verbunden, nur haben wir hier Ziele – und um Ziele zu erreichen, müssen wir wissen, wo es langgeht, und dazu benötigen wir das Leid, den Schmerz, die Trennungslinie als Zeichen: *„Hier geht´s nicht lang!"*

Das bedeutet, dass bei der Existenz von Zielen nicht nur Wertungen völlig normal sind (siehe Kapitel 1), sondern dass auch der Schmerz ein völlig natürliches Phänomen darstellt. Mit körperlichem Schmerz gehen wir selbstverständlich um. Wir denken nicht, dass etwas mit uns nicht stimmt, wenn bei einem Schnitt in den Finger unser Finger schmerzt.

Doch oft wollen wir den *emotionalen* Schmerz loswerden, den wir erfahren, wenn wir von einem Menschen verletzt werden. Bei emotionalen Verletzungen wollen wir „darüberstehen" können. Das liegt daran, dass wir vielen anderen Menschen nicht ansehen können, ob sie gerade emotional verletzt sind. Sie sagen und zeigen nicht, was sie fühlen. Und so erscheint es uns, als mache ihnen eine Verletzung nichts aus, weil sie ihnen nicht wehtut und sie darüberstehen. Wir kennen ein solches Verhalten aus der Kindheit, in der wir unserem Umfeld klarmachen wollten, dass es uns „ja gar nicht wehtut". Viele Erwachsene leben heute noch dieses Verhaltensmuster und wollen oder können nicht mehr offenbaren, wie verletzt sie sich eigentlich fühlen.

Der emotionale Schmerz hat seinen Sinn. Haben wir Ziele, dann teilen wir unser Umfeld durch Wertungen ein in *„Das gehört zu meinem Ziel dazu“* und *„Das gehört nicht dazu“*. Diese Wertungen sind eher eine Botschaft für unseren Verstand. Doch der dazugehörige Schmerz ist dafür zuständig, dass wir Wertungen auch konkret erspüren können. Wir fühlen uns wohl mit dem, was dazugehört, und wir fühlen uns unwohl – im schlimmsten Fall sehr verletzt – durch das, was nicht dazugehört und was uns von unserem Ziel abhält oder davon trennt.

Schauen wir auf unser Leben. Wir wissen bereits, dass die Verbundenheit der Nährboden für unser Leben ist. Babys sterben, wenn sie keinen Rahmen von menschlicher Verbundenheit haben. Wir brauchen Verbundenheit, um zu wachsen und zu reifen. Daher signalisiert uns jeder Verlustschmerz, dass wir gerade eine Verbundenheit verlieren. Verbundenheit zu verlieren gehört *nicht* zu unserem Ziel eines glücklichen Lebens. Dieses „nicht“ ist eine Wertung. Und wir fühlen den Verlust der Verbundenheit als Schmerz. Da Verbundenheit für uns so unendlich wichtig ist, ist es auch wichtig, einen Warnmelder bei einer Verletzung von Verbundenheit zu besitzen: den Verlustschmerz. Jeder Mensch hat ihn und handelt daraus, auch wenn er ihn versteckt oder nicht wahrhaben möchte.

Ebenso wie der körperliche Schmerz bei einem Sturz oder einer Verbrennung völlig normal ist und uns das Signal gibt: *„Hier wird gerade dein Körper verletzt“*, so ist der Schmerz bei einer Abwertung oder Ausgrenzung durch andere Menschen normal und gibt uns das Signal: *„Hier wird gerade eine Verbundenheit verletzt.“*

Natürlich geht es in diesem Fall nicht um die unzerstörbare universelle Verbundenheit. Denn sie umfasst *alles*. Zu ihr gehört Zerstörung und Verletzung dazu. Zerstörung und Verletzung sind schmerzhafte Teile der universellen Verbundenheit.

Es geht hier um unsere menschliche Verbundenheit, und diese hat einen Gegenpol: Verlust.

Die erste größere Verbundenheit haben wir bei unserer Geburt verloren. Wir trennten uns körperlich von unserer Mutter und fanden sofort im Außen eine neue übergeordnete Verbundenheit, in die wir hineingeboren wurden: eine Familie – und/oder Menschen, die sich um uns gekümmert haben. Im Laufe unseres Wachstumsprozesses erlebten wir immer wieder den Verlust einer Verbundenheit, z. B. indem wir als Baby alleingelassen wurden, indem wir als Kind streng bestraft wurden, indem wir ein Spielzeug verloren haben oder etwas nicht tun durften, was wir so gerne getan hätten etc. Jeder Verlust einer Verbundenheit war in unserer Kindheit von einem Verlustschmerz begleitet, der uns zu einem entsprechenden Schmerzausdruck veranlasste (Schreien, Weinen, Rufen etc.). Die vollständige Verarbeitung eines Schmerzes führte dann zu einer neuen übergeordneten Verbundenheit und zu einer neuen Kraft.

Wir haben ein verlorenes Gleichgewicht wieder zurückerhalten, denn die Eltern haben uns schreien gehört und sind gekommen. In den Armen unserer Eltern (= Verbundenheit) haben wir den Schock des Verlustes durch Tränen vollständig aufgearbeitet und uns erholt.

Oder wir haben ein neues Gleichgewicht erreicht, indem wir uns durch Tränen vollständig von dem Verlorenen verabschiedet haben. In diesem neuen Gleichgewicht leben wir ohne das Verlorene weiter, haben den Verlust integriert und den Schmerz gelöst. Wir haben uns erholt, sind gereift und haben dadurch in uns selbst eine übergeordnete Verbundenheit entwickelt und fühlen eine neue Kraft. Ebenso wie eine körperliche Wunde eine gewisse Zeit braucht, um durch die Selbstheilungskraft des Körpers wieder zu heilen, so braucht auch der Verlust von Verbundenheit ein wenig Zeit und manche Träne, um durch die Schmerzverarbeitung zu heilen.

Auf diese Weise befindet sich alles im „Fluss". Unser Gehirn erhält seine Happy Ends dadurch, dass es seine bisherigen Gleichgewichte bewahrt oder neue Gleichgewichte findet. Die neuen Gleichgewichte sind im optimalen Fall umfassender als die gerade verlorenen Gleichgewichte. Die neuen Gleichgewichte können die verlorenen Gleichgewichte vollständig integrieren. Die verlorenen Gleichgewichte werden durch die vollständige Verarbeitung des Verlustes zu „abgeschlossenen schmerzfreien Erinnerungen", die wir im übergeordneten neuen Gleichgewicht ohne Abwehr frei nutzen können.

Dieser Fluss wird unterbrochen, sobald wir für eine Gehirnkarte, die in einem Verlust schmerzvoll festgeschrieben wurde, kein Happy End finden, sobald wir keine neue Ebene der Verbundenheit finden und den Verlust auch nicht vollständig betrauern können. Wir bleiben an dieser Stelle in der „Suche nach einem Happy End" stecken. Dabei wird weder unser Schmerz gelöst noch erreichen wir ein neues umfassenderes

Gleichgewicht. Im Extremfall erleben wir ein Trauma: eine seelische oder körperliche Trennungserfahrung ohne neue Verbundenheit – ohne Happy End. Wir teilen die Erfahrung in unseren Nicht-Zielbereich ein, unser Unbewusstes will diese Erfahrung verändern, hat also einen Veränderungswunsch, sucht ab da permanent nach einem Happy End und teilt das Umfeld ein in *„Das hilft mir"* und *„Das hilft mir nicht"*.

Es gibt Eltern, die ein Kind unabsichtlich so erziehen, dass es bestimmte Gehirnkarten nicht mehr weiterentwickeln kann. Diese Gehirnkarten werden in einem Schmerz festgeschrieben. Das Kind bleibt dadurch in der Suche nach einem Happy End stecken.

Wodurch wird ein bestimmter Zustand im Gehirn „festgeschrieben"? Wenn ein Körperteil amputiert wird, wenn uns ein Mensch verloren geht (und damit von unserem Leben amputiert wird) und wenn uns eine liebevolle Beziehung verloren geht (und damit von unserer liebevollen Beziehungs-Gehirnkarte amputiert wird). Letzteres geschieht dann, wenn unsere Eltern sich emotional von uns distanzieren. Wir tun oder erleben etwas, und unsere Bezugspersonen, die für unser Wohlergehen und Überleben verantwortlich sind, vermitteln uns, dass sie sich von uns zurückziehen. Wir haben das Ziel nach Nähe mit ihnen, doch sie sorgen dafür, dass wir dieses Ziel nicht erreichen können. Das tut weh. Das ist ein Verlustschmerz. Wir verlieren dadurch ein Stück weit unsere liebevollen und fürsorglichen Eltern. Den Teil unserer Beziehungskarte, mit dem wir voller Vertrauen und liebevoll Kontakt zu unseren Eltern hatten, können wir nun nicht mehr weiterentwickeln, denn ab jetzt sehen wir unsere Eltern durch neue Augen: Sie könnten uns auch gefährlich werden. Die Verbundenheit für die Weiterentwicklung der liebevollen Beziehungskarte fehlt. Sie geht verloren, wenn Eltern uns fehlen, wenn Eltern uns strafen, wenn unser Körper verletzt wird und ihm eine Gefahr droht und wenn wir diese Situationen nicht vollständig verarbeiten und integrieren können. In uns bleibt ein „Bad End" und damit die Suche nach einem Happy End bestehen.

Wir suchen ein Happy End, in welchem wir wieder vertrauensvolle Verbundenheit fühlen, die erlebten Schmerzen verarbeiten und uns in dem entsprechenden Bereich des Gehirns wieder weiterentwickeln könnten. Diese Suche stellt sich im Außen in Form einer Anhänglichkeit dar. Wir leben in einem Drang und wollen permanent wieder eine Verbundenheit zu den Eltern herstellen. Auf diese Weise können Eltern durch emotionale Distanz Kinder auf schmerzvolle Weise an sich „binden“. Es entsteht die sogenannte „Co-Abhängigkeit“.

Haben wir diesen Drang bis in unser Erwachsenenalter nicht lösen können, kann jeder andere Mensch, den wir sympathisch finden und zu dem wir eine Nähe suchen, durch eine gewisse distanzierte Ausstrahlung (= Verlust von Verbundenheit) unser Gefühl von Anhänglichkeit aktivieren und uns auf schmerzvolle Weise an sich binden. Wir „drängeln“ im Kontakt mit einem distanzierten Menschen nach einer Verbundenheit.

Ein Trauma ist ein Verlust, der als Bad End bestehen geblieben ist und bei dem das Happy End noch fehlt. Traumatisierte Menschen sind in dem Gehirnbereich, der vom Trauma betroffen ist, in diesem Zustand steckengeblieben. Es entsteht ein Unterschied zu den Gehirnkarten, die sich normal weiterentwickeln, eine „Spaltung“. Ist das Trauma z. B. in der Kindheit entstanden, verhalten sie sich bei der Aktivierung des entsprechenden Gehirnbereichs immer noch kindlich.

Wir können in diesem Bereich unsere Beziehungs-Gehirnkarte weiterentwickeln, wenn wir z. B. eine Beziehung zu einem Menschen aufbauen, der zu Beginn genauso liebevoll und fürsorglich wie anfangs unsere Eltern ist. In dem Moment aber, in dem wir genau das tun, worauf unsere Eltern damals mit Distanz reagiert haben, verhält sich dieser neue Mensch auch weiterhin verständnisvoll, liebevoll und offen. Er distanziert sich emotional nicht von uns – und so wird zunächst an unsere alte Gehirnkarte angedockt und ihr jetzt eine neue Möglichkeit zur Weiterentwicklung in Richtung Happy End angeboten. Oder wir finden für unser Trauma eine andere entsprechende Illusion mit Happy End (z. B. eine Systemaufstellung oder eine Fantasie oder eine Erkenntnis über uns selbst). Unser Trauma könnte auch auf schmerzvolle Weise provoziert werden, d. h. wir werden retraumatisiert (Aktivierung der entsprechenden Gehirnkarte durch ein ähnliches Erlebnis in der Gegenwart) und haben dann die Chance, aus dem Trauma heraus ein Happy End zu entwickeln – mit oder ohne Hilfe unseres Umfeldes.

Haben wir es als Erwachsene*r geschafft, wieder in Fluss zu kommen, dann können wir bei einem neuen Verlust eine neue übergeordnete Verbundenheit in uns selbst herstellen. Dies geschieht, indem wir in unserer Fantasiewelt eine neue umfassendere Sichtweise kreieren, die den erfahrenen Verlust vollständig zu integrieren vermag – ein Happy End also. Bei dem Verlust einer Person können wir z. B. innerlich in unserer Fantasie zur anderen sagen: „*Ich fühle mich mit dir immer verbunden. Du hast immer einen Platz in meinem Herzen*“, und bei einer Trennung: „*Unsere gemeinsame Vergangenheit verbindet uns. Ich wünsche dir für deine Zukunft und für alle deine Ziele aufrichtig alles Gute.*“ Wichtig ist, dass wir eine Haltung finden, durch die wir uns gut und verbunden fühlen können und die vielleicht auch Tränen der tiefen Berührung auslöst. Die Tränen bieten uns beim Verarbeiten des Verlustes eine wertvolle Unterstützung im limbischen Gehirn. Sie öffnen uns für eine neue nächsthöhere Verbundenheit in unserem Gefühl.

Sind wir im Fluss, dann sind wir jederzeit in der Lage, mithilfe unserer Fantasiewelt uns selbst ein Happy End zu geben. Dann bleibt keine einzige Gehirnkarte durch neue Verlusterlebnisse in dem Leid und damit in der Suche nach einem Happy End stecken. Keine Gehirnkarte muss in einem Schmerz festgeschrieben bleiben, sondern kann nach jedem Verlustschmerz zu einer Verarbeitung und lösenden Sichtweise weiterentwickelt werden. Ergebnis: Wir fühlen eine Ausgeglichenheit. In unserem Gehirn herrscht eine Verbundenheit zwischen allen Gehirnkarten.

So, wie hier dargestellt, sehe ich in meiner Fantasiewelt unseren natürlichen Wachstumsprozess. Er mündet am Ende in das befreiende Fantasiebild der absoluten Verbundenheit: der Verbundenheit des Universums, der Verbundenheit zwischen allem, was existiert. Jeder Verlustschmerz führt uns in eine Weiterentwicklung bis hin zu einer umfassenden Fantasiewelt der totalen liebevollen Verbundenheit mit allem – auch mit uns selbst. Wenn wir unseren Verlustschmerz auf diese Weise als Unterstützung für unseren Reifungsprozess deuten können, sind wir mit ihm vollständig versöhnt.

Es ist also in meiner Fantasiewelt nicht so, dass der Mensch sich von Gott oder vom Universum oder von der Sichtweise der universellen Verbundenheit entfernt hat und *deswegen* Leid unter den Menschen herrscht, sondern ich sehe es umgekehrt: Das unerlöste, nicht verarbeitete Leid in den Gehirnkarten hindert einen Menschen daran, ganz natürlich die Sichtweise der universellen Verbundenheit entfalten zu können und diese mit befreiender Wirkung in sein Umfeld zu projizieren.

Verwandlung von Ärger in Ausgeglichenheit

Innerhalb der alles umfassenden Einheit unterscheiden sich die Dinge. Die Polarität ist „nur“ ein untergeordneter Teil der universellen Einheit und kann die Einheitlichkeit nicht beeinflussen. Genauso ist unsere tiefe Ausgeglichenheit durch nichts zu zerstören, da jede körperliche und seelische Verletzung „nur“ ein untergeordneter schmerzhafter Aspekt unserer alles umfassenden Ausgeglichenheit ist. Wir sehen den Schmerz als dazugehörigen Teil an. Wir brauchen ihn, denn er warnt uns auf ganz natürliche Weise vor dem Verlust eines Gleichgewichtes. Er signalisiert uns den Verlust einer kleinen oder großen untergeordneten Verbundenheit. Auch wenn wir unseren Blick auf die universelle Verbundenheit gerichtet haben und wissen, dass unsere tiefe Ausgeglichenheit im Grunde nicht zerstörbar ist, bleiben wir doch immer „nur“ ein Mensch. Und ein Mensch hat immer wieder Wünsche, sowohl gewohnte Gleichgewichte nicht zu verlieren als auch neue Gleichgewichte zu erreichen. Dabei dienen uns jeder Schmerz und jedes Leid und vermitteln die Botschaft: *„Hier geht´s nicht lang!“*

Der Unterschied zu früher: Wir können jetzt mit diesen Ungleichgewichten (Schmerz, Leid) umgehen und sie integrieren, indem wir sie ganz genau kennenlernen, uns die dahinterstehende Ursache (wieder) vollkommen bewusst machen, uns ein neues Happy End geben und dadurch ein besseres Gleichgewicht erreichen.

Vor Kurzem – während der Arbeit an diesem Abschnitt – fühlte ich mich einen ganzen Vormittag lang sehr ärgerlich. Ich wusste nicht, woher das kam, konnte es nicht zuordnen und suchte nach einer Lösung. Ich fragte mich, was dieser Ärger bedeuten könnte, was dahintersteckt, und hatte keine Antwort. Egal, worauf ich schaute, ich konnte mich über alles und jeden ärgern, selbst über den freundlichsten Menschen. Mir fiel ein, dass hinter Ärger oder Wut meistens ein ungelöster Schmerz steckt, und so kam mir die Idee, meine Formulierung zu ändern und nicht mehr zu sagen *„Ich ärgere mich“*, sondern *„Ich schmerze mich“*. Dabei hatte ich die ganze Zeit über das Gefühl, von der universellen Verbundenheit getrennt zu sein. Doch dann kam die Erleuchtung. Mir wurde der Hintergrund bewusst, dass dieser Ärger auch irgendwie mit dem Gefühl der

Getrenntheit zu tun hatte. Und so sagte ich mir selbst nun den Satz: „***Ich fühle gerade einen schmerzhaften Teil der universellen Verbundenheit.***“ Daraufhin brach ich in Tränen aus, denn dieser Satz ließ mich ein Happy End fühlen, eine neue Verbundenheit. Ich konnte den Schmerz ausweinen und fühlte mich danach besser. Der Ärger war weg.

Schon vor längerer Zeit habe ich für mich einen weiteren Weg gefunden, Wut oder Ärger nach einem Verlusterlebnis schneller zu erlösen und meinem Gehirn ein Happy End anzubieten.

Haben Sie schon einmal miterleben müssen, dass Naturgewalten einen Teil Ihres Besitzes zerstört haben? Vielleicht mussten Sie einen Deichbruch und eine Überschwemmung miterleben. Vielleicht hat ein Sturm die Zweige eines Baumes auf Ihr Auto fallen lassen oder große Hagelkörner haben etwas beschädigt. Oder Sie haben ein Erdbeben miterlebt, das viele Häuser innerhalb kürzester Zeit zusammenbrechen ließ.

Vergleichen Sie diese Erlebnisse mit einer anderen Art von Verlust: Ihr Partner hat etwas getan, das viele Ihrer Wünsche und Hoffnungen zerstört hat. Ihre Eltern haben Ihr heiß geliebtes Kinderspielzeug einfach weggeworfen, ohne Sie zu fragen. Ein unbekannter Autofahrer hat Ihr geparktes Auto gerammt, einen großen Schaden hinterlassen und ist einfach abgehauen. Sie erleben: Die andere Person hat kein Gespür dafür, was Sie sich wünschen, woran Sie noch festhalten, was Sie brauchen. Sie übertritt einfach Ihre Grenzen und tut etwas, das Sie schmerzt. Oder sie hat aus Versehen Ihre Grenzen überschritten, hat nun Angst vor den Folgen und zieht sich zurück. Oder sie hat Sie absichtlich verletzt – aus einem Rachegefühl heraus.

Ich beobachtete damals, dass ich auf Menschen anders reagierte als auf die Natur. Hat die Natur mir einen Verlust zugefügt (Sturm- oder Wasserschaden), dann habe ich getrauert, nach einer Weile den Schmerz verarbeitet, das Verlorene verabschiedet, eine neue Kraft gefunden und mich auf den Wiederaufbau konzentriert. Hat aber ein Mensch einen Verlust verursacht, dann habe ich mich geärgert, demonstrierte deutlich meinen Schmerz, wollte eine Wiedergutmachung, war böse auf ihn und wollte, dass er versteht, was er mir angetan hat. Wenn er nicht verstehen konnte, dann fühlte ich mich berechtigt, einen Kampf um Anerkennung, um Recht, um Ausgleich etc. mit ihm zu beginnen. Oder ich zog mich zurück und entwickelte Hassgefühle. Oft war ich auch darüber verzweifelt, wie man sich nur so verhalten konnte.

Dann überlegte ich mir: „*Vielleicht sagt irgendwann ein Mensch, dass es ihm leidtut, vielleicht lernt er daraus, vielleicht gibt er mir recht und gleicht es wieder aus, wodurch ich ein Happy End erleben darf. Doch auch wenn ich im Recht sein sollte: Das alles hält andere Menschen nicht davon ab, mir irgendwann einmal wieder ein Verlusterlebnis zu bescheren. Es wird im Laufe meines Lebens genügend Menschen geben, die mich und meine Wünsche einfach übergehen, die sich mir gegenüber verschließen und nicht auf mich eingehen, die emotional hart werden, mich beleidigen und mir auf diese Weise neue Verlusterlebnisse liefern.*"

Ich bin für mich zu dem Schluss gekommen, dass ich mir mein Leben nur unnötig schwermache und mich belaste, wenn ich auf andere Menschen schimpfe, böse auf sie bin, ihnen meinen Schmerz demonstriere etc. Denn diese Gefühle verlängern mein Leiden und intensivieren meinen Verlustschmerz. Außerdem füge ich dadurch anderen ebenfalls einen Verlustschmerz zu, was ich gar nicht unbedingt möchte, auch wenn es scheinbar berechtigt wäre.

Für mich ist inzwischen jeder Verlust, den ich durch Menschen erleben muss, genau solch ein Verlust, als wenn ich ihn durch einen Deichbruch mit einer anschließenden Überflutung meines Kellers und des Erdgeschosses erlebe, im schlimmsten Falle wie bei einem Erdbeben oder Tsunami. Die Überflutung lässt sich ja auch nicht mehr dadurch rückgängig machen, dass ich das Wasser beschimpfe. Wenn ich so denke, verschwindet automatisch jeder Ärger und jedes Bedürfnis, dem anderen meinen Verlustschmerz zu demonstrieren, damit er schmerzvoll daraus lernt, oder ihm ausgleichend etwas Ähnliches anzutun und Rache zu üben.

Ich selbst lerne aus dem Verlust, indem ich eine eventuelle Trauer ganz alleine mit mir ausmache (oder mit einem mich liebevoll begleitenden Menschen), sie vollständig durchlebe, den Schmerz verarbeite, anschließend eine neue Kraft spüre, den Deich repariere (vielleicht mithilfe vieler anderer Menschen), mein Haus renoviere und den Deich noch verstärke, damit er beim nächsten Mal hält. Auf meine Beziehungen zu Menschen übertragen: Ich verarbeite den Verlust, lerne daraus und kümmere mich darum, dass ich beim nächsten Mal vorbereitet bin oder einem anderen Menschen rechtzeitig mitteile, was meine Wünsche sind, damit er sich darauf einstellen kann.

Wenn wieder etwas passiert, dann war es für mich ein neuer Deichbruch. Ich verabschiede mich von dem Verlorenen (innere Anpassung im Gefühl an die neue Gegenwart), lerne daraus (neues Gleichgewicht) und konzentriere mich auf den Wiederaufbau (Herstellen des gewohnten Gleichgewichtes) und die Verstärkung meines Nicht-Zielbereiches (neues Gleichgewicht). Natürlich kann zu der Verstärkung des Deiches auch gehören, dass ich meinem Umfeld mitteile, was sein Verhalten in mir ausgelöst hat und dass es mir wehgetan hat, weil ich dadurch etwas verloren habe. Als Konsequenz daraus kann ich der anderen Person eine Grenze setzen und ihre bewussten oder unbewussten Ziele ausschließen, ohne sie als Mensch auszuschließen. Dabei kann ich das der Betreffenden mitteilen, ohne auf sie sauer zu sein und sie zu bestrafen. Hat sie sogar die Grenzen unseres Rechtssystems überschritten, wird sie die gesellschaftlichen Folgen ihres Verhaltens tragen müssen. Ich kann mich mit ihr über diese Folgen und die Grenze hinaus weiterhin liebevoll verbunden fühlen. Ich akzeptiere den nicht mehr rückgängig zu machenden Deichbruch sowohl im Verstand als auch im Gefühl, lebe mit den Folgen und lerne daraus. Immer öfter sehe ich dahinter einen übergeordneten „Wunsch nach Gleichgewicht" innerhalb der universellen Verbundenheit: „*Wenn es passiert ist, sollte es aus einem bestimmten Grund so sein*" – Happy End.

Inzwischen geht folgender Prozess bei mir sehr schnell: Ich erlebe durch einen anderen Menschen einen Schmerz, fühle einen Ärger, denke, dass es ein „natürlicher" Deichbruch war, hinter dem ein übergeordneter Wunsch des Universums nach Gleichgewicht steckt, denke, wie schade es ist, dass ich diesen Schmerz fühlen musste, – und mein Ärger verschwindet oder verwandelt sich manchmal auch in Tränen. Ich kann über den erlebten Schmerz trauern und ihn dadurch heilen. Anschließend fühle ich eine neue Kraft und kann mich nun um die weitere Beziehung zu diesem Menschen kümmern – mit wesentlich mehr Ausgeglichenheit in meinem Gefühl.

Das lässt mich in meinem Alltag viel mehr im Fluss fühlen – und ich sehe, dass der Verlust ein schmerzvoller Teil der überall vorhandenen universellen Verbundenheit ist. Auf diese Weise kann ich mit jedem Verlust umgehen und bin gleichzeitig in meiner Fantasiewelt in tiefem Kontakt zur universellen Verbundenheit. Kein „entweder – oder" mehr, sondern ein „sowohl – als auch". Ich sehe sowohl überall die universelle

Verbundenheit zwischen allem als auch auf der untergeordneten Ebene die Unterscheidungen, die Verluste, die Trennungen, die Grenzen, die Distanzen, die Schmerzen, die alle sofort dazugehören, sobald sie passiert sind und es nicht mehr rückgängig zu machen ist.

Ich habe mich auf diesen letzten Seiten auf den gelösten Zustand konzentriert, den sicher die meisten Menschen so noch nicht erlebt haben und auch jetzt noch nicht erleben. Ich habe beschrieben, welches neue Gleichgewicht wir mit uns selbst erreichen können. Dabei habe ich ein „Ziel" formuliert, das Sie möglicherweise gerne erreichen möchten. Und wie wir wissen, hat jedes Ziel auch Wertungen zur Folge. Es gibt Dinge, die dazugehören, und Dinge, die nicht dazugehören. Das ist vollkommen normal.

Wenn Sie dieses Ziel anstreben wollen, überall die universelle Verbundenheit mit ihren unterschiedlichen Einteilungen zu „sehen", dann lassen Sie uns auf das schauen, was meiner Meinung nach vielen Menschen zum Erreichen dieses Zieles noch fehlt oder was zu viel ist.

Was fehlt?

- die Sichtweise, dass jeder Mensch seine ganz eigene Fantasiewelt mit Wünschen, Zielen und Wertungen besitzt;
- die Sichtweise, dass unser Gehirn in sich selbst „Karten" herstellt, um sich optimal mit dem Körper und dem Umfeld austauschen zu können, und dass diese Karten bei schmerzvollem Kontaktabbruch oft schmerzvoll festgeschrieben werden und ab diesem Moment unser Leben unangenehm beeinflussen;
- die Sichtweise, dass wir mithilfe von äußeren oder inneren Illusionen (Projektion/Fantasiewelt) diese Gehirnkarten bis zu einem Happy End weiterentwickeln können.

Was ist zu viel?

- die unerlösten Phantomprobleme in unseren unangenehm festgeschriebenen Gehirnkarten. Sie führen dazu, dass unsere Gehirnkarten nach einem Happy End suchen. Diese unerlösten Wünsche benötigen viel Energie und Aufmerksamkeit, so dass dadurch der freie Fluss und der Zugang zu der Fantasie der universellen Verbundenheit und der universellen Liebe kaum möglich sind.

Ich behaupte auf dem Hintergrund meiner Erfahrung mit mir selbst: Haben wir diese fehlenden Sichtweisen mit all ihren Folgen integriert und unsere Phantomprobleme erlöst und damit zum Verschwinden gebracht, dann können wir mit einem ausgeglichenen Gehirn liebevoll die Sichtweise einer tiefen universellen Verbundenheit entwickeln und in unser Umfeld projizieren. Gleichzeitig fühlen wir uns gelassen in der Wahl, welchen Zielen wir uns zur Verfügung stellen wollen und welchen nicht. Dort, wo wir anderen Menschen für ihre Ziele und Sichtweisen zur Verfügung stehen müssen, um selbst überleben zu können, sehen wir dahinter die universelle Verbundenheit. Wir erhalten gerade keine andere Möglichkeit. Es „soll" so sein – aufgrund eines übergeordneten Wunsches nach Gleichgewicht.

Dieses Ziel biete ich Ihnen als Maßstab an, an dem Sie sich orientieren können. Immer, wenn Sie erleben, dass Sie auf Ihr Umfeld nicht ausgeglichen eine tiefe universelle Verbundenheit projizieren können und sich irgendwie „getrennt" oder auch zu stark „gebunden" fühlen, dann können Sie sich fragen, was Ihnen noch fehlt oder was zu viel ist. Auf diese Weise können Sie an sich arbeiten, sich selbst Happy Ends erschaffen, dadurch in Ihrem Leben immer weiter reifen und im Fluss sein. Bei jedem neu erreichten Gleichgewicht spüren Sie, wie sich dieser Prozess lohnt und wie Ihre innere Ausgeglichenheit immer mehr „Störungen" und „Schmerzen" integrieren kann. Happy Flow.

Die Installation der Sichtweise von Verbundenheit

In den letzten Abschnitten habe ich die Sichtweise der universellen Verbundenheit eingeführt und beschrieben, welche positive Wirkung sie entfalten kann. Dadurch habe ich ein „Ideal-Bild" angeboten. Oft jedoch haben solche Ideale unangenehme Nebenwirkungen: viele Wertungen. Ein Ideal ist ein Ziel und führt auf ganz natürliche Weise dazu, dass es Dinge gibt, die dazugehören, und Dinge, die nicht dazugehören. In der Menschheitsgeschichte konnten wir bisher sehr oft unangenehme Folgen erleben, wenn Menschen fanatisch einem Ideal gefolgt sind. Andere

Menschen, die diesem Ideal nicht gefolgt sind, wurden gewertet, bewertet, ausgeschlossen, im schlimmsten Falle sogar umgebracht (wunderbares Beispiel für diese Dynamik: Buch und Film *Die Welle,* Morton Rhue). Aus diesem Grund existiert sicher nicht nur bei mir eine gewisse Hemmung, ein Ideal voranzustellen und diesem Ideal voller Begeisterung zu folgen. Wir wollen zwar gerne ein klares Ziel haben und dieses Ziel auch verwirklichen, doch wir wollen dabei keine anderen Menschen verletzen oder ausschließen. Das ist ein Dilemma, besonders weil eine solche Ausgrenzung doch die natürliche Folge eines Zieles ist. Wie lässt sich dieses Dilemma lösen?

Aus irgendeinem Grund fühlte ich heute wieder verstärkte Unruhe. Manchmal entwickle ich im Kontakt mit einem bestimmten Menschen die Sorge, dass er böse auf mich wird, mich zur Schnecke macht, mir Vorwürfe entgegenknallt und mich dann im Regen stehen lässt. Mir kam die Idee, diesem Menschen einfach aus der Schusslinie zu gehen. Ich wechsle dadurch die Rolle vom Problemträger oder Stellvertreter zum Beobachter.

Doch wie denke ich anschließend über diesen Menschen? Verachte ich ihn oder wünsche ich ihm Glück und Erlösung? Beides passte nicht, weil ich das Gefühl hatte, ich würde mich dadurch über ihn stellen. Ich suchte und suchte, und dann fiel mir etwas ganz Einfaches ein: Mein Wunsch war, einem Schmerz oder einer Gefahr für mich aus dem Weg gehen zu können, ohne das, was ich vermeide, abzuwerten. Ich wollte das Vermiedene trotzdem voll anerkennen können – und das war nur möglich, indem ich alles das, was ich vermeiden und ausschließen möchte, als „in sich perfekt“ anerkannte und würdigte.

Wenn ein Ast von einem Baum herunterfällt, unter dem ich gerade stehe, dann ist das die Folge einer natürlichen Kettenreaktion. Der Baum hat nicht die böse Absicht, mich zu erschlagen, sondern er musste seinen morschen Ast, der gerade durch einen Windstoß abgerissen wurde, auf natürliche Weise verabschieden und loslassen. Ich trete einen Schritt zur Seite, um mich zu schützen, aber ohne Vorwurf an den Ast oder den Baum. Damit kam ich auf die Lösung: Ich schütze mich und sehe gleichzeitig im Außen, dass alles auf eine natürliche Weise, die ich nicht durchschaue, seinen Sinn, seinen Zusammenhang hat, die Folge einer natürlichen Kettenreaktion ist – wie ein Deichbruch.

Ich tue mir etwas Gutes und auch, wenn ich mich dabei gegen meine Umwelt entscheide, sehe ich doch, dass meine Umwelt so perfekt ist, wie sie ist. Ich werte sie nicht generell, ich werte sie nur für mich persönlich. Ich werte den Ast als eine Gefahr für mich, doch der Ast an sich und sein Herunterfallen sind die natürliche Folge einer für mich nicht sichtbaren natürlichen Kettenreaktion.

Ein Mensch, der mich anschreit, ist eine Gefahr für mich und für mein Gehör. Ich weiß nicht, ob er vielleicht gleich aus Wut zuschlagen könnte. Doch der Mensch an sich und sein Schreien und seine Wut sind die natürliche Folge einer für mich nicht sichtbaren Kettenreaktion in seiner Fantasiewelt mit seinen (unerlösten) Gehirnkarten, Wünschen und Zielen. Der andere ist perfekt, wie er ist.

Also habe ich in Bezug auf meine Umwelt keinen Veränderungswunsch, sondern nur einen Veränderungswunsch für mich. Die Folge: Ich fühle mich wohler, weil ich den anderen nicht generell ausgrenze. Ich schütze mich nur selbst und gehe einen Schritt zur Seite. Also: **Ich stehe nicht mehr zur Verfügung – und das, dem ich nicht mehr zur Verfügung stehe, ist perfekt, wie es ist.**

Doch irgendetwas in mir möchte trotzdem dem anderen Menschen gegenüber emotionale Offenheit ausstrahlen und ihm aus dem Impuls der universellen Liebe heraus etwas „Gutes“ tun, auch wenn er mich mit seinem Verhalten verletzen würde oder vielleicht sogar schon verletzt hat. Ihm Glück zu wünschen würde nicht passen, weil ich ja nicht wissen kann, was er wirklich braucht und ob er überhaupt etwas braucht. Ihm sein Verhalten zu „verzeihen“ würde für mich auch nicht passen, weil ich mich dann überheblich fühlen würde. Ich wäre dem anderen dadurch irgendwie überlegen, wäre anmaßend. Denn wer bin ich, über einen ebenbürtigen Menschen zu urteilen und ihm sein „negatives“ Verhalten zu verzeihen? Diese Wertung „negativ“ entsteht doch nur als Folge meiner eigenen Vorstellungen, meiner persönlichen Fantasiewelt und meiner Ziele. Welche Möglichkeit gab es also für mich, dem anderen etwas Gutes zu tun?

Die Antwort auf diese Frage gab mir „zufällig“ die Seminarteilnehmerin Christa Polch (www.bootepolch.de). Sie erzählte mir von ihrer Idee, sich bei Auseinandersetzungen innerlich ans Universum zu wenden und zu beten. Ich zitiere eine verkürzte Fassung ihres Rituals: *„Ich wünsche für alle Beteiligten (Namen nennen) das Beste und dass jede*r das für* *sie/ihn Beste erhält! Ich akzeptiere (liebe) das Ergebnis. Ich bedanke mich für alle Energien, die uns unterstützen.*"

Das inspirierte mich zu folgender inneren Haltung und zu dem Satz, den ich innerlich in meiner Fantasiewelt an den Menschen richten kann, dem ich aus dem Weg gehe. Ich schütze mich und denke gleichzeitig liebevoll und achtungsvoll:

„*Für mich bist du perfekt, so wie du bist, und ich wünsche dir für alle deine Ziele und Wünsche das für dich Beste.*"

Aber ist nicht sowieso schon alles, was im Universum passiert, das Beste?

Es kommt darauf an, auf welche Ebene ich schaue. Auf der Ebene der universellen Verbundenheit sehe ich in meiner Fantasiewelt, dass alles perfekt ist, wie es ist. Alles gehört dazu. Auf der Ebene der Unterscheidungen gibt es Ziele und Wertungen und daher auch auf ein jeweiliges Ziel bezogen Besseres und Schlechteres. Mein Verhalten, dass ich einem anderen das Beste wünsche und ihm damit emotionale Offenheit ausstrahle, bezieht sich also auf die Ebene der Unterscheidungen, denn dort schütze ich mich ja auch vor seinen Zielen.

Angenommen, ich kann einer Gefahr nicht rechtzeitig ausweichen und muss einen körperlichen oder seelischen Verlustschmerz erleiden, was dann? Dann sehe ich, dass hier ein Deichbruch passiert ist und das Wasser mein Haus verwüstet hat. Damit muss ich jetzt leben. Ich verabschiede mich von dem Verlorenen, lerne daraus, räume wieder auf, repariere alles und setze neue Grenzen, indem ich die Türen meines Hauses abdichte, den Deich verstärke und vielleicht flussaufwärts noch Warnmelder anbringe, die mir rechtzeitig das nächste Hochwasser ankündigen. Übertragen auf meinen Alltag: Eine Person hat mich verletzt. Ich verabschiede mich von dem Verlorenen, z. B. die verlorene Würde, die verlorene Ebenbürtigkeit, das verlorene Harmoniegefühl etc. Ich gebe mir ein kleines Happy End, indem ich daran denke, dass wir beide nach Verbundenheit suchen und dadurch tief miteinander verbunden sind. Ich sage mir: „*Wenn es passiert ist, sollte es so sein.*" Ich lerne, dass diese Person dazu in der Lage ist, mich zu verletzen, und es in Zukunft wieder passieren könnte. Ich meide bestimmte Situationen mit dieser Person und behalte bei den nächsten Begegnungen die Erinnerung an diese Erfahrung im Hinterkopf. Vielleicht kann ich ja die nächste Verletzung von ihr vorausspüren, rechtzeitig für mich eine Grenze setzen oder noch genauer erforschen, in welchem Zusammenhang ihre verletzende Handlung steht. Gleichzeitig habe ich ihr gegenüber die Haltung: *„Für mich bist du perfekt, so wie du bist, und ich wünsche dir für alle deine Ziele das für dich Beste.“* Letztendlich erkenne ich vielleicht, aus welcher „natürlichen“ Kettenreaktion heraus die Person gehandelt hat und nach welchem Happy End sie eigentlich sucht. Sie nimmt eine Verletzung ihres Umfeldes in Kauf, um unbewusst zu demonstrieren: „*Schau mal, so ist der momentane Stand meiner Gehirnkarte. Kannst du mir helfen, ein Happy End zu finden?*“ Und ich folge meinem Herzen und schaue, ob ich zur Verfügung stehen möchte oder nicht.

In diesem gesamten Prozess fühle ich mich wohl, weil ich die andere Person nicht *generell* ausgrenze und nicht abwerte. Mit dieser Sichtweise kann ich ohne schlechtes Gewissen meinen eigenen Zielen folgen. Ich kann z. B. einem bestimmten fremden Ziel nicht mehr zur Verfügung stehen, ohne das fremde Ziel selbst abzuwerten. Denn es ist perfekt, wie es ist, und gehört genauso dazu wie meine Entscheidung, diesem Ziel nicht zur Verfügung zu stehen.

Dieser Hintergrund befreit mich völlig, denn ich kann endlich „Nein“ sagen, ohne die anderen dabei abzuwerten. Ich ziehe zwar eine persönliche Grenze, sehe aber gleichzeitig, dass die anderen zu allem dazugehören.

Ich komme zurück zu meinem Ideal-Ziel, überall die universelle Verbundenheit als Hintergrund zu sehen. Mir fällt es inzwischen schon leichter, diesem Ziel zu folgen, denn ich weiß: Dadurch schließe ich andere Menschen nicht generell aus. Auch wenn ein Mensch, mit dem ich mich verbunden fühle, etwas sagt oder tut, was eine Trennung enthält, was mich verletzt, dann sage ich mir als Erstes: „*Wenn es passiert ist, sollte es so sein*“ und kann mit der Fantasie reagieren: „*Wir sind tief miteinander verbunden*“ oder „*Wir sind beide unterschiedliche Teile der universellen Verbundenheit*“ oder „*Ich fühle gerade einen schmerzhaften Teil der universellen Verbundenheit*“. Auf diese Weise richte ich meinen Blick weg von der Sichtweise der Trennung des anderen hin zu der Sichtweise der Verbundenheit. Automatisch fühle ich mich anders.

Kommt eine Kritikerin auf mich zu und verurteilt mich, dann enthalten ihre Worte viele Trennungen oder drohen Trennungen an. Das löst normalerweise in mir einen Verlustschmerz aus, da mein Wunsch nach Verbundenheit berührt wird. Genau deshalb tut Kritik weh. Sie enthält oft eine Sichtweise oder Androhung von Trennung.

Konzentriere ich mich in meiner Fantasiewelt auf die Vorstellung, dass wir *beide* nach Verbundenheit suchen und auf dieser Ebene tief miteinander verbunden sind, kann ich dadurch meinen Verlustschmerz heilen. Mein Wunsch nach Verbundenheit wird nicht enttäuscht, sondern von mir selbst auf einer höheren Ebene erfüllt. Ich gebe mir ein eigenes Happy End.

Passiert etwas Schlimmes, wodurch ich etwas verliere und Schmerz erfahre, dann habe ich mich früher oft darüber geärgert. Dieser Ärger hat das Geschehnis in meinem Nicht-Zielbereich gehalten und dort festzementiert. Wenn ich mir jedoch sage: „*Wenn es passiert ist, sollte es so sein*", dann sage ich damit zu dem Geschehnis: „*Du gehörst dazu.*" Ich gebe dem Geschehnis einen ganz anderen Hintergrund, als wenn ich sagen würde: „*Das hätte nicht passieren dürfen!*" Durch meine Integration befreie ich die Erinnerung aus meinem Nicht-Zielbereich. Ich muss nicht mehr gegen die Vergangenheit kämpfen, muss nicht mehr die Grenze meines Nicht-Zielbereiches durch Ärger aufrechterhalten. Ich stimme zu, dass ich mit der Vergangenheit tief verbunden bin und das Geschehnis ab sofort zu meinem Leben dazugehört. Natürlich kann ich auch daraus lernen, entdeckte Lücken füllen, den zerstörten Deich reparieren und verstärken. Ich kann meinen Nicht-Zielbereich für die Zukunft neu gestalten und die Grenzen festigen. Doch dazu benötige ich keinen Kampf gegen die Vergangenheit. Ich bin mit dem, was passiert ist, tief verbunden. Mit dieser Haltung verhindere ich, dass schmerzvolle Geschehnisse mich fesseln, mich durch meine Abwehr dagegen unangenehm binden. Ich bleibe beweglich.

Das alles funktioniert aber nur, wenn ich selbst meine Sichtweise der universellen Verbundenheit *über* die Sichtweise der Trennung stellen kann, wenn ich meiner „Sichtweise von Verbundenheit" eine höhere Wichtigkeit und Wertigkeit und Gültigkeit einräumen kann als der „Sichtweise von Trennung" eines anderen Menschen. Meistens verbieten wir es uns, unsere Sichtweisen bewusst „über" die Sichtweise eines anderen Menschen zu stellen, vor allem, wenn wir uns eine Ebenbürtigkeit und eine gleiche Wellenlänge zum anderen wünschen. Ich habe lange darüber nachgedacht und letztendlich eine Sichtweise gefunden, die mich dazu befreit hat, die universelle Verbundenheit nun vollständig in mein Leben zu installieren:

Ich sehe, dass mein Gegenüber in seiner Fantasiewelt lebt und ich in meiner Fantasiewelt lebe. Unsere beiden Fantasiewelten sind einander immer ebenbürtig. Diese Ebenbürtigkeit bleibt auch, wenn ich *in meiner Fantasiewelt* ein ganz bestimmtes Ziel verfolge, nämlich das Ziel, überall als „Hintergrund" die tiefe universelle Verbundenheit zu projizieren (siehe Übung 3).

Wie wir im ersten Kapitel gesehen haben, hat jedes Ziel eine ganz normale Folge: Wertung. Es gibt Dinge, die gehören zu meinem Ziel dazu, und Dinge, die gehören nicht dazu. Diese Wertung bedeutet immer noch nicht, dass ich mich „über" den anderen Menschen stelle. Denn ich bin offen dafür, dass der andere *in seiner Fantasiewelt* seine eigenen Ziele verfolgt und seine entsprechenden Wertungen entwickelt, während ich meine Ziele verfolge. Auch hier bleiben wir ebenbürtig.

Hat der andere ein Ziel, das nicht zu meinem Ziel passt, dann gehört dieses in meiner Fantasiewelt nicht zu meinem Ziel dazu. Ganz normal, ganz natürlich, ganz logisch. Mein Ziel ist mir wichtiger als sein Ziel. Diese Wertung ist eine vollkommen natürliche Folge meines Zieles und bedeutet nicht, dass die Fantasiewelt des anderen generell „unter" meiner Sichtweise steht und ich „über" ihm. Unsere Fantasiewelten stehen immer noch ebenbürtig nebeneinander, denn sie kommen beide aus der universellen Verbundenheit, aus dem Ganzen. Der andere ist perfekt, so wie er ist, und ich bin perfekt, so wie ich bin. Nur unsere unterschiedlichen Ziele passen für mich nicht zusammen.

Ein anderer Mensch kann so viele Impulse von Trennung und Sichtweisen von Trennung haben und leben, wie er möchte. Denn es ist seine Fantasiewelt und es sind seine Ziele, die ebenbürtig neben meiner Fantasiewelt und meinen Zielen stehen und zum Ganzen dazugehören. Für mich passt jedoch seine Trennungs-Fantasie nicht zu meinem Ziel und befindet sich daher in meinem Nicht-Zielbereich.

Bezogen auf mein Ziel bin ich jederzeit in der Lage, wahrzunehmen und zu bewerten, dass es Menschen gibt, die nicht zu meinem Ziel passen und sich in meinem Nicht-Zielbereich aufhalten, und dass es Menschen gibt, die vielleicht das gleiche Ziel haben, überall die universelle Verbundenheit zu projizieren, es aber im Hinblick auf mein Ziel noch nicht so gut können, wie es mir selbst möglich ist. *Bezogen auf mein Ziel* bin immer ich selbst die Jury, die bewerten darf. Ich stehe immer an erster Stelle, denn ich kenne mein Ziel am besten. Nur ich kann wahrnehmen und entscheiden, wer mich wirklich darin unterstützt, mein Ziel zu erreichen, und wer mich davon abhält. Ich kann werten:

Dieser Mensch hat nicht das Ziel, überall Verbundenheit hineinzuprojizieren. Daher passt sein Ziel nicht zu meinem Ziel. Das ist eine „normale" Wertung. Auf der Ebene des Menschseins und der universellen Verbundenheit fühle ich mich nach wie vor mit ihm verbunden – auch wenn er es nicht so sieht. Nur in Bezug auf mein Ziel passt er nicht zu mir. Mein Ziel ist mein Maßstab – und ich allein bin die oberste Jury. Ich wünsche ihm für das Erreichen seiner Ziele das für ihn Beste.

Wenn dieser Mensch das gleiche Ziel hat wie ich, so hat er es noch nicht erreicht, denn sonst würde ich eine ähnliche Wellenlänge zu ihm spüren oder würde sogar von ihm lernen wollen, weil er weiter ist als ich.

Normale Wertungen in Bezug auf mein Ziel lauten also:

- ✓ Er ist genauso weit wie ich.
- ✓ Er ist noch nicht so weit.
- ✓ Er ist schon weiter als ich.

Dabei ist immer mein eigenes Ziel der Maßstab und ich allein bin die oberste Jury.

Begegne ich also einer „destruktiven" Kritikerin, dann sehe ich, dass sie mit ihrem Ziel nicht zu meinem Ziel dazugehört oder dass sie noch nicht so weit ist, Verbundenheit projizieren und leben zu können. Schon alleine dadurch, dass ich ihr Verhalten als destruktiv empfinde, hat es für mich mit Trennung zu tun (destruieren = zerstören = in Teile trennen). Auf diese Weise stehe ich *bezogen auf mein Ziel* als meine eigene Jury auf natürliche Weise *immer* „über" der von mir als „destruktiv" bezeichneten Kritikerin. Doch wenn ich auf unsere Fantasiewelten und unser Menschsein und auf die universelle Verbundenheit schaue, so stehen wir diesbezüglich ebenbürtig nebeneinander und sind immer gleichwertig und tief miteinander verbunden.

Jeden Verlust kann ich mit der Fantasie ausgleichen, dass ich mit dem Verlorenen auf einer anderen Ebene, z. B. tief in meinem Herzen, verbunden bin und bleibe. Jeden Menschen, der sich von mir distanzieren möchte, der mit Verlust droht und in mir einen Verlustschmerz aktiviert, kann ich integrieren, indem ich mir vorstelle, dass wir tief miteinander verbunden sind. Ich kann sehen (denn ich bin meine eigene Jury), dass der andere diese tiefe universelle Verbundenheit (noch) nicht projizieren kann oder will, und wünsche ihm für seine Ziele das für ihn Beste.

Auf diese Weise versöhne ich mich mit meinem Verlustschmerz und finde für jeden Verlust auf der universellen Ebene ein Happy End.

Dabei habe ich eine Nebenwirkung entdeckt. Wenn ich überall die Verbundenheit projiziere, entsteht öfter ein Gefühl von Liebe. Ich sehe überall Verbundenheit, ich liebe alles. Alles gehört dazu – auch die schmerzhaften Anteile der universellen Verbundenheit.

Zwei zusätzliche Gedanken zu diesem Thema:

Wenn ich meine eigene Jury bin, dann stehe ich bezogen auf meine eigenen Ziele immer an erster Stelle. Gleichzeitig muss ich auch mit allen Folgen meiner Entscheidungen leben, die ich als Jury für mich fälle. An dieser Stelle entsteht die „Verantwortung“. Auf der einen Seite kommt alles aus dem Ganzen, aus der universellen Verbundenheit, und steht ebenbürtig nebeneinander. Auf der anderen Seite gibt es eine Ebene, auf der ich mich auf mich und meine Ziele konzentriere, mich darin von anderen unterscheide, mich unterschiedlich verhalte, unterschiedlich denke. Auf der Ebene der Unterscheidungen trage ich die Folgen meines Handelns und dementsprechend die Verantwortung dafür, ob ich mich mit den Folgen gut oder schlecht fühle und welche weiteren Entscheidungen ich nun fälle.

Wenn ich darunter leide, dass jemand das anders sieht, und will ihn unbedingt dazu bringen, die universelle Verbundenheit zu projizieren, damit es mir besser geht, dann ist das ein Zeichen dafür, dass ich gerade Verlustschmerz fühle und spüre, dass mir eine Verbundenheit zum anderen fehlt. Ich wünsche mir mehr Verbundenheit mit ihm.

Vielleicht erreiche ich ja ein Happy End und der andere kann mir folgen? Wenn nicht, dann muss ich mich von meinem Ziel verabschieden. Gleichzeitig weiß ich: Auch wenn der andere es nicht so sieht – wir sind trotzdem auf universeller Resonanz-Ebene tief miteinander verbunden. Wir sind eins.

Übung 20

Bewusstheit für Getrenntheit entwickeln

Diese Übung dient Ihnen dazu, um im Alltag immer öfter bewusst zu registrieren, wo kleine Trennungen in der Kommunikation und im Verhalten vorhanden sind. Sie ist der Übung 6 „Wertungen gezielt entlarven“ ähnlich.

Wie und wo und für welches Ziel werden von Ihrem Umfeld oder auch von Ihnen selbst Trennungen oder Drohungen eingesetzt? Schon alleine das Training dieser Bewusstheit kann in Ihnen etwas verändern und mehr Gelassenheit in Ihrem Gefühl Raum geben. Beobachten und erforschen Sie es selbst. Diese Übung könnte auch in Kombination mit der Übung 21 Sinn machen.

Beispiele in der Kommunikation:

„Ohne mich ...“ – Wenn derjenige dann noch bleibt und nicht wirklich geht, dann ist diese Aussage eine Androhung von Verlust.

„Das bringt nichts.“

„Du bist gegen mich.“ – Hier wird eine Trennung in das Umfeld projiziert.

„Der andere ist für mich gestorben.“

„Ich hab´ Besseres zu tun.“ – In jeder Wertung („Besseres“) ist eine Trennung versteckt.

„Was soll denn das?!“ – Übersetzt: „Das ist falsch, was du tust.“ = Wertung = Trennung.

„Das ist unglaublich!“ – Hier ist die Trennung in der Silbe „un“ versteckt sowie in dem Ausrufezeichen, das hier für eine Wertung steht.

„Es hat keinen Sinn.“

„Zeig mal dein wahres Gesicht.“ – Übersetzt: „Bisher zeigst du ein falsches Gesicht.“ = Wertung = Trennung.

„Du verstehst mich nicht.“ – Hier entsteht Trennung, wenn anschließend keine Erklärung folgt, um ein besseres Verständnis zu erreichen.

„Ich hab´ jetzt echt keine Lust mehr.“ – Diese Aussage enthält im Wort „echt“ ein Durchsetzen des eigenen Zieles = Trennung von der Rücksicht auf andere Ziele. „Keine Lust“ zeigt eine Wertung = Trennung. Wenn derjenige aber nach dieser Aussage noch bleibt, ist es eher eine Androhung von Verlust nach dem Motto: „Wenn es so weitergeht, dann höre ich auf und gehe.“

Wenn Sie sich vorstellen, dass jeder dieser Sätze von dem Menschen ausgesprochen wird, der Ihnen am nächsten steht, dann werden Sie sich bei jedem Satz unwohl fühlen, leicht verletzt sein, einen Stich im Herzen spüren. Das ist das „normale“ Schmerzgefühl, wenn gerade Ihr Wunsch nach Verbundenheit nicht erfüllt wird.

Am deutlichsten ist dies bei Eltern zu erkennen, die ihr Kind nicht unter Kontrolle bekommen und diesem Trennung und damit Verlust von Verbundenheit androhen: *„Wenn du nicht aufhörst, dann bekommst du auch nicht ...“*

Weil das Kind die Verbundenheit nicht verlieren möchte, stellt es sie selbst her und „hängt sich an“.

Beispiele für Trennung im Verhalten:

- Ihr Gegenüber dreht sich weg und beendet abrupt ein Thema, obwohl Sie immer noch das Gefühl haben, dass nicht alles geklärt ist.
- Die andere Person blockt Ihren Wunsch nach einer Klärung ab.
- Die andere unterbricht Sie und beginnt ein anderes Thema, und Sie merken, dass das vorige Thema für Sie noch nicht geklärt ist.
- Die andere unterbricht Sie und wiederholt alles das, was sie schon gesagt hat, ohne überhaupt auf das einzugehen, was Sie gerade gesagt haben.
- Die andere schaut weg – permanent, auch beim Reden.
- Die andere setzt einfach voraus, dass Sie genau das tun werden, was sie gerade angesprochen hat.
- Die andere redet, ohne dass Sie überhaupt zu Wort kommen – und im schlimmsten Fall geht sie anschließend weg, ohne dass Sie noch die Chance haben, etwas dazu zu sagen.
- Sie sagen etwas, die andere Person geht überhaupt nicht darauf ein und scheint es zu überhören.

Wenn Sie sich vorstellen, dass jede dieser Verhaltensweisen von dem Menschen durchgeführt wird, der Ihnen am nächsten steht, dann werden Sie sich bei jeder Handlung unwohl fühlen, leicht verletzt sein, einen Stich im Herzen spüren. Das ist das „normale" Schmerzgefühl, wenn gerade Ihr Wunsch nach Verbundenheit nicht erfüllt wird.

Sie beobachten in Ihrem Alltag, wo Sie überall trennende Sätze oder trennende Verhaltensweisen wahrnehmen. Können Sie es mit Ihrem Verstand nicht herausfinden, dann beobachten Sie mit Ihrem Gefühl und schauen, wo Sie kleine Stiche in Ihrer Brust fühlen – kleine Verlustschmerzen. Diese Verlustschmerzen zeigen sich auch noch anders:

- Sie fühlen einen Drang (im Extremfall eine Wut), etwas richtigzustellen oder sich zu rechtfertigen oder den anderen zu stoppen oder vom Weggehen abzuhalten. Hinter diesem Drang steckt der Wunsch nach Verbundenheit, denn Sie fühlen gerade eine Trennung, einen Verlust von Verbundenheit.
- Sie fühlen eine Schwäche im Körper – oft bezeichnet man das auch als „Demütigung" oder „Ohnmachtsgefühl". Diese Schwäche ist ebenfalls ein Zeichen für einen gerade geschehenen Verlust von Verbundenheit. Sie ist der Beginn der Trauerarbeit nach einem Verlust – und führt nach einer vollständigen Verarbeitung zu einer neuen Kraft.

Sie beobachten Ihren Alltag und registrieren jedes Mal:

„Aha – da ist gerade ein Verlust von Verbundenheit."

Schon allein dieses Beobachten kann als Nebenwirkung einiges in Ihrem Gefühl ganz automatisch verändern. Weitere Änderungen sind durch Übung 21 möglich.

Übung 21

Bewusstheit für Verbundenheit entwickeln

Sie lesen diese Übung und stellen sich vor, dass der Text von einer angenehmen und ruhigen Stimme gesprochen wird. Sie lassen sich für jeden Satz Zeit.

Wussten Sie, dass man die universelle Verbundenheit, die totale Einheit, das absolute Gleichgewicht nicht wahrnehmen und nicht beweisen kann?

Wenn ich mit meiner Hand kaltes Wasser berühre, fühle ich es sofort. Wenn ich heißes Wasser berühre, fühle ich es auch sofort. Hat das Wasser aber genau die Temperatur meiner Finger und bewegt sich nicht, wenn ich z. B. meine Hand langsam in eine Schüssel voll Wasser stecke, dann fühle ich nicht, wann sie in das Wasser eintaucht. Habe ich auf ein Blatt Papier einen roten Strich und einen blauen Strich gemalt und schaue ich durch eine Brille, die genauso rot gefärbt ist wie der aufgemalte Strich, dann sehe ich den roten Strich nicht mehr, aber den blauen. Wir nehmen den Unterschied wahr, aber nicht das Gleichgewicht.

Wir können die universelle Verbundenheit also nie wahrnehmen, weil wir mit ihr im absoluten Gleichgewicht sind. Wir können sie uns nur vorstellen und ihre Folgen erleben.

Sie lesen gerade dieses Buch und halten es mit Ihren Händen. Sie fühlen das Buch, weil es sich von Ihnen unterscheidet. Nun stellen Sie sich vor, dass es eine Ebene gibt, die Sie nicht wahrnehmen können. Auf dieser Ebene sind Sie mit diesem Buch „eins“, sind tief mit ihm verbunden.

Sie schauen vom Buch hoch auf Ihre Umgebung, sehen eine Wand, eine Tür, ein Fenster, ein Regal, einen Sitz oder irgendeinen Gegenstand, konzentrieren sich darauf, geben sich Zeit für den Kontakt und sagen innerlich in Ihrer Fantasiewelt:

„Ich kann den Unterschied zu dir wahrnehmen, aber nicht die tiefe Verbundenheit. Es gibt eine Ebene, auf der wir beide tief miteinander verbunden sind. Wir sind eins.“

Sie sehen ein Tier in Ihrer Umgebung oder stellen sich ein Tier vor, konzentrieren sich eine Zeit auf den Kontakt oder die Vorstellung und sagen mit Ihrer inneren Stimme:

„Ich kann den Unterschied zu dir wahrnehmen, aber nicht die tiefe Verbundenheit. Es gibt eine Ebene, auf der wir beide tief miteinander verbunden sind. Wir sind eins.“

Sie sehen einen Menschen in Ihrer Umgebung oder stellen sich einen Menschen vor, konzentrieren sich eine Zeit auf den Kontakt oder die Vorstellung und sagen mit Ihrer inneren Stimme:

„Ich kann den Unterschied zu dir wahrnehmen, aber nicht die tiefe Verbundenheit. Es gibt eine Ebene, auf der wir beide tief miteinander verbunden sind. Wir sind eins.“

Sie sehen vor Ihrem inneren Auge die Weltkugel, konzentrieren sich eine Zeit auf die Vorstellung und sagen mit Ihrer inneren Stimme:

„Ich kann den Unterschied zu dir wahrnehmen, aber nicht die tiefe Verbundenheit. Es gibt eine Ebene, auf der wir beide tief miteinander verbunden sind. Wir sind eins.“

Sie sehen vor Ihrem inneren Auge die Sonne, konzentrieren sich eine Zeit auf die Vorstellung und sagen mit Ihrer inneren Stimme:

„Ich kann den Unterschied zu dir wahrnehmen, aber nicht die tiefe Verbundenheit. Es gibt eine Ebene, auf der wir beide tief miteinander verbunden sind. Wir sind eins.“

Sie stellen sich vor, dass Sie selbst die Sonne sind.

Wenn Sie mit der Sonne im absoluten Gleichgewicht sind, nehmen Sie keinen Unterschied wahr, also auch keine Hitze. Sie *sind* einfach die Sonne und strahlen.

Nun schauen Sie mit den Augen der Sonne auf Ihr Umfeld. Sie sehen die Planeten, die um Sie herumkreisen und sich an Sie binden. Sie sehen die Erde und die vielen Wesen, die alle von Ihnen abhängig sind und sich Verbundenheit wünschen. Sie sehnen sich alle nach Ihrer Energie, strecken sich in Ihre Richtung, nehmen Ihre Energie auf und entwickeln dadurch ihr Leben. Alles strebt nach einer Verbundenheit mit Ihnen, der Sonne. Die Pflanzen richten sich nach Ihnen aus, die Menschen und Tiere sehnen sich nach Ihnen, und wenn ab und zu die ersehnte Verbundenheit zu Ihnen sehr intensiv wird, dann beginnen die Wesen zu brennen und die von Ihnen erhaltene Energie weiterzuschenken, genauso wie Sie Ihre Energie permanent schenken.

Nun sehen Sie in Ihrer Fantasiewelt wieder Ihren eigenen Körper, wie er mit seinen Händen dieses Buch hält. Sie sehen, wie alles um Sie herum sich eine Verbundenheit wünscht – jedes Element, jeder Mensch, jedes

Tier, jede Pflanze auf seine/ihre Weise. Sie konzentrieren sich auf die Vorstellung: Es gibt eine Ebene, auf der alles tief miteinander verbunden ist – in dem feurigen, energievollen und lichtvollen Wunsch nach Verbundenheit.

Im nächsten Schritt kombinieren Sie Übung 20 und 21:

Wenn Sie im Alltag eine Trennung in der Sprache oder im Handeln eines anderen Menschen entdecken, dann geben Sie sich selbst für diese Verletzung ein Happy-End-Pflaster und sagen mit Ihrer inneren Stimme:

„*Ich kann den Unterschied zu dir wahrnehmen und spüren, aber nicht die tiefe Verbundenheit. Und doch gibt es eine Ebene, auf der wir beide tief miteinander verbunden sind. Wir sind eins.*"

Anschließend geben Sie sich Zeit für den Heilungsprozess unter diesem Pflaster und lassen dabei all Ihre eventuell auftauchenden Gefühle fließen.

****

Da ich die kommenden letzten Abschnitte des Buches nicht mehr durch eine Übung unterbrechen möchte, schreibe ich Ihnen hier schon die letzte Übung auf:

Übung 22

Die Weiterentwicklung von Gehirnkarten im Zusammenhang mit dem Buch

Aus eigener Erfahrung mit meinen Texten weiß ich, dass ich diese während meiner persönlichen Entwicklung im Nachhinein plötzlich mit neuen Augen betrachten kann und neue Zusammenhänge entdecke, die ich vorher noch nicht gesehen hatte. Meine plastischen Gehirnkarten haben sich im Laufe der Zeit verändert. Deshalb lautet diese letzte Übung: Wiederholung.

Sie sind sich bewusst, dass etwas in Ihnen allmählich wächst und reift. Sie sind sich bewusst, dass Ihr Gehirn sich permanent verändert und neue Verbindungen knüpft. Sie sind sich auch bewusst, dass manche Veränderungen Zeit und auch entsprechende Situationen brauchen, um die eigenen alten Gehirnkarten und Verhaltensmuster allmählich weiterzuentwickeln oder neue Sichtweisen in Ihrer Fantasiewelt zu installieren.

Sie denken an die Möglichkeit, dass Sie nach einer gewissen Zeit manche Inhalte dieses Buches vergessen und sich im Alltag automatisch wieder mehr Ihren „alten" Sichtweisen zur Verfügung stellen. Sie wissen, dass Sie den Zauberblick durch erneutes stichprobenartiges Lesen in Ihrem Gehirn reaktivieren und durch permanentes Wiederholen und Wiederloslassen immer mehr festigen.

Nachdem Sie das Buch zu Ende gelesen haben, lesen Sie ungefähr einen Monat später den Schluss des Buches ab Abschnitt *„Die universelle Verbundenheit ist unzerstörbar"* noch einmal. In diesem Schluss sind alle Sichtweisen, Zusammenfassungen und Essenzen des Zauberblicks enthalten. Anschließend lesen Sie in regelmäßigen Abständen immer mal wieder diesen empfohlenen Schluss. Als Gedächtnisstütze können Sie sich in Ihren Terminkalender eintragen, wann Sie das Buch das nächste Mal zur Hand nehmen. Dabei lassen Sie sich immer die Wahl, ob Sie tatsächlich an dem entsprechenden Tag im Buch lesen wollen. Nutzen Sie den Kalender nur als Erinnerungsstütze, weniger zur Planung. Sie folgen immer Ihrer Intuition.

Sie beobachten bei jedem Lesen, wie Sie bekannte Zusammenhänge neu sehen, was an Neuem Sie entdecken und was sich allmählich festigt und sich bald wie „selbstverständlich" anfühlt.

Sie können auch zum Buch greifen, wenn es Ihnen einmal nicht so gut geht und Sie sich in einer Krise befinden, in der Sie nicht immer Zugang zu allen Erinnerungen haben. Testen Sie die Wirkung der Sichtweisen aus dem Buch, während Sie ein seelisches Ungleichgewicht in sich spüren.

„Ich stehe meinem Ideal-Ich zur Verfügung“

Wenn ich es schwer habe, die Perfektion der anderen Person zu sehen oder mir die Verbundenheit mit allem oder mit einer bestimmten Person zu vergegenwärtigen, kann ich mir auch vorstellen, wie ich wäre, wenn ich es könnte. Wie wäre ich, wenn ich mit allem ausgeglichen, integrierend und liebevoll umgehen könnte?

Die Antwort auf diese Frage spiegelt mein „Ideal-Ich“. Das bin ich – in dem von mir gewünschten Ideal-Zustand.

Wenn ich mir nun sage: „Ich stehe meinem Ideal-Ich zur Verfügung“ (ohne dieses Ideal selbst bereits erreicht zu haben), kann das in bestimmten Situationen interessante Wirkungen entfalten.

Im Jahr 2009 habe ich viele Einführungsseminare für Freie Systemische Aufstellungen in ganz Deutschland gegeben, u. a. auch in Norddeutschland. Sie dauerten zwei oder drei Tage. An einem dieser Wochenenden erlebte ich etwas für mich sehr Faszinierendes: Ein Teilnehmer kam am Samstagmorgen eine Stunde zu spät. Wir hatten schon begonnen und befanden uns mitten in einer Aufstellung. Er schlich sich in den Raum und setzte sich ganz leise auf einen Stuhl.

Normalerweise habe ich kein Problem damit, wenn Teilnehmer*innen zu spät kommen, denn es liegt ja in ihrer Verantwortung, ob sie etwas miterleben oder nicht. Doch je länger ich ihn dort auf seinem Platz sitzen sah und seine Präsenz in der Gruppe fühlte, desto stärker wurde in mir ein Ärger. Ich wunderte mich über dieses Gefühl und wusste gleichzeitig, dass dies nicht mein persönliches Gefühl sein konnte. Es musste eine resonierende Empfindung sein. Möglicherweise spielte ich mit diesem Ärger gerade eine Stellvertreterrolle für diesen Teilnehmer. Also sagte ich mir in Gedanken den Satz: „Ich stehe jetzt diesem Ärger nicht mehr zur Verfügung.“ Aber ich erlebte keine Wirkung, der Ärger war immer noch da.

Dann überlegte ich, dass der Teilnehmer möglicherweise befürchten würde, dass ich als Seminarleiter ärgerlich sei (= für ihn befindet sich der Ärger anderer Menschen in seinem Nicht-Zielbereich). Also probierte ich: „Ich stehe deiner Angst vor Ärger nicht mehr zur Verfügung.“ Das hatte auch keine Wirkung. Mein Ärger blieb standhaft und wollte nicht weichen. Ich weiß nicht mehr, warum und wie ich auf die Idee gekommen bin, aber nach ein paar Minuten probierte ich es mit dem Satz: „Ich stehe jetzt nur noch meinem Ideal-Ich zur Verfügung.“ Ja, das half! Etwas entspannte sich in mir und der Ärger verschwand vollkommen.

Dann überlegte ich, wie ich mir in meiner Fantasiewelt erklären könnte, warum die ersten Sätze nicht funktioniert hatten und der letzte Satz mit einem Schlag alles in mir klärte und den Ärger verschwinden ließ. Ich kannte den Teilnehmer aus früheren Seminaren, wusste auch ein paar Informationen über seine Kindheit und spürte mich ein. Warum konnte nur mein Ideal-Ich die Lösung sein? Meine Fantasie entwickelte folgende Logik:

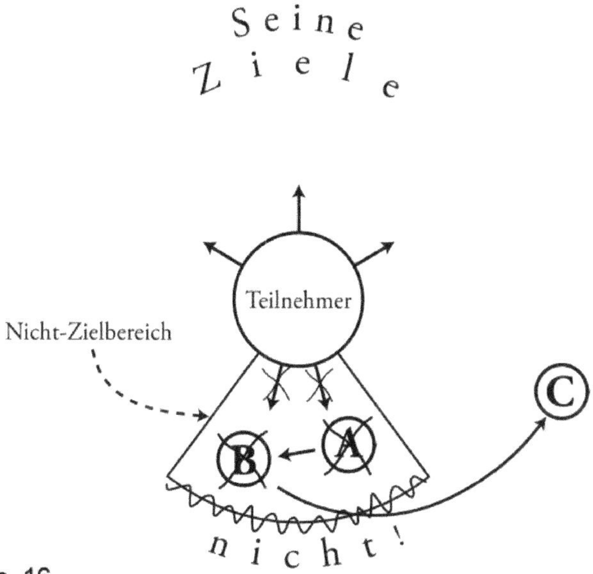

Abb. 16

Seine Eltern ärgerten sich oft über ihn, wenn er unzuverlässig war. In meinem Gefühl hatte ich wahrscheinlich an seine gewohnte Beziehungs-Gehirnkarte mit seinen Eltern angeknüpft, stand in Resonanz dazu und hatte dadurch eine Stellvertreterrolle. Dieser Rolle wollte ich aber nicht mehr zur Verfügung stehen und bewegte mich durch meine Entscheidung ein wenig, doch es änderte sich nichts. Warum? Er war es gewohnt, dass man sich von ihm zurückzog. Seine Eltern standen ihm sehr oft „nicht zur Verfügung“. Wenn ich also genau das Gleiche tat und ihm nicht zur Verfügung stehen wollte, spielte ich auch weiterhin die Rolle der Eltern! In Abbildung 16 sehen Sie, dass ich mich durch meine Entscheidung, nicht mehr zur Verfügung zu stehen, zwar leicht veränderte und von Platz A zu Platz B wechselte, doch mich dadurch immer noch zusammen mit seinen Eltern in seinem Nicht-Zielbereich befand und die entsprechenden resonierenden Empfindungen hatte. Erst als ich mir sagte, dass ich nur noch meinem Ideal-Ich zur Verfügung stehe, bewegte ich mich innerlich auf Platz C, der nun nichts mehr mit meinem Teilnehmer zu tun hatte. Ich konnte dadurch die Beobachterrolle einnehmen. Entsprechend lösten sich auch meine resonierenden Empfindungen auf.

Als die Aufstellung vorbei war und Raum für einen Austausch in der Gruppe bestand, nutzte der Teilnehmer die Gelegenheit und teilte der Gruppe sein schlechtes Gewissen mit. Er entschuldigte sich ausgiebig mit langer Erklärung für sein Zuspätkommen, obwohl ihm niemand böse war oder einen Vorwurf gemacht hatte. Dies war für mich eine mögliche Bestätigung dafür, dass er negative Gedanken über sein Zuspätkommen oder sogar Ärger in die Gruppe, besonders in den Leiter projizierte und ich diese Dynamik als resonierende Empfindung hatte spüren können. Ich fragte später unter vier Augen nach, wie seine Beziehung zu seinen Eltern in der Kindheit war, und er bestätigte meine Vermutung, dass ihm seine Eltern sehr oft ärgerlich nicht zur Verfügung standen.

Ich kann mich meinem Ideal-Ich zur Verfügung stellen, wenn es mir nicht hilft, mich einem anderen Menschen *nicht* zur Verfügung zu stellen, oder wenn ich es nicht schaffe, meiner Fantasiewelt der Verbundenheit mehr Gewichtung zu geben als der Fantasiewelt der Trennung eines anderen Menschen.

„Ich stehe meinem Ideal-Ich mit seiner Sichtweise der universellen Verbundenheit zur Verfügung."

Sie erinnern sich

(*Weitere bereits genügend bekannte Absätze habe ich wieder weggelassen.*)

- Ich stelle mir in meiner Fantasiewelt vor, dass jeder Mensch (auch ich) tief in seinem Unterbewusstsein darum bemüht ist, in möglichst vielen Situationen ein Happy End zu erleben, damit in seinen Gehirnkarten dieser glückliche Zustand festgeschrieben wird.

- Auch im Kontakt mit Menschen, die sich „unverzeihlich“ verhalten, suche ich in mir nach einem Happy End. Dabei ist es mir wichtig, einen Menschen trotz seines schmerzvollen Verhaltens in seiner Würde zu achten. Nur durch eine klare Unterscheidung zwischen der Menschenwürde und den Zielen dieses Menschen fühlt sich ein Happy End in mir „rund“ an.

- Habe ich als Kind, Jugendlicher oder Erwachsener verlernt, einen tiefen Verlust zu betrauern und den Schmerz auszudrücken und zu weinen, dann gibt es immer noch manche „alte“ Gehirnkarten in mir, die in einem unverarbeiteten Schmerz festgeschrieben sind und seitdem mein Gefühl von Verbundenheit im Leben blockieren.

- Wenn ich mich über etwas ärgere, jemandem böse bin oder sogar Rachegefühle entwickle, dann weiß ich, dass ich gerade nicht loslassen und nicht um das Verlorene trauern kann. Im Ärger setze ich den Verlust fort und wirke auf alle Beteiligten – auch auf mich selbst – destruktiv.

- Der Fluss meiner Tränen unterstützt mich darin, Verlusterfahrungen und durch Happy Ends angeregte Lösungsprozesse in meinem Gefühl (im emotionalen Gehirn) vollständig nachzuvollziehen und umzusetzen.

- Ich kann mir den Unterschied von drei Rollen deutlich machen und im Alltag zwischen ihnen wählen: 1. Problemträger (oder Zielträger), 2. Stellvertreter/Avatar, 3. Beobachter.

- Werde ich in meinem Leben plötzlich auf negative Weise unterbrochen, dann kann der als „Bad End“ in meinem Gehirn festgeschriebene Zustand entweder ein **Drang-Zustand** zu einem noch nicht erreichten neuen Gleichgewicht oder der **Schmerz-Zustand** eines verlorenen Gleichgewichtes oder beides sein.

- Ich kann spüren, 1. ob mein Umfeld mein Problem wirklich versteht und daran andocken kann, 2. ob es mich als Chef meines Problems und meiner Lösung anerkennt und 3. ob es offen dafür ist, was ich bei einem Happy End empfinden werde und welche Folgen sich daraus entwickeln. Dementsprechend öffne oder schütze ich mich.

- Wenn etwas in mir unbedingt möchte, dass mein Umfeld mir helfen soll (= Ziel), es dazu aber nicht in der Lage ist, dann werte ich mein Umfeld. Es passt nicht zu meinem Ziel – zumindest nicht so, wie es gerade ist.

- Merke ich, dass mein Umfeld mir nicht helfen kann, weil es selbst ein Problem hat, dann können wir vielleicht zunächst klären, wer wem zuerst hilft, oder wir gehen an diesem Punkt getrennte Wege.

- Ich suche immer zuerst nach einer Verbundenheit, in der ich mich dann weiterentwickeln kann.

- Habe ich eine Verbundenheit verloren, dann suche ich nach einer übergeordneten Verbundenheit, die alles Bisherige integrieren kann (z. B. eine Erkenntnis eines neuen Zusammenhangs).

- Liebe ist, für sich selbst ebenso wie auch für sein Umfeld um Happy Ends bemüht zu sein, sie zu finden und sowohl die Happy Ends als auch die Verbundenheit miteinander zu genießen. Diese universelle Liebe können wir nur selten erleben, weil uns unsere unterschiedlichen Fantasiewelten mit ihren unterschiedlichen Wünschen und Zielen oft Probleme machen.

- Die Polarität, in der ich lebe, sehe ich in meiner Fantasiewelt als einen untergeordneten Teil der allumfassenden Einheit, der universellen Verbundenheit. Das Böse sehe ich als einen schmerzhaften Teil des allumfassenden Guten.

- Auf dem Weg zu meinen Gleichgewichten sagt mir der Schmerz / das Leid: *„Hier geht´s <u>nicht</u> lang!“* Und dann weiß ich: Ich fühle gerade einen schmerzhaften Teil der universellen liebevollen Verbundenheit.

- Wenn ich einen Verlust erlebe, dann mache ich es wie bei einem Deichbruch: Ich verabschiede mich von dem Verlorenen und gebe ihm einen Platz in meinem Herzen. Es sollte so sein, dass ich es verliere. Dann sortiere ich mich neu und – wenn es „not-wendig" ist – lerne aus dem Verlust, z. B. indem ich meine Grenzen stärke oder Warnmelder installiere.

- Wenn ich von einem Menschen verletzt werde, dann sehe ich: Der andere ist perfekt, wie er ist, und hat „nur" andere Ziele als ich. Beim nächsten Mal schütze ich mich besser oder beobachte, ob ich es rechtzeitig über mein Gefühl vorausahne. Dem anderen wünsche ich für seine Ziele das für ihn Beste.

- Mein Ziel, überall die universelle Verbundenheit zu sehen, steht *für mich* über allen anderen Zielen. Auf mein Ziel bezogen bin ich selbst die oberste Jury und weiß, was dazugehört und was nicht. Gleichzeitig ist meine Fantasiewelt mit meinen Wünschen und Zielen ebenbürtig zu den Fantasiewelten, Wünschen und Zielen aller anderen Menschen.

- Demonstriert mir mein Umfeld eine Sichtweise mit Trennungen oder will mir diese sogar aufdrängeln, oder erlebe ich eine Distanz in der Kommunikation oder im Verhalten meines Umfeldes, dann weiß ich: Meine Sichtweise der universellen Verbundenheit steht *für mich* über allen anderen Sichtweisen. Alle anderen Sichtweisen sind angenehme oder schmerzhafte Teile der universellen Verbundenheit. So kann ich die schmerzhafte Wirkung von Trennung und Verlust lösend integrieren.

- Wenn ich mein Ziel noch nicht erreicht habe, überall die universelle Verbundenheit hineinzuprojizieren, dann kann ich mir selbst sagen: „Ich stelle mich meinem Ideal-Ich (mit seiner Sichtweise der universellen Verbundenheit) vollständig zur Verfügung." Anschließend schaue ich, wie diese Entscheidung auf meine Fantasiewelt und meine Gefühle wirkt.

Wie hilft uns unsere konstruktive Fantasiewelt für den Alltag?

Ich erinnere an dieser Stelle an den Anfang des Buches, wo ich die „konstruktive Fantasiewelt“ einführte (Seite 21 ff.). Wie können wir nun die Vorzüge unserer Fantasiewelt in die Praxis umsetzen?

Ziel: Unsere Fantasiewelt hat das Hauptziel, sich immer weiter auszubauen, um sowohl in höchstmöglicher Resonanz mit unserem Umfeld zu sein als auch gleichzeitig uns selbst gutzutun.

Aufgrund unseres angeborenen Wunsches nach einer Verbundenheit und unseres Wunsches, bisherige Gleichgewichte aufrechtzuerhalten und neue Gleichgewichte zu erreichen, ist dieses Hauptziel automatisch vorhanden. Unser Gefühl steuert uns, damit wir dieses Ziel optimal erreichen. Dabei bringt jeder Mensch andere Voraussetzungen mit, weil jeder einen anderen Lebensweg hinter sich hat und unterschiedliche Nebenziele und Nicht-Zielbereiche besitzt. Manche vermeiden es, bei sich selbst spüren zu können, welche Wünsche sie eigentlich haben. Daher passen sie sich anderen Menschen eher an und stehen zur Verfügung. Manche vermeiden es, auf andere Menschen Rücksicht zu nehmen oder zur Verfügung zu stehen. Daher setzen sie sich mit ihren eigenen Zielen immer wieder durch. Dazwischen gibt es viele Varianten. Doch im Grunde wird jeder von seinem Gefühl in die Richtung des Zieles geführt, sowohl auf eine *für ihn* optimale Weise in höchstmöglicher Resonanz mit seinem Umfeld zu sein als auch gleichzeitig sich selbst Gutes zu tun. Die Rücksichtsvolle lernt durch Krisen und Ungleichgewichtsgefühle ein wenig mehr Egoismus, die Egoistische lernt ein wenig mehr Rücksicht.

Integration: Unsere Fantasiewelt integriert alles, was wir in unserer bisherigen Realität auch schon dachten, wussten und wahrgenommen haben. Sie ist also keine Gehirnwäsche, die bestimmte Aspekte ausblendet, und dient nicht dazu, dass wir „abheben“, sondern sie ist noch umfassender, erweitert unsere Realität und baut konstruktiv auf dem Bestehenden auf.

Wir streichen nichts von unserer Realität, sondern knüpfen an unsere bestehenden Gehirnkarten an und entwickeln sie weiter. Doch das geschieht ab sofort nicht nur durch das, was wir konkret erfahren und erleben, sondern auch durch eigene Fantasien und Illusionen, die uns für manche in einem Schmerz festgeschriebenen Gehirnkarten Happy Ends bieten. Mithilfe dieser Happy Ends können wir seelische und körperliche Phantomschmerzen zum Verschwinden bringen, wie z. B. mithilfe eines Avatars oder durch die Vorstellung, dass alles auf einer universellen Ebene miteinander verbunden ist. Diese Fantasien und Illusionen leugnen nicht, was wir erfahren und erlebt haben, sondern sie ergänzen das Erlebte auf positive Weise und geben unserem Gehirn die Chance, sich selbst zu heilen und sich auf diese Weise einer neuen Gegenwart anzupassen.

Verständnis: Wir genießen das Gefühl, durch gegenseitige Anpassungsfähigkeit Momente des Verständnisses miteinander erleben zu können.

Je genauer wir in unserer Fantasiewelt „sehen", dass jede Person ihre eigene schillernde Fantasiewelt besitzt und sich jede Fantasiewelt von einer anderen Fantasiewelt unterscheidet, und je gezielter wir uns bemühen, an die Gehirnkarten einer anderen Person so gut wie möglich anzudocken, desto mehr Momente von Ähnlichkeit oder Verständnis können wir erleben. Ein tiefes Gefühl von Verständnis ist möglich, wenn wir uns in unserer Fantasiewelt grundsätzlich vorstellen, dass jede*r nach Verbundenheit sucht – egal, was sie/er sagt oder tut.

Offenheit: Wir erleben uns selbst kreativer und fantasievoller als vorher – und damit auch fröhlicher und offener.

Durch die Entscheidung, unsere Fantasien zuzulassen, kritisieren wir uns selbst weniger. Wir schauen viel gelassener auf unsere Ideen und Gedanken und erlauben uns nun alles, was wir vorher als „Spinnerei" abgewertet und ausgeschlossen hatten. Auf diese Weise öffnen wir uns auch für die Spinnereien anderer Menschen und können leichter „mitspielen". Wir können an die Fantasien anderer Menschen andocken, um gemeinsam eine Weiterentwicklung in Richtung besseres Gleichgewicht (Happy End) zu erreichen. Wir werten fantasievolle Ideen oder kreativ herbeigeführte Verhaltensweisen nicht mehr ab, sondern können sie als dazugehörig begrüßen. Durch das Fehlen von Selbstkritik und Selbstzweifeln kann mehr Fröhlichkeit und Gelassenheit fließen. Wir sind beweglicher und offener.

Ausgeglichenheit: Wir fühlen uns in unserer Fantasiewelt wohler und beschützter als in unserer bisherigen Realität.

Da wir uns in unserer Fantasiewelt unbegrenzt Happy Ends kreieren können (= Happy-End-Pflaster), haben wir die Möglichkeit, mit unseren schmerzvollen Erfahrungen sowohl in der Vergangenheit als auch in der Gegenwart viel lebendiger und kreativer umzugehen. Wir leugnen sie nicht, aber wir können sie auf neue und angenehmere Weise deuten. Wir können uns mithilfe eines Avatars einen verständnisvollen Rahmen geben, in dem wir uns unserem Schmerz stellen und das Erlebte (z. B. durch Tränen) verarbeiten. Wir können uns mithilfe von Stellvertreter*innen, in die wir bestimmte Rollen projizieren, Lösungen suchen. Wir können uns eine universelle Verbundenheit ausmalen, die trotz Trennungserfahrungen immer bestehen bleibt und durch die alles und jeder tief miteinander verbunden ist. Wir können uns ein Ideal-Ich ausmalen, dem wir uns zur Verfügung stellen. Und wir können uns auch anderen Menschen oder Wesen innerlich zur Verfügung stellen, die eine verständnisvolle und beschützende Wirkung auf uns haben. Dies alles kann unsere tiefe Gelassenheit und Ausgeglichenheit präsent werden lassen.

Die Folgen, wenn wir uns nicht mehr zur Verfügung stellen

Wenn wir das Ziel haben, uns in einem bestimmten Zusammenhang nicht mehr zur Verfügung zu stellen oder unserem Ideal-Ich zur Verfügung zu stehen, so findet dabei automatisch eine Ausgrenzung und Wertung statt. Wie wir jetzt wissen, ist das völlig normal. Ausgrenzung und Wertung gehören zu jedem Ziel dazu.

Wir wünschen uns, dass es uns besser geht, und ergreifen daher die Maßnahme, bestimmten fremden Zielen nicht mehr zur Verfügung zu stehen. Unser Ziel ist: Wir fühlen uns wieder gut, ausgeglichen und liebevoll. Um dieses Ziel zu erreichen, grenzen wir alles aus, was wir als Auslöser für unser Ungleichgewicht identifizieren. Dazu können sowohl innere als auch äußere Ursachen gehören. Wir unterscheiden klar, was dazugehört und was nicht mehr dazugehört, und identifizieren uns nicht mehr mit dem, was nicht mehr dazugehört.

Was sind die Folgen unserer natürlichen Ausgrenzung? Ich zähle die mir bewussten Folgen auf:

1. Haben wir den wirklichen Auslöser unseres Ungleichgewichtes ausgegrenzt, dann geht es uns tatsächlich besser.

1.1. Geht es uns besser, dann kann es sein, dass es unserem Umfeld ebenso besser geht. In diesem Fall ist unsere Ausgrenzung für alle Beteiligten ein Schritt in ein besseres Gleichgewicht. Beispiel: Wir beginnen im Kontakt mit einem Stotterer ebenfalls zu stottern. Stehen wir dem Stottern auf der Sprachebene nicht mehr zur Verfügung und sprechen wieder normal mit ihm, dann dürfte sich der Stotterer besser fühlen, als wenn wir ihn durch unser Stottern unabsichtlich imitieren und spiegeln.

1.2. Geht es uns besser, dann kann es sein, dass sich in unserem Umfeld trotzdem nichts verändert und es davon unberührt bleibt.

1.3. Geht es uns besser, dann kann es aber auch sein, dass es anderen Menschen schlechter geht. In diesem Fall gehört unsere Ausgrenzung für uns dazu und für andere nicht. Daran zeigt sich, dass hier unterschiedliche Ziele existieren. Beispiel: Jemand will, dass wir ihm helfen, und ist auf die Hilfe dringend angewiesen. Stehen wir der Person dafür nicht zur Verfügung, weil es uns wichtiger ist, unser eigenes (sich vom Ziel der anderen unterscheidendes) Ziel zu erreichen, dann könnte es der anderen schlechter gehen. Vielleicht weil sie keinen Ersatz für uns findet, auf Hilfe verzichten muss und nun mit ihrem Ungleichgewicht konfrontiert wird.

2. Haben wir einen Auslöser unseres Ungleichgewichtes erfolgreich ausgegrenzt und war dieser Auslöser gleichzeitig Auslöser für etwas anderes, womit wir uns eigentlich gut gefühlt haben, dann fühlen wir zusätzlich vielleicht eine Trauer. Wir haben das Unwohlgefühl erfolgreich abgelegt, haben dabei aber noch etwas anderes verloren. Beispielsweise empfanden wir unseren Partner als einen

Auslöser für unsere Ungleichgewichte. Wir stellen uns seinen Zielen nicht mehr zur Verfügung und spüren, dass eine Distanz entsteht, vielleicht sogar eine Trennung. Die Folge: Auf all die angenehmen Momente mit dem Partner müssen wir bei einer Trennung genauso verzichten.

2.1. Wir fühlen uns erleichtert und gleichzeitig traurig. Die Folge könnte sein, dass sich unser Umfeld dadurch besser fühlt. Vielleicht ist unser Partner erleichtert, dass wir endlich gehen.

2.2. Wir fühlen uns erleichtert und gleichzeitig traurig. Die Folge könnte sein, dass sich in unserem Umfeld nichts verändert und es davon unberührt bleibt.

2.3. Wir fühlen uns erleichtert und gleichzeitig traurig. Die Folge könnte sein, dass sich unser Umfeld ebenso erleichtert und traurig fühlt.

2.4. Wir fühlen uns erleichtert und gleichzeitig traurig. Die Folge könnte sein, dass sich unser Umfeld schlechter, vielleicht wütend fühlt.

3. Geht es uns nach der Ausgrenzung des Auslösers unseres Ungleichgewichtes trotzdem noch schlecht, dann haben wir den falschen Auslöser ausgegrenzt. Wir erkennen unseren Irrtum, integrieren den Nicht-Auslöser wieder (teilen eventuell mit, dass es uns leidtut) und müssen weitersuchen. Dabei suchen wir entweder im Außen oder in unserem Inneren nach dem wirklichen Auslöser.

3.1. Hier könnte sich unser Umfeld erleichtert fühlen, dass es nun doch nicht der Auslöser ist.

3.2. Das Umfeld bleibt von unserer Irrfahrt unberührt.

3.3. Die andere Person könnte sich schlechter fühlen, weil wir ihr die Rolle eines Auslösers für unser Ungleichgewicht unterstellt hatten.

4. Wir finden die Ursache für unser Ungleichgewicht in uns selbst und können sie allein lösen. Dadurch stehen wir einem alten Ziel aus der Vergangenheit in uns nicht mehr zur Verfügung. Uns geht es besser.

4.1. Unserem Umfeld geht es ebenso besser.

4.2. Es ändert sich dadurch nichts in unserem Umfeld.

4.3. Unserem Umfeld geht es dadurch schlechter.

Wie können wir mit den Folgen umgehen, bei denen sich unser Umfeld nach unserer Entscheidung schlechter fühlt?

Wir können zunächst unser Umfeld verstehen lernen, indem wir es mithilfe unseres Zauberblicks anschauen:

A. Ein Mensch fühlt Trauer, weil er durch unsere Entscheidung nun sein eigenes Ziel loslassen muss, das sich nicht mehr erfüllen kann. Er drückt seine Trauer durch Weinen oder verabschiedende Formulierungen aus, verarbeitet den Verlust, entwickelt durch die Trauerarbeit seine Gehirnkarte weiter und passt sie dadurch dem gegenwärtigen Zustand an. Nach der Verarbeitung findet er zu einer neuen Kraft. Anschließend können wir uns auf einer neuen Ebene offen begegnen. (siehe 1.3. / 2.3. / 2.4.)

B. Ein Mensch fühlt Schmerz und Wut, weil er nun sein eigenes Ziel loslassen muss, das sich nicht mehr erfüllen kann. Er wehrt sich dagegen, möchte noch nicht loslassen und will auch keinen Verlust verarbeiten. Er probiert alles, damit sich sein Wunsch vielleicht doch noch erfüllt oder er auf andere Weise ein Happy End erreicht, z. B. indem er voller Wut verlangt, dass wir uns ihm zur Verfügung stellen. Und wenn wir das nicht tun, zerstört er zur Strafe unser Happy End. Geht es uns daraufhin durch sein Verhalten schlechter, dann ist aus seiner Sicht ein „Gleichgewicht“ zwischen seiner Krise und unserer Krise hergestellt, eine Verbundenheit im Leid, ein kleines Zwischen-Happy-End für ihn. (siehe 1.3. / 2.4.)

C. Wir haben einer Person etwas Falsches unterstellt, haben einen Fehler gemacht und nun fühlt diese Person Schmerz oder Trauer. Wir sehen unseren Fehler ein und stehen ihr zwar wieder zur Verfügung, doch unsere vergangene Unterstellung belastet sie immer noch. Ihre Beziehungs-Gehirnkarte hatte im Kontakt mit uns durch unsere Entscheidung einen Verlust erfahren. Sie ist jedoch nicht in der Lage, ihre Gehirnkarte nach unserer Entschuldigung zu einem Happy End weiterzuentwickeln. Es fehlt ihr die Verarbeitung des kurzen Verlustes und die Auflösung ihres kleinen erlittenen Schocks. Es fehlt ihr die Sichtweise der Verbundenheit. Sie fühlt immer noch Verlust oder die Angst vor einer Wiederholung.

Die Ursache könnte darin liegen, dass durch diesen kurzen Verlust bei der Person eine alte Beziehungs-Gehirnkarte reaktiviert wurde, die mit anderen Menschen zu tun und noch kein Happy End erfahren hat. Diese Gehirnkarte ist jetzt wieder aktiv, produziert einen seelischen Phantomschmerz und wartet auf ein Happy End. Dazu muss der Person wieder bewusst werden, auf welche frühere Beziehung sich diese Gehirnkarte bezieht. Sie muss durch eine Erinnerung in sich selbst an früher andocken, um diese Gehirnkarte zu einem Happy End weiterzuentwickeln. Vielleicht muss sie dazu auch den früher erfahrenen Verlust nachträglich verarbeiten. Oder wir spüren uns ein, lernen von ihr, was sie braucht, und können es ihr geben. Happy End.

Es könnte aber auch daran liegen, dass die andere spürt, dass wir nichts aus unserem Irrtum dazugelernt haben und dass immer noch die Gefahr besteht, dass wir ihr in Zukunft wieder etwas Negatives unterstellen. In diesem Fall ist ihr Schmerz als Schutz wichtig. Sie hat durch uns einen Deichbruch erlebt und verstärkt nun ihre Grenzen. Sie benötigt den Schutz uns gegenüber, um nicht noch einmal auf solch eine Weise verletzt zu werden und um uns direkt zu spiegeln, was wir aus ihrer Sicht aus der Situation noch lernen sollten. Haben wir vollständig aus der Situation gelernt, dann wiederholen wir solch einen Irrtum nicht noch einmal. Durch unseren erfolgreichen Lernprozess und eine Erkenntnis über uns selbst ist die andere geschützt und kann sich sicher fühlen: Es wird nicht wieder passieren. In diesem Fall wird sie sich wieder öffnen und Vertrauen entwickeln.

Diese oben beschriebene Reaktivierung alter Gehirnkarten mit „Bad End“ kann bei unserem Gegenüber genauso passieren, wenn wir uns *nicht* geirrt hatten und auch weiterhin den Zielen der anderen Person nicht zur Verfügung stehen. Durch den gegenwärtigen Verlust können alle Gehirnkarten im anderen ausgelöst werden, die bis heute noch kein Happy End erfahren haben. So wäre erklärbar, warum manche Menschen durch unsere Entscheidung, nicht mehr zur Verfügung zu stehen, „überreagieren“. Sie projizieren in die gegenwärtige Situation einen alten schmerzhaften Verlust, einen seelischen Phantomschmerz und können nicht loslassen. Deshalb könnte diese Erklärung C auf alle negativen Gefühle unseres Umfeldes passen, die ich unter den folgenden Punkten aufgeführt hatte: 1.3. / 2.3. / 2.4. / 3.3. / 4.3.

D. Eine Person fühlt Schmerz, weil wir etwas tun oder getan haben, was sich in ihrem Nicht-Zielbereich befindet. Allein durch ihre Beobachtung unseres Verhaltens wird ein Schmerz in ihr ausgelöst. Denn das, was wir tun, passt nicht in ihren Zielbereich. Dadurch, dass wir uns in ihrem Nicht-Zielbereich aufhalten, fühlt sie eine Distanz zu uns. Dieses Distanzgefühl wird durch ihre eigene Grenze ausgelöst, die sich zwischen ihrem Zielbereich und ihrem Nicht-Zielbereich befindet. Es ist ihre eigene Grenze, ihre Distanz, die sie auf unseren Kontakt projiziert. Sie ist unabhängig davon, ob wir eine Verbundenheit zu ihr fühlen oder nicht. Die andere Person projiziert Distanz und versucht nun, die Verbundenheit zu uns wiederherzustellen, indem sie uns aus dem Nicht-Zielbereich in ihren Zielbereich bewegen möchte – wie einen Avatar. Sie sieht uns also nicht als „perfekt“ an. Sie wünscht uns nicht für unsere Ziele das Beste. Sondern sie wertet uns und teilt uns mit, was wir falsch machen und wie wir es anders machen sollten, damit es zu ihrem Zielbereich passt. Es könnte aber auch sein, dass sie kein Interesse hat, diese Distanz selbst zu verändern. Vielleicht erwartet sie von uns, dass wir sie auflösen, indem wir von uns aus auf sie zukommen. Die Person projiziert Distanz in unseren Kontakt und lebt sie, indem sie sich ohne liebevolle Verbundenheit von uns distanziert. (siehe 1.3. / 2.4. / 3.3. / 4.3.)

Haben wir unser Umfeld mithilfe unseres Zauberblicks besser kennen- und verstehen gelernt, dann können wir im nächsten Schritt neu entscheiden, was wir nun tun wollen.

Was ist unser nächstes Ziel?

Welchem Ziel wollen wir zur Verfügung stehen und welchem nicht?

Dem Ziel des anderen?

Unserem eigenen Ziel?

Beiden Zielen hintereinander – oder auch gleichzeitig, wenn sie zusammenpassen?

Keinem Ziel?

Unsere zauberhafte Beziehung mit der Destruktivität (Endstand)

Der Zauberblick: *Du siehst, dass die Kritik einer anderen Person gar nichts mit dir zu tun haben kann, weil jeder Mensch sein individuelles Gehirn hat. Die Person hat zudem immer die freie Wahl, ob sie ihre Wertung freundlich oder unfreundlich formuliert. Handelt sie schmerzvoll und verletzend, so siehst du, dass dies aus ihrem Phantomschmerz heraus passiert. In ihrem Gehirn ist ein unverarbeiteter Verlustschmerz aktiviert und sie sucht für sich nach einem Happy End in Verbundenheit. Fühlst du dich selbst verletzt, obwohl du weißt, dass du nichts mit dem Verhalten der anderen Person zu tun hast, dann erkennst du, dass du selbst gerade einen Wunsch nach Verbundenheit hast, der im Moment nicht erfüllt wird. Entweder hast du diese Verbundenheit jetzt gerade verloren oder du hast vor längerer Zeit eine frühere Verbundenheit verloren. Du weißt, dass dieser frühere Verlustschmerz schon lange in deiner Beziehungs-Gehirnkarte gespeichert ist und aktuell durch Reaktivierung (Trigger, Erinnerung) in dir seelischen Phantomschmerz produziert. Du erkennst, dass dir in beiden Fällen ein Happy End fehlt. Ein Anteil in dir wünscht sich sehnlichst ein Happy End. – Du schaust in deiner Fantasiewelt auf die universelle Verbundenheit, die schon immer da ist, und weißt genau: Niemand kann diese universelle Verbundenheit zerstören. Alles gehört zu dieser Verbundenheit dazu. Wir bewegen uns alle innerhalb dieser universellen Verbundenheit – egal, wie wir uns fühlen und verhalten. Wir* ***sind*** *die universelle Verbundenheit.*

Bis hierher habe ich durch sehr unterschiedliche Ansätze verschiedene Gehirnkarten in Ihnen aktiviert oder durch neue Sichtweisen zu der Neubildung von Gehirnkarten angeregt. Ab jetzt werde ich diese unterschiedlichen Themen happy-endgültig zu einem Ganzen zusammenfügen. Ich freue mich, wenn Sie am Ende des Buches mit meinem fantasievollen Zauberblick auf andere Menschen und auf sich selbst schauen können und Sie dieser Blick dabei unterstützt, mit Kritik so umzugehen, wie es Ihnen allumfassend guttut.

So sehe ich uns Menschen in meiner ganz persönlichen konstruktiven Fantasiewelt:

Flow

Wir haben alle etwas gemeinsam: Wir suchen nach Verbundenheit.

Indem ich das erkenne, habe ich sie – die Verbundenheit.

Warum?

Wir sind alle miteinander darin verbunden, dass wir Verbundenheit suchen.

Jedes Element hat den Wunsch nach Gleichgewicht.

Jeder Mensch sucht (hat den Wunsch nach) Verbundenheit.

Das ist sie – die universelle Verbundenheit.

Der kleinste gemeinsame Nenner des gesamten Universums ist: die Kraft des Wunsches.

Wir *sind* Wünsche in universeller Verbundenheit.

Alles besteht aus Wünschen (= Kräften). Sie sind die Basis jeglicher Existenz.

Indem ich mir bewusst mache, dass wir alle nach Verbundenheit suchen, habe ich sie gefunden. Ich probiere es durch folgendes Experiment aus: Wenn ich einen Menschen erlebe, der mich verletzend kritisiert, dann sage ich mir: *„Sie/Er sucht nach einer Verbundenheit – genauso wie ich“* und beobachte dann, wie ich mich mit dieser Fantasie fühle.

Ich kann es erweitern und jeden Menschen auf diese Weise betrachten: *„Jeder Mensch sucht nach Verbundenheit – genauso wie ich.“*

Ich bin mir auch der anderen Seite bewusst: Jeder Mensch hat seinen eigenen Lebensweg, der sich von meinem Weg unterscheidet. Deshalb lebt auch jeder in seiner ganz eigenen schillernden Fantasiewelt. Wir haben über Jahrtausende ein Kommunikationsmittel – die Sprache – entwickelt, um uns über unsere Fantasiewelten miteinander austauschen und einigermaßen verstehen zu können. Auch wenn wir oft das Gefühl haben, uns zu verstehen oder das verstehen zu können, was wir gerade wahrnehmen, leben wir doch immer in unseren unterschiedlich schillernden Fantasiewelten.

Ich sehe die universelle Verbundenheit: *Jeder Mensch* wünscht sich Verbundenheit und sucht nach ihr.

Ich sehe die universelle Unterscheidung: Jeder lebt in seiner *eigenen persönlichen* Fantasiewelt.

Ich begegne im Alltag einem Menschen, der eine sehr ähnliche Fantasiewelt besitzt wie ich. Er „sieht" in seiner Fantasie genauso wie ich die universelle Verbundenheit in unserer allgemeinen Suche nach Verbundenheit. Er sieht *überall (universell)* die Wünsche. Gleichzeitig sieht er auch die universelle Unterscheidung, dass jeder in seiner eigenen Fantasiewelt lebt und nach unterschiedlichen individuellen Formen von Verbundenheit sucht.

Es macht Spaß, mit diesem Menschen *gemeinsam* in der Beobachterrolle zu sein, sich *gemeinsam* ziellos über die Unterschiede der Fantasiewelten auszutauschen, *gemeinsam* daran zu reifen und sich gegenseitig alle möglichen Gehirnkarten für Weiterentwicklungen anzuregen. Happy Flow.

Wenn einer von uns beiden in die **Problemträgerrolle** wechselt und ein Ziel hat, dann bleibt der andere in der Beobachterrolle oder stellt sich begleitend in der Stellvertreterrolle zur Verfügung, bis das Ziel erreicht oder losgelassen wurde. Anschließend genießen wir wieder gemeinsam die Beobachterrolle. Happy End.

Sollten wir beide **gleichzeitig** in die Problemträgerrolle wechseln und Ziele entwickeln, die sich sehr ähnlich sind, dann folgen wir gemeinsam diesen Zielen, unterstützen uns gegenseitig darin, denn es sind ja ähnliche Ziele, erreichen sie oder lassen sie los und wechseln anschließend wieder in die Beobachterrolle. Happy End.

Sollten wir beide gleichzeitig in die Problemträgerrolle wechseln und Ziele entwickeln, die sich voneinander **unterscheiden**, dann folgt jeder seinem Ziel. Wir gehen dabei unterschiedliche Wege, bis die Ziele erreicht oder losgelassen sind. Entweder bleiben unsere Wege unterschiedlich oder wir kommen wieder zusammen und genießen gemeinsam die Beobachterrolle. Happy End.

Sollten wir beide gleichzeitig in die Problemträgerrolle wechseln und Ziele entwickeln, die sich voneinander unterscheiden und auch gegenseitig **behindern**, dann sind wir in der Lage, kurzfristig den Knoten loszulassen. Jeder verzichtet auf sein Ziel und sieht: „*Diese gegenseitige Behinderung ist ein Zeichen, dass die Ziele gerade nicht so erreicht werden können, wie wir es uns vorgestellt hatten. Es sollte so sein, dass wir sie loslassen müssen. Fangen wir noch einmal von vorne an. Wessen Ziel soll Vorrang bekommen?*" Wir wünschen uns beim Universum für jeden das Beste und warten, bis sich für uns in unseren Gefühlen eine Ordnung ergeben hat, mit der wir beide zufrieden sein können. Jeder erreicht sein Ziel so, wie es am besten möglich ist, und stimmt dem Ergebnis zu. Anschließend wechseln wir wieder in die Beobachterrolle und genießen den Fluss. Happy End.

Sollten wir beide gleichzeitig in die Problemträgerrolle wechseln und Ziele entwickeln, die sich voneinander unterscheiden, sich auch gegenseitig behindern, und sind **nicht sofort in der Lage, unsere Ziele loszulassen**, dann wird es kompliziert.

Das Festhalten an dem jeweiligen Ziel liegt meistens daran, dass bei jedem das jeweilige Ziel intensiv mit einem Wunsch nach Verbundenheit verknüpft ist. Das Loslassen dieses Wunsches würde einen intensiven Verlustschmerz auslösen.

Bei dem Versuch, den Verlustschmerz auf beiden Seiten zu vermeiden, taucht oft noch ein dritter Wunsch auf: Wir wünschen uns, dass *beide* ein Happy End erleben dürfen. Das wäre optimal für unseren Kontakt. Denn wenn wir unseren eigenen Verlustschmerz vermeiden, wollen wir aufgrund der universellen Liebe und Verbundenheit auch nicht, dass der andere einen Verlustschmerz erleiden muss.

Es kämpfen nun also drei Wünsche um Erfüllung.

1. der Wunsch des einen;
2. der Wunsch des anderen;
3. der Wunsch von beiden, dass beide *gemeinsam* ein Happy End erleben dürfen.

Ein Kampf ist allein schon ein Zeichen dafür, dass dieser Weg nicht zur Erfüllung aller drei Wünsche führt. Mindestens ein Wunsch wird auf der Strecke bleiben und muss losgelassen werden, denn sonst hätte es sich schon längst geordnet und jeder Wunsch hätte sich erfüllen können. Wir kommen also nicht um einen Verlustschmerz herum. Es ist nur die Frage, wo der Verlust geschieht.

Steht für uns beide der Wunsch nach einer *Gemeinsamkeit* an erster Stelle, dann sieht die Rangfolge wie folgt aus:

Rangfolge meiner Wünsche:

1. der Wunsch, dass beide gemeinsam ein Happy End erleben;
2. der Wunsch, dass mein Ziel erreicht wird.

Rangfolge der Wünsche des anderen:

1. der Wunsch, dass beide gemeinsam ein Happy End erleben;
2. der Wunsch, dass sein Ziel erreicht wird.

In diesem Fall werden wir uns letztendlich beide von unseren zweiten Zielen verabschieden. Wir sehen: „*Diese gegenseitige Behinderung ist ein Zeichen dafür, dass die Ziele gerade nicht so erreicht werden können, wie wir es uns vorgestellt hatten. Auch wenn es schwer ist und uns wehtut: Es sollte so sein, dass wir loslassen müssen.*" Wir stimmen beide diesem Verzicht zu und verarbeiten den Verlust unserer Ziele. Wir trauern über den Verlust einer bestimmten Verbundenheit, wir drücken unseren Schmerz aus, lassen eventuell Tränen fließen, weil es sich nicht so erfüllen konnte, wie wir es uns erträumt hatten. Trotzdem bleiben wir in der Gemeinsamkeit verbunden, dass jeder nun seinen Wunsch losgelassen hat. Durch die vollständige Verarbeitung der Verluste finden wir gemeinsam zu einer neuen Kraft und ordnen unsere Ziele neu. Dabei erleben wir beide nun gemeinsam ein Happy End: Unser jeweils erster Wunsch nach einer Gemeinsamkeit hat sich erfüllt, wenn auch auf Kosten der individuellen Wünsche

Hat mein Gegenüber den Wunsch, dass wir beide gemeinsam ein Happy End erleben, steht aber für mich der Wunsch nach meinem individuellen Ziel an erster Stelle, dann ***ist*** bereits eine ganz bestimmte Verbundenheit verloren. Wir unterscheiden uns in der jeweiligen Rangfolge.

Meine Wünsche:

1. der Wunsch, dass mein Ziel erreicht wird;
2. der Wunsch, dass beide gemeinsam ein Happy End erleben.

Die Wünsche des anderen:

1. der Wunsch, dass beide gemeinsam ein Happy End erleben;
2. der Wunsch, dass sein Ziel erreicht wird.

Ich bin mir bewusst, dass automatisch eine Wertung entsteht, wenn ich ein Ziel habe. Es gibt Dinge, die zu meinem Ziel dazugehören, und Dinge, die nicht dazugehören. Leider passen die Ziele des anderen gerade nicht zu meinen Zielen. Weil ich eine andere Rangfolge in mir spüre als mein Gegenüber, meinem eigenen Ziel Vorrang gebe und dies auch nicht ändern möchte, muss der andere seinen Wunsch nach einer Gemeinsamkeit loslassen. Ich bin mir bewusst, dass der andere nun einen Verlustschmerz erfährt und möglicherweise auch sehr um den Verlust der Verbundenheit trauern muss. Ich habe Mitgefühl und weiß, dass seine Trauer auch mit der Intensität zusammenhängt, mit der er sich die Erfüllung seines Wunsches in seiner Fantasiewelt vorgestellt hat. Ich respektiere es als einen schmerzhaften Teil der universellen Verbundenheit und achte das Schicksal des anderen.

Aufgrund meiner eigenen Rangfolge steht für mich zwar mein Ziel über allem, gleichzeitig erkenne ich aber den anderen mit seiner Fantasiewelt als ebenbürtig an. Ich werte nur sein Ziel als zu meinem Ziel nicht passend, aber ich werte ihn als Mensch nicht ab. Ich sehe: „*Wir beide sind auf der universellen Ebene trotz dieses Unterschiedes tief miteinander verbunden und unsere Fantasiewelten sind ebenbürtig.*"

Ich bin mir bewusst, dass ich dem anderen gerade nicht zur Verfügung stehen möchte, verstehe und achte die Folgen, die ich eventuell damit auslöse, und wünsche ihm für sein Ziel aus ganzem Herzen das Allerbeste. Ich vertraue darauf, dass er mithilfe des weisen Universums einen Weg zu einem für ihn passenden Happy End finden wird, und konzentriere mich auf mein Ziel.

Habe ich mein Ziel erreicht oder vollständig losgelassen und momentan kein weiteres individuelles Ziel, dann ist an zweiter Stelle für mich mein Wunsch an der Reihe, dass wir beide ein gemeinsames Happy End erleben können. Auch wenn nun eine gleichzeitige Wunscherfüllung nicht mehr möglich ist, kann ich mich trotzdem dem anderen zur Verfügung stellen und schauen, wo er mich noch braucht. Vielleicht können wir unsere individuellen Ziele auch nacheinander erreichen.

Entweder hat der andere bereits selbst sein Ziel erreicht oder vollständig losgelassen, oder ich kann ihm nachträglich helfen, sein Ziel tatsächlich noch zu erreichen oder vollständig zu verabschieden. Musste der andere darauf verzichten, sein Ziel zu erreichen, und kann es im günstigsten Fall auch vollständig verabschieden, dann stimmt er nun dem passierten Verlust zu („*Wenn es passiert ist, sollte es so sein*"), integriert ihn, hat durch den Verarbeitungsprozess eine neue Kraft gefunden, hat mich besser kennengelernt, hat auch sich selbst besser kennengelernt, sich neu sortiert und fühlt Dankbarkeit für seinen neuen Erfahrungsschatz. Wenn wir wieder zusammenkommen, befinden wir uns beide mit unseren unterschiedlichen Lebenswegen wieder in unserer Beobachterrolle und genießen gemeinsam den Austausch über unsere unterschiedlichen Fantasiewelten. Happy End.

Habe ich den Wunsch, dass wir beide gemeinsam ein Happy End erleben, steht für den anderen aber der Wunsch nach seinem individuellen Ziel an erster Stelle, dann ***ist*** bereits eine ganz bestimmte Verbundenheit verloren. Wir unterscheiden uns in der jeweiligen Rangfolge.

Meine Wünsche:

1. der Wunsch, dass beide gemeinsam ein Happy End erleben;
2. der Wunsch, dass mein Ziel erreicht wird.

Die Wünsche des anderen:

1. der Wunsch, dass sein Ziel erreicht wird.
2. der Wunsch, dass beide gemeinsam ein Happy End erleben.

Aufgrund dieses Unterschiedes muss ich bereits an dieser Stelle meinen Wunsch nach Gemeinsamkeit loslassen und verliere eine bestimmte Verbundenheit zum anderen. Hier fühle ich Verlustschmerz.

Ich sehe, dass der andere perfekt ist. Er hat aus irgendeinem für ihn wichtigen Grund, der in seiner Fantasiewelt liegt, eine andere Rangfolge als ich. Diese Rangfolge möchte er im Moment auch nicht ändern. Er geht seinen eigenen Weg, hat sein eigenes, von mir unterschiedenes Schicksal. Für ihn ist sein Ziel wichtiger als alles andere. Das gehört genauso dazu wie alles andere auch. Ich selbst muss auf meinen Wunsch nach einer Gemeinsamkeit verzichten. Das Universum zeigt mir: Hier geht´s nicht lang zu meiner Wunscherfüllung. Hier ist für mich ein Deichbruch passiert. Damit ich in meinen Gehirnkarten im Fluss bleibe, denke ich: „*Wenn es passiert ist, sollte es so sein. Es ist perfekt, wie es ist. Ich wünsche dir für dein Ziel das Allerbeste*“ und verabschiede mich von meinem Wunsch Nr. 1 – dem Wunsch nach gemeinsamen Happy Ends. Wenn mir dieser Wunsch sehr wichtig war, dann ist das Loslassen mit Schmerz verbunden. Ich denke: „*Schade!*“ Ich weiß: „*Ich fühle jetzt einen schmerzhaften Teil der universellen Verbundenheit*“ und lasse meine Gefühle fließen. Dabei fühle ich die durch den Verlust hervorgerufene Schwäche, ich fühle den tiefen Schmerz und wie mein Körper das verarbeitet und vertraue dem Heilungsprozess. Der Gedanke an die universelle Verbundenheit, dass *jeder* nach Verbundenheit sucht – nur an unterschiedlichen Stellen –, ist mein Happy-End-Pflaster.

Nach einer gewissen Zeit ist der Verlust verarbeitet und ich fühle eine neue Kraft. Ich habe den anderen und seine Wünsche besser kennengelernt. Ich habe mich selbst besser kennengelernt, sortiere meine Wünsche neu und stelle mich neu ein. Ich fühle eine Dankbarkeit für diese Erfahrung und sehe, dass wir durch unsere individuelle Suche nach Verbundenheit sowieso miteinander verbunden sind.

Entweder ich kann mir anschließend meinen Wunsch Nr. 2 erfüllen oder ich muss auch auf ihn verzichten. Beim erneuten Loslassen gehe ich genauso vor wie beim Abschied von Wunsch Nr. 1. Habe ich auch hier durch das Loslassen und einen eventuellen Verarbeitungsprozess eine neue Kraft gewonnen, dann fühle ich mich mit meinem Schicksal vollständig versöhnt und habe meinen Erfahrungsschatz erweitert. Dafür fühle ich ebenso Dankbarkeit. Nun kann ich aus meiner Problemträgerrolle in die Beobachterrolle wechseln, oder ich stehe dem anderen als Stellvertreter für seinen Wunsch zur Verfügung. Ich freue mich für den anderen, dass er sein Ziel erreichen kann, und fühle mich mit ihm auf der universellen Ebene tief verbunden. Der andere freut sich auch, fühlt sich auf der universellen Ebene mit mir tief verbunden, und wir genießen die neue übergeordnete Verbundenheit und den Austausch über unsere unterschiedlichen Wege und Fantasiewelten. Happy End.

Habe ich den Wunsch, dass wir beide gemeinsam ein Happy End erleben dürfen, steht aber für den anderen der Wunsch nach seinem individuellen Ziel an erster Stelle, dann ***ist*** bereits eine ganz bestimmte Verbundenheit verloren. Ich fühle einen Verlustschmerz. **Doch ich wehre mich gegen den Verlust.** Ich bin *nicht* im Fluss. Ich kann *nicht* sagen: *„Wenn es passiert ist, sollte es so sein. Es ist perfekt, wie es ist. Ich wünsche dir für dein Ziel das Allerbeste."* Ich kann mich *nicht* verabschieden und denke auch *nicht*: *„Ich fühle jetzt einen schmerzhaften Teil der universellen Verbundenheit."* Der andere hat sich für sein Ziel entschieden und hält daran fest (egal aus welchem Grund). Ich habe also keine Chance.

Trotzdem wehre ich mich einfach nur gegen den Verlustschmerz in mir und kämpfe um die Erfüllung meiner Wünsche. Ich will die Verbundenheit unbedingt behalten oder eine neue Verbundenheit erreichen. Meine Wünsche sind mit einer intensiven Sehnsucht nach Verbundenheit verknüpft und mir fällt es schwer, mich dem Verlustschmerz zu stellen. Daher ist jetzt alles von einem neuen Ziel überlagert: Ich kämpfe darum, dass der andere seine Rangfolge doch noch ändert, sich als Erstes der Gemeinsamkeit zur Verfügung stellt, damit ein Teil meines Gefühls von Verbundenheit schon einmal gerettet ist. Ich denke: *„Ich will keinen Verlust verarbeiten und mich dabei schwach fühlen müssen! Ich will keine Gefühle fließen lassen! Der andere kann doch auch mal loslassen. Ich will, dass der andere sich ändert und mir und meinen Wünschen zur Verfügung steht. Und zwar soll er es genauso machen, wie ich es brauche, damit es mir wieder besser geht!"*

Um wieder eine Verbundenheit zu erreichen und so von meinem Verlustschmerz wegzukommen, versuche ich dem anderen so deutlich wie möglich zu demonstrieren, wo mein Nicht-Zielbereich beginnt (Nicht-Ziel: Verlust von Verbundenheit). Ich möchte, dass er sich ändert und sich mit seinem Verhalten aus meinem Nicht-Zielbereich in meinen Zielbereich bewegt. Ich bin (noch) davon überzeugt: Je stärker und schmerzvoller ich die Trennungslinien ziehe, ihn werte und ihm damit meine Grenzen vermittle, desto größer wird für mich die Chance, dass er sich ändert, sich in meinen Zielbereich bewegt und ich mich wieder verbundener fühlen darf.

Ich kämpfe darum, dass der andere an meine Wünsche, an meine Fantasiewelt, an meine Gehirnkarten andockt, dass er mich versteht. Ich kämpfe darum, dass er mich ernst nimmt, und ich kämpfe darum, dass er für meinen Prozess offen ist und seine eigenen Ziele hintanstellt. Ich werte ihn und seine egoistische Rangfolge als „destruktiv". Ich drohe ihm in meinen Formulierungen mit dem Verlust von einer bestimmten Verbundenheit, die im Moment noch besteht. Oder ich kommuniziere sogar Verlust von Verbundenheit, indem ich auf ihn böse werde, ihn abwerte und beschimpfe. Er soll genau wie ich in einen Konflikt geraten. Durch einen Schmerz soll er sich seines Wunsches nach Verbundenheit mit mir bewusst werden, sein Verhalten ändern und sich so entscheiden, dass es mir besser geht. Denn dann höre ich auch auf, seinen Verlustschmerz zu triggern, und ihm wird es ebenso besser gehen. Ändert sich der andere aber nicht, dann wird mein Verlustschmerz sehr heftig und (im schlimmsten Fall) auch meine Wertung zutiefst verletzend und verachtend.

Durch meine **Abwehr gegen Verlustschmerz** ist in mir ein Konflikt entstanden – und ich verwandle mich in einen destruktiven Kritiker. Bad End – mit einer sehr intensiven und schmerzvollen Suche nach einem Happy End.

Wenn wir eine Person als „destruktive Kritikerin" bezeichnen oder wenn wir den Inhalt einer Aussage in die Kategorie „destruktive Kritik" einordnen, handeln wir selbst destruktiv.

„Destruktiv" bedeutet „zersetzend, zerstörend".

Sagen wir einer anderen „*Du handelst zerstörend*", so handeln wir selbst zerstörend. Warum?

Das Destruktive tut uns oft weh, deshalb ist es für uns etwas Böses, Schlechtes, Falsches. Das Böse hält uns (scheinbar) davon ab, Verbundenheit zu fühlen. Wir fühlen stattdessen Trennung, Schmerz, Angst, Distanz, Bedrohung, Verletzung – und das wollen wir nicht. Wenn das Böse aufhört, dann ist unser Happy End erreicht; das Böse existiert nicht mehr und ist vernichtet. Vernichten = zerstören = destruktiv.

Destruktivität entsteht immer durch den Wunsch, dass etwas aufhören soll, weil man sich selbst mit etwas nicht wohlfühlt. Die destruktive Person spürt, dass sich etwas in ihrem Nicht-Zielbereich befindet und vermittelt die Botschaft: „*Das gehört nicht dazu.*" Dabei ist sie aber in Wirklichkeit auf sich selbst und auf ihre Fantasiewelt konzentriert und nimmt diese als Maßstab. Die Fantasiewelt und die Ziele von anderen Menschen spielen für sie momentan keine große Rolle.

Wir nennen eine Kritikerin deshalb „destruktiv“, weil wir dabei auf unsere eigene Fantasiewelt schauen und sich ihr „Ausdruck“ in unserem Nicht-Zielbereich befindet. Wir wünschen uns Verbundenheit und wollen, dass die Destruktivität aufhört, und werden deshalb gegenüber der Destruktivität selbst destruktiv.

Sobald mir das bewusst ist, sehe ich das Böse und Destruktive mit neuen Augen. Ich sehe es als einen schmerzhaften Teil des allumfassenden Guten. Will ich also das Böse vernichten, dann kämpfe ich zwar gegen etwas Schmerzhaftes um ein besseres Gleichgewicht, doch ich kämpfe „eigentlich“ gegen einen Teil des allumfassenden Guten. Auch ich bin ein Teil des allumfassenden Guten. Mein Fazit: Hier kämpfen zwei sich gegenseitig behindernde Ziele gegeneinander. Beide wehren sich gegen Verlustschmerz. Keine*r will loslassen und sich verabschieden und der anderen für ihr Ziel alles Gute wünschen.

Egal, wie die Rollen und Ziele verteilt sind: Wenn das Verabschieden integriert ist, das Nachgeben, das Loslassen, dann ist immer wieder ein Happy End für uns beide möglich. Wer dabei welches Ziel loslassen muss, hängt immer davon ab, wie die Voraussetzungen sind, also wie die jeweilige Rangfolge der Wünsche bei beiden angeordnet ist und wie stark daran festgehalten wird. Hat der eine den Hauptwunsch nach Gemeinsamkeit, der andere aber nicht und lässt auch nicht sein individuelles Ziel los, so besteht keine Chance auf eine Gemeinsamkeit. Man muss also selbst loslassen und den Prozess des Verabschiedens durchleben, um zu einem Happy End zu gelangen. Ein Happy End wird in dem Moment verhindert, in dem man in der Problemträgerrolle stecken bleibt. Man bleibt stecken, wenn ein Ziel weder erreicht noch losgelassen werden kann.

In unserer Gesellschaft kommt das sehr oft vor, weil das vollständige Verabschieden eines Wunsches, das zu einer neuen Kraft führt, nicht üblich ist. Der notwendige Verarbeitungsprozess wird nicht beachtet, wird abgewertet oder sogar bekämpft. Dadurch bleibt man in der durch den Verlust hervorgerufenen Schwäche stecken. In diesem Zustand existiert das Ziel, die Schwäche zu vermeiden, mit der Wertung: Verlierer sein macht schwach und ist schlecht, Gewinner sein macht stark und ist gut.

Im Kontakt mit einem Menschen, der ganz fest ein Ziel verfolgt, sich mit allen Mitteln gegen einen Verlust wehrt und nicht loslassen will, hat niemand eine Chance auf Gemeinsamkeit. Ausnahme: Man hat von vornherein die gleichen Ziele.

Bad Ends ändern

Im Folgenden konzentrieren wir uns auf die Lösungswege, die wir als Problemträger beschreiten können, wenn wir stecken geblieben sind:

Ich bin als Problemträger auf dem Weg zur Wunscherfüllung und erlebe auf einmal eine Unterbrechung. In dieser Unterbrechung ist weder eine Wunscherfüllung möglich noch das Loslassen und Verabschieden eines Wunsches. Ich bleibe in einem Bad End stecken – mit der Suche nach einem Happy End. Entweder suche ich danach, ein altes Gleichgewicht wiederherzustellen, weil die Unterbrechung mich aus dem Gleichgewicht gebracht hat, oder ich suche nach einem neuen Gleichgewicht, weil die Unterbrechung mich daran gehindert hat, ein solches zu erreichen. Ich kann mich fragen:

1. Was fehlt mir?
2. Was ist mir zu viel?

Bei der Frage „Was fehlt mir?" konzentriere ich mich auf Gleichgewichte, die ich erreichen will. In der Psychotherapie wird das „lösungsorientiert" genannt.

Bei der Frage „Was ist mir zu viel?" konzentriere ich mich auf störende Ungleichgewichte, die ich loswerden will. In der Psychotherapie wird das „problemorientiert" genannt.

Beide Wege können in ein jeweils besseres Gleichgewicht führen, zu einer Lösung, zu einem Happy End. Allerdings muss ich schauen, wann welche Frage tatsächlich weiterhilft und ob nicht doch die andere Frage den nächsten Schritt bringt.

1. Was fehlt mir?

– *Innere Aktivität*: Ich suche in meiner Fantasiewelt nach einer neuen In-Formation, nach einer neuen Sichtweise, nach einer neuen **Verbin-**

dung, durch die ich mich besser fühle. Dazu denke ich selbst nach und probiere in meiner Fantasiewelt verschiedene verbindende Gedanken aus, bis ich einen gefunden habe, der mich einen Schritt weiterbringt. Oder ich lese Bücher oder rede mit Menschen, die mir neue Sichtweisen der Verbundenheit anbieten. Habe ich ein neues Gleichgewicht gefunden, dann verstehe ich etwas, sehe einen neuen Zusammenhang, mit dem es mir insgesamt besser geht. Ich fühle eine neue Verbundenheit, in der alles Bisherige integriert ist. Happy End.

– *Äußere Aktivität*: Ich suche nach einer neuen Fähigkeit, die ich mir antrainieren kann, wodurch ich eine Sache besser „beherrsche". Oder ich suche nach einem neuen Erlebnis, einem Kontakt, einer Erfahrung, durch die ich in Zukunft eine Sache besser *nachvollziehen* kann, weil ich sie selbst erfahren habe. In beiden Fällen fühle ich eine neue Verbundenheit. Happy End.

2. Was ist mir zu viel?

– *Innere Aktivität*: Ich erlebe ein störendes Ungleichgewicht, eine „Verklumpung", eine „Verstrickung" und suche in meiner Fantasiewelt nach einer neuen Sichtweise, nach einer neuen **Unterscheidung** („Das passt nicht (mehr) zusammen"), durch die ich mich besser fühle. Dazu denke ich selbst nach und probiere in meiner Fantasiewelt verschiedene trennende oder unterscheidende Gedanken aus, bis ich einen gefunden habe, der sich besser anfühlt als alles Bisherige. Oder ich lese Bücher oder rede mit Menschen, die mir neue Unterscheidungen anbieten. Habe ich ein neues Gleichgewicht gefunden, dann sehe ich einen neuen Unterschied, mit dem es mir insgesamt besser geht. Dadurch fühle ich eine neue Verbundenheit, in der alles Bisherige neu sortiert ist. Happy End.

– *Äußere Aktivität*: Ich suche danach, wie ich erfolgreich ein bestimmtes, mich störendes Verhaltens- oder Denkmuster (= Fähigkeit) blockieren kann und *nicht* mehr aktiv durchführe. Oder ich suche danach, wie ich achtungsvoll einen Kontakt zu den Zielen eines Menschen oder einer Gruppe vermeide, ihnen aus dem Weg gehe oder den Kontakt beende. Ich stehe für diese Ziele *nicht* weiter zur Verfügung. Gleichzeitig denke ich: *„Ihr seid perfekt, wie ihr seid, und gehört genauso zur universellen Verbundenheit dazu wie alles andere. Ich wünsche euch für eure Ziele das Beste."* Fühle ich eventuell eine Trauer, dann gehe ich vollständig durch den Verarbeitungsprozess. Anschließend habe ich mehr Klarheit und in dieser Klarheit eine neue übergeordnete Verbundenheit. Happy End.

Diese vier Richtungen greifen bei der Suche nach einem Happy End immer ineinander. Wenn ich in einer Richtung stecken bleibe, kann ich mich beweglicher machen, indem ich mir die anderen Richtungen wieder bewusst mache und schaue, ob hier nicht vielleicht ein nächster Schritt möglich ist.

Wenn mir andere Menschen unterstützend zur Verfügung stehen und helfen wollen, dann müssen sie mich und mein Problem/Ziel so gut wie möglich verstehen und daran andocken. Sie müssen mich ernst nehmen, wenn ich ihnen mitteile, was mir fehlt oder was mir zu viel ist. Sie müssen auch offen für die Folgen meines Happy Ends sein.

Da ich ein Ziel habe, könnten meine „natürlichen" Wertungen, mein Feedback an mein Umfeld, unter anderem wie folgt lauten:

„Du dockst gerade nicht an mein Problem an."

„Du verstehst mich nicht."

„Das, was du sagst/tust, hilft mir nicht, ich brauche etwas Besseres."

„Das passt mir nicht. Es stört mich/mein Gleichgewicht."

„Du bist mir nicht offen genug. Es scheint mir, als ob du selbst Schwierigkeiten bekommst, wenn ich mein Problem mit deiner Hilfe löse, durch einen Schmerzverarbeitungsprozess gehe und mich anschließend frei und tief verbunden fühle. Ich fühle mich bei dir nicht wirklich geborgen und fühle mich nicht vollständig begleitet."

Wenn eine Helferin diese Wertung von mir nicht ernst nehmen kann, sich dadurch verletzt fühlt und selbst in die Rolle einer Problemträgerin rutscht, dann verfolgt jeder von uns gleichzeitig ein eigenes Ziel. Sie kann mir nicht wirklich für mein Happy End und die neue Verbundenheit zur Verfügung stehen. Als Problemträgerin sucht sie nun selbst nach einer Verbundenheit und hat die Verbundenheit in meinen Feedbacks nicht gefunden oder sie durch meine Feedbacks verloren. Wenn sie mein Feedback für ihren Verlustschmerz verantwortlich macht (und nicht ihren eigenen intensiven Wunsch nach Verbundenheit), dann projiziert sie Destruktivität in mein Feedback. Mein „wahres" Ziel war jedoch, ihr konstruktiv meine Grenze zu zeigen (*„Hier geht´s nicht lang!"*) und sie dorthin zu führen, wo sie mich besser verstehen und wie sie meinem Problem zur Verfügung stehen könnte. Durch meine Feedbacks habe ich ihr gezeigt, wo für mich die Verbundenheit fehlt, und habe ihr dadurch indirekt eine neue Verbundenheit angeboten.

Wenn ich jetzt mit der anderen Problemträgerin den Kampf darum vermeiden will, wer zuerst sein Ziel erreichen soll, dann suche ich nach getrennten Wegen. Oder ich stelle meine eigene Suche nach einem neuen Gleichgewicht hintan. Ich gebe nach, lasse los und wechsle in die Stellvertreterrolle. Ich stelle mich der anderen zur Verfügung und teile ihr einfühlsam mit, dass es mir leidtut, dass sie sich durch mein Feedback verletzt fühlt. Ich versuche sie zu verstehen und an ihre Gehirnkarte anzudocken. Dadurch biete ich ihr ein erstes Happy End an.

Ein solcher Schritt ist aber nicht immer einfach, da es manchmal wehtut, das eigene Ziel loszulassen. Denn meine Suche wird unterbrochen und in mir bleibt ein Bad End zurück. Außerdem fühle ich einen Verlustschmerz, wenn ich erlebe, dass die andere mir nicht wirklich zur Verfügung stehen kann. Es tut weh zu erleben, dass sich unsere Ziele unterscheiden, weil ich dadurch eine gewisse Nähe und Verbundenheit zur anderen Person verliere. Besser: Mein Gefühl von Verbundenheit, das ich in unseren Kontakt hineinprojiziert hatte, muss ich an dieser Stelle ent-täuschen. Wenn ich mich nicht gegen diesen Verlustschmerz wehre, kann ich ihn als einen schmerzhaften Teil der universellen Verbundenheit sehen und verarbeiten. Ich sehe die andere Person nach wie vor als „perfekt, wie sie ist". Anschließend finde ich zu einer neuen Kraft, habe die anderen und den Unterschied zwischen uns besser kennengelernt, sortiere mich neu und wende mich wieder meiner eigenen Suche zu, die ich unterbrochen hatte.

Im Folgenden konzentriere ich mich noch mehr auf ein Problem und die Wege zum Happy End:

Ich fühle ein Problem, wenn ich mich nach einem Happy End sehne, das ich bisher noch nicht erreicht habe. Ich suche danach, eine verlorene Verbundenheit wiederherzustellen oder eine neue Verbundenheit zu erreichen. Dabei kann meine Suche nach einem Happy End ganz neu in der Gegenwart entstanden sein. Etwas läuft gerade nicht so, wie ich es mir gewünscht hatte. Oder meine Suche nach einem Happy End besteht schon sehr lange, ich hatte sie nur vergessen und bin jetzt durch die gegenwärtige Situation wieder schmerzhaft daran erinnert worden. Dabei haben mich vielleicht andere Menschen direkt darauf angesprochen, dass sie bei mir dieses Ungleichgewicht (Bad End) wahrnehmen. Oder sie haben bewusst oder unbewusst Stellvertreterrollen gespielt, haben mit ihrem Verhalten an meine Gehirnkarte angedockt und den unerlösten Schmerz darin wieder aktiviert. Oder eine andere Erinnerung hat meine Gehirnkarte angeregt.

Lassen Sie uns zunächst das schon lange bestehende unbewusste Bad End beleuchten: Irgendwann in meiner Vergangenheit hat diese Suche nach einem Happy End begonnen. Damals fühlte ich eine gewisse Verbundenheit oder hatte den Wunsch, ein Ziel zu erreichen, und wurde darin gestört. Mein Gefühl von Verbundenheit oder mein Drang nach einem neuen Gleichgewicht wurde unterbrochen. Das tat weh und führte zu einem Verlustschmerz.

Normalerweise kann man einen Verlustschmerz mithilfe von Tränen und Abschied allmählich verarbeiten, den Verlust integrieren und damit in diesem Punkt die Suche nach einer bestimmten Verbundenheit loslassen. Doch wenn auch dieser Verarbeitungsprozess unterbrochen wird oder der innere oder äußere Rahmen dafür nicht vorhanden ist, bleibt die dazugehörige Gehirnkarte auf dem Stand des Verlustschmerzes stehen und wird dort festgeschrieben. Dies empfinde ich als „Bad End" und suche ab da für diese Gehirnkarte nach einem Happy End. Je länger das Bad End und damit die Suche nach einem Happy End bestehen bleiben, desto mehr versinken sie in mein Unbewusstes. Ich gewöhne mich an diesen Zustand des Suchens und registriere ihn irgendwann nicht mehr. Durch ein gegenwärtiges Ereignis, das an die entsprechende Gehirnkarte andockt, wird mir die Suche wieder als „Problem" bewusst.

Was brauche ich, um ein Happy End in meiner Gehirnkarte zu erreichen? Auch die folgenden Möglichkeiten können ineinandergreifen.

1. Opfer/Täter: Es gibt Verlusterlebnisse, bei denen mir von einer anderen Person körperliches oder seelisches Leid zugefügt worden ist. Die andere hat sich absichtlich oder unabsichtlich so verhalten, dass mein Gefühl von Verbundenheit verloren ging und ich einen Verlustschmerz fühlte. Auch ein körperlicher Schmerz ist ein Verlustschmerz. Dabei bin ich zum Opfer und die andere zur Täterin geworden. Seitdem präsentiert eine Gehirnkarte in mir diese Unterscheidung: Opfer/Täter. Gleichzeitig projiziert mein Gehirn diesen Zustand in dasjenige Umfeld, das dieser Gehirnkarte ähnlich ist. Aus diesem Grund tauchen in gegenwärtigen Situationen, die der damals erlebten schmerzvollen Situation ähnlich sind, Phantomprobleme für mich auf.

Bei der Projektion eines Phantomproblems auf mein Umfeld werde ich wieder zum Opfer und gebe unabsichtlich der anderen Person die Täterrolle, wenn sie mir zur Verfügung steht. Oder ich übernehme die Täterrolle, die ich damals erlebt habe, und gebe der anderen unabsichtlich die Opferrolle. Oder ich beobachte eine Situation mit einem Opfer und einem Täter – als außenstehende dritte Person (Film, Fernsehen, Beobachter).

Meine Gehirnkarte wird in dem Moment weiterentwickelt, in dem durch Verständnis oder durch ähnliches Verhalten an sie angedockt wird, d. h. wenn sich die damalige Situation in der Erinnerung wiederholt und wenn ich nun in der Gegenwart eine Weiterentwicklung bis zu einer neuen Verbundenheit erleben kann. Dabei ist es nicht unbedingt notwendig, dass ich mich an früher erinnere. Es genügt die Andeutung einer ähnlichen Situation in der Gegenwart in Kombination mit einer Weiterentwicklung zur wirkungsvollen Verbundenheit. Es ist eine Verbundenheit, in der sich die Opfer/Täter-Verteilung auflöst und wieder eine Ebenbürtigkeit sichtbar wird (z. B. durch die Fantasie, dass sowohl Opfer als auch Täterin ursprünglich nach Verbundenheit suchen = universelle Verbundenheit). Happy End.

Ist dieses Verlusterlebnis erst vor Kurzem passiert, so könnte auch die Täterin direkt für ein Happy End sorgen, indem sie auf mich zukommt, mir mitteilt: *„Es tut mir aufrichtig leid … es kommt nicht wieder vor!“* und mir einen Ausgleich anbietet. Ein Ausgleich könnte z. B. die Bereitschaft sein, sich den Folgen ihrer Tat zu stellen und sich ohne jegliche Rechtfertigung einfach meine Erklärung, wie weh es mir getan hat, anzuhören, sich meinen Tränen zu stellen, es mitzufühlen und Verständnis dafür zu haben. Dabei fühle ich im Idealfall gleichzeitig, dass sich eine derartige Situation in Zukunft nicht wiederholen wird, weil wir nun beide vollständig daraus gelernt haben. Versöhnung. Neue Verbundenheit mit integrierter Erfahrung. Happy End.

Kommt sie aber nicht auf mich zu, dann habe ich selbst die Möglichkeit, die tiefe universelle Verbundenheit in uns beide zu projizieren und mir dadurch innerhalb meiner Fantasiewelt ein Happy End zu geben.

2. Verlorener Kontakt zu einer anderen Person: Es gibt Verlusterlebnisse, bei denen ich den Kontakt zu einer Person verloren habe. In meiner Beziehung zu dieser Person ist noch etwas unerledigt und ich suche (unbewusst) immer noch nach einem Happy End. Meine Beziehungs-Gehirnkarte wird in dem Moment weiterentwickelt, in dem eine dritte Person sich so ähnlich verhält wie die Person, zu der ich den Kontakt verloren habe, und ich mit ihr eine neue Verbundenheit erleben darf. Manchmal genügt auch einfach nur ein mitfühlendes Verständnis von dieser dritten Person, während ich ihr von der Person erzähle, zu der der Kontakt verloren gegangen ist. Ich kann mir auch Fotos oder andere Erinnerungen nehmen, an die schönen Zeiten zurückdenken, mir in meiner Fantasie die frühere Verbundenheit vorstellen, der für mich verlorenen Person einen Platz in meinem Herzen geben und dabei meine Tränen fließen lassen. Auf diese Weise entsteht in mir eine neue übergeordnete Verbundenheit.

3. Verlorener Kontakt zu mir selbst: Ich fühle einen unerlösten Verlustschmerz in mir oder ich merke, dass ich in mein Umfeld Phantomprobleme projiziere, und suche nach einer Lösung. Meine entsprechende Gehirnkarte wird in dem Moment weiterentwickelt, in dem ich etwas finde, in das ich mich selbst hineinprojizieren kann. Ich suche nach einem Avatar, der mich selbst repräsentiert. Entweder ich erschaffe mir eine Illusion mit einer Puppe, projiziere mit meiner Vorstellungskraft mich selbst dort hinein und gebe mir dann das, was mir noch fehlt. Damit erschaffe ich mir eine neue Verbundenheit zu mir selbst. Oder ich finde eine Person, die ein sehr ähnliches Problem hat, und kann ihr erfolgreich zu einem neuen Gefühl von Verbundenheit in sich selbst verhelfen. Mithilfe meiner Spiegelneurone kann ich dann diese Verbundenheit mitfühlen. Happy End sowohl für sie als auch für mich.

4. Fehlender Rahmen: In manchen meiner Gehirnkarten gibt es unverarbeitete Verlustschmerzen, die ich bisher nur einfach noch nicht verarbeitet habe, weil mir der passende Rahmen fehlte. Ich habe die Verlustsituationen zwar in meinem Verstand realisiert, doch in meinem emotionalen Gehirn fehlt noch die entsprechende Anpassung daran. Mit dem Wissen, dass man Verlusterlebnisse auch Jahre später noch nachträglich durch Tränen verarbeiten kann, erschaffe ich mir einen neuen Rahmen dafür. Entweder ich gebe mich allein den Verlustgefühlen und dem dazugehörigen Tränenfluss vollständig hin, oder ich habe Kontakt zu Menschen, die mir den passenden Rahmen für eine solche Verarbeitung anbieten können. Diese Menschen haben Verständnis für den Verlust, wissen um die notwendige Trauerarbeit und sind auch offen für alles, was an Neuem durch eine Verarbeitung mit mir passieren könnte.

Die Voraussetzungen für eine nachträgliche Trauerarbeit sind:

- ✓ dass die entsprechende Gehirnkarte wieder aktiviert wird. Dies geschieht meistens durch eine ähnliche Situation in der Gegenwart oder durch eine intensive Erinnerung. Man fühlt wieder den Schmerz;
- ✓ dass ich selbst eine neue Verbundenheit (einen neuen Rahmen) in mir fühle, z. B. durch die Gedanken, dass ich dem Verlorenen einen Platz in meinem Herzen gebe oder dem anderen für seine Ziele aus ganzem Herzen das Beste wünsche.

Genauso kann es sein, dass mein Miterleben von fremden Happy Ends bei anderen Menschen dazu führt, dass ich selbst in Tränen ausbreche. Hier wird eine eigene, noch unerlöste Gehirnkarte durch Ähnlichkeit aktiviert und erhält nun den Rahmen, ein Stück weit den eigenen Schmerz über eine früher verlorene Verbundenheit zu verarbeiten.

Es kann aber auch sein, dass ich ganz unabhängig von meinen unerlösten Gehirnkarten ein wunderschönes Erlebnis in der Gegenwart erfahren darf. Es berührt mich so tief, dass ich in Tränen ausbrechen muss. Dabei kommen mir vielleicht Gedanken, warum ich so etwas nicht schon früher erleben durfte und wie schmerzhaft frühere Situationen waren. Und ich weine über die schmerzhafte Vergangenheit und gleichzeitig über die Befreiung durch dieses wunderschöne Erlebnis und über diese neue Verbundenheit, auf die ich schon so lange gewartet hatte. Endlich darf ich mich glücklich fühlen. Happy End.

Habe ich durch eine oder mehrere dieser Möglichkeiten mein Ziel erreicht, mich aus einem Ungleichgewicht in ein neues Gleichgewicht bewegt, in einer meiner Gehirnkarten ein Bad End in ein Happy End verwandelt, dann kann ich mich wieder zurücklehnen, die Beobachterrolle einnehmen und den Happy Flow genießen – bis mich irgendwann wieder etwas in die Problemträgerrolle katapultiert.

Wenn ich mich selbst mit meinen Problemen verstehe, dann kann ich auch besser eine andere Person mit ihren Problemen verstehen. Ich kann mir in meiner Fantasiewelt genauer ausmalen, was in einer Problemträgerin vorgeht, wenn sie mit „alten“ Problemen aus ihrer Vergangenheit zu tun hat oder wenn sie gerade durch mich ihre Wünsche nach Verbundenheit loslassen muss. Auf diese Weise verwandelt sich für mich jede scheinbar destruktive Kritikerin in eine Problemträgerin. Sie ist eine Person, die genauso nach Verbundenheit sucht wie ich – mit dem *Unterschied*, dass sie die Verbundenheit gerade an einer anderen Stelle in ihrem Gehirn sucht als ich. Unsere Fantasiewelten unterscheiden sich eben.

Zaubern

Wir schauen uns nun die Sorte von Problemen an, die in der Gegenwart durch unser Umfeld entstehen – durch ein ganz frisches Verlusterlebnis. Dabei konzentrieren wir uns auf die Situation, in der wir mit dem scheinbar negativen Verhalten einer anderen Person konfrontiert werden. Sie erinnern sich an den Anfang des Buches:

Ich begegne im Alltag einer Person, die mich entweder sofort oder nach einer gewissen Zeit zu kritisieren und zu werten beginnt. Ich entdecke bei ihr einen herablassenden Tonfall, viele generalisierende (verklumpte) Formulierungen, Angriffe und Abwehr. Es wird ein Zusammenhang missverstanden und verzerrt wiedergegeben, eine Sache oder Sichtweise wird weder erkannt noch anerkannt, sondern generell ausgeschlossen, niedergemacht, entwürdigt oder abgewertet, im Extremfall sogar verachtet. Dabei erlebe ich: Die andere Person sieht mich nicht. Wenn ich ganz genau hinschaue, erkenne ich, dass mir eine destruktive Kritikerin mit ihren Augen nicht wirklich in die Seele blickt. Sie schaut gebannt woanders hin – in ihr Inneres – auf eine Gefahr, die sie in sich selbst wahrnimmt. Auch wenn sie mich anschaut, wirken ihre Augen nicht lebendig und offen, sondern irgendwie innerlich verschlossen. Wenn ich eine Kritik lese und stelle mir dabei mein kritisierendes Gegenüber vor, dann empfinde ich die Augen des anderen in meiner Fantasie ebenfalls als verschlossen.

Und jetzt?

Simsalabim: Jetzt kann ich die andere Person verstehen.

Das glaube ich zumindest in meiner Fantasiewelt.

Weil die andere Person mich nicht wirklich sieht, nehme ich ihre Aussagen nicht persönlich und fühle mich dabei ausgeglichen.

Mein Zauberblick ist:

Sie sucht nach einer ganz bestimmten Form von Verbundenheit – genauso wie ich.

Sie lebt in einer anderen Fantasiewelt als ich.

Sie kämpft an einer bestimmten Stelle gegen Verlustschmerz und will dort gerade nicht loslassen, so wie ich es ab und zu auch bei mir selbst erlebe.

Sie verfolgt ein Ziel, so wie ich Ziele verfolge. Sie wertet, so wie ich werte. Sie projiziert mit ihrem Gehirn in ihr Umfeld, so wie ich gerade mit meinem Gehirn in mein Umfeld projiziere und mir vorstelle, was wohl in ihr vorgeht. Sie will, dass ihr Umfeld genau an ihre in einem Bad End festgeschriebene Gehirnkarte andockt und Verständnis entwickelt, so wie ich mir oft Verständnis wünsche.

Die andere Person ist perfekt, wie sie ist. Ihre Fantasiewelt ist so gewachsen, wie sie gewachsen ist, und enthält sicherlich den einen oder anderen unverarbeiteten Verlustschmerz in irgendeiner Gehirnkarte – denn sie ist gerade Problemträger und sucht nach einem Happy End. Entweder wurde gerade ein altes Bad End aus ihrer Vergangenheit durch mich reaktiviert. Oder ich habe sie verletzt, indem ich mit meinem Handeln nicht ihren Wünschen und Zielen entsprochen habe, sondern mich in ihrem Nicht-Zielbereich befinde – und jetzt zeigt sie mir ihre Wertung. Alles vollkommen „normal“.

Solange ich es so sehen kann, befinde ich mich in der Beobachterrolle und fühle mich nicht angegriffen.

Bin ich auch weiterhin in der Beobachterrolle, stehe für kein Ziel zur Verfügung und lebe momentan eine Ziellosigkeit, dann beobachte ich offen alles und fühle mit. Ich sage mir: *„So, wie es im Moment ist, ist es perfekt. Ich habe gerade kein Ziel und bin ziellos. Auch jeder Schmerz und jedes Leid sind schmerzhafte Teile der universellen Verbundenheit und gehören dazu. Es ist, wie es ist. Alles, was existiert, existiert. Alles ist durch den Wunsch nach Verbundenheit miteinander verbunden und gehört auf der Existenzebene zu allem dazu. Was passiert, soll so sein.“*

Vielleicht erlebe ich auch, wie mich irgendetwas innerhalb dieser Beobachterrolle zu steuern beginnt. Ich tue etwas, ohne dass ich das Gefühl habe, dass *ich* es tue. Ich handle zwar, doch ich bin nicht der Handelnde.

Es tut.

Und ich beobachte ausgeglichen …

Wenn ich wollte, könnte ich die Situation noch ausführlicher analysieren und mich fragen, warum die andere Person sich wohl so verhält. Wenn ich das täte, wäre meine komplexe (projizierte) Erklärung aus meiner Fantasiewelt folgende:

Ich kann mir vorstellen, dass ihr *Drang* zu einem Ziel (zu einem neuen Gleichgewicht) sehr intensiv ist oder dass ihr *Schmerz*, ein Gleichgewicht zu verlieren, sehr groß wäre. Daher sind auch ihr Kampf und ihre Grenzziehung besonders intensiv. Ihre Abwehr und ihre Wertung sind extrem schmerzhaft und verletzend und „zertrampeln" alles, was sich in ihrem Nicht-Zielbereich befindet. Dabei sehe ich, dass ihr Nicht-loslassen-Können zu einer Verstärkung von Ärger-, Verzweiflungs- und/oder Rachegefühlen bei ihr führen. Je intensiver der Wunsch der anderen Person nach einer bestimmten Verbundenheit ist, desto schmerzhafter ist ihre Wertung.

Kurz: Ihre Intensität ist die Folge eines starken Schmerzes, den sie gerade erlebt oder schon einmal erlebt hat und bisher nicht zu einem Happy End führen konnte.

Alles, was nicht an ihre momentan aktivierten Gehirnkarten andockt, wertet die Person entsprechend intensiv ab und grenzt es aus. Es gehört nicht zu ihrem Ziel dazu. Die Ausgrenzung von dem, was nicht dazugehört, bringt sie gefühlsmäßig ihrem Ziel wieder näher. Daher stellt diese Ausgrenzung für sie auch ein gewisses Zwischen-Happy-End dar.

Für ein Andocken an ihre Gehirnkarten und daher für eine tiefere Verbundenheit benötigt sie Stellvertreter oder Avatare. Ihre starken Wertungen und Grenzen „drängeln" andere Menschen in ihrer Nähe in Rollen (vorausgesetzt, diese Menschen stehen dafür auch zur Verfügung). Damit an ihre Gehirnkarte auch optimal angedockt wird, blendet sie alles aus, was nicht zu ihr passt. Deswegen fühlen sich die Avatar- oder Stellvertreterrollen im Kontakt mit ihr eingeschränkt und begrenzt an – und man fühlt sich persönlich von ihr nicht verstanden und nicht „gesehen". Im Kontakt mit ihr spüre ich ihre Grenzen und werde dadurch in eine Rolle „geformt".

Wünsche ich mir Verbundenheit mit der anderen Person und möchte an ihre Gehirnkarte andocken, dann muss ich mit dieser Form leben. Halte ich es aber nicht lange in dieser Form aus, da ich permanent das Gefühl habe, mich selbst nicht frei leben zu können und mich zu verleugnen, dann muss ich auf Verbundenheit mit ihr verzichten, mich von ihrem Ziel distanzieren und dafür nicht mehr zur Verfügung stehen.

Sucht die andere Person in irgendeinem Teil ihrer Persönlichkeit nicht nur nach einem Andocken an ihre Gehirnkarten, sondern auch nach einer Weiterentwicklung in Richtung Happy End, dann könnte hinter ihrem Verhalten eine indirekte Botschaft stecken: *„Schau mal, auf diesem Stand befinde ich mich gerade. So denke und fühle ich in diesem Zusammenhang mit meinen Zielen und Nicht-Zielbereichen. Ich suche nach einer neuen Verbundenheit, die so andockt und mit mir umgeht, dass ich mit ihrer Hilfe meine Gehirnkarten zu einem Happy End weiterentwickeln kann. Dabei kann ich genau spüren, was mir wirkungsvoll hilft und was nicht. Diese Wertung zeige ich ebenfalls deutlich."* Die Person wünscht sich eine ganz bestimmte Verbundenheit und demonstriert mir (unbewusst) mit ihrem Verhalten, auf welche Weise sie früher selbst diese Verbundenheit verloren hat. Sie lebt das in ihr gespeicherte Bad End ihrer aktivierten Gehirnkarte und projiziert es auf mich. Dabei spürt sie, dass es irgendwie nicht richtig passt. Sie kritisiert mich, weil ich gerade nicht richtig an ihre Fantasiewelt andocke. Und sie kritisiert mich auf eine Weise, die sie selbst früher so gelernt hat. Ich kann durch ihr Verhalten miterleben und mitfühlen, wie sie früher beleidigt wurde, wie sie die Härte anderer Menschen erleiden musste, wie sie von Menschen verlassen wurde, wie sie ignoriert wurde, wie sie verletzt wurde. Dadurch kann ich ihr Verhalten besser nachvollziehen. Ich unterscheide klarer zwischen ihrer Projektion auf mich und mir selbst.

Sie wiederum könnte sich während ihres Verhaltens unbewusst mit ihren Eltern (ihren Wurzeln) tiefer verbunden fühlen, da sie sich möglicherweise genauso verhält wie ihre Eltern damals. Oder sie hat damals oft erleben dürfen, dass ein solches Verhalten zu einer Art Verbundenheit mit ihren Eltern geführt hat, weil die Eltern dadurch auf sie aufmerksam wurden und sich mit ihr auseinandergesetzt haben (wenn auch vielleicht strafend).

Dabei ist es möglicherweise ihr unbewusstes Gesamtziel, im Kontakt mit mir erleben zu dürfen, dass ihr Verhalten einem anderen Menschen nichts mehr ausmacht. Es könnte eine Weiterentwicklung für ihre Gehirnkarte darstellen, wenn ich mich durch diese Person nicht erschrecken lasse, wenn ich also kein Problem mit ihrer Wertung habe, sondern lösend und klar damit umgehen kann (wozu auch gehören kann, dass ich ihr eine klare, offene und liebevolle Grenze setze). Sie will fühlen können, dass ich nicht aus Angst vor Schmerz eine emotionale Distanz aufbaue, sondern in Verbundenheit mit ihr bleibe. Sie will erleben können, dass ich ihre Distanz verstehe und auf einer bestimmten Ebene als dazugehörig anerkenne. Denn dann habe ich aus meiner eigenen Problemträgerrolle in die Beobachter- oder Stellvertreterrolle gewechselt, habe meine individuellen Ziele loslassen können und stehe als Erstes ihr für ihre Ziele zur Verfügung. Ich gebe ihr den für sie passenden Rahmen, so dass ihre Gehirnkarte nun die Chance erhält, sich weiterentwickeln zu können (siehe dazu auch mein kostenfreies E-Book: „Heilungshierarchien" auf www.olaf-jacobsen-verlag.de).

Für mich selbst kann die Situation gleichzeitig ein Spiegel darstellen: Kann oder will ich momentan mein eigenes Ziel loslassen? Wehre ich mich selbst gegen einen Verlust und habe dadurch eigene Konflikte? Oder bin ich klar?

Wenn ich der anderen Person als Stellvertreter einfühlsam zur Verfügung stehen kann und es auch will, dann verhalte ich mich so, wie ich es im nächsten Abschnitt „Die Kunst der einfühlsamen Unterstützung" beschreibe.

Sollte die andere aber durch ihre Kritik eine Bad-End-Gehirnkarte in mir aktivieren oder einen bestimmten Wunsch nach Verbundenheit von mir enttäuschen, dann bin ich wieder Problemträger. Ich denke: *„Aha, ich fühle gerade den Verlust von einer Verbundenheit zu ihr, die ich gerade gesucht hatte. Wir sind beide Problemträger*innen, die jeder ihr eigenes Ziel verfolgen – und ich muss gerade mein Ziel nach einer gewissen Gemeinsamkeit loslassen."*

Bei meiner Suche nach Verbundenheit wurde mir gezeigt: *„Hier geht´s <u>nicht</u> lang!"* Mein Schmerzgefühl ist ein Verlustschmerz, der mit einem natürlichen Schwächegefühl einhergeht. Diese Schwäche ist der

Beginn meiner Verarbeitung dieses Verlustes. Es ist soeben passiert, also sollte es auch passieren. Ich klebe mir ein Happy-End-Pflaster auf meine verwundete Seele, d. h. ich denke an die universelle Verbundenheit, in der wir uns alle befinden, und gebe mir Zeit.

Mein persönliches Happy End ist, mir in meiner Fantasiewelt die übergeordnete universelle Verbundenheit zu vergegenwärtigen (also dass jeder nach Verbundenheit sucht). Ich „sehe“ mit meinem Zauberblick, dass das starke Ziel der anderen Person (und damit verbunden ihre wertende und trennende Sichtweise) einen für mich schmerzhaften Teil der universellen Verbundenheit darstellt. Jedes Bad End ist ein schmerzhafter Teil der universellen Verbundenheit. Jede Destruktivität ist ein schmerzhafter Teil der überall vorhandenen Konstruktivität, denn ich kann aus jeder Destruktivität konstruktiv dazulernen.

Wenn ich es so in meiner Fantasiewelt mit meinem Zauberblick sehe, dann bedeutet es nicht, dass ich nun besser als die andere Person „weiß“, was ihr fehlt. Es bedeutet nur, dass ich in meiner Fantasiewelt Sichtweisen gefunden habe, die mich generell mit allem versöhnt fühlen lassen. Sie sucht nach Happy Ends, so wie ich nach Happy Ends suche. Wir sind beide Problemträger*innen mit unterschiedlichen, sich gegenseitig behindernden Zielen – aber auf übergeordneter Ebene mit dem gleichen Ziel, eine Verbundenheit zu finden.

Ich nehme nun ihr verletzendes Verhalten oder ihre Beleidigung nicht mehr persönlich. Meine Fantasiewelt steht ebenbürtig neben ihrer und allen anderen Fantasiewelten. Ich verfolge dabei mein eigenes Ziel, überall als allgemeinen Hintergrund die übergeordnete universelle Verbundenheit zu projizieren. Da ich diesbezüglich meine eigene Jury bin, kann ich auch genau erkennen, was zu meinem Ziel dazugehört und was nicht, was mich unterstützt und was mich stört. Derjenige, bei dem ich mich verletzt oder be-Leid-igt fühle, passt mit seinem Ziel gerade nicht zu meinem Ziel. Mein Leidgefühl vermittelt mir: *„Hier geht´s nicht lang!“* Daher stehe ich dem Ziel der anderen Person im Moment auch nicht zur Verfügung, sondern konzentriere mich auf mein Ziel: meine Fantasie der universellen Verbundenheit, in der ich ihre Suche nach Verbundenheit integriert sehe. Gleichzeitig wünsche ich ihr für alle ihre Ziele aus tiefstem Herzen das für sie Allerbeste.

Musste ich durch das Handeln der anderen Person nicht nur auf ihre Offenheit und auf Harmonie verzichten, sondern habe noch zusätzlich

Schaden erleiden müssen, z. B. durch (aus meiner Sicht) „falsche" Behauptungen über mich, dann nehme ich es wie einen Deichbruch. Auch wenn jemand unabsichtlich und unwissentlich etwas getan hat, wodurch ich einen Verlustschmerz fühlen musste, kann ich es wie einen Deichbruch nehmen. Wenn es passiert ist, sollte es so sein. Ich verabschiede mich von dem Verlorenen, was manchmal auch sehr intensiv und mit vielen Tränen verbunden sein kann, aber ohne Groll. Ich räume wieder auf, sortiere mich neu, stärke meinen Schutz und installiere neue Warnmelder.

Werde ich dann beim nächsten Mal von meinem Gefühl vor einer Gefahr gewarnt, dann trete ich einen Schritt zur Seite, gehe aus dem Weg, stärke meine Grenzen, schütze mich vor der Gefahr, die meine eigenen Ziele bedroht, und sehe gleichzeitig die andere Person und die Bedrohung als „perfekt" an. Ich mache niemandem einen Vorwurf, ärgere mich nicht, sondern sehe: Es ist, wie es ist. Die andere Person hat „nur" andere Ziele in ihrer Fantasiewelt, die meinen Zielen intensiv entgegenstehen. Doch unsere Fantasiewelten stehen ebenbürtig nebeneinander. Wir sind beide Menschen – mit dem Wunsch nach einer tiefen Verbundenheit. Jede*r hat diesen Wunsch genau dort, wo sie/er es jeweils für sich gerade braucht.

Ich wünsche mir vom Universum für alle meine Ziele das Beste. Und das, was mir das Universum schenkt, nehme ich als das für mich Beste.

Ich wünsche auch allen anderen Menschen für ihre Ziele das Allerbeste. Möge ihnen das Universum das schenken, was sie benötigen. Dabei weiß ich aber nicht, ob das, was sie vom Universum bekommen, für sie das Beste ist. Das können nur sie selbst in ihrer eigenen Fantasiewelt bewerten.

Auf diese Weise bin ich mit mir selbst wieder im Gleichgewicht, wechsle in die Beobachterrolle und genieße den Fluss.

Vielleicht treffe ich demnächst wieder eine Person, die eine sehr ähnliche Fantasiewelt besitzt wie ich. Sie „sieht" in ihrer Fantasie genauso wie ich die universelle Verbundenheit in unserer allgemeinen Suche nach Verbundenheit. Sie sieht *überall* die Wünsche. Gleichzeitig sieht sie auch die universelle Unterscheidung, dass jeder in seiner eigenen Fantasiewelt lebt und nach unterschiedlichen individuellen Formen von Verbundenheit sucht.

Es macht Spaß, mit dieser Person gemeinsam in der Beobachterrolle zu sein, sich gemeinsam über die Unterschiede der Fantasiewelten auszutauschen, gemeinsam daran zu reifen und sich gegenseitig alle möglichen Gehirnkarten für Weiterentwicklungen anzuregen. Happy Flow.

Die Kunst der konstruktiven Kritik

Inzwischen passt der Begriff „konstruktive Kritik“ für mich hier nicht mehr. Durch die Weiterentwicklung meiner Fantasiewelt habe ich eine neue Sicht gewonnen. Daher möchte ich die Überschrift für den folgenden Abschnitt anders nennen:

Die Kunst der einfühlsamen Unterstützung

Nachdem ich ausführlich die Rolle als Beobachter*in und als Problemträger*in beleuchtet habe, komme ich nun zu der Rolle als Stellvertreter*in für andere Menschen, die gerade Problemträger*in sind und Hilfe wünschen.

Wenn ich die Rolle eines Stellvertreters einnehme, fühle ich mich nicht einfach nur wie bei einer Systemaufstellung in die Rolle ein, sondern mache mir gleichzeitig Gedanken, wie die andere Person ein Happy End erreichen könnte. Aus meinen Gefühlen und Gedanken heraus mache ich ihr Angebote. Dabei bin ich mir gleichzeitig immer bewusst:

Wir sind alle tief miteinander verbunden.

Jeder besitzt seine ganz eigene Fantasiewelt und alle Fantasiewelten sind gleichberechtigt, denn jede Fantasiewelt dient demjenigen, der sie entwickelt hat.

Ich habe bestimmte persönliche Ziele, die ich zwar gerade hintanstelle, die jedoch immer irgendwie mit hineinwirken in das, was ich anbiete. Daher habe ich auch eine versteckte Wertung in mir und unterteile mindestens unbewusst in *„Das gehört dazu“* und *„Das gehört nicht dazu“*.

Jeder andere Mensch hat andere Ziele. Manche sind meinen Zielen ähnlich und manche sind sehr unterschiedlich. Doch Ziele können niemals absolut identisch sein, da die dahinterstehenden Fantasiewelten niemals identisch sind, denn sie haben sich durch unterschiedliche Lebenswege entwickelt.

Wenn ich also eine andere Person einfühlsam unterstützen möchte, dann überprüfe ich zuerst, ob ich ihre Fantasiewelt einigermaßen stimmig wahrgenommen habe, indem ich sie mit meinen eigenen Worten wiedergebe und schaue, ob die andere meine Formulierung bestätigt:

Ich: *„Ich vermute, dass du denkst / siehst / fühlst, dass … , richtig?“*

Mein Gegenüber: *„Nee, eigentlich meine ich, dass …“*

Ich: *„Ach so. Also, du meinst, dass …“*

Mein Gegenüber: *„Ja, genau.“*

In dem Moment der Bestätigung kann ich mit meiner Fantasiewelt an die Fantasiewelt der anderen Person andocken. Will ich sie erfolgreich unterstützen, dann muss ich sie und ihr Problem/Ziel zunächst verstehen lernen, muss ihr zunächst so lange als „Schüler“ lernend zur Verfügung stehen, bis ich sie erfolgreich verstanden habe und die andere Person es bestätigt hat.

Tue ich das nicht, dann muss ich mit den Folgen des Missverständnisses leben, das möglicherweise zwischen uns besteht. Diese Folgen wären: Abwehrhaltung der anderen Person gegen meine Ideen, weil sie sich nicht verstanden fühlt; Verletzung der anderen, weil sie meine Ideen mit ihrer Gehirnkarte anders einordnet, als ich sie gemeint hatte; sie projiziert etwas in mich, was ich nicht bin; Kritik der anderen Person an meinen Ideen.

Wenn eine Person um die für sie „richtige“ Hilfe kämpft, hat sie immer völlig recht, denn ihr fehlt sie gerade. Für mich bleibt nur die Frage, ob ich helfen will oder nicht. Wenn ja, dann muss ich mich bemühen und das für sie Richtige finden oder genau das tun, was sie sich wünscht.

Habe ich die andere verstanden und hat sie mir mein Verständnis bestätigt, dann kann ich ihr nun das Feedback geben, wie ich mich mit ihrer Fantasiewelt und ihren Zielen fühle. Dadurch gebe ich ihr neue Informationen über mein Innenleben und meine Wahrnehmungen. Vielleicht hilft ihr das und ihr kann dadurch etwas bewusst werden.

Ich kann ihr auch aus meiner Fantasiewelt heraus anbieten, welche Art von Technik oder Fähigkeit ihr vielleicht hilft, ihre Ziele oder eventuell ein für sie besseres Happy End zu erreichen. Dabei ist mein Hauptziel immer, der anderen Person durch meine Ideen zu helfen, an das Bestehende in ihrem Gehirn anzuknüpfen, und ihr damit die Chance zu geben, dass sich etwas in ihr weiterentwickeln kann. Nur sie kann wahrnehmen und entscheiden, ob meine Angebote ihr weiterhelfen oder nicht. Daher ist für mich auch nur sie mit ihrer Rückmeldung der Maßstab, ob meine Hilfe ihr wirklich helfen konnte. Ich beobachte immer: Was hilft der anderen Person? Was wirkt?

Wenn meine Impulse und Angebote tatsächlich etwas Hilfreiches bewirken, dann bleibe ich offen für die Folgen. Bricht die andere Person in Tränen aus, dann bin ich einfach bei ihr und verstehe, dass sie gerade etwas verarbeitet. Darüber hinaus überlasse ich es ihr, wie sie mit ihrem Happy End umgeht und in welche Richtung es sich bei ihr entwickelt. Geht es in eine Richtung, die meinen Zielen nicht entspricht, dann halte ich mich heraus, vertraue darauf, dass sie vom Universum und ihrem Unbewussten schon „richtig" geführt wird, während ich sie und ihren Weg weiterhin achte und ihr dafür das Beste wünsche.

Es könnte sein, dass ich schon beim intensiven Kennenlernen und Erfühlen ihrer Fantasiewelt immer stärker erspüre, dass meine Hilfsimpulse gar nicht zur anderen Person passen würden. In diesem Fall kann ich mich innerlich darauf vorbereiten, als Folge auf meine Vorschläge eine Grenzziehung und eine Ausschließung durch die andere zu erfahren. Um mir später sagen zu können, dass ich alles versucht habe, könnte ich trotzdem meine Ideen aussprechen und beobachten, wie die andere darauf reagiert. Da habe ich die Wahl und muss mit den entsprechenden Folgen leben.

Wenn die andere Person mich verstehen möchte und Fragen stellt, sollte ich ihr so lange erklärend zur Verfügung stehen, bis ich sagen kann: *„Ja, jetzt hast du verstanden, was ich meine."*

Gibt die andere auf, mich verstehen zu wollen, oder hat sie an meinen Ideen kein Interesse mehr, dann lasse ich los. Ich bin durch ihr Missverstehen oder durch ihr Desinteresse oder durch ihre Grenzziehung aus meiner Rolle als helfender Stellvertreter entlassen worden. Ich gebe mein Ziel von Verständnis auf, sehe, dass meine Ideen sich nicht im Zielbereich der anderen befinden, und weiß, dass sie jederzeit die freie Wahl hat.

Gleichzeitig fühle ich mich weiterhin tief mit der anderen Person verbunden, vertraue darauf, dass sie meine Bereitschaft spürt und wieder auf mich zukommt, wenn sie doch etwas von mir wissen möchte. Ich sehe nach wie vor die Ebenbürtigkeit zwischen unseren Fantasiewelten und Zielen, sehe unsere gemeinsame Suche nach Verbundenheit und wünsche ihr für ihre Ziele das für sie Beste.

Stichworte für Ihren Merkzettel im Alltag

Ich unterstütze einfühlsam einen anderen Menschen:

- ✓ Verbundenheit mit allem
- ✓ ebenbürtige Fantasiewelten und Ziele
- ✓ Habe ich den anderen Menschen und seine Ziele verstanden?
- ✓ Was will ich ihm für seine Ziele und seine Weiterentwicklung anbieten?
- ✓ Hat er mich und meine Hilfsangebote verstanden?
- ✓ Hilft es ihm?
- ✓ Jeder behält die freie Wahl.
- ✓ Ich wünsche für alle das jeweils Beste.

Davon zu unterscheiden ist:

Wenn ich bei meiner Hilfe einen Wunsch habe, den der andere Mensch verstehen soll, und wenn ich bei ihm um Verständnis ringe, dann ist das *keine* einfühlsame Unterstützung. In diesem Fall verfolge ich ein eigenes Ziel und möchte, dass der andere mir zur Verfügung steht, um dieses Ziel zu erreichen. Ich möchte mithilfe des anderen eine eigene Verbundenheit erreichen. Wenn ich ihm dann sage, was er falsch macht, dann ist das die natürliche Wertung, die mit meinem Ziel zusammenhängt. Diese Wertung von mir könnte für den anderen eine destruktive Kritik darstellen, weil ich nicht an seine Ziele anknüpfe, sondern ihn von meinen Zielen überzeugen möchte und dadurch seine Ziele ausschließe.

Wenn sich aber der andere an mich und mein Ziel anpasst, sich korrigiert, meiner Wertung folgt, mich versteht oder wenn er sogar mein Ziel in seine Fantasiewelt übernimmt, dann fühle ich ein Happy End.

Lässt sich der andere nicht überzeugen und hält an seinen Zielen fest, dann ist die Folge, dass ich mein Ziel an dieser Stelle loslassen muss und möglicherweise einen Verlustschmerz fühle. Ist dieser Verlustschmerz extrem stark, so kann ich ihn mithilfe von Tränen verarbeiten. Oder ich sehe, dass ich mit allem – auch mit dem anderen – in der Suche nach Verbundenheit tief verbunden bin und verbunden bleibe, und vertraue darauf, dass mir das Universum meinen Wunsch später erfüllt oder mir irgendwann vielleicht noch ein schöneres Happy End bieten wird.

Mit Kritik ausgeglichen und liebevoll umgehen

Entscheidend ist nicht, ob alles das, was ich bisher geschrieben habe, tatsächlich einer „objektiven Realität" entspricht. Entscheidend ist, durch diese Sichtweisen eine „Wirkung" zu erleben, die uns im Kontakt mit Kritik ausgeglichen und liebevoll reagieren und Verletzungsgefühle entweder auflösen oder für uns selbst nutzen lässt.

Ich freue mich, wenn die von mir beschriebenen Sichtweisen Ihnen helfen, Kritik neu zu betrachten und sie neu zu verstehen. Sie nehmen Kritik nicht mehr als Herabwürdigung Ihrer Persönlichkeit, sondern lernen durch sie ihre Kritiker*innen besser kennen. Vielleicht nutzen sie deren Kritik sogar effektiv für sich persönlich, wenn Sie z. B. entdecken, dass Sie hier selbst ein Phantomproblem haben und ein Happy End für eine Gehirnkarte suchen.

Mit diesem letzten Abschnitt biete ich Ihnen noch eine bestimmte Verknüpfung zwischen diesem Buch und Ihrem Alltag an.

Angenommen, Sie leben Ihren Alltag und denken gerade nicht an den Inhalt dieses Buches. Und nun erleben Sie, wie Ihr*e Partner*in oder ein anderer Mensch, der Ihnen nahesteht, oder vielleicht auch nur irgendeine Person Sie kritisiert – nur ein bisschen oder auch ziemlich heftig und verletzend. Dann fühlt sich das zunächst unangenehm an. Möglicherweise sind Sie sogar zutiefst **verletzt**. In Ihrem Inneren wissen Sie, dass dieser Schmerz ein **Verlustschmerz** ist. Hier ist irgendetwas verloren gegangen. Was? Eine Freundlichkeit, eine Verbundenheit, eine Harmonie, eine Nähe, eine Würde oder Offenheit. Sie möchten den Verlustschmerz heilen und benutzen das Happy-End-Pflaster: Sie erinnern sich wieder an die Möglichkeit der **tiefen Verbundenheit** (dass *jede*r* nach Verbundenheit sucht) und sehen sie in ihrer Fantasie als Hintergrund dieser Situation – und nun wird Ihnen wieder bewusst, dass die tiefe universelle Verbundenheit ein Teil Ihrer eigenen Fantasiewelt ist. Eine universelle Verbundenheit ist ja nicht beweisbar. Man kann nur an sie glauben und einzelne Erfahrungen machen, die dies bestätigen könnten. Jede*r lebt in der **eigenen Fantasiewelt** mit eigenen Wünschen, Zielen und Wertungen und kann daher das Gegenüber nie vollkommen „sehen“.

Verknüpfungskette:

Verletzung – Verlustschmerz – Verlust von Verbundenheit – universelle Verbundenheit – eigene Fantasiewelten

Kürzere Verknüpfungskette:

Verletzung – universelle Verbundenheit – eigene Fantasiewelten

Wenn Sie sich verletzt fühlen, dann unterscheiden Sie diesen Schmerz und teilen ihn in zwei Gedanken auf:

- Auf der Wunsch-Ebene sind wir alle tief miteinander verbunden.
- Jeder lebt in seiner ganz eigenen Fantasiewelt.

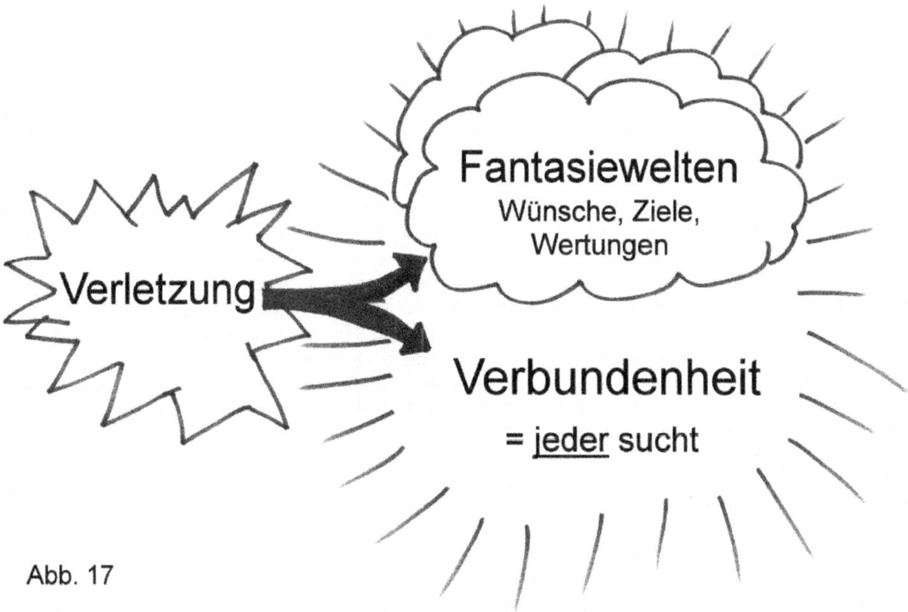

Abb. 17

Sie schreiben sich diese kurze Verknüpfungskette auf einen Zettel oder malen die Abbildung 17 ab oder kopieren sie und hängen diesen Zettel dorthin, wo Sie ihn immer mal wieder sehen. Nach drei Tagen hat sich Ihr Gehirn möglicherweise an diese Stelle, wo der Zettel hängt, gewöhnt und beginnt, ihn zu übersehen. Deswegen hängen Sie den Zettel an eine neue Stelle, nach weiteren drei Tagen an eine dritte Stelle etc.

Sie können sich auch in Ihrer Fantasie vorstellen, wie diese Zeichnung auf der Oberseite des Happy-End-Pflasters zu sehen ist.

Sie üben diese Unterscheidung immer wieder – zunächst nur in der Vorstellung, ohne realen Verlustschmerz. Malen Sie sich immer wieder aus, dass Sie sich verletzt fühlen und auf dieses Gefühl reagieren mit: *„Jeder sucht nach Verbundenheit. In dieser Suche sind wir tief miteinander verbunden. Dabei hat jeder seine eigene Fantasiewelt.*“ Später erleben Sie, wie sich das ganz automatisch auf die unangenehmen Situationen im Alltag überträgt und Sie tief in Ihrem Herzen als Basis aller körperlichen und emotionalen Schmerzen ausgeglichen und liebevoll fühlen lässt.

Vielleicht hilft Ihnen zusätzlich noch dieser Satz: „*Jeder* sucht gemäß SEINER EIGENEN Fantasiewelt nach Verbundenheit – auch derjenige, durch den ich mich verletzt fühle, UND ich = Verbundenheit.“

Zum Abschluss biete ich Ihnen folgende Fantasie an:

Es gibt nichts allgemein Falsches oder Böses.

Es gibt keine*n Kritiker*in und keine Kritik.

Es gibt nur die Leinwand der liebevollen universellen Verbundenheit, auf der wir einen 3D-Film betrachten. Der Titel des 3D-Films lautet:

„Die Folgen der unterschiedlichen Fantasiewelten, Wünsche und Ziele“.

Dabei haben wir die Wahl, welche Rolle wir in dieser Fantasie einnehmen. Wir können die/der offene **Beobachter*in** sein, die/der sich einfach ziellos und mitfühlend diesen 3D-Film anschaut.

Wir können die Leinwand der liebevollen universellen Verbundenheit sein, die zur Verfügung steht, damit sich der 3D-Film auch abbilden kann. Hier sind wir nicht mehr Beobachter*in, sondern **Stellvertreter*in**.

Wir können der 3D-Film sein, in dem sich die Folgen von unterschiedlichen Fantasiewelten, Wünschen und Zielen abspielen. Hier sind wir **Problemträger*in**.

Wir sind frei in der Wahl, auf welche Rolle wir unsere Aufmerksamkeit lenken – und damit die Wirkung (Wirk-lichkeit) beeinflussen.

Und wer ist eigentlich derjenige, der zwischen diesen drei Rollen wählt?

Der Wunsch nach Verbundenheit.

Erinnern Sie sich, das Buch nach dem ersten Lesen noch ein zweites Mal zu lesen. Sie werden merken, dass Sie viele Zusammenhänge neu und besser verstehen.

Fortsetzung & Ergänzungen

Hilfe! Ich stehe unbewusst zur Verfügung (Band 3)

Unbewusste Beeinflussungen aufdecken für ein unabhängiges Leben

Wir sind permanent von Menschen umgeben, die etwas von uns wollen – bewusst oder unbewusst. Sie wollen, dass wir etwas tun oder lassen, dass wir etwas kaufen oder unser Verhalten ändern, dass wir etwas einsehen oder zustimmen. Dementsprechend tun sie ihr Bestes, uns zu beeinflussen.

Die Quellen der Einflüsse, denen wir ausgesetzt sind, reichen von der Werbeindustrie bis hin zur eigenen Partnerin, von unseren Eltern und den Lehrer*innen in der Schule bis hin zum Vorgesetzten im Job, von der Hausärztin oder Therapeutin bis hin zum Handwerker, vom Internet und deren Großkonzernen bis hin zur Filmindustrie. Dabei wirken viele Beeinflussungen auch auf der unbewussten Ebene.

Wie können wir zuverlässig diese Beeinflussungen erkennen? Wie durchschauen wir die Absichten anderer Menschen? Wie nutzen wir Einflüsse sogar konstruktiv für uns selbst? Wie gehen wir mit fremden Wünschen so um, dass wir uns dabei immer frei und ausgeglichen fühlen? Wie können wir uns von Beeinflussungen unabhängig machen und befreit unser ganz eigenes Leben leben?

Olaf Jacobsen eröffnet in diesem dritten Buch der „Ich stehe nicht mehr zur Verfügung"-Reihe komplett neue Aspekte unseres Unbewussten, denn: Das Unbewusste ist ganz anders als wir bisher dachten. Durch dieses Wissen lernen wir leichter, uns selbst erfolgreich zu beeinflussen. Gleichzeitig schulen wir uns darin, mit den Wünschen anderer Menschen gut umzugehen und frei zu reagieren. Mithilfe der Popin-Methode befreien wir uns von belastenden Beeinflussungen und erleben endlich Unabhängigkeit, während wir uns mit allem tief verbunden fühlen.

Dieses Buch berührt die Substanz unseres Menschseins. Es enthält ein Feuerwerk neuer Erkenntnisse und Denkmodelle, die unser Leben umkrempeln und die uns gleichzeitig darin unterstützen, den Alltag und unsere Gefühlswelt aus neuen Perspektiven immer besser zu verstehen.

ISBN: 978-3-936116-07-6

Mit über 130.000 verkauften Exemplaren eines der erfolgreichsten Bücher im Bereich Lebenshilfe, Coaching und Systemaufstellungen:

Ich stehe nicht mehr zur Verfügung (Band 1)

Wie Sie sich von belastenden Gefühlen befreien und Beziehungen völlig neu erleben

Jeder Mensch sehnt sich nach guten Gefühlen, nach Harmonie, besonders in der Begegnung mit anderen Menschen. Doch wir übernehmen zumeist unbewusst „stellvertretende Rollen“ und rutschen in die damit korrespondierenden Gefühle hinein. Wir sind nicht zu hundert Prozent wir selbst, sondern wir erleben „resonierende Empfindungen“, die uns steuern.

Empathie-Spezialist Olaf Jacobsen deckt den Hintergrund auf, warum wir uns automatisch und unbewusst in andere Menschen einfühlen. Mit Hilfe zahlreicher Beispiele aus alltäglichen Lebenssituationen stellt er Möglichkeiten vor, wie wir uns unabsichtlichen Rollen nicht mehr zur Verfügung stellen, um damit eine wirklich authentische Kommunikation und authentisches Verhalten zu ermöglichen. Legen wir bewusst eine Rolle ab, so verschwinden gleichzeitig alle daran gekoppelten seelischen und körperlichen Beschwerden, und wir fühlen uns erleichtert.

Wir haben in unserem Leben viel öfter die freie Wahl,
als wir bisher dachten.

„Du hast absolut recht. Dieser Satz ‚Ich stehe nicht (mehr) zur Verfügung‘ passt erstaunlich oft und es lebt sich damit langfristig sehr viel besser. Vor allem im Job habe ich in den letzten Wochen sehr häufig davon Gebrauch gemacht und siehe da: Plötzlich hat sich die Lage total entspannt.“
(Kerstin S.)

ISBN: 978-3-936116-60-1

Stehe ich zur Verfügung?

Das Kartenset für jede Situation

Sind Sie im Alltag oder im Job unsicher und fragen sich, was jetzt gerade los ist und wie der nächste Schritt sein könnte, dann greifen Sie zu diesem Kartenset, ziehen spontan eine Karte und lassen sich durch den Text inspirieren. Auf diesen Karten sind alle wichtigen Sichtweisen und Werkzeuge aus dem Bestseller „*Ich stehe nicht mehr zur Verfügung (Band 1)*" versammelt.

Dieses Kartenset ist bereits als E-Book vorhanden (PDF, Kindle, EPub). Die Druckversion ist in Planung (Stand Juli 2021).

ISBN der geplanten Druckversion: 978-3-936116-13-7

Ich stehe nicht mehr zur Verfügung (Bd. 1) – Die Essenz

Das Erlebnis-Hörbuch zum Bestseller - mit 2 CDs

Viele Leser*innen fanden in Olaf Jacobsens Bestseller „Ich stehe nicht mehr zur Verfügung – Band 1" Antworten auf wichtige Lebensfragen. Diese beiden CDs enthalten nun die Essenz und zusätzlich lebendige Eindrücke in Form von Hörspielen. Der Sprecher Erich Räuker – bekannt als Synchronsprecher in vielen Filmen und Serien – verleiht den Inhalten eine einfühlsame und tiefgehende Ausstrahlung. Unterstützt wird das Hörerlebnis durch Musik, die von Olaf Jacobsen selbst komponiert und eingespielt wurde.

Aktuell (Juli 2021) sind günstige **Restexemplare** dieses Hörbuchs (Zustand: neu) nur noch über den Olaf Jacobsen Verlag erhältlich. Ob dieses Hörbuch zum Band 1 erneut produziert wird, ist noch nicht entschieden.

www.olaf-jacobsen-verlag.de bestellung@in-resonanz.net

Danke!

Ich danke all den Menschen, die sich kritisch über den ersten Band „Ich stehe nicht mehr zur Verfügung“ geäußert haben. Sie haben dazu beigetragen, dass ich mich so ausführlich mit dem Umgang mit Kritik auseinandergesetzt habe.

Besonders möchte ich meiner Frau Jacqueline danken. Sie hat mich beim Entwickeln und Formulieren meiner neuen Erkenntnisse und Sichtweisen intensiv begleitet, war mir ein gedankenreicher Spiegel und hat mir auch einige Impulse zu neuen Ideen und Formulierungen geliefert.

Meinem Schwesterherz Maike Zimmermann sei Dank für ihre vielen ergänzenden Gedanken, die ich miterleben durfte, als sie sich mit dem Manuskript auseinandersetzte. Auch durch sie erhielt ich einige neue Ideen und Klarheiten.

Ich danke Richard Marx, der meine Zeichnungen gewissenhaft in Computergrafiken verwandelt hat.

Ein herzliches Dankeschön an den Windpferd Verlag, der die ursprüngliche Fassung „Ich stehe nicht mehr zur Verfügung – Die Folgen“ über einen Zeitraum von 10 Jahren erfolgreich und sorgfältig in seinem Programm geführt hat, bevor ich darum bat, es in meinem Selbstverlag veröffentlichen zu dürfen.

Schließlich danke ich dem Universum für alle Un/Gleichgewichte und schicksalhaften Fügungen, aus denen ich intensiv lernen konnte.

Ausbildung für Freie Systemische Aufstellungen

„Drei auf einen Streich" - eine Ausbildung mit drei Zielen:

- ✓ Ausbildung darin, eigenverantwortlich und effektiv mit seinen eigenen Systemaufstellungen umzugehen (Selbstorganisation)
- ✓ Ausbildung im Organisieren von Freien Systemischen Aufstellungen (Abschluss: „**Organisator*in für Freie Systemische Aufstellungen**")
- ✓ Ausbildung im Ausbilden von Organisator*innen (Abschluss: „**Ausbilder*in im Organisieren von Freien Systemischen Aufstellungen**")

An drei Wochenenden bilden sich die Teilnehmer*innen darin aus, eigenverantwortlich, selbstständig und effektiv das Phänomen der „Resonierenden Empfindungen" zu nutzen, eine eigene Systemaufstellung mithilfe einer Gruppe oder für sich allein frei anzuwenden, mit ihr frei umzugehen und das Beste aus ihr herauszuholen.

Gleichzeitig bilden sich die Teilnehmer*innen zur/zum Organisator*in für Freie Systemische Aufstellungen aus. Das bedeutet: Die Teilnehmer*innen können nach der Ausbildung selbst die Freien Systemischen Aufstellungen organisieren. Sie können in einer Veranstaltung anderen interessierten Menschen Freie Systemaufstellungen anbieten und sie darin einführen, wie man effektiv seine eigene Aufstellung nutzen und das Beste aus ihr herausholen kann.

Ebenso befähigen sich die Teilnehmer*innen dieser Ausbildung dazu (und erhalten die Erlaubnis), selbst diese „Ausbildung für Freie Systemische Aufstellungen" anzubieten.

Für die Teilnahme gibt es keine Voraussetzung. Auch wer Aufstellungen noch nicht erlebt hat, darf an dieser Ausbildung eigenverantwortlich teilnehmen.

Ausbilder*in: Jacqueline & Olaf Jacobsen

Weitere Informationen: www.freie-systemische-aufstellungen.academy

Veranstaltungen: www.freiesaufstellen.net

Empathisches NeuroSonanz-Coaching

Olaf Jacobsen stellt ein Coaching für alle möglichen Fragen und Themen zur Verfügung, in welchem er u. a. folgende Werkzeuge anbietet:

- ✓ Lösende Imaginationen und Techniken im einfühlsamen Gespräch
- ✓ Findungsprozesse mithilfe von Einzelaufstellungen
- ✓ Befreiende Realitätsbrille mithilfe des NeuroSonanz®-Modells

Ein Coaching ist wie folgt erlebbar:

- ✓ am Telefon
- ✓ in einer Video-Konferenz über das Internet (z. B. über zoom.com)
- ✓ in einem Direktkontakt vor Ort (Karlsruhe, Köln)

Weitere Infos: www.in-resonanz.net/Olaf-Jacobsen_Beratungen.html

Einen Termin buchen Sie per E-Mail: olaf-jacobsen@in-resonanz.net

Über den Autor

Olaf Jacobsen ist ein deutscher Empathie-Spezialist und Autor. Er gilt als Pionier der klientenzentrierten Systemaufstellung. 2003 entwickelte er die Freie Systemische Aufstellung, erfand 2014 das NeuroSonanz®-Modell und leitet die von ihm begründete Empathie-Schule NeuroSonanz® in Karlsruhe und in Köln.

Geboren am 11. Juni 1967 in Neumünster, Studium in Karlsruhe an der Staatlichen Hochschule für Musik und Universität (Musik und Mathematik), Dirigent, Pianist, Tenor, Musikpädagoge, intensives Studium und Erforschung eigener Gefühle, Empathie-Coach, Systemischer und Psychologischer Coach, Unternehmensberater im Bereich "Kommunikation & Gefühle", Experte für Resonierende Empfindungen, Bestseller-Autor.

Infos & Kontakt unter www.olafjacobsen.com

Ausführlicher Lebenslauf unter:
https://www.in-resonanz.net/Olaf-Jacobsen_Lebenslauf.html

Veröffentlichungen von Olaf Jacobsen

Leseproben und Bestellungen (ohne Versandkosten, per Rechnung) unter www.olaf-jacobsen-verlag.de

Trilogie „Basis-Erkenntnisse":

So, jetzt ist aber genug! Die Geburt einer Weltformel (1996, aktualisierte Neuauflage 2014, E-Book 2019)

Bewegungen in neue Gleichgewichte. Bewegende Sichtweisen für unseren Alltag (2000, aktualisierte Neuauflage 2014, E-Book 2019)

Die Vollkommenheit des Universums. (Das) Nichts ist All-ein, Alles ist in Resonanz (2001, aktualisierte Neuauflage 2014, E-Book 2019)

Trilogie „Freie Systemaufstellung":

Das freie Aufstellen - Gruppendynamik als Spiegel der Seele. Eine Einführung in eine freie Form der Systemischen Aufstellungen (2003, E-Book 2019, aktualisierte Neuauflage 2021)

Freie Systemaufstellung: Das fühlt sich richtig gut an! Gefühle erforschen, Klarheit gewinnen und den Alltag befreit leben (2012, E-Book 2019, aktualisierte Neuauflage 2021)

Ich stelle selbst auf. Wie Sie Ihre Selbstheilungskräfte durch Freies Aufstellen aktivieren (2011, E-Book 2019, aktualisierte Neuauflage 2021)

Impulskarten für Freie Systemische Aufstellungen. Wenn Sie in Ihrer Aufstellung nicht mehr weiterwissen (2012/2021)

Trilogie „Ich stehe nicht mehr zur Verfügung":

Ich stehe nicht mehr zur Verfügung. Wie Sie sich von belastenden Gefühlen befreien und Beziehungen völlig neu erleben (2006, E-Book 2021, aktualisierte Neuauflage 2021)

Ich stehe nicht mehr zur Verfügung 2. Die Kritik von anderen hat nichts mit mir zu tun (2010, E-Book 2020, aktualisierte Neuauflage 2021)

Hilfe! Ich stehe *unbewusst* zur Verfügung Unbewusste Beeinflussungen aufdecken – für ein unabhängiges Leben (2016/2021, E-Book 2019)

Stehe ich zur Verfügung? Das Kartenset für jede Situation (2021, E-Book 2020)

Ich stehe nicht mehr zur Verfügung – Die Essenz (CD). Wie Sie sich von belastenden Gefühlen befreien und Beziehungen völlig neu erleben, Hörbuch zu Band 1 (2009) – **Restexemplare nur beim www.olaf-jacobsen-verlag.de erhältlich**

Drei Bücher „Selbstreflexion & Empathie“:

Der lebendige Spiegel im Menschen. In Resonanz lernen – lösen – leben – lieben (Jacqueline & Olaf, 2014, E-Book 2019, Neuauflage 2021)

Meine Eltern sind schuld! Was unsere Eltern falsch gemacht haben und immer noch falsch machen (2014, E-Book 2019, Neuauflage 2021)

Die Kriegs-Trance und das Mitgefühl Warum wir fast alle betroffen sind und wie wir daraus aufwachen (2015, E-Book 2019, Neuauflage 2021)

Vier Bücher „Werkzeuge für Potenzialentfaltung“:

Der Mann, der sich glücklich weinte Tränen befreien das Gehirn, das Menschsein und die Gesellschaft (PDF-eBook 2019, erweiterte Neuauflage 2021)

Das Erwachsene in dir muss Klarheit finden Geborgenheit, Liebe und Urvertrauen brauchen den sicheren Überblick (2021)

Das Handbuch der resonierenden Empfindungen Wie wir mit Gefühlen umgehen können, die in Verbindung zu unserem Umfeld stehen (2022)

Das NeuroSonanz-Modell Die vollständige Erklärung unseres Menschseins (PDF-eBook 2019)

Wie wird das Ziel erreicht? Das E-Kartenset rund um Ziele, Wünsche, Bedürfnisse (E-Book 2020)

Olafs komplette Werkzeugkiste Das umfassende E-Kartenset (beinhaltet alle anderen Kartensets und noch mehr, über 400 Karten, **nur als PDF-Datei**, 2020) – nur beim www.olaf-jacobsen-verlag.de erhältlich

Weitere Schriftwerke:

Das trifft sich gut Ein Schlaganfall, seine dramatischen Folgen und wie er zum wundervollen Geschenk wurde (Jacqueline & Olaf, Autobiographie 2018, E-Book 2019)

HauptRolle Es geht immer um das stimmigste Rollengefühl (E-Book als PDF-Datei, 2019) – ***kostenfrei*** auf www.olaf-jacobsen-verlag.de

Wie wir uns ändern und die Erde retten Wir haben bereits alles Wissen – nur die Umsetzung fehlt noch (E-Book als PDF-Datei, 2019) – ***kostenfrei*** auf www.olaf-jacobsen-verlag.de

Verzeichnis aller Übungen

Quellenverzeichnis

Bertram, Wulf & Spitzer, Manfred: *Hirnforschung für Neu(ro)gierige; Braintertainment 2.0.* Schattauer, Stuttgart 2010.

Byrne, Rhonda: *The Secret – Das Geheimnis.* Goldmann/Arkana, München 2007.

Dahlke, Rüdiger: *Die Schicksalsgesetze; Spielregeln fürs Leben.* Goldmann/Arkana, München 2009.

Doidge, Norman: *Neustart im Kopf – Wie sich unser Gehirn selbst repariert.* Campus Verlag, Frankfurt a. M. 2008.

Fosar, Grazyna (Hrsg.): *Impulse für ein erfülltes Leben.* Michaels Verlag, Peiting 2009.

Gibran, Khalil: *Der Prophet.* Walter Verlag, Heitersheim 1973.

Haley, Jay: *Typisch Erickson; Muster seiner Arbeit.* Junfermann, Paderborn 1993.

Herrmann, Ulrich (Hrsg.): *Neurodidaktik - Grundlagen und Vorschläge für gehirngerechtes Lehren und Lernen.* Beltz Verlag, Weinheim und Basel 2006.

Hüther, Gerald: *Bedienungsanleitung für ein menschliches Gehirn.* Vandenhoeck & Ruprecht, Göttingen 2009.

Hüther, Gerald: *Die Macht der inneren Bilder – Wie Visionen das Gehirn, den Menschen und die Welt verändern.* Vandenhoeck & Ruprecht, Göttingen 2009.

Mohr, Bärbel: *Bestellungen beim Universum; ein Handbuch zur Wunscherfüllung.* Omega-Verlag, Düsseldorf 1998.

Rossi, Ernest L.: *Gesammelte Schriften von Milton H. Erickson.* Carl-Auer-Systeme, Heidelberg 1995.

Young, William Paul: *Die Hütte; ein Wochenende mit Gott.* Ullstein Buchverlage, Berlin 2009.

Denken Sie noch

oder fühlen Sie schon?

Haben Sie eine verständnisvolle Partnerin? Oder haben Sie Arbeitskolleg*innen oder Freund*innen, denen Sie vertrauen? Dann können Sie sich gegenseitig zur Verfügung stehen und frei aufstellen. Mithilfe von Resonanz-Gefühlen geben Sie sich unerwartete, spannende, interessante Impulse für die Lösung von Problemen. Sie helfen sich beim Treffen von Entscheidungen, beim Erreichen von Zielen und Sie aktivieren Ihre Selbstheilungskräfte. Auch Konflikte in Partnerschaften, Familien und in Firmen können mit dieser Methode geebnet werden. Stellen Sie einfach den Konflikt gemeinsam frei auf und beobachten Sie, was passiert.

Die von Olaf Jacobsen begründeten Freien Systemischen Aufstellungen sind von keinem therapeutischen Rahmen und keinem Beratungssetting abhängig und können von jedem Menschen selbstständig angewendet werden. Auch alleine kann man das Freie Aufstellen mithilfe von Fühlfeldern und Figuren einsetzen.

Dieses Buch ist die Fortsetzung zum Grundlagenbuch des Freien Aufstellens „Freie Systemaufstellung: Das fühlt sich richtig gut an!". Olaf Jacobsen beschreibt weitere Techniken und Erkenntnisse, z. B. wie Sie die Resonanzphänomene der Freien Systemischen Aufstellungen auf alle Bereiche Ihres Alltags erfolgreich übertragen werden.

Olaf Jacobsen: „Ich stelle selbst auf"

262 Seiten, Broschur, ISBN 978-3-936116-62-5

Leseprobe: www.olaf-jacobsen-verlag.de, bestellung@in-resonanz.net

Sich gegenseitig unterstützen, um sich weiterzuentwickeln

In der Neurobiologie weiß man, dass unser Gehirn die Realität in sich selbst konstruiert. In den Systemischen Aufstellungen werden im zwischenmenschlichen Bereich „Resonierende Empfindungen" erlebt. Jacqueline und Olaf Jacobsen entwickeln daraus ein einzigartiges Menschenbild – und nutzen es für ihre Beziehung. In diesem atemberaubenden Pionier-Buch beschreiben sie ihre heilenden Sichtweisen, Umgangsformen und Methoden, die auf alle Arten von Beziehungen übertragbar sind und Augen öffnen.

Die Scheidungsquote in Deutschland ist hoch. Viele Partnerschaften zerbrechen. Auch Jacqueline und Olaf hatten sich nach fünf anstrengenden Beziehungsjahren im Jahr 2009 getrennt. Beide nahmen dieses Schicksal als Spiegel, zur Selbstreflexion. Knapp zwei Jahre später beobachteten sie, dass sie sich wieder näherkommen – fast automatisch. Es folgte die Verlobung und 2012 die Hochzeit. Heute sagen sie begeistert: „Die Annäherung hört einfach nicht auf! Wir reflektieren viel – und unsere Ehe wird immer liebevoller, offener, herzlicher, kuscheliger und freier!"

Sie schildern mit ergreifenden Beispielen, wie man allein oder zu zweit Spiegel-Methoden anwenden kann, um sich im Leben immer harmonischer und stimmiger zu fühlen – auch im Job.

„Wir erleben mehr Selbstvertrauen, Offenheit, innere Stärke und einen klaren Überblick. In unseren Gefühlen entfalten sich sowohl fundamentale Selbstliebe als auch eine tiefe empathische Liebe zum Gegenüber."

Jacqueline Jacobsen, Olaf Jacobsen: „Der lebendige Spiegel im Menschen"

324 Seiten, Broschur, ISBN 978-3-936116-04-5

Leseprobe: www.olaf-jacobsen-verlag.de, bestellung@in-resonanz.net

Konzentrierte Erfahrungen, Erkenntnisse,
Weisheiten, Anleitungen, Antworten ...
- alles in einer PDF-Datei

Olaf hat aus all seinen Büchern als auch aus seinen Erkenntnissen im Alltag, im Coaching und in Systemaufstellungen dieses E-Kartenset zusammengestellt. Auf jeder einzelnen Karte findest du ein in sich abgerundetes Thema, einfach auf den Punkt gebracht. Wie du bei einer Frage oder bei einem Problem die richtige Karte findest, ist gleich zu Beginn beschrieben. Alle Kartensets von Olaf sind hier enthalten. Dieses besondere E-Kartenset kannst du nur als PDF-Datei direkt vom Olaf Jacobsen Verlag per E-Mail zugeschickt bekommen.
Gefällt es dir nicht, erhältst du dein Geld zurück.

Olaf Jacobsen: „Olafs komplette Werkzeugkiste"
über **400** Karten, PDF-Datei, ISBN 978-3-936116-17-5
Leseprobe: www.olaf-jacobsen-verlag.de, bestellung@in-resonanz.net